A-Z BIRMINGHAM

CONTENTS

D0505163

REFERENCE

Motorway	**M6**	Map Continuation	Large Scale City Centre	**42** / **4**
Under Construction		Car Park		**P**
A Road	**A38**	Church or Chapel		†
Under Construction		Fire Station		■
Proposed		Hospital		**H**
B Road	**B4284**	House Numbers		12 / 8
Dual Carriageway		'A' and 'B' Roads only		
One-way Street		Information Centre		**i**
Traffic flow on A Roads is indicated by a heavy line on the driver's left	→	National Grid Reference		⁴12
Large Scale Pages Only	⇒	Police Station		▲
Restricted Access		Post Office		★
Pedestrianized Road		Toilet		▽
Birmingham City Centre Ring Road Junction Numbers	(1)	with facilities for the Disabled		ᕎ
Track / Footpath		Educational Establishment		
Railway	Level Crossing / Station / Tunnel	Hospital or Health Centre		
Private Railway		Industrial Building		
Midland Metro	Station	Leisure or Recreational Facility		
The boarding of Metro trains at stations may be limited to a single direction, indicated by the arrow.	Station	Place of Interest		
Built-up Area	MOTT ST.	Public Building		
Local Authority Boundary	—··—··—	Shopping Centre & Market		
Postcode Boundary	— — — —	Other Selected Buildings		

SCALE

Map Pages 6-169 1:18103 3½ inches to 1 mile	Map Pages 4-5,170 1:9051 7 inches to 1 mile
0 ¼ ½ Mile	0 ⅛ ¼ Mile
0 250 500 750 Metres	0 100 200 300 Metres
5.52 cm to 1 km 8.89 cm to 1 mile	11.05 cm to 1 km 17.78 cm to 1 mile

Copyright of Geographers' A-Z Map Company Ltd.

Head Office:
Fairfield Road, Borough Green, Sevenoaks, Kent, TN15 8PP
Telephone 01732 781000 (General Enquiries & Trade Sales)
Showrooms:
44 Gray's Inn Road, London, WC1X 8HX
Telephone 020 7440 9500 (Retail Sales)
www.a-zmaps.co.uk

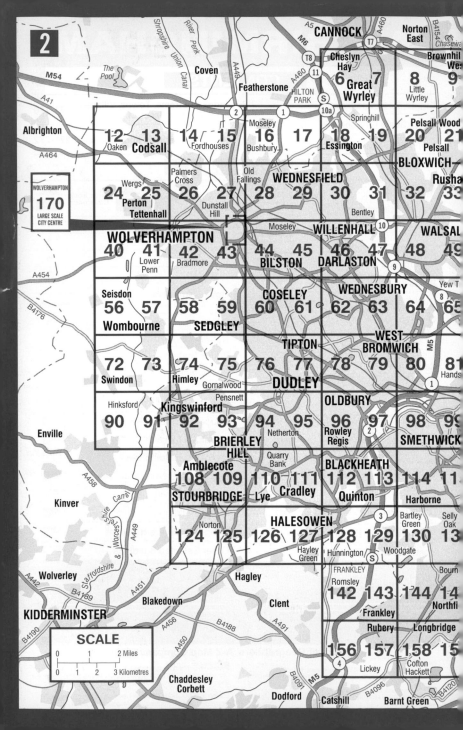

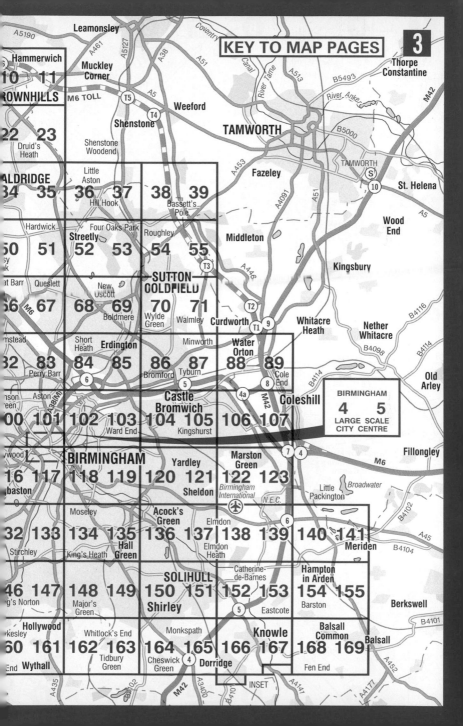

KEY TO MAP PAGES

3

A5190 · Leamonsley · Coventry

Hammerwich · Muckley Corner · A461 · A5127 · River Tame · A513 · B5493 · Thorpe Constantine

10 · 11 · M6 TOLL · T5 · A5 · Weeford · River Anker · M42

BROWNHILLS · Shenstone · T4 · TAMWORTH · B5000

22 · 23 · Shenstone Woodend · A453 · TAMWORTH · S · TAMWORTH

Druid's Heath · Fazeley · A4091 · A51 · 10 · St. Helena

ALDRIDGE · Little Aston · A5

34 · 35 · 36 · 37 · 38 · 39 · Middleton · Wood End

Hill Hook · Bassett's Pole · A446

Hardwick · Four Oaks Park · Roughley · Kingsbury

50 · 51 · Streetly · 52 · 53 · 54 · 55 · Middleton · Nether Whitacre

Great Barr · Queslett · T3 · B4116

New Oscott · SUTTON COLDFIELD · T2 · Whitacre Heath · B4098 · B4114

66 · 67 · 68 · 69 · 70 · 71 · T1 · 9 · Nether Whitacre · Old Arley

Boldmere · Wylde Green · Walmley · Curdworth

Homestead · Short Heath · Erdington · Minworth · Water Orton

82 · 83 · 84 · 85 · 86 · 87 · 88 · 89

Perry Barr · 6 · Bromford · Tyburn · Cole End · B4114

Aston · 5 · 4a · Coleshill

100 · 101 · 102 · 103 · 104 · 105 · 106 · 107 · 8 · M42

Ward End · Castle Bromwich · Kingshurst

BIRMINGHAM · 4 · 5 · LARGE SCALE CITY CENTRE

Fillongley

wood · BIRMINGHAM · Yardley · Marston Green · 7 · 4 · M6

116 · 117 · 118 · 119 · 120 · 121 · 122 · 123 · Little Packington · Broadwater

Edgbaston · Sheldon · Birmingham International · N.E.C. · B4102

Moseley · Acock's Green · Elmdon · A45

132 · 133 · 134 · 135 · 136 · 137 · 138 · 139 · 140 · 141 · Meriden · A45

King's Heath · Hall Green · Elmdon Heath · 6 · B4104

Stirchley · Catherine-de-Barnes · Hampton in Arden

146 · 147 · 148 · 149 · 150 · 151 · 152 · 153 · 154 · 155 · Berkswell

g's Norton · Major's Green · SOLIHULL · Shirley · Eastcote · Barston · B4101

5

Hollywood · Whitlock's End · Monkspath · Balsall Common · Balsall

60 · 161 · 162 · 163 · 164 · 165 · 166 · 167 · 168 · 169

Weoksley · Knowle · A452

End · Wythall · Tidbury Green · Cheswick Green · 4 · Dorridge · Fen End · B4101

A435 · M42 · A3400 · INSET · A4141 · A452 · A4177

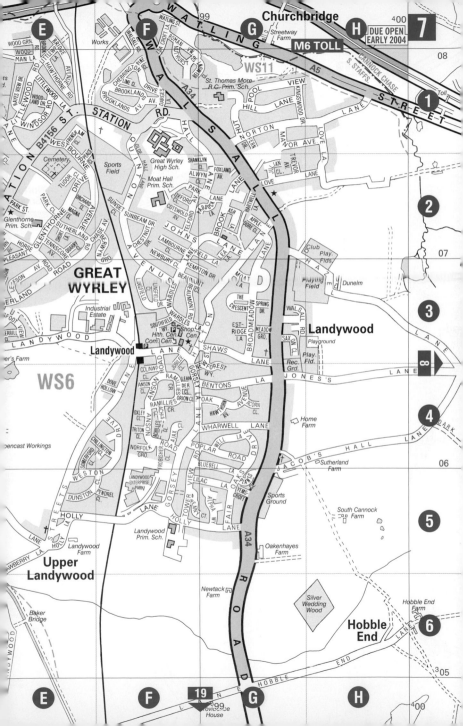

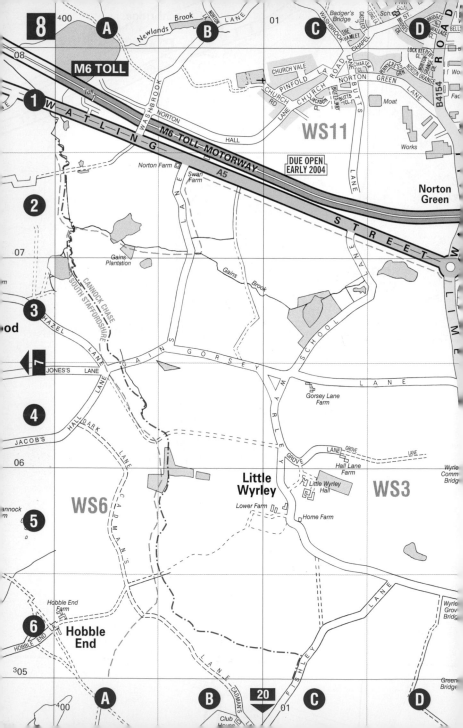

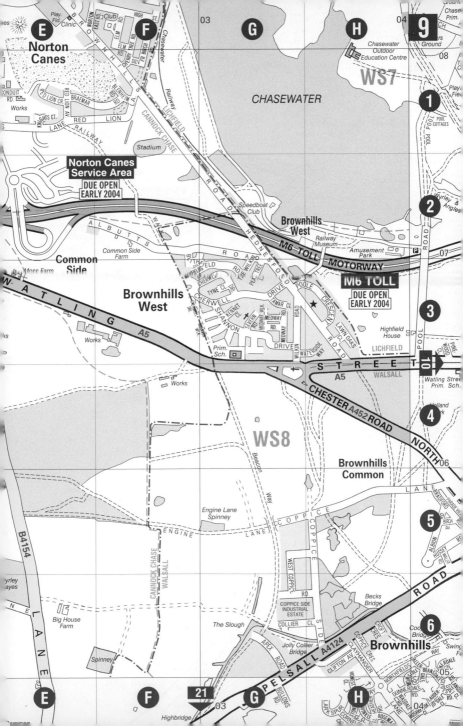

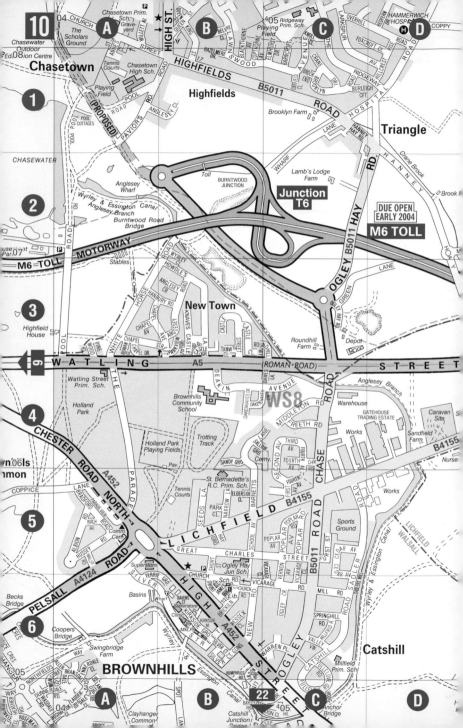

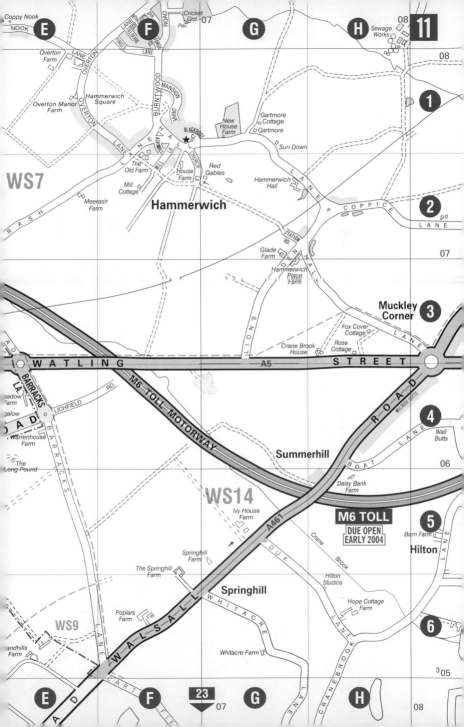

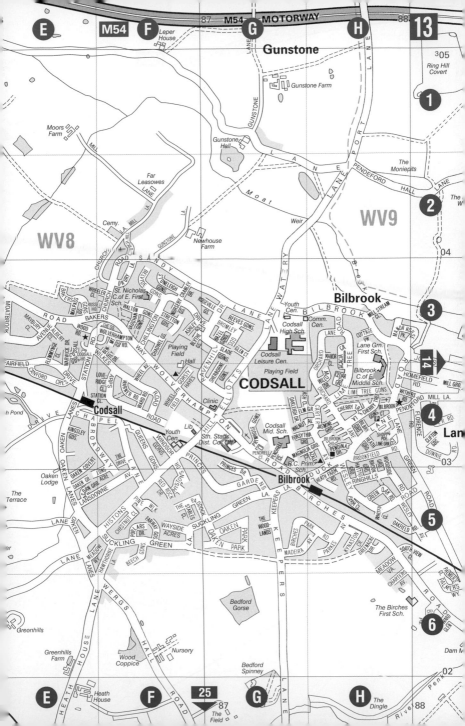

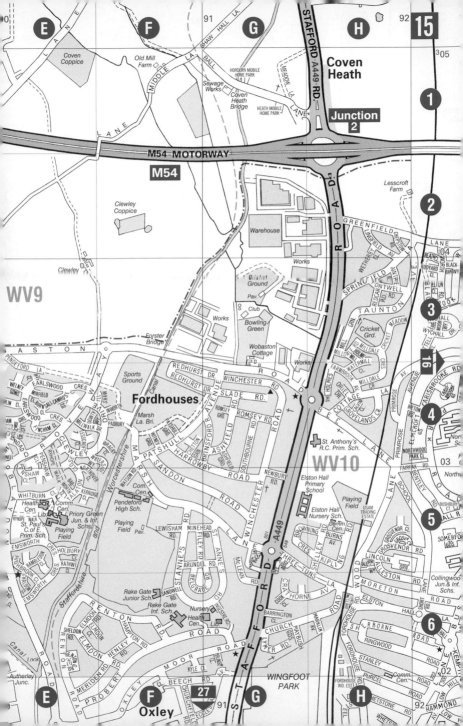

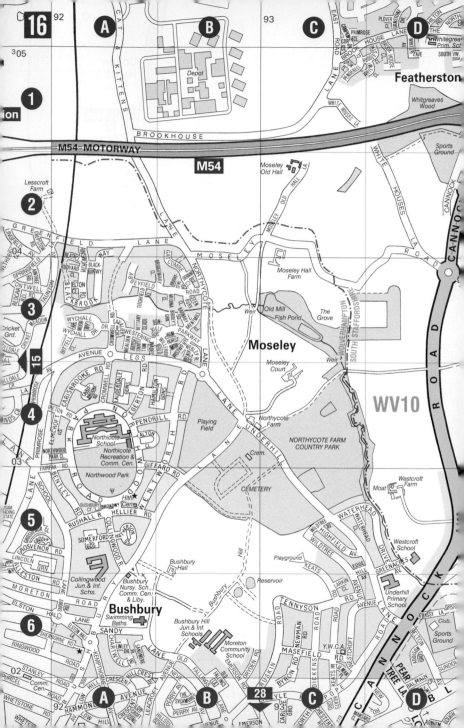

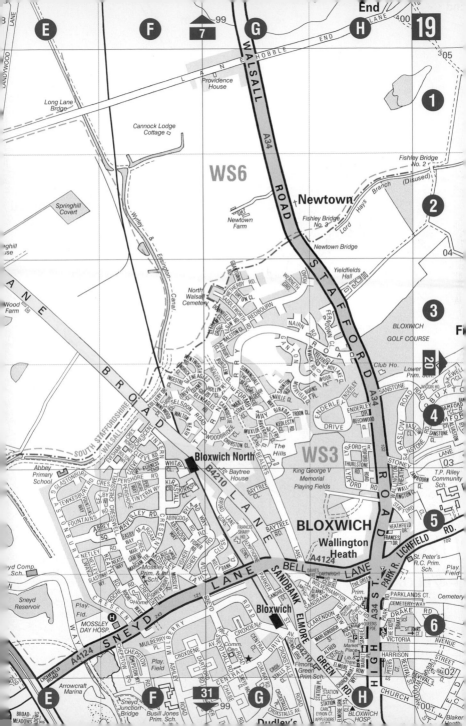

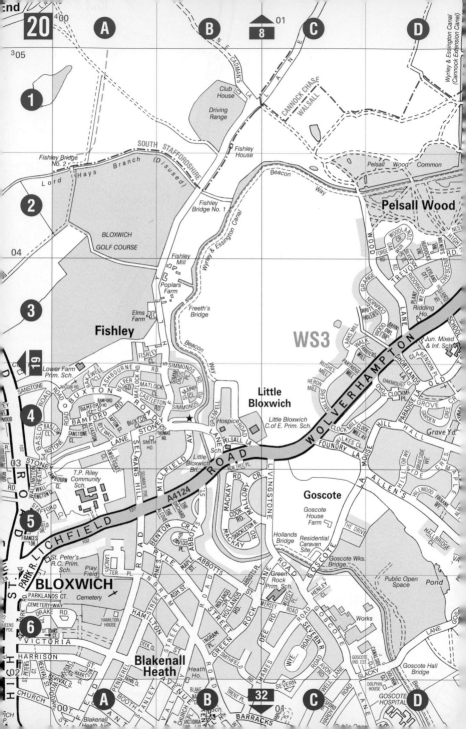

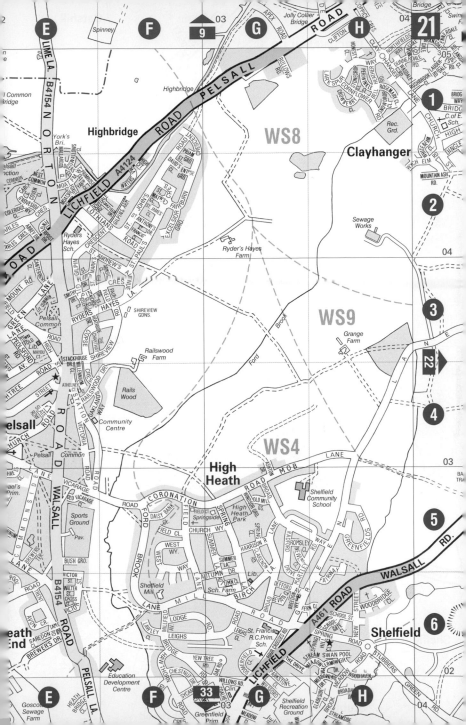

24 84

A B C D

02

1

Simmond's Wood

Keepers
12 385

Orchard Ho.
Club Ho.

WROTTESLEY PARK
GOLF COURSE

HOLYH

WV7

Wrottesley Hall

The Coach House

Inland Pool

2

WROTTESLEY PARK

WV8

The Bradshaws

01

3

Cranmoor

Smith Roug

4

Brook

Cranmoor Lodge

Stafford Rough

Stone Cottage

P A R K T H

Wentwo

TURNBERRY CL
GRO

³00

5

The Hollies

Grange Farm

HOLLIES

LANE

NURTON

WENTWO

HAWKSTONE

ANDREWS

DALE AV

TROON

MOOR PARK

ST

TURNBERRY CT

SUTYME RD

PORTRUSH RD

ST ANDREWS DR

LYTHAM

FALDONFIELD

THE PADDOCK

CLOVERFIELD

DR

EASOWE

COTER GR

CARR

THE FAIRWAY

THE SADDLE

WEALDSTONE

OATLANDS

DR

BARLEY CFT

MEL

LE

Fairhaven

NURTON BANK

WOLVERHAMPTON RD.

NURTON

ROAD

PATTINGHAM

6

Nurton

MOOR

GREAT

299

84

Perton Orchard

PERTON PARK
GOLF COURSE

Club House

WROTTESLEY PARK RD

WREN AV

PIS

BUTTERME

WYKEHAM GRO

HA

A B 40 C D
385

ROAD

Sling Wood

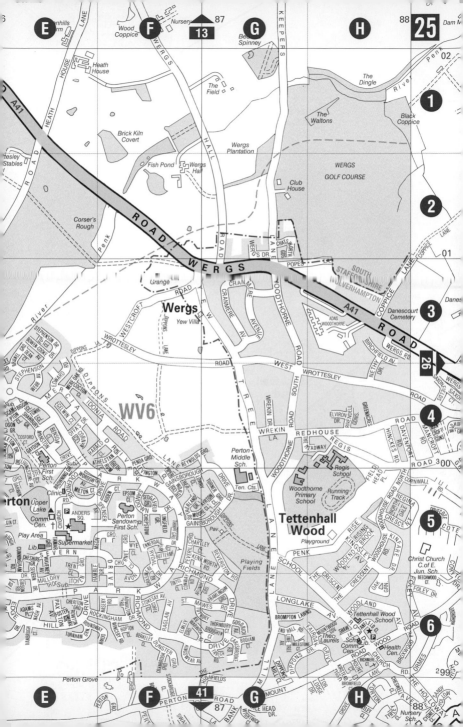

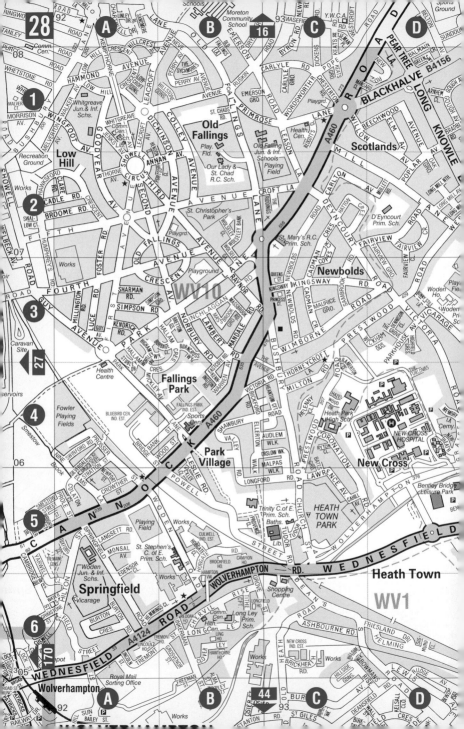

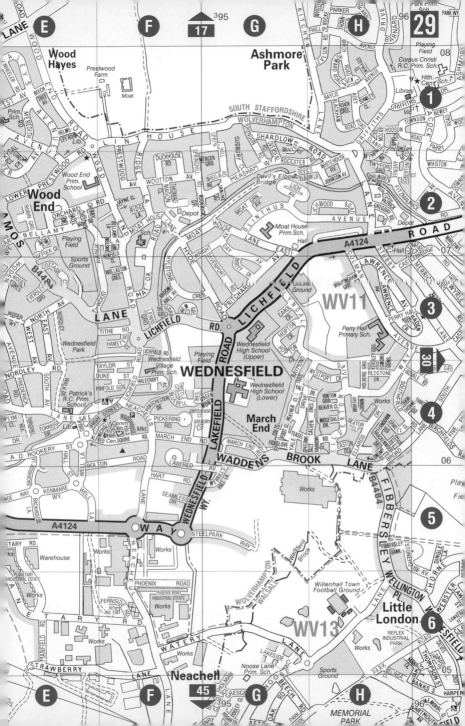

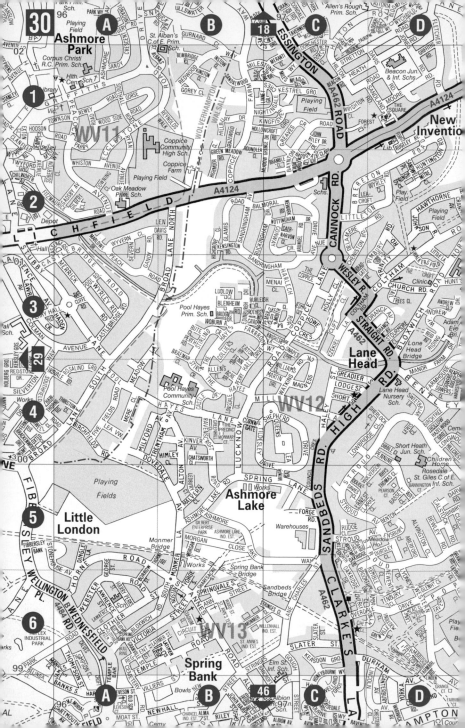

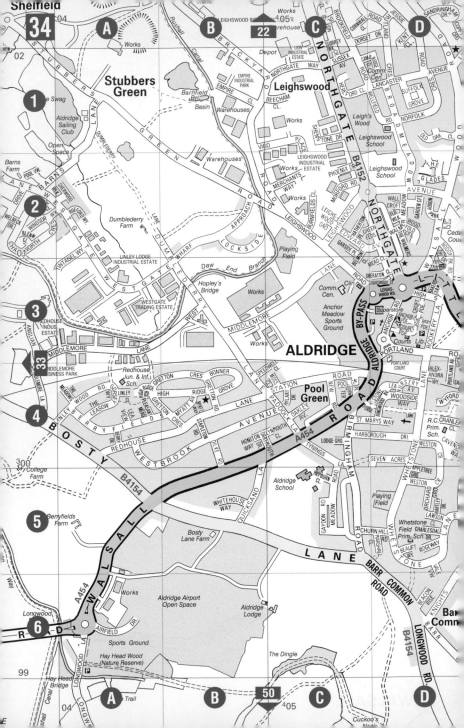

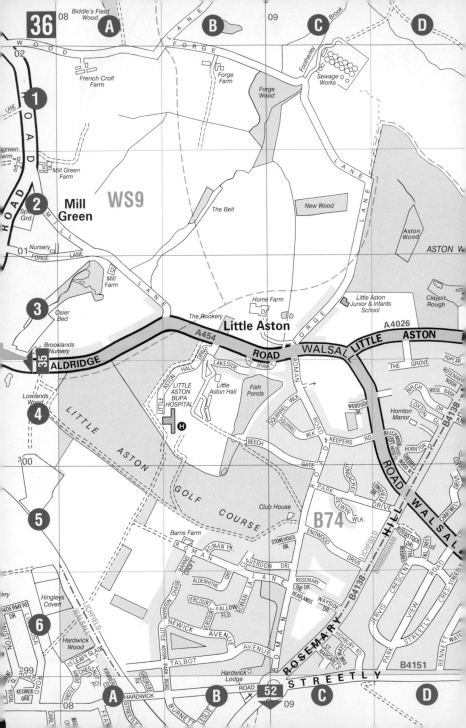

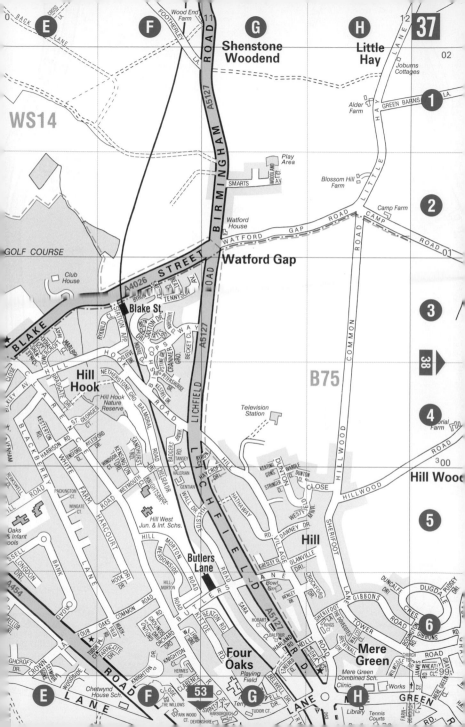

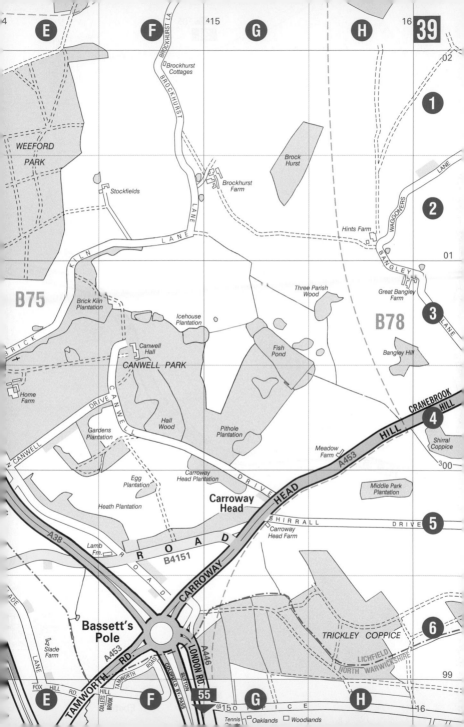

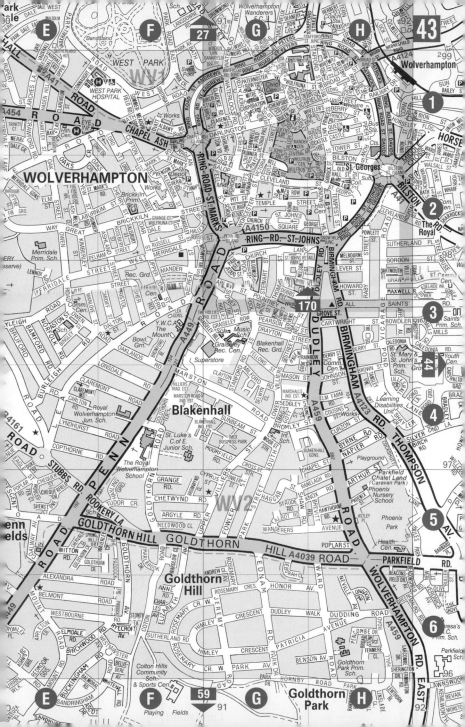

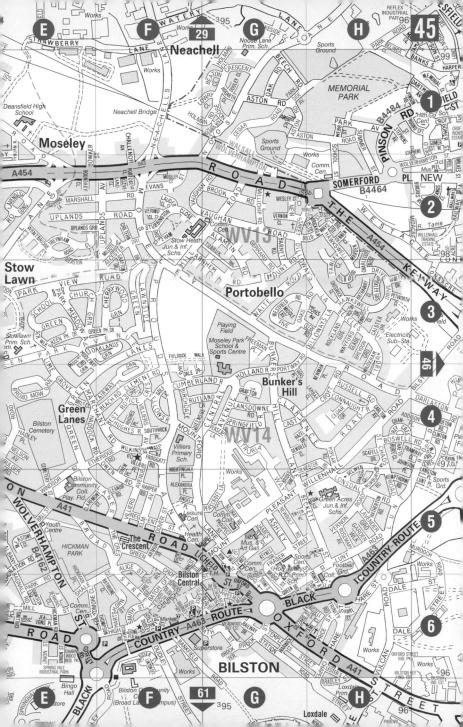

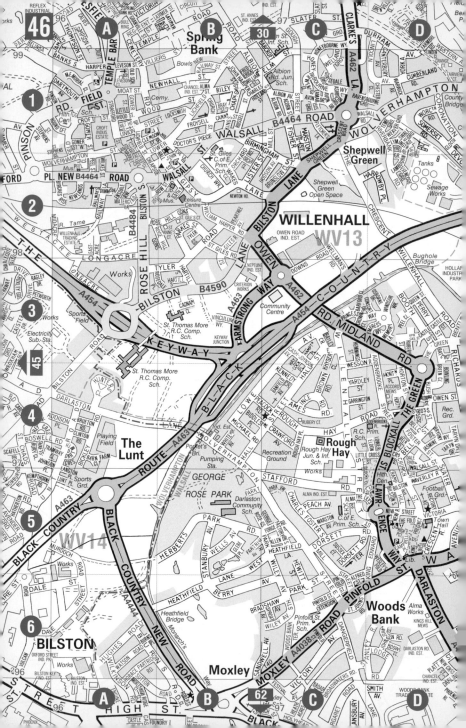

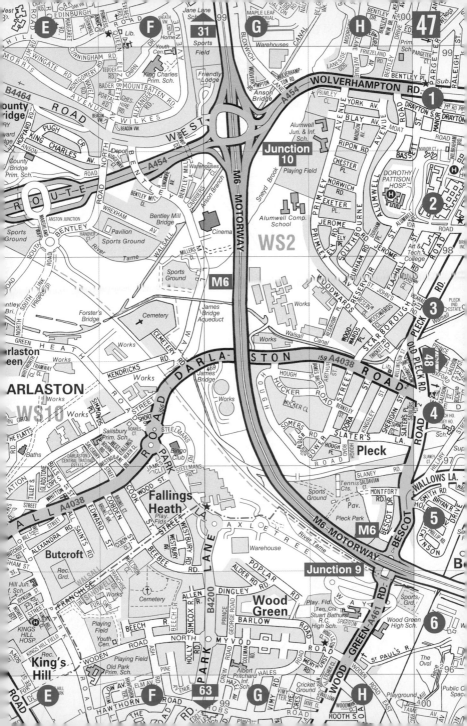

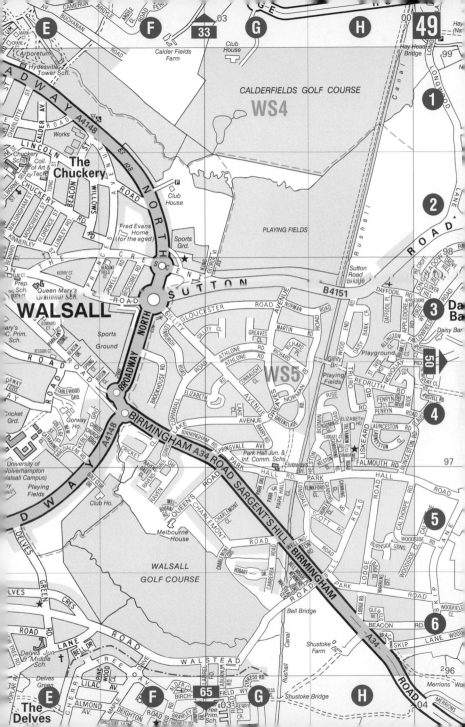

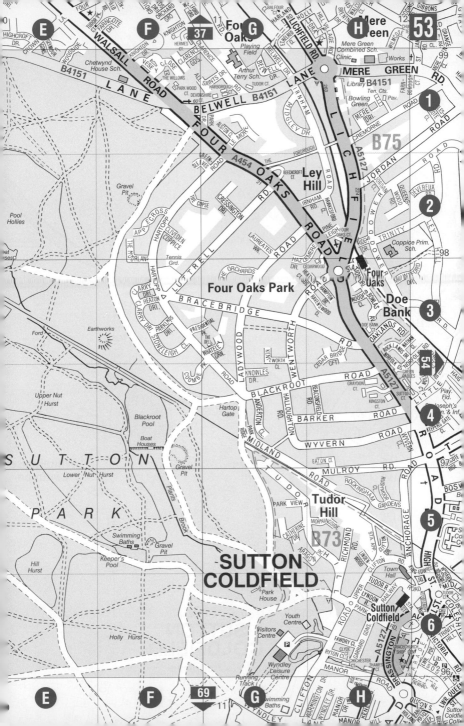

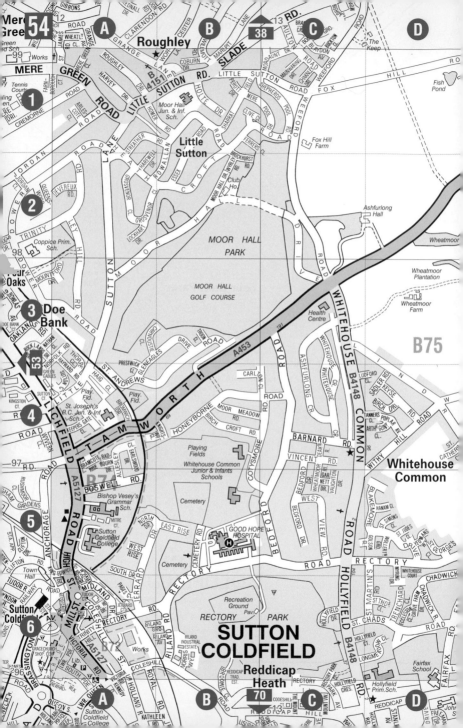

A B C D

385
40

96

1

Smestow Brook

Ebstree

Old Smithy Farm

Greenacres

Ponderosa

TRYSULL

2

The Elms

Ivy House Farm

Meadow Farm

POST OFFICE

Seisdon

295

Lea Farm

Lanes Farm

BEECHHURST GDNS.

Rock House

Roost Farm

THE HILL

THE OAK DR.

3

Meadow Cottage

Ebstree Bridge

Sand Pit

CHURCH ROAD

THE LEE

SEISDON ROAD

Awbridge Farm

Warehouse

The Hall

CROCKINGTON LANE

Smestow

Home Farm

Brook

LANE

CHURCH LA.

The Grotto

UNION

Trysull

Manor Farm Cottages

Trysull Farm

HOLLOWAY

4

Manor House

ROAD

The Croft

Ketley House

BELL

94

WV5

BEECHHOUSE

All Saints C. of E. Prim. Sch.

SCHOOL

5

The Beeches

LANE

Play. Fld.

WOODFORD

Woodford Grange

FEIASHILL

6

Feiashill

93

FEIAS. HILL CL.

Cherry Cottage

Smestow Barn

84

A

The ... rm

B

Lonenacre

ROAD

72
385

C

D

Works

GORSE

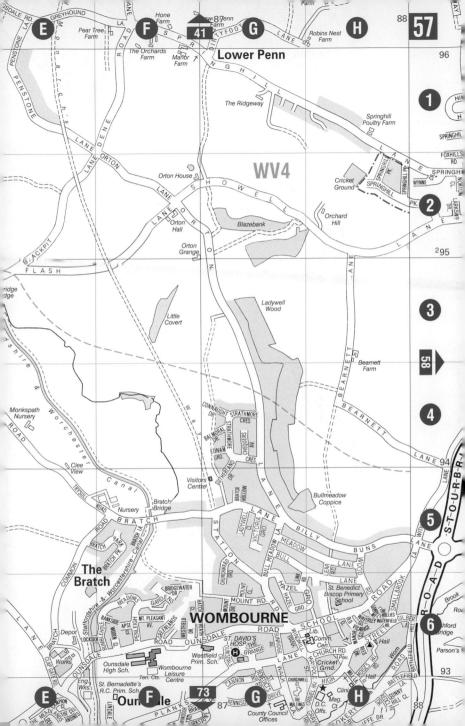

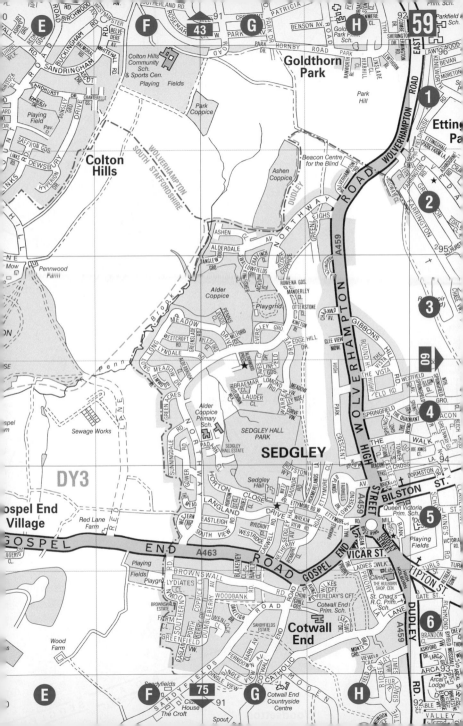

Goldthorn Park

Colton Hills

SEDGLEY

DY3

Gospel End Village

Cotwall End

BILSTON

Ettingham Park

E F 43 G H

E F 75 G H

60

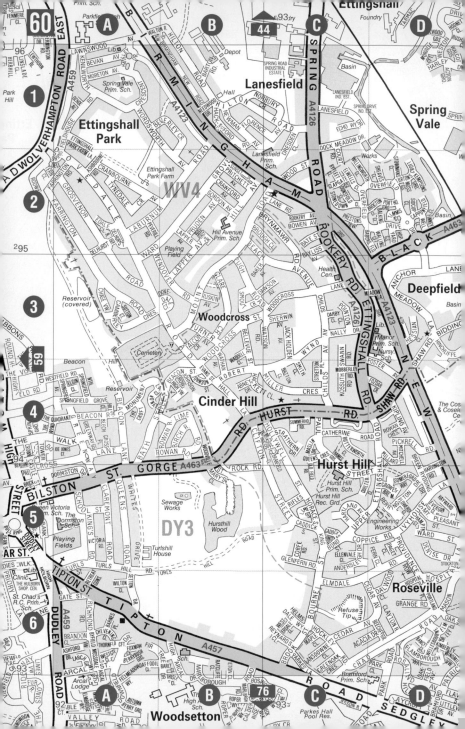

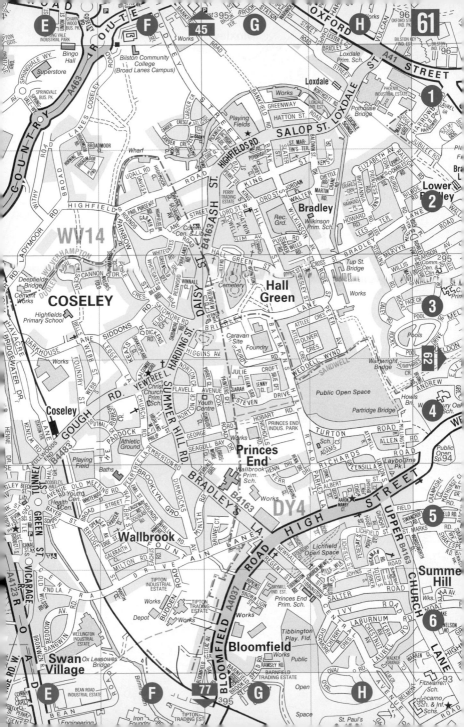

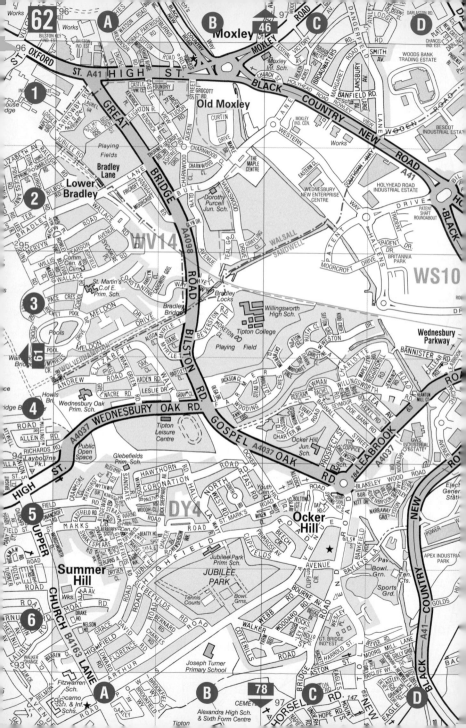

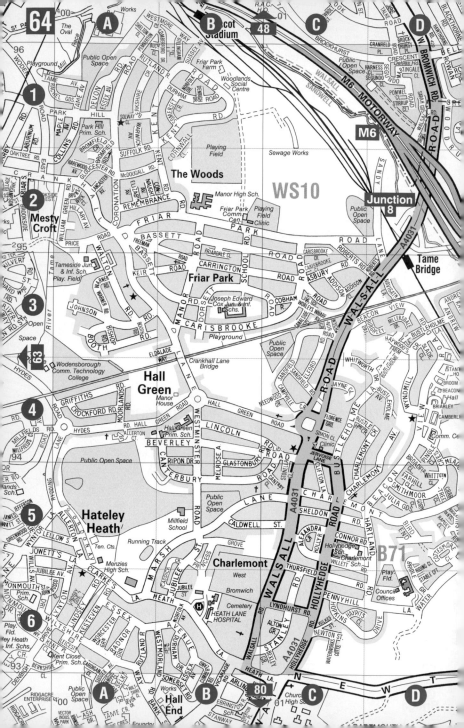

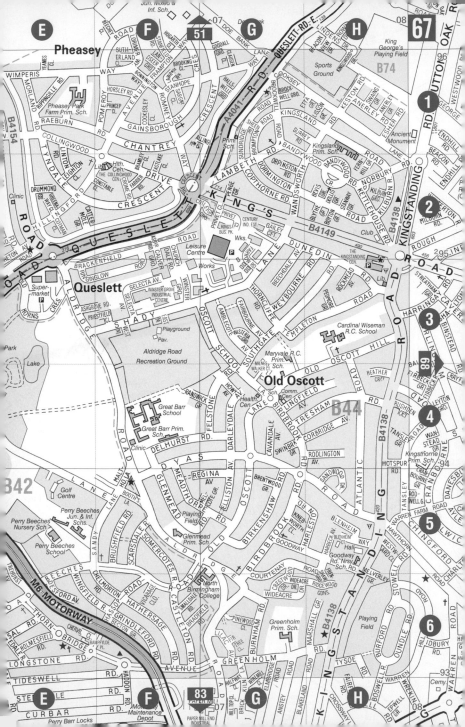

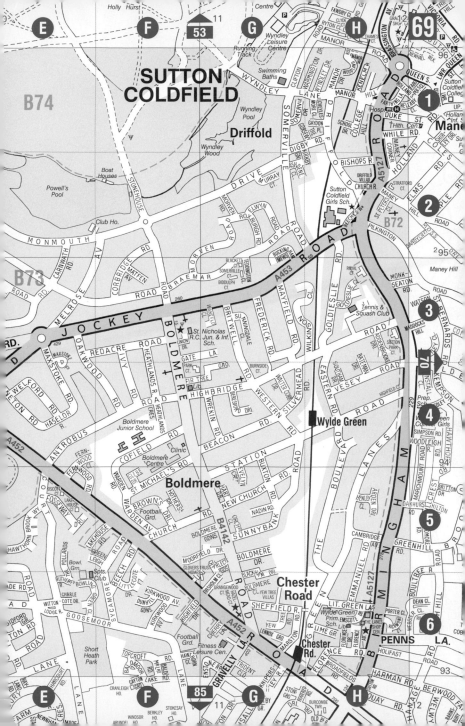

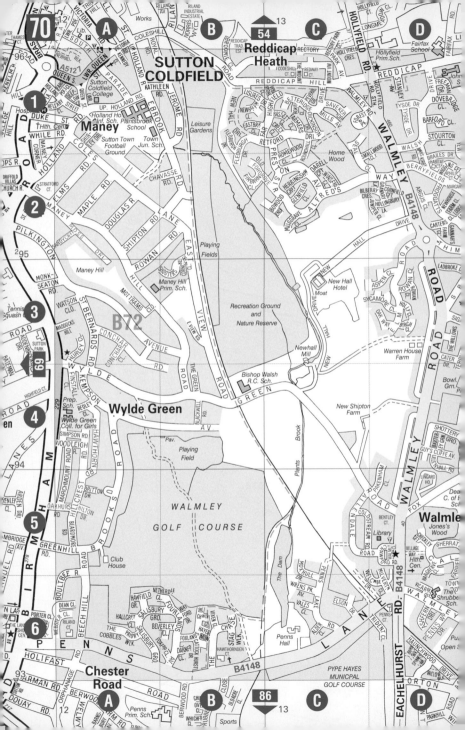

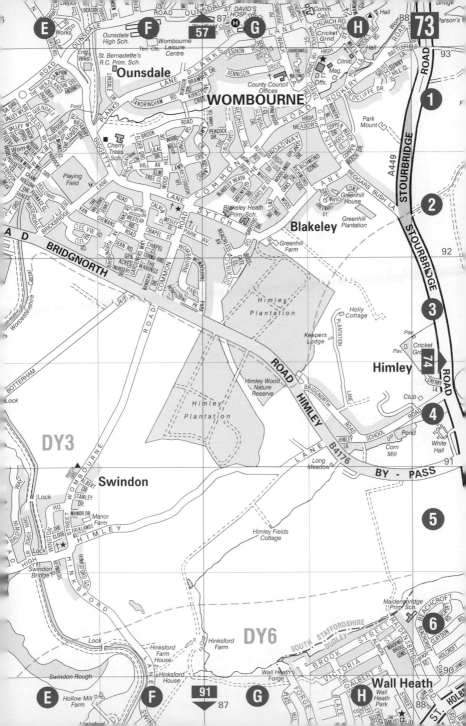

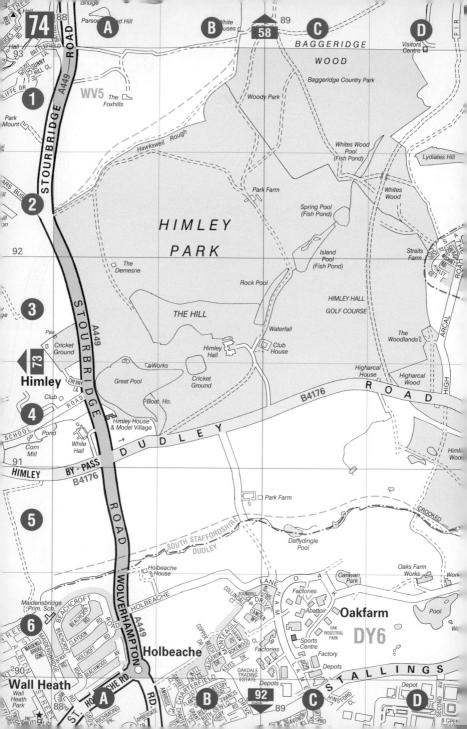

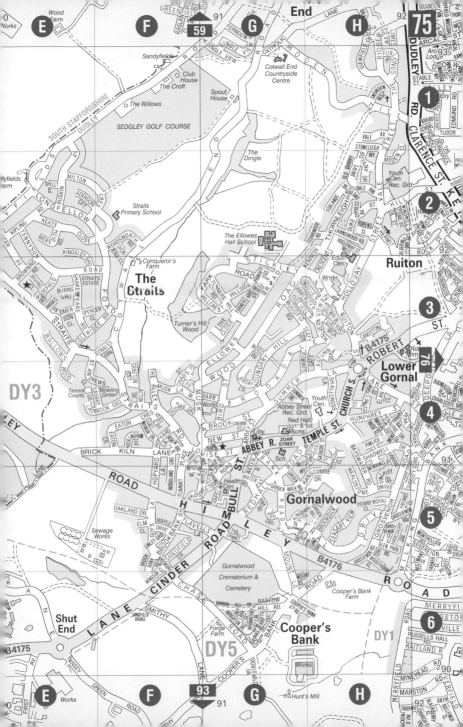

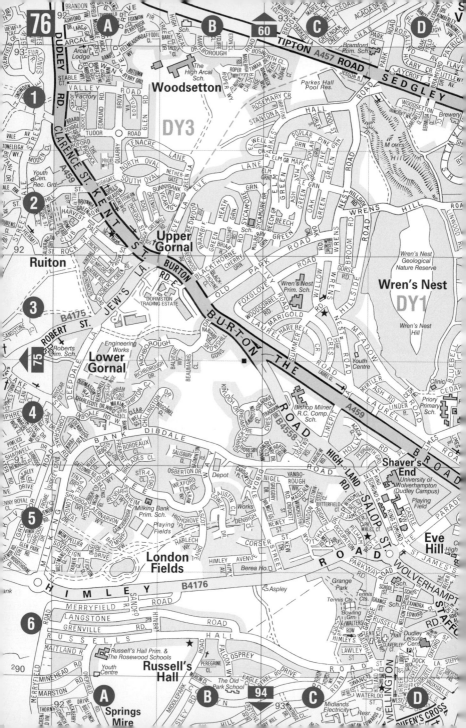

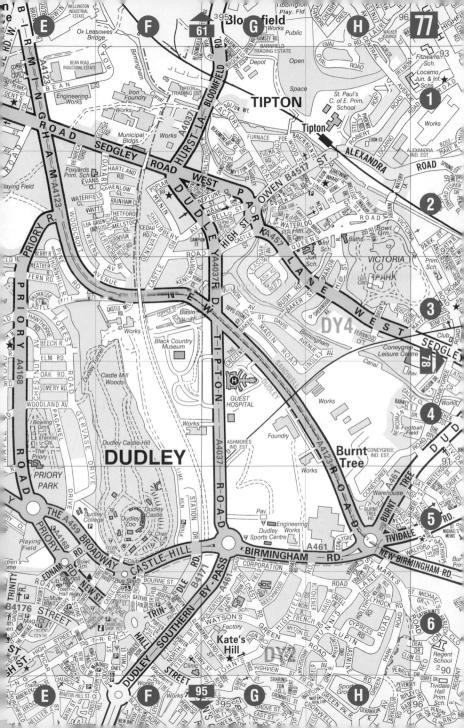

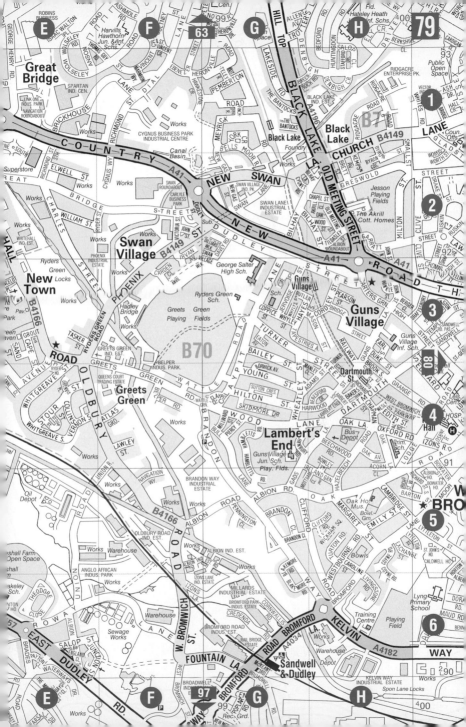

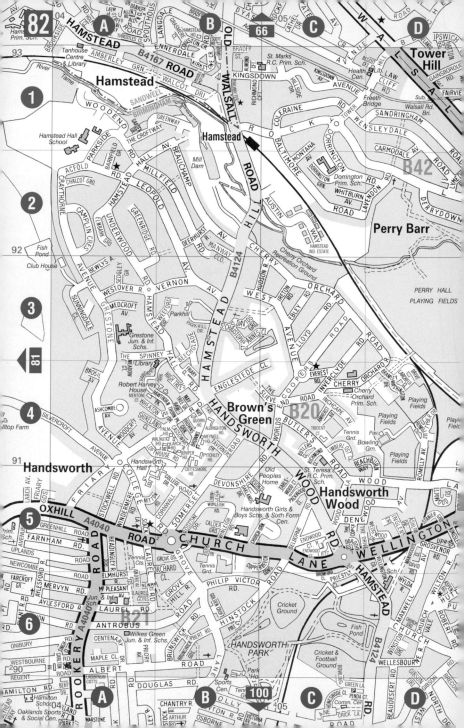

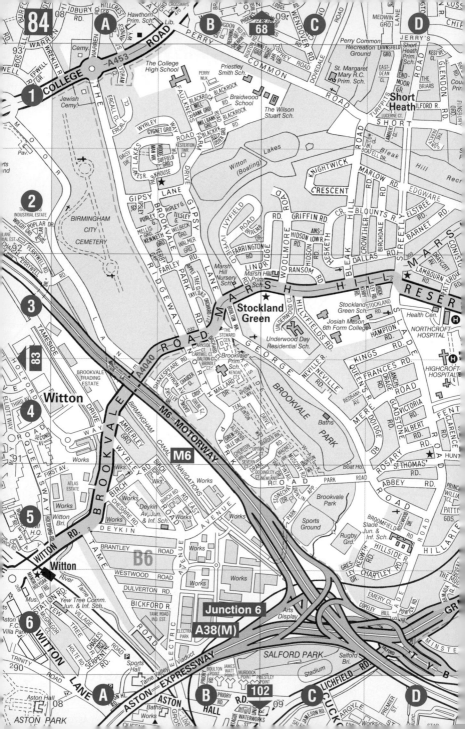

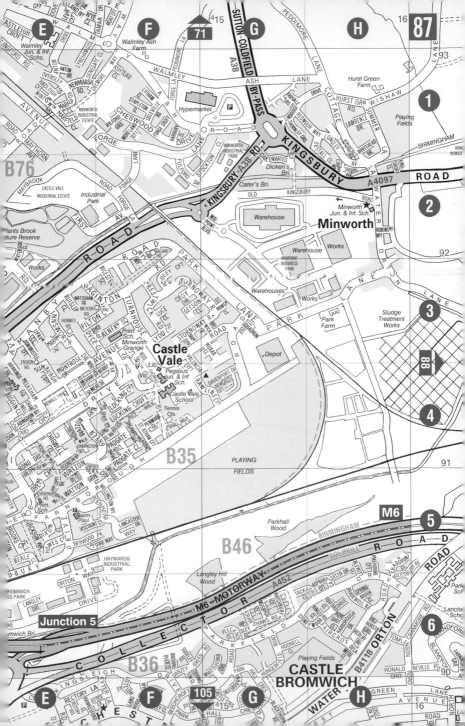

90

W 84 E

A B   C D

290

HIGHGATE COMMON COUNTRY PARK

Nursery

1

Chasepool Lodge

Chasepool Cottages

DY3

My Lady's Farm

2

Camp Farm

89

Black Lands

Square Covert

Club House

3

Pool Covert

Three Cornered Covert

ENVILLE GOLF COURSE

Greensfor

Lodge Plantation

4

88

The Gorse

Checkhill Farm

Spittle

Checkhill Bogs

The Spinney

Spittlebrook Mill

Rickyard Piece

5

Brook

Enville Towermill

DY7

CHECKHILL

MILL

LITTLE

LANE

Lowe

6

RUMFORD HILL

87

THE MILLION

Hanging Covert

Cuckoo Trees

Radway Cottages

RADWAY HILL

A 84 B 385 C D

GOTHERSL

ROAD

CHASEPOOL

385

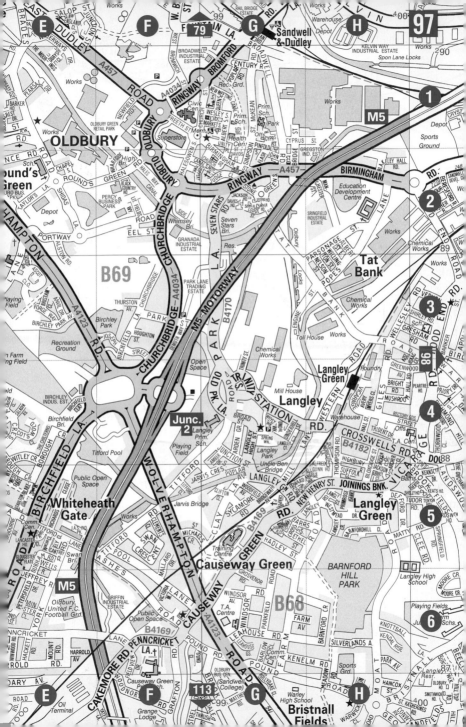

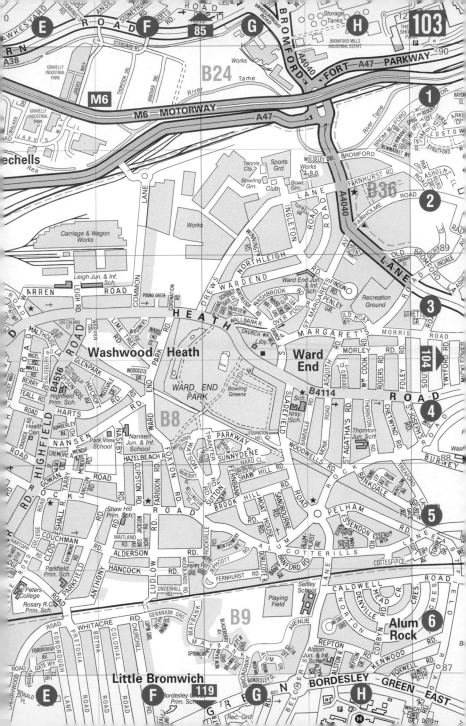

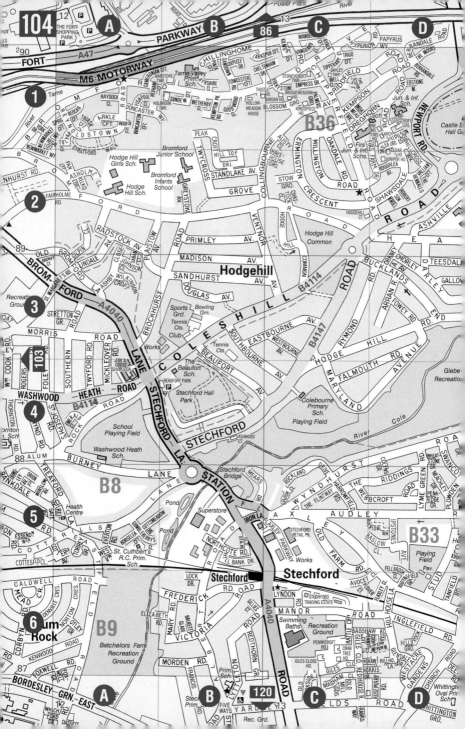

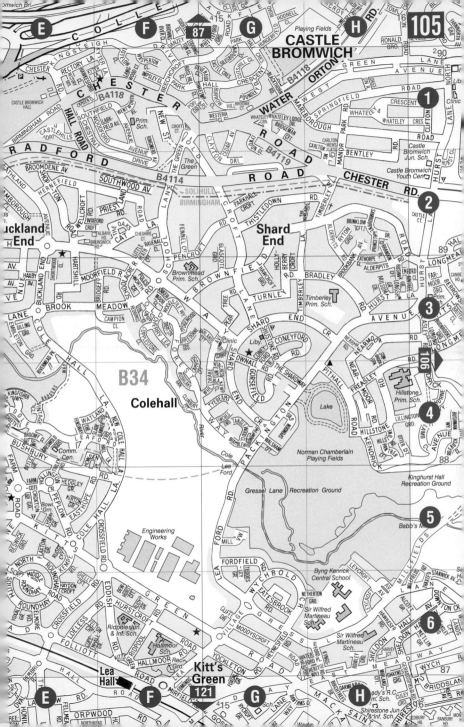

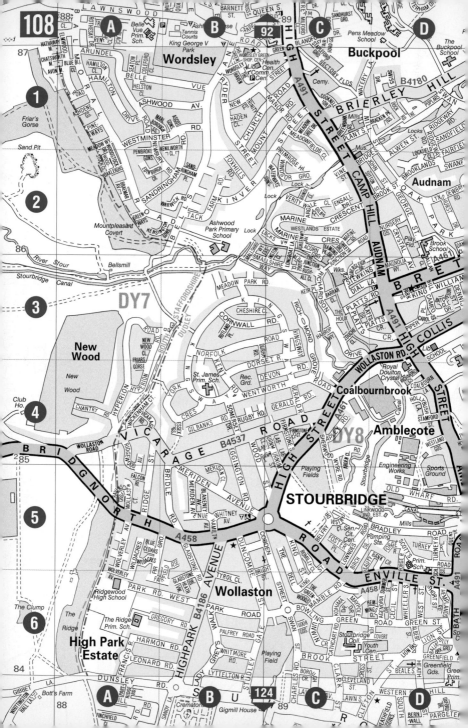

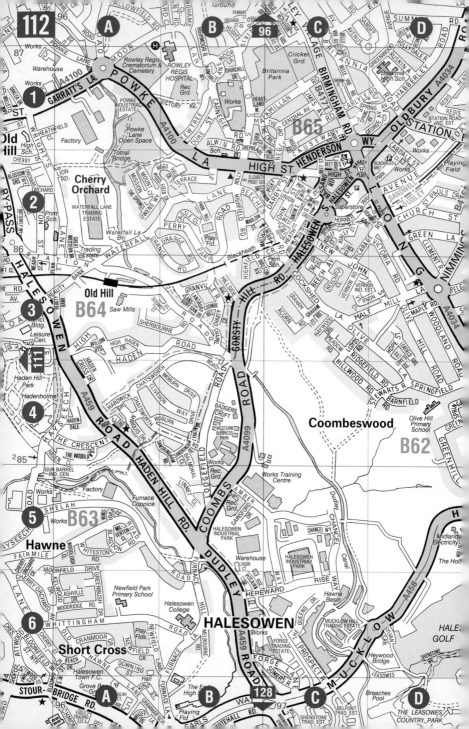

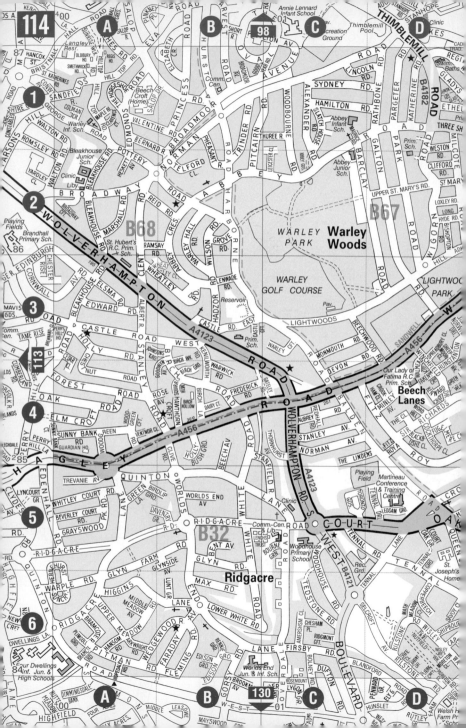

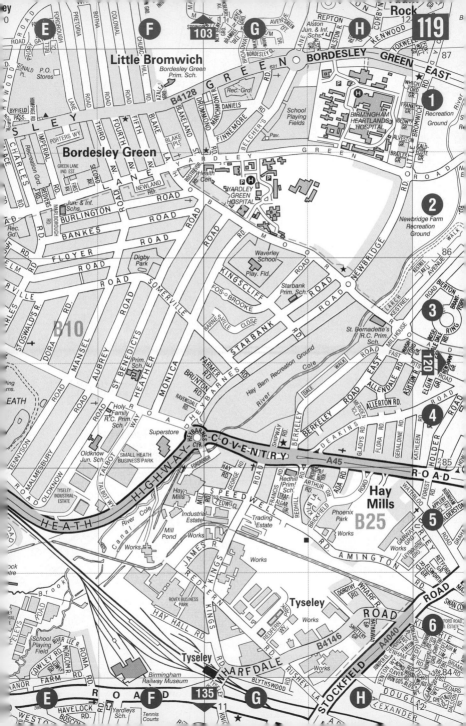

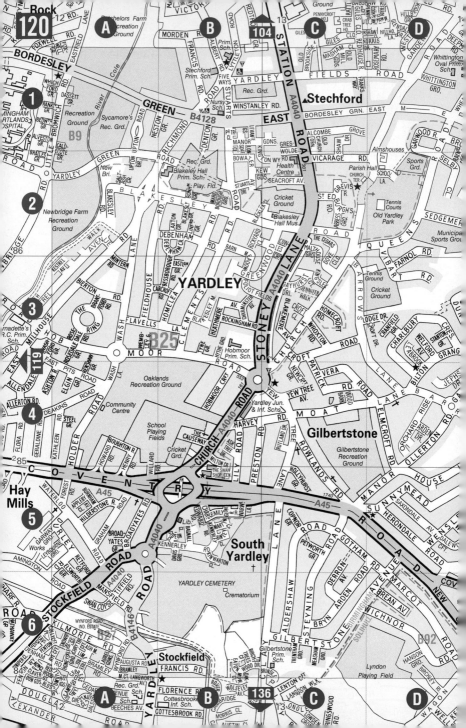

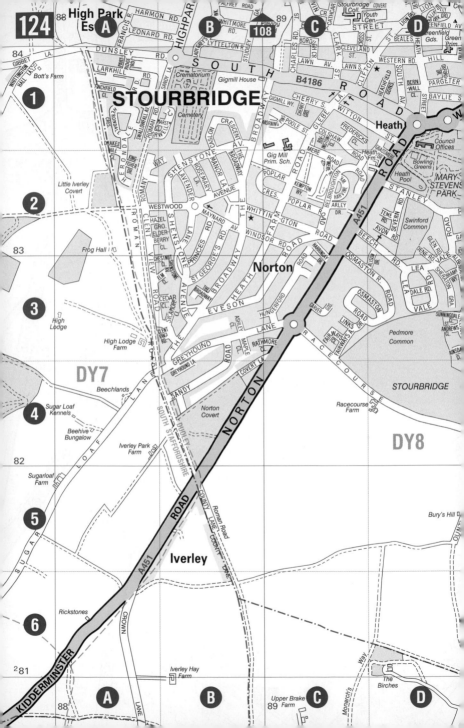

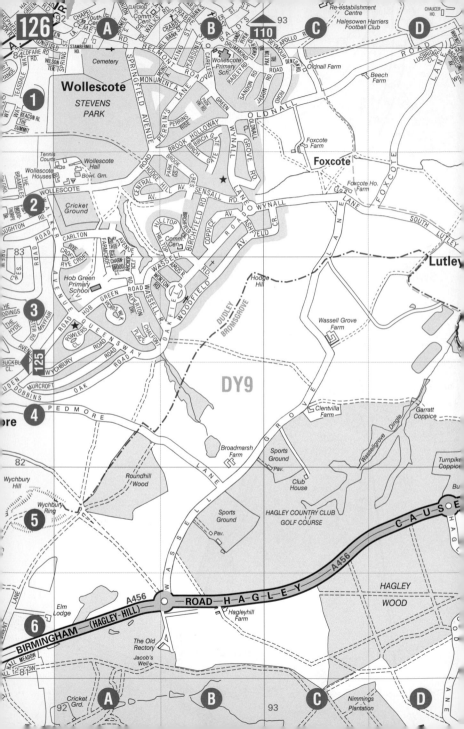

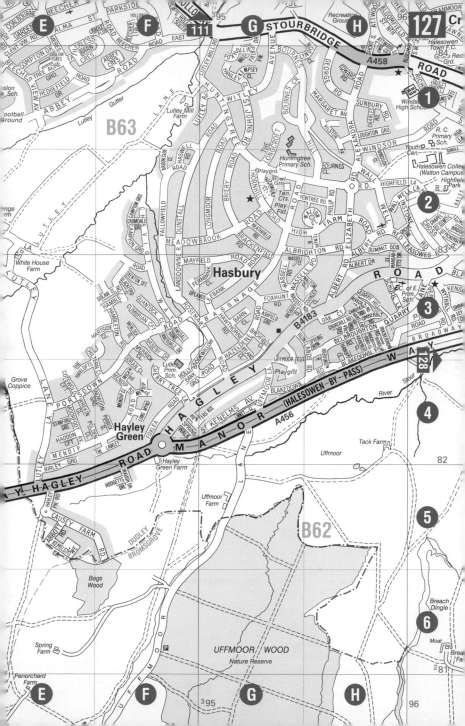

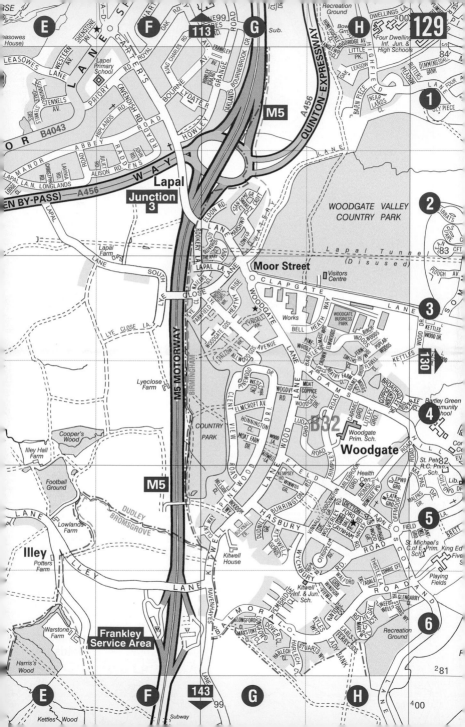

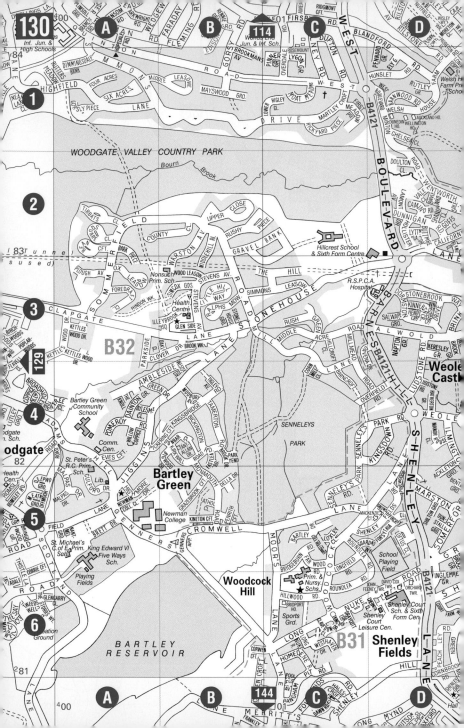

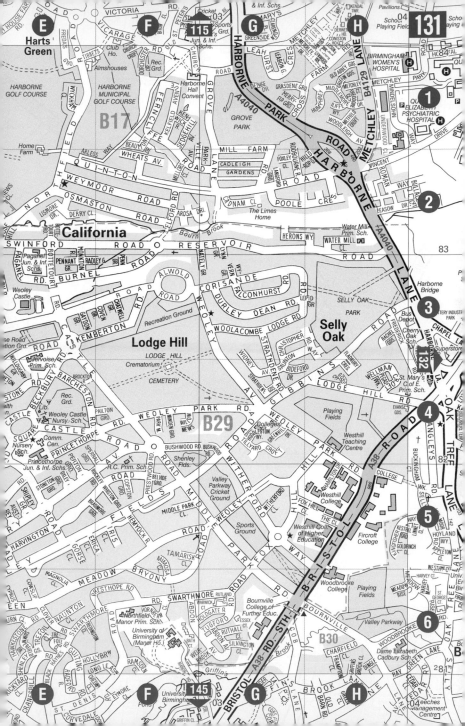

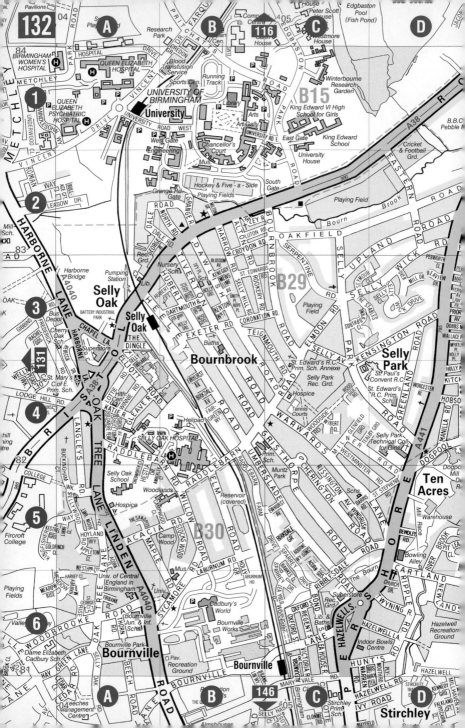

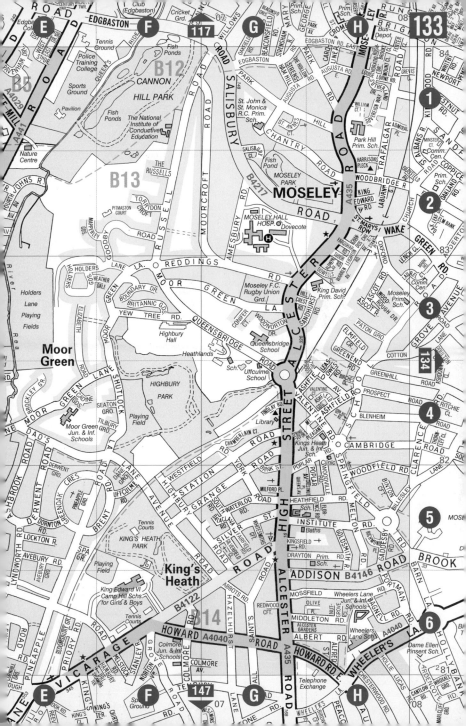

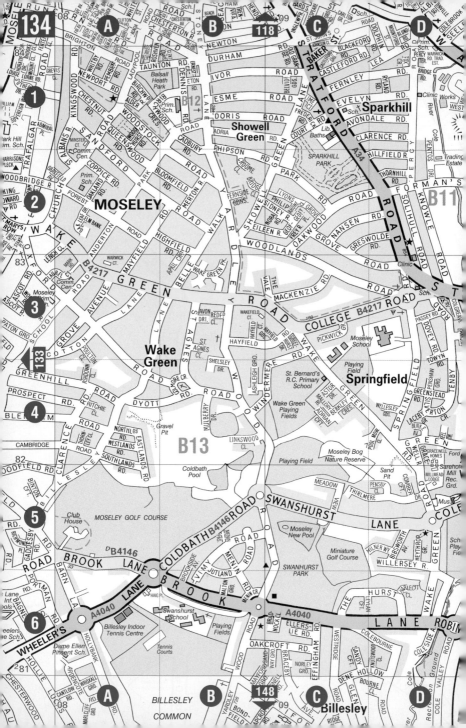

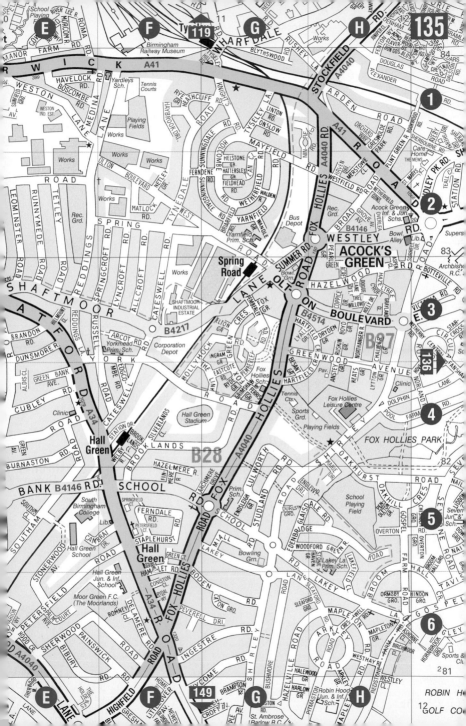

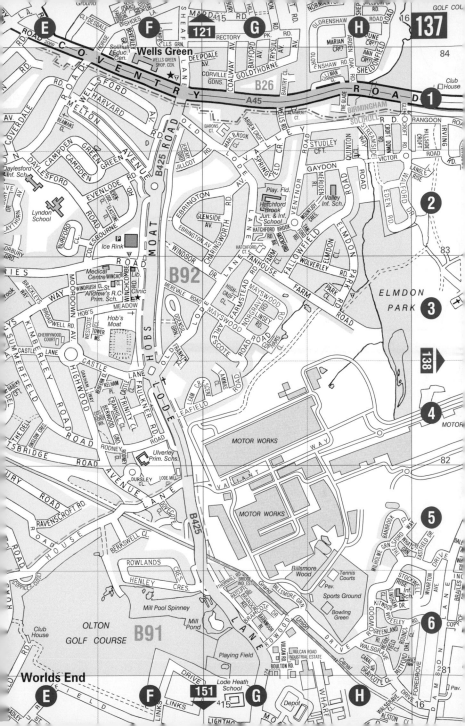

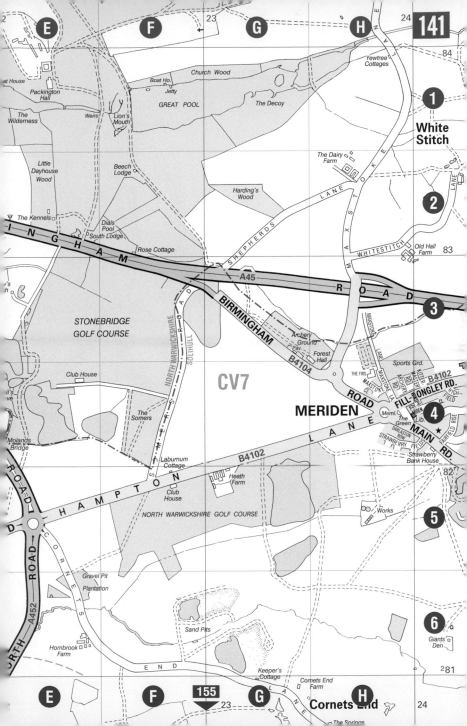

E F G H

84

1

White Stitch

2

83

Yewtree Cottages

The Dairy Farm

Old Hall Farm

WHITESTITCH

SHEPHERDS LANE

MAXSTOKE LANE

R O A D

A45

3

Church Wood

Boat Ho.
Jetty

GREAT POOL

The Decoy

Packington Hall

at House

The Wilderness

Weirs
Lion's Mouth

Little Dayhouse Wood

Beech Lodge

Harding's Wood

The Kennels

Dials Pool
South Lodge

Rose Cottage

I N G H A M

BIRMINGHAM

NORTH WARWICKSHIRE

SOLIHULL

STONEBRIDGE GOLF COURSE

CV7

Archery Ground
Pav.
Forest Hall

B4104

THE FIRS

Sports Grd.

MAXSTOKE RD.
ARCHERY RD.
WATER RD.
MEADEN CL.

B4102

FILL-ONGLEY RD.

HIGH-FIELD

4

MERIDEN

Meml.
The Green

ROAD

Club House

The Somers

Molands Bridge

Laburnum Cottage

H A M P T O N   L A N E

B4102

Heath Farm

Club House

NORTH WARWICKSHIRE GOLF COURSE

R O A D

A452

Gravel Pit Plantation

Hornbrook Farm

C O R N E T S

Sand Pits

E N D

Keeper's Cottage

DARLASTON ROW
STRAWBERRY FIELDS

MAIN   RD.

HARFIELD RISE

Strawberry Bank House

82

Works

5

6

Giants Den

81

Cornets End Farm

Cornets End

The Springs

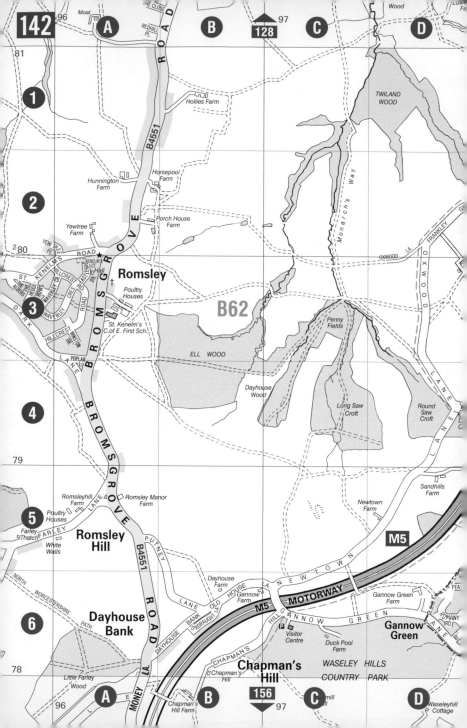

96
Moat
THE CLOSE
REDHILL PL.
128
97

A
B
C
D

81

1

Hollies Farm

B4551 ROAD

Horsepool Farm

Hunnington Farm

2

Monarch's Way

TWILAND WOOD

Wood

LOW
Wood

Yewtree Farm

Porch House Farm

BROMSGROVE

ROAD

YEW TREE PL.

ST. KENELM'S

KENELM'S

HILLCREST

HEDGE ROWS

WAVERLEY CR.

HILLCREST CRES.

BATTERY DR.

ROAD

ST. KENELM'S CT.

Hall

Romsley

Poultry Houses

B62

OXWOOD LA.

FRANKLEY LANE

OXWOOD

2 80

DARK LANE

3

THE CLOSE

WINSTON

HILLCREST DRI.

POPLAR LANE

St. Kenelm's C. of E. First Sch.

ELL WOOD

Penny Fields

LANE

4

Dayhouse Wood

Long Saw Croft

Round Saw Croft

79

Romsleyhill Farm

Romsley Manor Farm

BROMSGROVE

Sandhills Farm

Newtown Farm

M5

5

Poultry Houses

Farley Thatch

FARLEY

White Walls

Romsley Hill

PUTNEY LANE

B4551

LANE

Dayhouse Farm

OLD HOUSE LANE

Gannow Farm

NEWTOWN

MOTORWAY

Gannow Green Farm

PEA

NORTH

WORCESTERSHIRE

6

Dayhouse Bank

PATH

ROAD

DAYHOUSE LANE

BANK CROFT

HILL

M5

GANNOW

GREEN

Visitor Centre

Duck Pool Farm

WASELEY HILLS

COUNTRY PARK

Gannow Green

ROMANY RD.

78

Little Farley Wood

CHAPMAN'S

Chapman's Hill

Chapman's Hill

156

Chapman's Hill Farm

157

WASELEY

mill
ill

Waseleyhill Cottage

A
MONEY LA.
B
C
D

96
97

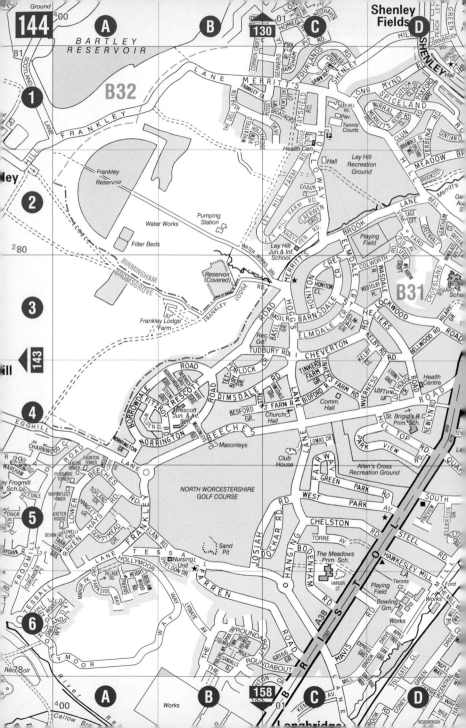

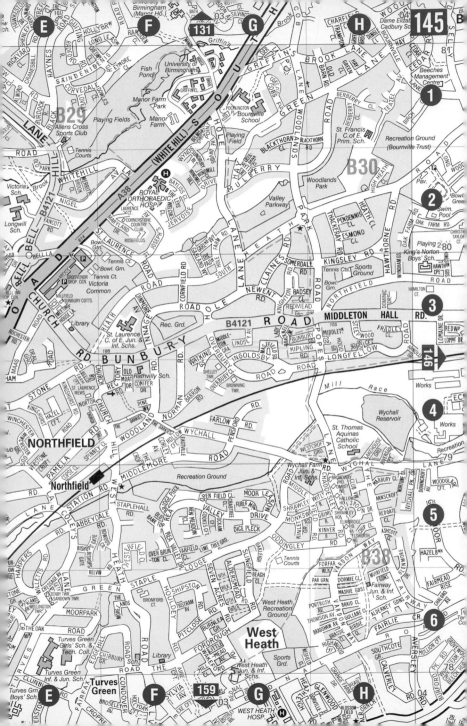

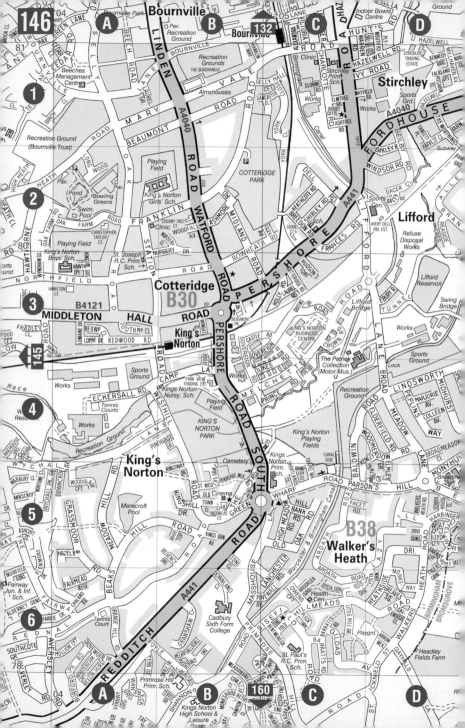

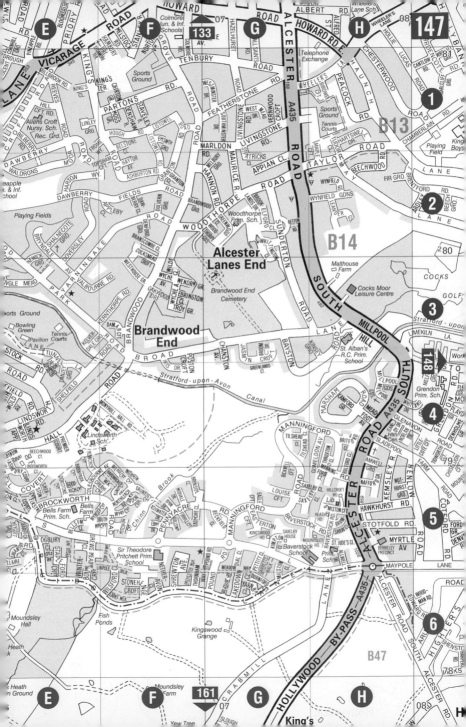

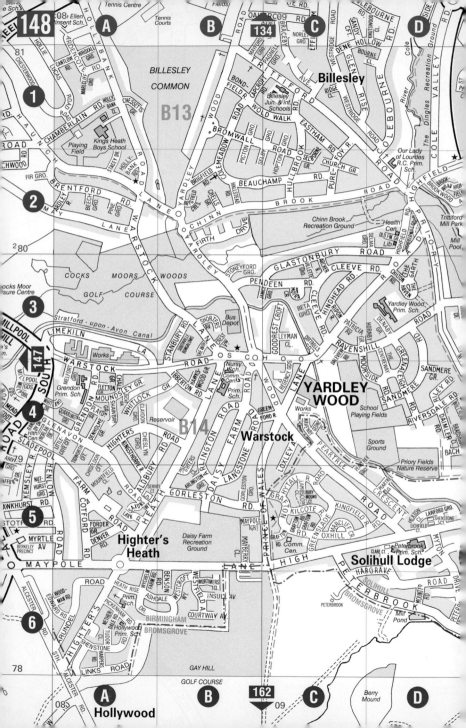

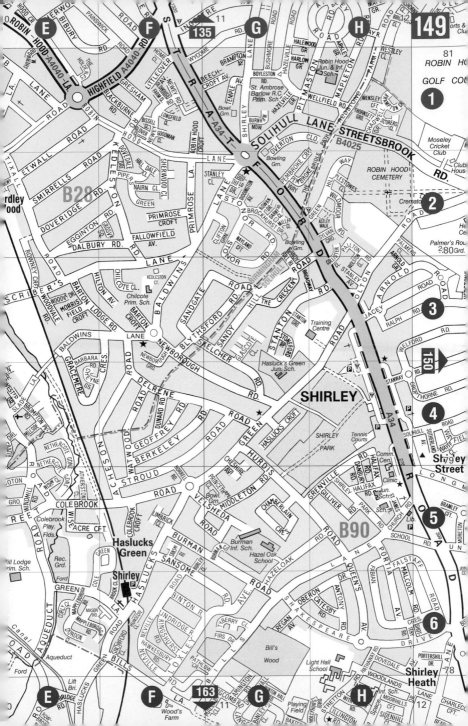

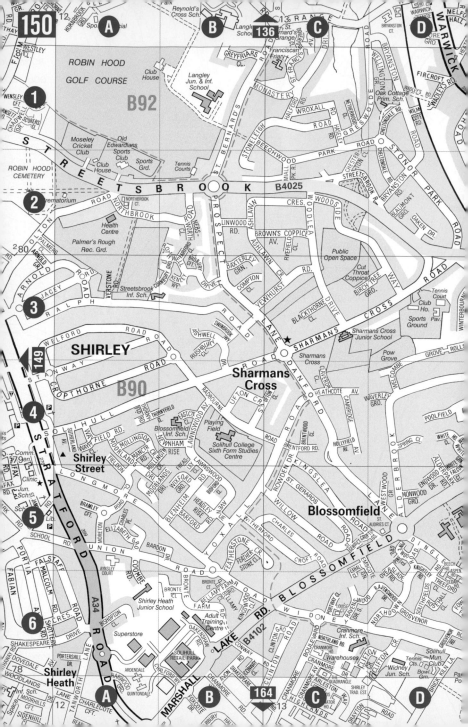

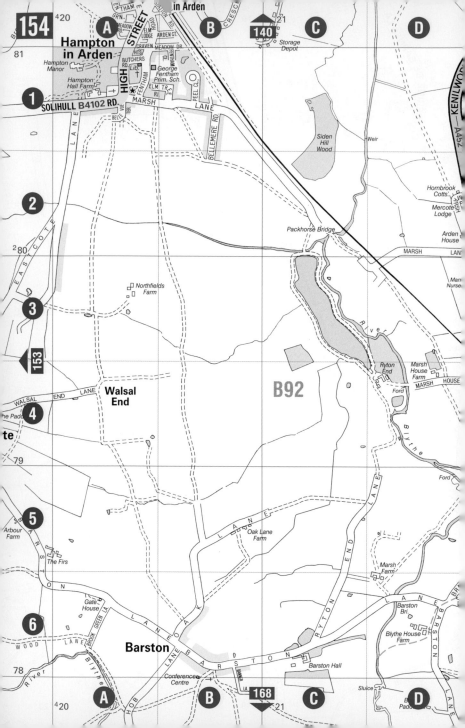

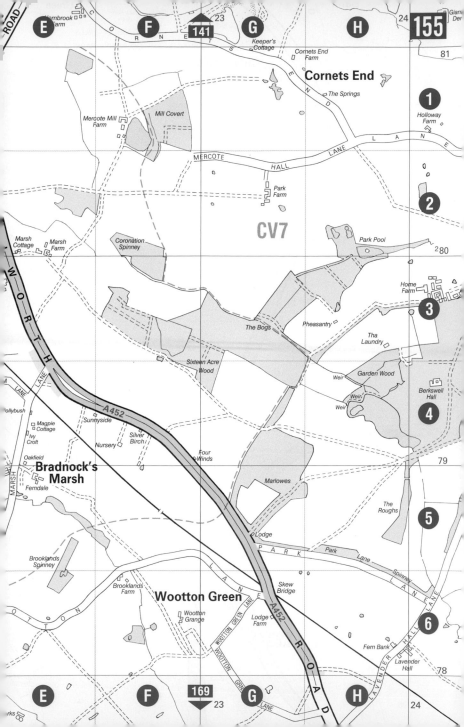

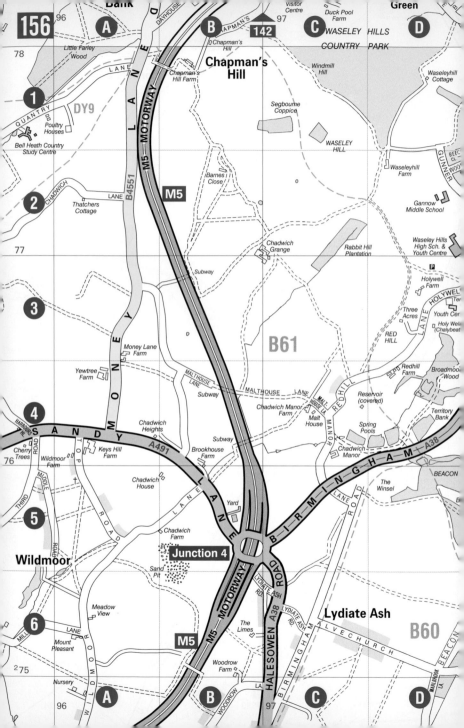

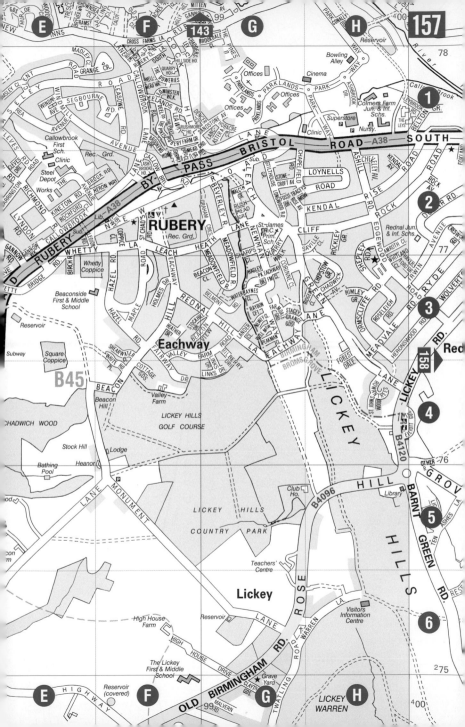

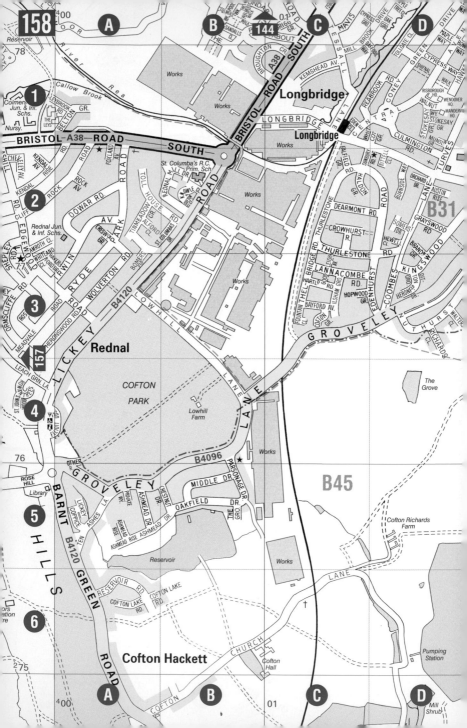

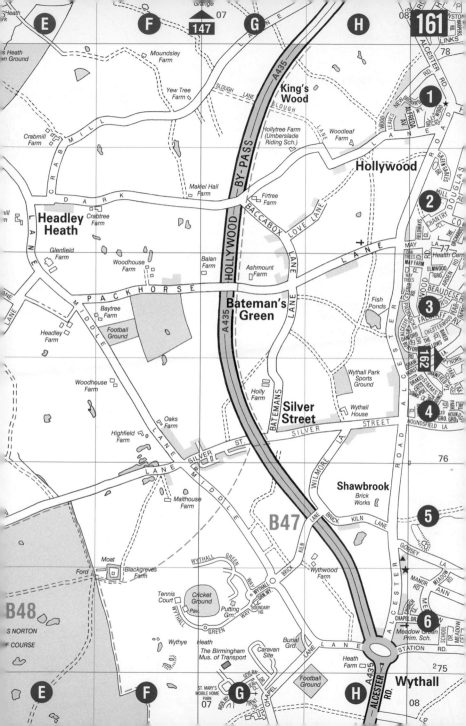

ALCESTER RD
LINKS
78

Moundsley Farm

Yew Tree Farm

SLOUGH LANE

King's Wood

SLOUGH

Hollytree Farm (Umberslade Riding Sch.)

Woodleaf Farm

Hollywood

Crabmill Farm

CRABMILL

DARK

Maklei Hall Farm

Firtree Farm

HOLLYWOOD BY-PASS

BACCABOX LANE

LOVE LANE

LANE

Health Cen.

MAY FARM

ELMWOOD GRO.

BEAUDESER

Headley Heath

Crabtree Farm

Glenfield Farm

Woodhouse Farm

Balan Farm

Ashmount Farm

PACKHORSE

LANE

MIDDLE

Baytree Farm

Football Ground

Headley Farm

A435

Bateman's Green

BATEMANS

Fish Ponds

Wythall Park Sports Ground

CHESTERWOOD RD

FALSTAFF

162

Woodhouse Farm

Oaks Farm

Highfield Farm

Holly Farm

Silver Street

Wythall House

SILVER

STREET

ROAD

MOUNDSFIELD LA.

Malthouse Farm

SILVER ST.

MIDDLE LANE

WILMORE LA.

Shawbrook Brick Works

BRICK KILN LANE

76

Moat

Blackgreves Farm

Ford

WYTHALL GREEN WAY

Tennis Court

Cricket Ground

Pav.

Putting Grn.

WYTHALL GREEN WAY

BOUNDARY HO.

B47

KILN LANE

BRICK

Wythwood Farm

5

GORSEY LA.

MANOR RD.

MEADOW ANN

B48

S NORTON

COURSE

WYTHALL GREEN

Wythye Heath

The Birmingham Mus. of Transport

Caravan Site

Burial Grd.

ALCESTER ROAD

CHAPEL DR

Meadow Green Prim. Sch.

6

SCHOOL

MEADOW

ST. MARY'S MOBILE HOME PARK

07

CHAPEL

Football Ground

Heath Farm

STATION RD.

2 75

08

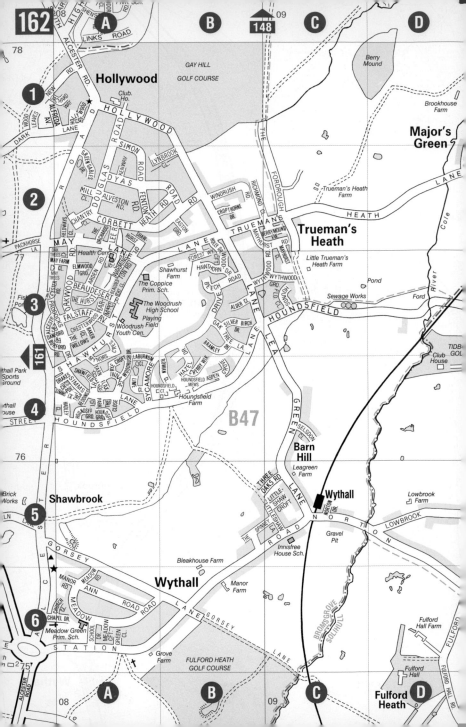

E

F

149

G

H

Shirley
Heath

78

BLACKF

Bill's
Wood

Light Hall
School

DOVEDALE

WOODLANDS

Inf. Sch.

CHARLECO

CFT.

Ford

Lift
Bri.

DRAWBRIDGE
RD.

Wood's
Farm

BILLS

SOLIHULL

BROMSGROVE

ROAD

GREEN

LA.

NEVILLE

SHURSLEY

FIRS DR

LANGCOMBE

LANGCOMB RD.

DUNTON HALL

BINLEY

MALLABY

SAMPFORD

BAXTERS

GDN.

BATTES

BAXTERS

WILTSHIRES

STRETTON

GRN.

STRETTON RD.

LILLINGTON RD.

★

Playing
Field

Open
Space

TACKLEY
CL.

MOORHILLS
CFT.

WITHYBROOK
RD.

SIDENHILL
CL.

MICKLEHILL

Shirley LA.

DRIVE

1-2

Three
Corner
CL.

LITTLEMEAD

ROW-
BROOK
CL.

CONDLAN DR.

NURSERY

RUSHLEIGH R.

CAMBRIA
CL.

HASLUCKS
CL.

Whitlock's
End Farm

Sans Souci
Training
College

WOODLOES RD.

CHOTTESWELL RD.

WAKELIN RD.

Road

MAXSTOKE
CFT.

DOG

STAN
CFT.

TANWORTH

ROAD

2

SLUCKS

RD.

hitlock's
End

Football
Club

Tyburn
Farm

Football
Ground

Football
Ground

Pav.

Stratford · upon · Avon · Canal

Three May
Poles Wharf

Club
House

Three
Maypoles

B4102

77

Lig

TYTHE

BARN

LANE

HEATH

Pav.

Pav.

Football

Grounds

Little
Tyburn
Coppice

B90

TYTHE

BARN LA.

BARN WK.

BROOM LA.

Dickens
RD.

Three
Maypoles
Farm

ROAD

LANE

3

164

Betteridge's
Farm

Pav.

Rugby Football
Grounds

BIRCHY

CL.

BIRCHY

LEASOWES

LA.

Birchy
Farm

FISHERS DR

ROAD

**Whitlocks
End**

HEATH

Old
Grove
Coppice

Wharf
Farm

RUMBUSH

BROOKHURST

DICKENS

HEATH RD.

Baroda
House Farm

Jerrings
Hall Farm

4

HEATH

CAMPION
WY.

SKY-
WOOD WY

KELSBOROUGH

FARMHOUSE WY

Riding
Sch.

Dickens
Heath Farm

BIRFIELD RD

RUMBUSH LA.

Square Acre
Farm

76

**Dickens
Heath**

OLD

DICKENS

HEATH RD.

RUMBUSH LA.

CLAY

NFD

MOAS WY

ALDERS

HAWS

PIT LA.

(Popped)

Little
Dickens'
Wood

Bricklin
Farm

OLEOBURY

**Tidbury
Green**

Tidbury
Green
Farm

Big
Dickens'
Wood

Tidbury
Green Primary
School

Cricket
Ground

Pav.

Sports
Ground

Pav.

DICKENS

HEATH

BRAGGS

Bragg's
Farm

FARM

Holly
Cottage

Lady Lane
Farm

LANE

5

275

B94

B

SH

LA

LA

DY

LANE

6

Rumbush

E

F

Nursery 11

G

Stratford - upon - Avon · Canal

1-2

H

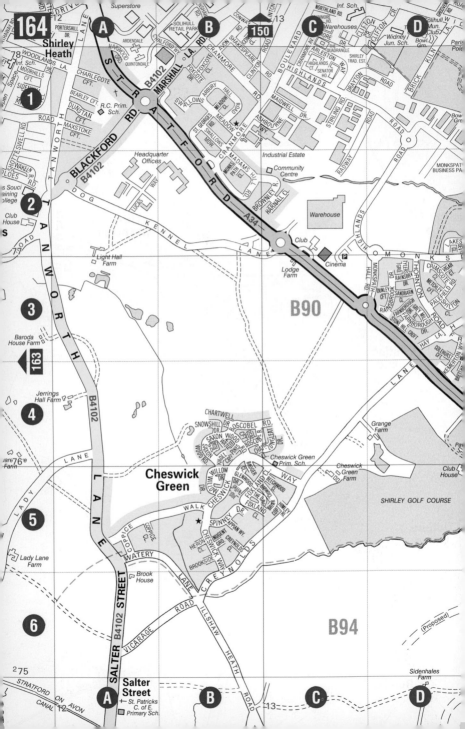

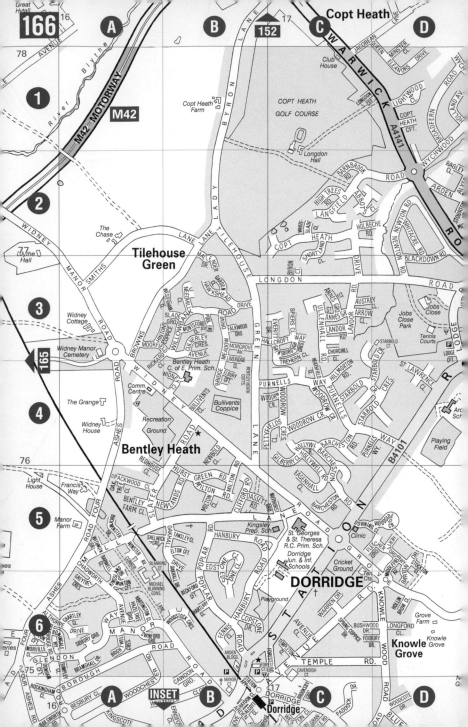

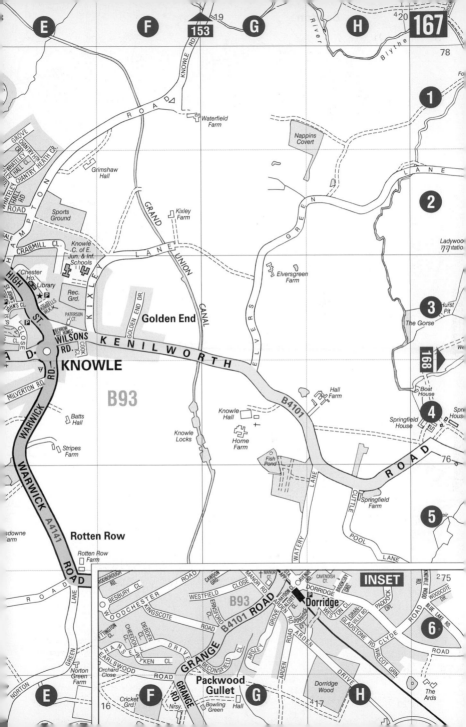

E **F** **G** **H**

153

167

River Blythe

78

19

420

1

Waterfield Farm

Nappins Covert

2

Grimshaw Hall

GRAND

Ladywoo...
77 ...tatio...

Kixley Farm

GROVE
WHATLEY
HALL
CHANTRY
HATLEY HALL
CHANTRY HEATH CR.
CHANTRY
HALL
RD
ROAD
SALE
HAMPTON
ROAD

KNOWLE RD.

LANE

GREEN

UNION

LANE

KIXLEY

Sports Ground

Knowle C. of E. Jun. & Inf. Schools

CRABMILL CL.

Elversgreen Farm

3

Hurst Pit

The Gorse

Chester Ho.
Library
Rec. Grd.
HIGH ST.
ST. JOHN'S CL.
TIBBETTS WLK.
BERROW COT HOMES
PATERSON CT.
CLOSE CL.

Golden End

GOLDEN END DR.

CANAL

ELVERS

168

ROAD

Boat House

We...

WILSONS RD.

KENILWORTH

Hall Farm

Springfield House

4

Spri... Hous...

KNOWLE

MILVERTON RD.

B93

Batts Hall

Knowle Locks

Knowle Hall

Home Farm

B4101

Springfield Farm

ROAD

76...

CUTTLE

Stripes Farm

Fish Pond

WARWICK

RD.

WARWICK

A4141

ROAD

...sdowne
...arm

Rotten Row

Rotten Row Farm

WATERY

LANE

POOL

LANE

5

...eir

ROAD

LANE

GREEN

INSET

275

MANOR

CANDEN GRO.

MANOR RD.

CAVENDISH CT.

BRODNORT

KNOWLE WOOD RD.

WOODCOTE RD.

WOODBOROUGH RD.

ROAD

CANDON CLOSE

DORRIDGE STA.

CAVENDISH

Dorridge

PADDOX DR.

BLUE LAKE RD.

BESBURY CL.

CHESTER CL.

WESTFIELD

B93

GROVE

PAVILION WAY

WESTON DR.

GRAN...VILLE RD.

CLYDE

ROAD

WOODCHESTER

KINGSCOTE

DEBDEN CL.

ERNSFORD CL.

ROAD

B4101 ROAD

DORRIDGE RD.

ARDEN

GLADSTONE RD

WALCOT GRN

CLYDE

ROAD

GREEN

LANE

LITTINGTON CL.

CHEDDON CL.

EVANS CL.

EARLSWOOD ROAD

KEN CL.

Orchard Close

BECONSFIELD

APSLEY

GRANGE

ARDEN

DRIVE

6

ROAD

Packwood Gullet

Dorridge Wood

The Ards

NORTON

GREEN

Norton Green Farm

Cricket Grd

Nrsy.

Bowling Green

GRANGE RD.

Hall

417

E **F** **G** **H**

16

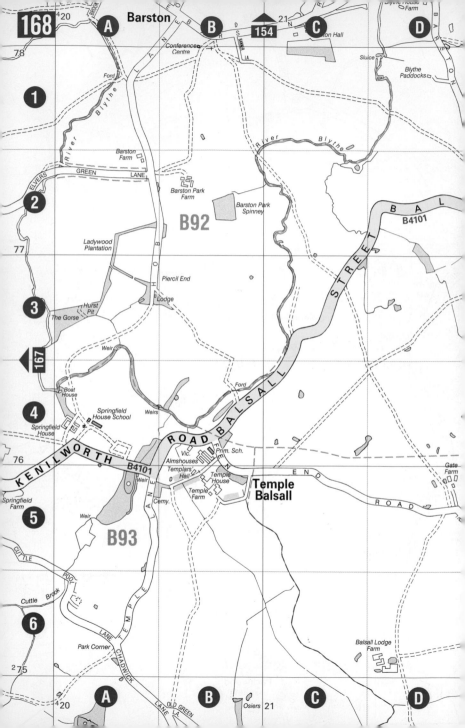

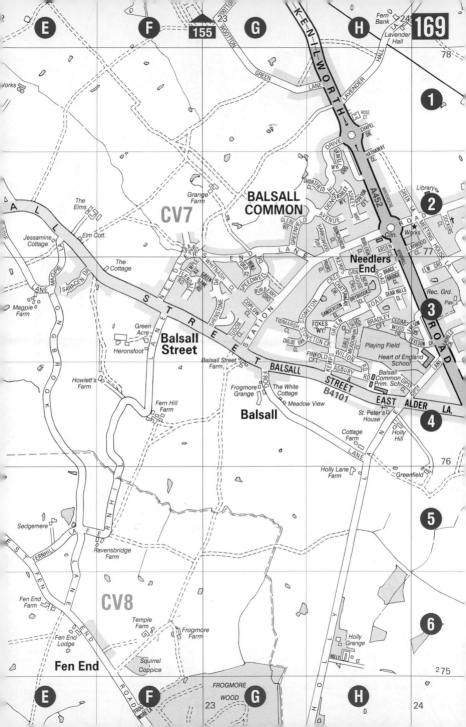

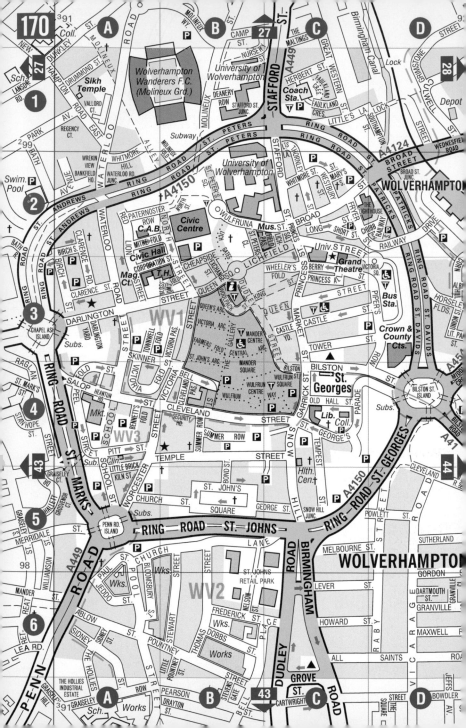

INDEX

Including Streets, Places & Areas, Industrial Estates, Selected Subsidiary Addresses
and Selected Places of Interest.

HOW TO USE THIS INDEX

1. Each street name is followed by its Postal District (or, if outside the Birmingham Postal Districts by its Posttown or Postal Locality), and then by its map reference; e.g. Abberley Rd. *O'bry* —4H **113** is in the Oldbury Posttown and is to be found in square 4H on page **113**. The page number being shown in bold type.
   A strict alphabetical order is followed in which Av., Rd., St., etc. (though abbreviated) are read in full and as part of the street name; e.g. Abbeydale Rd. appears after Abbey Cres. but before Abbey Dri.

2. Streets and a selection of Subsidiary names not shown on the Maps, appear in the index in *italics* with the thoroughfare to which it is connected shown in brackets; e.g. *Adelphi Ct. Brie H —1H 109 (off Promenade, The)*

3. Places and areas are shown in the index in **bold type**, the map reference referring to the actual map square in which the town or area is located and not to the place name; e.g. **Acock's Green. —2H 135**

4. An example of a selected place of interest is *Aston Manor Transport Mus. —6H 83*

5. Map references shown in brackets; e.g. Albert St. *B4 & B5* —1G **117** (4F **5**) refer to entries that also appear on the large scale pages 4, 5 and 170.

GENERAL ABBREVIATIONS

All : Alley	Ct : Court	Lit : Little	Rd : Road
App : Approach	Cres : Crescent	Lwr : Lower	Shop : Shopping
Arc : Arcade	Cft : Croft	Mc : Mac	S : South
Av : Avenue	Dri : Drive	Mnr : Manor	Sq : Square
Bk : Back	E : East	Mans : Mansions	Sta : Station
Boulevd : Boulevard	Embkmt : Embankment	Mkt : Market	St : Street
Bri : Bridge	Est : Estate	Mdw : Meadow	Ter : Terrace
B'way : Broadway	Fld : Field	M : Mews	Trad : Trading
Bldgs : Buildings	Gdns : Gardens	Mt : Mount	Up : Upper
Bus : Business	Gth : Garth	Mus : Museum	Va : Vale
Cvn : Caravan	Ga : Gate	N : North	Vw : View
Cen : Centre	Gt : Great	Pal : Palace	Vs : Villas
Chu : Church	Grn : Green	Pde : Parade	Vis : Visitors
Chyd : Churchyard	Gro : Grove	Pk : Park	Wlk : Walk
Circ : Circle	Ho : House	Pas : Passage	W : West
Cir : Circus	Ind : Industrial	Pl : Place	Yd : Yard
Clo : Close	Info : Information	Quad : Quadrant	
Comn : Common	Junct : Junction	Res : Residential	
Cotts : Cottages	La : Lane	Ri : Rise	

POSTTOWN AND POSTAL LOCALITY ABBREVIATIONS

A Grn : Acocks Green	*Bloom* : Bloomfield	*Chase* : Chasetown	*Env* : Enville
Alb : Albrighton	*Blox* : Bloxwich	*Chel W* : Chelmsley Wood	*Erd* : Erdington
A'rdge : Aldridge	*Bord* : Bordesley	*C Hay* : Cheslyn Hay	*Ess* : Essington
Alum R : Alum Rock	*Bord G* : Bordesley Green	*C'bri* : Churchbridge	*E'shll* : Ettingshall
A'chu : Alvechurch	*B'brk* : Bournbrook	*Clay* : Clayhanger	*E'shll P* : Ettingshall Park
Amb : Amblecote	*B'vlle* : Bournville	*Clent* : Clent	*Fall P* : Fallings Park
Aston : Aston	*Brad* : Bradley	*Cod* : Codsall	*F'stne* : Featherstone
Bal C : Balsall Common	*B'mre* : Bradmore	*Cod W* : Codsall Wood	*Finc* : Finchfield
Bal H : Balsall Heath	*Brad M* : Bradnocks Marsh	*Col* : Coleshill	*Foot* : Footherley
B Grn : Barnt Green	*Brie H* : Brierley Hill	*Comp* : Compton	*F'bri* : Fordbridge
Bars : Barston	*B'frd* : Brinsford	*Cong E* : Congreaves Trad. Est.	*F'hses* : Fordhouses
Bart G : Bartley Green	*Brock* : Brockmoor	*Cose* : Coseley	*Four O* : Four Oaks
Bass P : Bassetts Pole	*Bwnhls* : Brownhills	*Coven* : Coven	*Fran* : Frankley
Belb : Belbroughton	*Buc E* : Buckland End	*Cov H* : Coven Heath	*Fren W* : French Walls
Bntly : Bentley	*Burn* : Burntwood	*Crad H* : Cradley Heath	*G Hill* : Golds Hill
Ben H : Bentley Heath	*Bush* : Bushbury	*Curd* : Curdworth	*Gold P* : Goldthorn Park
Berk : Berkswell	*Camp H* : Camp Hill	*Darl* : Darlaston	*Gorn W* : Gornal Wood
Bick : Bickenhill	*Cann* : Cannock	*Der* : Deritend	*Gt Barr* : Great Barr
Bils : Bilston	*Can* : Canwell	*Dorr* : Dorridge	*Gt Bri* : Great Bridge
Bstne : Bilstone	*Cas B* : Castle Bromwich	*Dray B* : Drayton Bassett	*Gt Wyr* : Great Wyrley
B'fld : Birchfield	*Cas* : Castlecroft	*Dud* : Dudley	*Greet* : Greet
Birm P : Birmingham Bus. Pk.	*Cas V* : Castle Vale	*Dud P* : Dudley Port	*Hag* : Hagley
Birm A : Birmingham	*Cath B* : Catherine-de-Barnes	*Earls* : Earlswood	*Hale* : Halesowen
International Airport	*Cats* : Catshill	*Edg* : Edgbaston	*Hall G* : Hall Green
B'hll : Blakenhall	*Chad* : Chadwich	*Elmd* : Elmdon	*Hamm* : Hammerwich

Posttown and Postal Locality Abbreviations

Hamp I : Hampstead Ind. Est.
H Ard : Hampton-in-Arden
Hand : Handsworth
Harb : Harborne
Hasb : Hasbury
Hay G : Hayley Green
Hth T : Heath Town
Hill T : Hill Top
Htn : Hilton
Himl : Himley
Hints : Hints
Hock : Hockley
H'ley H : Hockley Heath
Holf : Holford
H'wd : Hollywood
Hunn : Hunnington
Hurst B : Hurst Bus. Pk.
H Grn : Hurst Green
Ism : Ismere
I'ley : Iverley (Kidderminster)
Iver : Iverley (Stourbridge)
Ken : Kenilworth
K Hth : Kings Heath
K'hrst : Kingshurst
K Nor : Kings Norton
K'sdng : Kingstanding
K'wfrd : Kingswinford
Kinv : Kinver
Kitts G : Kitts Green
Know : Knowle
Lady : Ladywood
Lane : Lanesfield
Lapw : Lapworth
Lea M : Lea Marston
Lich : Lichfield
L End : Lickey End
Lit A : Little Aston
Lwr G : Lower Gornal
Lwr P : Lower Penn
Loz : Lozells
L Ash : Lydiate Ash

Lye : Lye
Lyng : Lyng
Lynn : Lynn
Maney : Maney
Marl : Marlbrook
Mars : Marston
Mars G : Marston Green
May : Maypole
Mer : Meriden
Mer H : Merry Hill
Midd I : Middlemore Ind. Est.
(Birmingham)
Mid I : Middlemore Ind. Est.
(Smethwick)
Midd : Middleton
Min : Minworth
Mose : Moseley
Mose V : Moseley Village
Mox : Moxley
Nech : Nechells
Neth : Netherton
N'bri : Newbridge
New O : New Oscott
New S : New Shires Ind. Est.
N'fld : Northfield
Nort C : Norton Canes
Oaken : Oaken
Ock H : Ocker Hill
O'bry : Oldbury
Oxl : Oxley
P'flds : Parkfields
Park V : Park Village
Patt : Pattingham
Pels : Pelsall
Pend : Pendeford
Penn : Penn
Penn F : Penn Fields
Pens : Pensnett
Pens T : Pensnett Trad. Est.
P Barr : Perry Barr
Pert : Perton

Prem B : Premier Bus. Pk.
P End : Princes End
Quar B : Quarry Bank
Quin : Quinton
Redn : Rednal
Rom : Romsley
Row R : Rowley Regis
Row V : Rowley Village
Rus : Rushall
Salt : Saltley
San : Sandwell
Sed : Sedgley
Seis : Seisdon
S Oak : Selly Oak
S Park : Selly Park
S End : Shard End
Share : Shareshill
Sheld : Sheldon
Shelf : Shelfield
Shen W : Shenstone Wood
End
Shir : Shirley
Small H : Small Heath
Smeth : Smethwick
Sol : Solihull
S'brk : Sparkbrook
S'hll : Sparkhill
Spring : Springhill
Stech : Stechford
Stir : Stirchley
Stock G : Stockland Green
Ston : Stonnall
Stourb : Stourbridge
Stow H : Stow Heath
S'tly : Streetly
S Cold : Sutton Coldfield
Swan V : Swan Village
Swind : Swindon
Tett : Tettenhall
Tett W : Tettenhall Wood
Tid G : Tidbury Green

Tip : Tipton
Tiv : Tividale
Tres : Trescott
Try : Trysull
Tys : Tyseley
Up Gor : Upper Gornal
Vaux : Vauxhall
W Hth : Wall Heath
Wals : Walsall
Wals W : Walsall Wood
W End : Ward End
Wash H : Washwood Heath
Wat O : Water Orton
W'bry : Wednesbury
Wed : Wednesfield
W Cas : Weoley Castle
Wergs : Wergs
W Brom : West Bromwich
Westc : Westcroft
Wtgtn : Whittington
Wild : Wildmoor
W'hall : Willenhall
Win G : Winson Green
Wis : Wishaw
Witt : Witton
Woll : Wollaston
W'cte : Wollescote
Wolv : Wolverhampton
Wom : Wombourne
Woodc : Woodcross
W'gte : Woodgate
Woods : Woodsetton
Word : Wordsley
W Grn : Wylde Green
Wyt : Wythall
Yard : Yardley
Yard W : Yardley Wood
Yew T : Yew Tree Est.

INDEX

Addenbrooke St. *W'bry*
—3D **46**
Addenbrook Way. *Tip* —5D **62**
Adderley Gdns. *B8* —4D **102**
(in two parts)
Adderley Pk. Clo. *B8* —5E **103**
Adderley Rd. *B8 & Salt*
—6C **102**
Adderley Rd. S. *B8* —6C **102**
Adderley St. *B9* —2A **118**
Addison Clo. *W'bry* —3C **64**
Addison Cft. *Dud* —2E **75**
Addison Gro. *Wolv* —6D **16**
Addison Pl. *Bils* —4A **46**
Addison Pl. *Wat O* —4D **88**
Addison Rd. *Brie H* —1F **109**
Addison Rd. *K Hth* —6H **133**
Addison Rd. *Nech* —1C **102**
Addison Rd. *W'bry* —3C **64**
Addison Rd. *Wolv* —3D **42**
Addison St. *W'bry* —3F **63**
Addison Ter. *W'bry* —3F **63**
Adelaide Av. *W Brom* —6G **63**
Adelaide St. *B12* —3H **117**
Adelaide St. *Brie H* —6H **93**
Adelaide Wlk. *Wolv* —3A **44**
*Adelphi Ct. Brie H —1H **109**
(off Promenade, The)
Adey Rd. *Wolv* —1H **29**
Adkins La. *Smeth* —2D **114**
Admington Rd. *B33* —3G **121**
Admiral Pl. *Mose* —1H **133**
Admirals Way. *Row R*
—1B **112**
Adrian Cft. *B13* —4C **134**
Adria Rd. *B11* —1B **134**
Adshead Rd. *Dud* —2E **95**
Adstone Gro. *B31* —6E **145**
Advent Gdns. *W Brom* —4H **79**
Adwalton Rd. *Wolv* —6F **25**
Agenoria Dri. *Stourb* —6D **108**
Aiken Ho. *Smeth* —5G **99**
Ainsdale Clo. *Stourb* —3D **124**
Ainsdale Gdns. *B24* —2A **86**
Ainsdale Gdns. *Hale* —3F **127**
Ainsworth Rd. *Wolv* —2A **16**
Aintree Gro. *B34* —3H **105**
Aintree Rd. *Wolv* —3H **15**
Aintree Way. *Dud* —4A **76**
Aire Cft. *B31* —6F **145**
Airfield Dri. *A'rdge* —6A **34**
Airport Way. *Birm A* —1E **139**
Ajax Clo. *Wals* —4F **7**
Akrill Clo. *W Brom* —2H **79**
Alamein Rd. *W'hall* —2G **45**
Albany Cres. *Bils* —5E **45**
Albany Gro. *Ess* —6C **18**
Albany Gro. *K'wfrd* —2C **92**
Albany Ho. *B34* —2E **105**
Albany Rd. *B17* —5G **115**
Albany Rd. *Wolv* —1F **43**
Albemarle Rd. *Stourb*
—3D **124**
Albermarle Rd. *K'wfrd* —4E **93**
Albert Av. *B12* —5A **118**
Albert Clarke Dri. *W'hall*
—2C **30**
Albert Clo. *Cod* —3E **13**
Albert Dri. *Hale* —3H **127**
Albert Dri. *Swind* —5E **73**
*Albert Ho. W'bry —5C **46**
(off Factory St.)
Albert Pl. *B12* —6G **117**
Albert Rd. *Aston* —1G **101**
Albert Rd. *Erd* —4D **84**

Albert Rd. *Hale* —3H **127**
Albert Rd. *Hand* —6A **82**
Albert Rd. *Harb* —6F **115**
Albert Rd. *K Hth* —6G **133**
Albert Rd. *O'bry* —3A **114**
Albert Rd. *Stech* —1B **120**
Albert Rd. *Wolv* —6D **26**
Albert Smith Pl. *Row R*
—5A **96**
Albert St. *B4 & B5*
—1G **117** (4F **5**)
Albert St. *Lye* —6A **110**
Albert St. *O'bry* —1G **97**
Albert St. *Pens* —2H **93**
Albert St. *Stourb* —6D **108**
Albert St. *Tip* —5H **61**
Albert St. *W Hth* —1H **91**
Albert St. *Wals* —1C **48**
Albert St. *W'bry* —3E **63**
Albert St. *W Brom* —6A **80**
Albert St. E. *O'bry* —2H **97**
Albert Wlk. *B17* —6G **115**
Albion Av. *W'hall* —1C **46**
Albion Bus. Pk. *Smeth* —1C **98**
Albion Fld. Dri. *W Brom*
—3B **80**
Albion Ho. *W Brom* —5A **80**
Albion Ind. Est. *W Brom*
—5G **79**
Albion Ind. Est. Rd. *W Brom*
—5F **79**
Albion Pde. *K'wfrd* —1H **91**
Albion Rd. *Hand* —6H **81**
Albion Rd. *San* —1F **99**
Albion Rd. *S'hll* —6D **118**
Albion Rd. *Wals* —5A **10**
Albion Rd. *W Brom* —5F **79**
(in two parts)
Albion Rd. *W'hall* —1C **46**
Albion Roundabout. *W Brom*
—3H **79**
Albion St. *B1* —6D **100** (2A **4**)
Albion St. *Brie H* —6H **93**
Albion St. *O'bry* —6E **79**
Albion St. *Tip* —2H **77**
Albion St. *W Hth* —6H **73**
Albion St. *W'hall* —1B **46**
Albion St. *Wolv*
—1H **43** (3D **170**)
Alborn Cres. *B38* —1H **159**
*Albright Ho. O'bry —5E **97**
(off Kempsey Clo.)
Albrighton Ho. *B20* —4B **82**
Albrighton Rd. *Alb* —5A **12**
Albrighton Rd. *Hale* —2G **127**
Albright Rd. *O'bry* —5B **98**
Albury Wlk. *B11* —4A **118**
Albutts Rd. *Wals* —2E **9**
Alcester Dri. *S Cold* —2D **68**
(in two parts)
Alcester Dri. *W'hall* —2F **45**
Alcester Gdns. *B14* —6G **133**
Alcester Lanes End. —2G **147
Alcester Rd. *B13* —3G **133**
Alcester Rd. *H'wd & Wyt*
(in two parts) —1A **162**
Alcester Rd. S. *B14* —6G **133**
(in two parts)
Alcester St. *B12*
—3H **117** (6H **5**)
Alcombe Gro. *B33* —1C **120**
Alcott Clo. *Dorr* —6G **167**
Alcott Gro. *B33* —6H **105**
Alcott La. *B37* —3B **122**
Alcove, The. *Wals* —5B **20**
Aldbourne Way. *B38* —2H **159**

Aldbury Rd. *B14* —5A **148**
Aldeburgh Clo. *Wals* —4G **19**
Aldeford Dri. *Brie H* —3H **109**
Alderbrook Clo. *Dud* —4F **59**
Alderbrook Rd. *Sol* —5D **150**
Alder Clo. *H'wd* —3B **162**
Alder Clo. *S Cold* —6C **70**
Alder Coppice. *Dud* —3G **59**
Alder Cres. *Wals* —1F **65**
Alder Dale. *Wolv* —2C **42**
Alderdale Av. *Dud* —2G **59**
Alderdale Cres. *Sol* —6A **138**
Alder Dri. *B37* —2D **122**
Alderflat Pl. *B7* —4C **102**
Alderford Clo. *Wolv* —1D **26**
Alder Gro. *Hale* —5E **113**
Alderham Clo. *Sol* —3H **151**
Alderhithe Gro. *S Cold* —6B **36**
Alder La. *B30* —1G **145**
Alder La. *Bal C* —4H **169**
Alderlea Clo. *Stourb* —3E **125**
Alderminster Rd. *Sol* —6F **151**
Alderney Gdns. *B38* —6H **145**
Alderpark Rd. *Sol* —4D **150**
Alderpits Rd. *B34* —2H **105**
(in two parts)
Alder Rd. *B12* —1A **134**
Alder Rd. *K'wfrd* —4D **92**
Alder Rd. *W'bry* —6G **47**
Aldersea Dri. *B6* —2H **101**
Aldershaw Rd. *B26* —6C **120**
Aldershaws. *Shir* —4G **163**
Aldersley Av. *Wolv* —2C **26**
Aldersley Clo. *Wolv* —2D **26**
Aldersley Rd. *Wolv* —4C **26**
Aldersmead Rd. *B31* —5G **145**
Alderson Rd. *B8* —5F **103**
Alders, The. *Rom* —3A **142**
Alderton Clo. *Sol* —6F **151**
Alderton Dri. *Wolv* —3C **42**
Alder Way. *S Cold* —3G **51**
Alderwood Pl. *Sol* —4F **151**
Alderwood Precinct. *Dud*
—3G **59**
Alderwood Ri. *Dud* —2H **75**
Aldgate Dri. *Brie H* —4G **109**
Aldgate Gro. *B19* —4F **101**
Aldis Clo. *B28* —4E **135**
Aldis Clo. *Wals* —4G **47**
Aldis Rd. *Wals* —4G **47**
Aldridge. —3D **34
Aldridge By-Pass. *A'rdge*
—4D **34**
Aldridge Clo. *O'bry* —5A **98**
Aldridge Clo. *Stourb* —3C **108**
Aldridge Rd. *A'rdge & Lit A*
—4H **35**
Aldridge Rd. *Gt Barr & P Barr*
—3E **67**
Aldridge Rd. *O'bry* —3H **113**
Aldridge Rd. *S Cold & S'tly*
—2F **51**
Aldridge Rd. *Wals* —6G **33**
Aldridge St. *W'bry* —4D **46**
Aldwych Clo. *Wals* —1D **34**
Aldwyck Dri. *Wolv* —3G **41**
Aldwyn Av. *B13* —3H **133**
Alexander Hill. *Brie H* —3B **110**
Alexander Rd. *B27* —1H **135**
Alexander Rd. *Cod* —4A **14**
Alexander Rd. *Smeth* —1C **114**
Alexander Rd. *Wals* —1F **47**
Alexander Ter. *Smeth* —3D **98**
Alexandra Av. *B21* —2H **99**
Alexandra Cres. *W Brom*
—5C **64**

Alexandra Ind. Est. *Tip* —1A **78**
Alexandra Pl. *Bils* —5F **45**
Alexandra Pl. *Dud* —3D **76**
Alexandra Rd. *B5* —5G **117**
Alexandra Rd. *Hale* —1H **127**
Alexandra Rd. *Hand* —2H **99**
Alexandra Rd. *Stir* —6C **132**
Alexandra Rd. *Tip* —2H **77**
Alexandra Rd. *Wals* —4C **48**
Alexandra Rd. *W'bry* —5E **47**
Alexandra Rd. *Wolv* —6E **43**
Alexandra St. *Dud* —6D **76**
Alexandra St. *Wolv* —2F **43**
Alexandra Way. *Tiv* —5A **78**
Alexandra Way. *Wals* —4D **34**
Alford Clo. *Redn* —2A **158**
Alfreda Av. *H'wd* —1H **161**
Alfred Gunn Ho. *O'bry* —5H **97**
Alfred Rd. *Hand* —1A **100**
Alfred Rd. *S'hll* —6B **118**
Alfred Squire Rd. *Wolv*
—4E **29**
Alfred St. *Aston* —1B **102**
Alfred St. *K Hth* —6H **133**
Alfred St. *Smeth* —2G **99**
Alfred St. *S'brk* —6B **118**
Alfred St. *Wals* —6H **19**
Alfred St. *W'bry* —6C **46**
Alfred St. *W Brom* —4B **80**
Algernon Rd. *B16* —5H **99**
Alice St. *Bils* —5F **45**
Alice Wlk. *Bils* —5F **45**
Alison Clo. *Tip* —3A **62**
Alison Dri. *Stourb* —3D **124**
Alison Rd. *Hale* —2F **129**
Allan Clo. *Smeth* —4F **99**
Allan Clo. *Stourb* —3D **108**
All Angels Wlk. *O'bry* —5H **97**
Allbut St. *Crad H* —2F **111**
Allcock St. *B9* —2A **118**
Allcock St. *Tip* —5C **62**
Allcroft Rd. *B11* —3F **135**
Allenby Clo. *K'wfrd* —4E **93**
Allen Clo. *B43* —6A **66**
Allendale Gro. *B43* —5A **66**
Allendale Rd. *B25* —4H **119**
Allendale Rd. *S Cold* —5C **70**
Allen Dri. *W'bry* —6D **46**
Allen Dri. *W Brom* —6D **80**
Allen Ho. *B43* —6A **66**
Allen Rd. *Tip* —4H **61**
Allen Rd. *W'bry* —6F **47**
Allen Rd. *Wolv* —6D **26**
Allen's Av. *B18* —3B **100**
Allens Av. *W Brom* —6G **63**
Allen's Clo. *W'hall* —4B **30**
Allens Cft. Rd. *B14* —2D **146**
Allens Farm Rd. *B31* —4B **144**
Allen's La. *Wals* —5D **20**
Allen's Rd. *B18* —3B **100**
Allen St. *W Brom* —4H **79**
Allerdale Rd. *Clay* —6A **10**
Allerton Ct. *W Brom* —4A **64**
Allerton La. *W Brom* —5A **64**
Allerton Rd. *B25* —4H **119**
Allesley Clo. *S Cold* —5A **54**
Allesley Rd. *Sol* —5B **136**
Allesley St. *B6* —4G **101**
Alleston Rd. *Wolv* —5H **15**
Alleston Wlk. *Wolv* —5H **15**
Alleyne Gro. *B24* —5G **85**
Alleyne Rd. *B24* —6G **85**
Alley, The. *Dud* —4F **75**
Allingham Gro. *B43* —1G **67**
Allington Clo. *Wals* —3H **49**
Allison St. *B5* —1H **117** (5G **5**)

Allman Rd.—Archibald Rd.

Allman Rd. *B24* —3H **85**
Allmyn Dri. *S Cold* —5A **52**
All Saints. —4C 100
All Saints Dri. *S Cold* —1F **53**
All Saints Rd. *Hock* —4D **100**
All Saint's Rd. *K Hth* —6G **133**
All Saints Rd. *W'bry* —5E **47**
All Saints' Rd. *Wolv*
—3H **43** (6C **170**)
All Saints St. *B18* —4C **100**
All Saints Way. *W Brom*
—3B **80**
Allsops Clo. *Row R* —5H **95**
Allwell Dri. *B14* —5H **147**
Allwood Gdns. *B32* —3G **129**
Alma Av. *Tip* —6A **62**
Alma Cres. *B7* —5B **102**
Alma Ind. Est. *W'bry* —5C **46**
Alma Pas. *Harb* —5H **115**
Alma Pl. *Bal H* —6B **118**
Alma Pl. *Dud* —6E **77**
Almar Ct. *Wolv* —6D **14**
Alma St. *B19* —3G **101**
Alma St. *Darl* —5C **46**
Alma St. *Hale* —6E **111**
Alma St. *Smeth* —3G **99**
Alma St. *Wals* —5B **32**
Alma St. *W'bry* —2H **63**
Alma St. *W'hall* —1B **46**
Alma St. *Wolv* —6B **28**
Alma Way. *B19* —2F **101**
Almond Av. *Bntly* —5E **31**
Almond Av. *Yew T* —1E **65**
Almond Clo. *B29* —1E **145**
Almond Clo. *Wals* —5D **20**
Almond Cft. *B42* —1B **82**
Almond Gro. *Wolv* —5G **27**
Almond Rd. *K'wfrd* —1C **92**
Almsbury Ct. *B26* —1G **137**
Alnwick Ho. *B23* —1F **85**
Alnwick Rd. *Wals* —3H **19**
Alperton Dri. *Stourb* —3A **126**
Alpha Clo. *B12* —5G **117**
Alpha Way. *Wals* —5G **7**
Alpine Dri. *Dud* —5D **94**
Alpine Way. *Wolv* —1A **42**
Alport Cft. *B9* —1B **118**
Alston Clo. *Sol* —1H **151**
Alston Clo. *S Cold* —1G **53**
Alston Gro. *B9* —6H **103**
Alston Ho. *O'bry* —3D **96**
Alston Rd. *B9* —6H **103**
Alston Rd. *O'bry* —2E **97**
Alston Rd. *Sol* —1H **151**
Alston St. *B16* —1C **116**
Althorpe Dri. *Dorr* —6H **165**
Alton Av. *W'hall* —5B **30**
Alton Clo. *Wolv* —4A **16**
Alton Gro. *Dud* —6G **77**
Alton Gro. *W Brom* —6C **64**
Alton Rd. *B29* —2B **132**
Alum Dri. *B9* —6G **103**
Alum Rock. —6H 103
Alum Rock Rd. *B8 & Salt*
—4D **102**
Alumwell Clo. *Wals* —2H **47**
Alumwell Rd. *Wals* —2H **47**
Alvaston Clo. *Wals* —4A **20**
Alvechurch Highway. *L Ash*
—6C **156**
Alvechurch Rd. *B31* —1F **159**
Alvechurch Rd. *Hale* —3H **127**
Alvecote Clo. *Sol* —2H **151**
Alverley Clo. *K'wfrd* —1H **91**
Alverstoke Clo. *Wolv* —5E **15**

Alveston Gro. *B9* —1H **119**
Alveston Gro. *Know* —2D **166**
Alveston Rd. *H'wd* —2A **162**
Alvin Clo. *Hale* —2F **113**
Alvington Clo. *W'hall* —5D **30**
Alvis Wlk. *B36* —6B **88**
Alwen St. *Stourb* —1D **108**
Alwin Rd. *Row R* —1B **112**
Alwold Rd. *B29* —3D **130**
Alwyn Clo. *Wals* —2F **7**
Alwynn Wlk. *B23* —4B **84**
Amal Way. *Witt* —5H **83**
(in two parts)
Amanda Av. *Penn* —1D **58**
Amanda Dri. *B26* —2E **121**
Ambell Clo. *Row R* —4H **95**
Amber Dri. *O'bry* —4G **97**
Ambergate Clo. *Wals* —4A **20**
Ambergate Dri. *K'wfrd* —1A **92**
Amberley Ct. *B29* —5A **132**
Amberley Grn. *B43* —1A **82**
Amberley Gro. *B6* —4A **84**
Amberley Rd. *Sol* —1D **136**
Amberley Way. *S Cold* —2G **51**
Amber Way. *Hale* —5B **112**
Amber Wood Clo. *Wals*
—6D **30**

Amblecote. —4D 108
Amblecote Av. *B44* —3G **67**
Amblecote Rd. *Brie H*
—4G **109**
Ambleside. *B32* —4A **130**
Ambleside Clo. *Brad* —2G **61**
Ambleside Dri. *Brie H*
—3G **109**
Ambleside Way. *K'wfrd*
—3B **92**
Ambrose Clo. *W'hall* —1G **45**
Ambrose Cres. *K'wfrd* —1B **92**
Ambury Way. *B43* —5H **65**
Amelas Clo. *Brie H* —2E **108**
Amersham Clo. *B32* —6C **114**
Amesbury Rd. *B13* —2G **133**
Ames Rd. *W'bry* —4C **46**
Amethyst Ct. *Sol* —4D **136**
Amherst Av. *B20* —4C **82**
Amington Clo. *S Cold* —5B **38**
Amington Rd. *B25 & Yard*
—5H **119**
Amington Rd. *Shir* —1G **163**
Amiss Gdns. *B10* —3C **118**
Amity Clo. *Smeth* —4F **99**
Amos Av. *Wolv* —2D **28**
Amos La. *Wolv* —2E **29**
Amos Rd. *Stourb* —3B **126**
Amphlett Cft. *Tip* —3B **78**
Amphletts Clo. *Dud* —6G **95**
Ampton Rd. *B15* —4D **116**
Amroth Clo. *Redn* —2H **157**
Amwell Gro. *B14* —4H **147**
Anchorage Rd. *B23* —4D **84**
Anchorage Rd. *S Cold* —5H **53**
Anchor Clo. *B16* —2A **116**
Anchor Hill. *Brie H* —2A **109**
Anchor La. *Bils* —3D **60**
(in two parts)
Anchor Pde. *Wals* —3D **34**
Anchor Rd. *A'rdge* —3D **34**
Anchor Rd. *Bils* —3E **61**
Andersleigh Dri. *Bils* —5C **60**
Anderson Cres. *B43* —2A **66**
Anderson Gdns. *Tip* —3A **78**
Anderson Rd. *B23* —1E **85**
Anderson Rd. *Smeth* —2E **115**
Anderson Rd. *Tip* —2A **78**
Anders Sq. *Pert* —5E **25**

Anderton Clo. *S Cold* —4G **53**
Anderton Pk. Rd. *B13*
—2A **134**
Anderton Rd. *B11* —5C **118**
Anderton St. *B1* —6D **100**
Andover Cres. *K'wfrd* —5D **92**
Andover St. *B5*
—1H **117** (4H **5**)
Andrew Clo. *W'hall* —3D **30**
Andrew Dri. *W'hall* —3D **30**
Andrew Gdns. *B21* —6A **82**
Andrew Rd. *Hale* —2A **128**
Andrew Rd. *Tip* —4A **62**
Andrew Rd. *W Brom* —3D **64**
Andrews Clo. *Brie H* —3A **110**
Andrews Rd. *Wals W* —3D **22**
Anerley Gro. *B44* —1H **67**
Anerley Rd. *B44* —1H **67**
Angela Av. *Row R* —5D **96**
Angela Pl. *Bils* —5F **45**
Angelica Clo. *Wals* —2E **65**
Angelina St. *B12* —4H **117**
Angel Pas. *Stourb* —6E **109**
Angel St. *Dud* —1D **94**
Angel St. *W'hall* —1A **46**
Anglesey Av. *B36* —2D **106**
Anglesey Clo. *Burn* —1A **10**
Anglesey Cres. *Wals* —3B **10**
Anglesey Rd. *Wals* —3B **10**
Anglesey St. *B19* —2E **101**
Anglian Rd. *Wals* —3H **33**
Anglo African Ind. Pk. *O'bry*
—5E **79**
Angus Clo. *W Brom* —1A **80**
Anita Av. *Tip* —5A **78**
Anita Cft. *B23* —5D **84**
Ankadine Rd. *Stourb* —5F **109**
Ankerdine Ct. *Hale* —2A **128**
Ankermoor Clo. *B34* —3F **105**
Annan Av. *Wolv* —2A **28**
Ann Cft. *B26* —1H **137**
Anne Clo. *W Brom* —4E **79**
Anne Ct. *S Cold* —2E **71**
Anne Gro. *Tip* —4B **62**
Anne Rd. *Brie H* —2C **110**
Anne Rd. *Smeth* —2G **99**
Anne Rd. *Wolv* —6F **43**
Ann Rd. *Wyt* —6A **162**
Annscroft. *B38* —5H **145**
Ann St. *W'hall* —6B **30**
Ansbro Clo. *B18* —4B **100**
Ansculf Rd. *Brie H* —2F **109**
Ansell Rd. *Erd* —6F **85**
Ansell Rd. *S'brk* —5C **118**
Ansley Way. *Sol* —6H **137**
Anslow Gdns. *Wolv* —6H **17**
Anslow Rd. *B23* —2C **84**
Anson Clo. *Wals* —4F **7**
Anson Clo. *Wolv* —4E **25**
Anson Ct. *W Brom* —6F **63**
Anson Gro. *B27* —3B **136**
Anson Rd. *Gt Wyr* —4F **7**
Anson Rd. *Wals* —1E **47**
Anson Rd. *W Brom* —1E **79**
Anstey Cft. *F'bri* —5C **106**
Anstey Gro. *B27* —4H **135**
Anstey Rd. *B44* —1G **83**
Anston Junct. *Wals* —2E **47**
Anston Way. *Wed* —2F **29**
Anstree Clo. *C Hay* —4D **6**
Anstruther Rd. *B15* —4H **115**
Anthony Rd. *B8* —6E **103**
Anton Dri. *Min* —1E **87**
Antony Rd. *Shir* —6H **149**
Antringham Gdns. *B15*
—3H **115**

Antrobus Rd. *B21* —6A **82**
Antrobus Rd. *S Cold* —4E **69**
Anvil Cres. *Cose* —3E **61**
Anvil Dri. *O'bry* —3E **97**
Anvil Wlk. *W Brom* —3F **79**
A1 Trad. Est. *Smeth* —2E **99**
Apex Bus. Pk. *Nort C* —1D **8**
Apex Ind. Est. *Tip* —5D **62**
Apex Rd. *Wals* —6G **9**
Apley Rd. *Stourb* —4C **108**
Apollo Cft. *Erd* —4B **86**
Apollo Rd. *O'bry* —3A **98**
Apollo Rd. *Stourb* —6C **110**
Apollo Way. *B20* —6F **83**
Apollo Way. *Smeth* —4G **99**
Apperley Way. *Hale* —4D **110**
Appian Clo. *B14* —2G **147**
Appian Way. *Shir* —5B **164**
Appleby Clo. *B14* —2F **147**
Appleby Gdns. *Ess* —5C **18**
Appleby Gro. *Shir* —3F **165**
Applecross. *S Cold* —2F **53**
Appledore Clo. *Gt Wyr* —2G **7**
Appledore Ct. *Blox* —1H **31**
Appledore Rd. *Wals* —3H **49**
Appledore Ter. *Wals* —3H **49**
Appledorne Gdns. *B34*
—3F **105**
Applesham Clo. *B11* —5D **118**
Appleton Av. *B43* —5H **65**
Appleton Av. *Stourb* —3E **125**
Appleton Clo. *B30* —5A **132**
Appleton Cres. *Wolv* —6E **43**
Apple Tree Clo. *B23* —3B **84**
Apple Tree Clo. *B31* —6D **144**
Appletree Clo. *Cath B* —2D **152**
Appletree Gro. *A'rdge* —5D **34**
Appletree Gro. *Wolv* —4G **27**
Applewood Gro. *Crad H*
—3H **111**
April Cft. *B13* —3B **134**
Apse Clo. *Wom* —6F **57**
Apsley Clo. *O'bry* —4G **113**
Apsley Cft. *B38* —5D **146**
Apsley Gro. *B24* —5G **85**
Apsley Gro. *Dorr* —6G **167**
Apsley Ho. *Crad H* —1H **111**
Apsley Rd. *O'bry* —4G **113**
Aqueduct Rd. *Shir* —6E **149**
Aragon Dri. *S Cold* —5G **53**
Arbor Ct. *W Brom* —1C **80**
Arboretum Rd. *Wals* —1D **48**
Arbor Way. *B37* —2E **123**
Arbour Ga. *Wals W* —3D **22**
Arbury Dri. *Stourb* —6B **92**
Arbury Hall Rd. *Shir* —1B **164**
Arbury Wlk. *Min* —2H **87**
Arcade. *N'fld* —3E **145**
Arcade. *Wals* —2C **48**
Arcade, The. *Up Gor* —2A **76**
Arcadia. W Brom —4A 80
(off Paradise St.)
Arcadian Shop. Cen. *B5*
—2G **117** (6E **5**)
Arcal St. *Dud* —6A **60**
Archer Clo. *O'bry* —4H **97**
Archer Clo. *W'bry* —2E **63**
Archer Ct. *Stourb* —3A **126**
Archer Rd. *B14* —3C **148**
Archer Rd. *Wals* —3C **32**
Archers Clo. *B23* —5C **68**
(in two parts)
Archery Rd. *Mer* —4H **141**
Arches, The. *B10* —3B **118**
Arch Hill St. *Dud* —4E **95**
Archibald Rd. *B19* —1E **101**

Archway, The. *Wals* —6D **32**
Arcot Rd. *B28* —3F **135**
Ardath Rd. *B38* —5C **146**
Ardatale. *Shir* —6A **150**
Arden Bldgs. *Dorr* —6B **166**
Arden Clo. *Bal C* —2H **169**
Arden Clo. *Mer* —4H **141**
Arden Clo. *Woll* —4C **108**
Arden Clo. *Word* —6A **92**
Ardencote Rd. *B13* —1A **148**
Arden Ct. *Erd* —4H **85**
Arden Ct. *H Ard* —6B **140**
Arden Cft. *Col* —6H **89**
Arden Cft. *Sol* —1G **137**
Arden Dri. *B26* —4D **120**
Arden Dri. *Dorr* —6G **167**
Arden Dri. *S Cold* —5H **69**
(B73)
Arden Dri. *S Cold* —6F **55**
(B75, in two parts)
Arden Gro. *B19* —1E **101**
Arden Gro. *Lady* —2C **116**
Arden Gro. *O'bry* —4G **97**
Ardenlea Ct. *Sol* —2G **151**
Arden Oak Rd. *B26* —6H **121**
Arden Pl. *Bils* —1B **62**
Arden Rd. *A Grn* —1H **135**
Arden Rd. *Aston* —1F **101**
Arden Rd. *Dorr* —6G **167**
Arden Rd. *H'wd* —3A **162**
Arden Rd. *Redn* —6G **143**
Arden Rd. *Salt* —6D **102**
Arden Rd. *Smeth* —5E **99**
Arden Va. Rd. *Know* —2D **166**
Arderne Dri. *B37* —2C **122**
Ardingley Wlk. *Brie H*
—4F **109**
Ardley Clo. *Dud* —1F **95**
Ardley Rd. *B14* —2A **148**
Arena Wlk. *B1* —5A **4**
Aretha Clo. *K'wfrd* —3E **93**
Argus Clo. *S Cold* —2D **70**
Argyle Clo. *Stourb* —6C **108**
Argyle Clo. *Wals* —6F **33**
Argyle Rd. *Wals* —6F **33**
Argyle Rd. *Wolv* —5F **43**
Argyle St. *B7* —1C **102**
Argyll Ho. *Wolv* —5G **27**
(off Lomas St.)
Arkle Cft. *B36* —1A **104**
Arkle Cft. *Row R* —3H **95**
Arkley Gro. *B28* —6H **135**
Arkley Rd. *B28* —6H **135**
Arkwright Rd. *B32* —6A **114**
Arkwright Rd. *Wals* —4H **31**
Arlen Dri. *B43* —4H **65**
Arlescote Clo. *S Cold* —1A **54**
Arlescote Rd. *Sol* —3G **137**
Arless Way. *B17* —2E **131**
Arleston Way. *Shir* —1C **164**
Arley Clo. *O'bry* —4D **96**
Arley Ct. *Dud* —3E **95**
Arley Dri. *Stourb* —2C **124**
Arley Gro. *Wolv* —6B **42**
Arley Ho. *B26* —2E **121**
Arley Rd. *B'brk* —2B **132**
Arley Rd. *Salt* —4D **102**
Arley Rd. *Sol* —3E **151**
Arlidge Clo. *Bils* —1F **61**
Arlington Clo. *K'wfrd* —5B **92**
Arlington Ct. *Stourb* —1F **125**
Arlington Gro. *B14* —5B **148**
Arlington Rd. *B14* —5B **148**
Arlington Rd. *W Brom* —1B **80**
Armada Clo. *B23* —6D **84**

Armoury Clo. *B9* —2D **118**
Armoury Rd. *B11* —5D **118**
Armoury Trad. Est. *B11*
—5D **118**
Armside Clo. *Wals* —3F **21**
Armstead Rd. *Pend* —4D **14**
Armstrong Clo. *Stourb*
—4F **109**
Armstrong Dri. *B36* —6B **88**
Armstrong Dri. *Wals* —5G **31**
Armstrong Dri. *Wolv* —4E **27**
Armstrong Way. *W'hall*
—3B **46**
Arnhem Clo. *Wolv* —1D **28**
Arnhem Rd. *W'hall* —3G **45**
Arnhem Way. *Tip* —2C **78**
Arnold Clo. *Wals* —6F **31**
Arnold Gro. *B30* —3H **145**
Arnold Gro. *Shir* —3H **149**
Arnold Rd. *Shir* —3H **149**
Arnside Ct. *B23* —3B **84**
Arnwood Clo. *Wals* —1F **47**
Arosa Dri. *B17* —2F **131**
Arps Rd. *Cod* —4F **13**
Arran Clo. *B43* —2A **66**
Arran Rd. *B34* —3D **104**
Arran Way. *B36* —2C **106**
Arras Rd. *Dud* —5G **77**
Arrow Clo. *Know* —3C **166**
Arrowfield Grn. *B38* —2H **159**
Arrow Rd. *Wals* —3C **32**
Arrow Wlk. *B38* —6D **146**
Arsenal St. *B9* —2C **118**
Arter St. *Bal H* —5H **117**
Arthur Gunby Clo. *S Cold*
—4D **54**
Arthur Pl. *B1* —6D **100** (3A **4**)
Arthur Rd. *Edg* —5D **116**
Arthur Rd. *Erd* —3H **85**
Arthur Rd. *Hand* —1B **100**
Arthur Rd. *Tip* —6A **62**
Arthur Rd. *Yard* —5H **119**
Arthur St. *B10* —2B **118**
Arthur St. *Bils* —5F **45**
Arthur St. *Wals* —4H **47**
Arthur St. *W Brom* —6B **80**
Arthur St. *Wolv* —5H **43**
Arthur Ter. *Yard* —5H **119**
Artillery St. *B9* —1B **118**
Arton Cft. *B24* —5F **85**
Arundel Av. *W'bry* —2F **63**
Arundel Cres. *Sol* —4E **137**
Arundel Dri. *Tiv* —1A **96**
Arundel Gro. *Pert* —6E **25**
Arundel Ho. *B23* —1F **85**
Arundel Pl. *B11* —5A **118**
Arundel Rd. *B14* —6A **148**
Arundel Rd. *Stourb* —1A **108**
Arundel Rd. *W'hall* —2C **30**
Arundel Rd. *Wolv* —5F **15**
Arundel St. *Wals* —4C **48**
Arun Way. *S Cold* —4E **71**
Asbury Rd. *Bal C* —4H **169**
Asbury Rd. *W'bry* —3C **64**
Ascot Clo. *B16* —1B **116**
Ascot Clo. *O'bry* —3E **97**
Ascot Dri. *Dud* —5B **76**
Ascot Dri. *Wolv* —1E **59**
Ascot Gdns. *Stourb* —1B **108**
Ascot Rd. *B13* —3H **133**
Ascot Wlk. *O'bry* —3E **97**
Ash Av. *B12* —6A **118**
Ashborough Dri. *Sol* —2G **165**
Ashbourne Gro. *Aston*
—1G **101**
Ashbourne Rd. *B16* —6H **99**

Ashbourne Rd. *E'shll P*
—2A **60**
Ashbourne Rd. *Wals* —4A **20**
Ashbourne Rd. *Wolv* —6C **28**
Ashbourne Way. *Shir* —1C **164**
Ashbrook Cres. *Sol* —1G **165**
Ashbrook Dri. *Redn* —1H **157**
Ashbrook Gro. *B30* —5E **133**
Ashbrook Rd. *B30* —5E **133**
Ashburn Gro. *W'hall* —1C **46**
Ashburton Rd. *B14* —2F **147**
Ashbury Covert. *B30* —4E **147**
Ashby Clo. *B8* —3A **104**
Ashby Ct. *Sol* —6G **151**
Ash Clo. *Cod* —4G **13**
Ashcombe Av. *B20* —4A **82**
Ashcombe Gdns. *Erd* —4B **86**
Ashcott Clo. *B38* —5H **145**
Ash Ct. *Smeth* —1A **98**
Ash Ct. *Stourb* —1E **125**
Ash Cres. *B37* —3B **106**
Ash Cres. *K'wfrd* —3C **92**
Ashcroft. *Smeth* —4G **99**
Ashcroft. *B20* —5F **83**
Ashdale Clo. *K'wfrd* —1C **92**
Ashdale Dri. *B14* —6B **148**
Ashdale Gro. *B26* —3E **121**
Ashdene Clo. *S Cold* —2G **69**
Ashdene Gdns. *Stourb*
—1A **108**
Ashdown Clo. *B13* —4A **134**
Ashdown Clo. *Redn* —5G **143**
Ashdown Dri. *Stourb* —6C **92**
Ash Dri. *W Brom* —1A **80**
Ashen Clo. *Dud* —2G **59**
Ashenden Ri. *Wolv* —2G **41**
Ashenhurst Rd. *Dud* —2A **94**
Ashenhurst Wlk. *Dud* —1C **94**
Ashes Rd. *O'bry* —5H **97**
Ashfern Dri. *S Cold* —6D **70**
Ashfield Av. *B14* —4H **133**
Ashfield Clo. *Wals* —5C **32**
Ashfield Cres. *Dud* —6E **95**
Ashfield Cres. *Stourb* —2B **126**
Ashfield Gdns. *B14* —4H **133**
Ashfield Gro. *Hale* —3G **127**
Ashfield Gro. *Wolv* —4G **15**
Ashfield Rd. *B14* —4H **133**
Ashfield Rd. *Bils* —3A **62**
Ashfield Rd. *Comp* —1B **42**
Ashfield Rd. *F'hses* —4G **15**
Ashford Dri. *S Cold* —2D **86**
Ash Furlong Clo. *Bal C*
—3H **169**
Ashfurlong Cres. *S Cold*
—4C **54**
Ash Grn. *Dud* —2C **76**
Ash Gro. *B9* —1B **118**
Ash Gro. *Bal H* —6B **118**
Ash Gro. *Dud* —5G **75**
Ash Gro. *N'fld* —3D **144**
Ash Gro. *Stourb* —2H **125**
Ashgrove Rd. *B44* —3E **67**
Ash Hill. *Wolv* —2B **42**
Ashill Rd. *Redn* —2H **157**
Ashland St. *Wolv* —2F **43**
Ash La. *Wals* —2G **7**
Ashlawn Cres. *Sol* —2B **150**
Ashleigh Dri. *B20* —5D **82**
Ashleigh Gro. *B13* —4B **134**
Ashleigh Rd. *Sol* —3F **151**
Ashleigh Rd. *Tiv* —1C **96**
Ashley Clo. *B15* —4E **117**
Ashley Clo. *K'wfrd* —5A **92**
Ashley Clo. *Stourb* —3B **124**

Ashley Gdns. *B8* —5D **102**
Ashley Gdns. *Cod* —3F **13**
Ashley Mt. *Wolv* —4B **26**
Ashley Rd. *B23* —4E **85**
Ashley Rd. *Smeth* —5G **99**
Ashley Rd. *Wals* —6F **19**
Ashley Rd. *Wolv* —6C **42**
Ashley St. *Bils* —5G **45**
Ashley St. *Row R* —2C **112**
Ashley Ter. *B29* —4A **132**
Ashley Way. *Bal C* —2H **169**
Ashmall. *Hamm* —1F **11**
Ashmead Dri. *Redn* —5A **158**
Ashmead Gro. *B24* —5G **85**
Ashmead Ri. *Redn* —5A **158**
Ash M. *B27* —6A **120**
Ashmole Rd. *W Brom* —6F **63**
Ashmore Av. *Wolv* —1A **30**
Ashmore Lake. —5B 30
Ashmore Lake Ind. Est. *W'hall*
—5B **30**
Ashmore Lake Rd. *W'hall*
—5B **30**
Ashmore Lake Way. *W'hall*
—5B **30**
Ashmore Park. —6A 18
Ashmore Rd. *B30* —2B **146**
Ashmores Ind. Est. *Dud*
—4G **77**
Ashold Farm Rd. *B24* —5B **86**
Asholme Clo. *B36* —2A **104**
Ashorne Clo. *B28* —6H **135**
Ashover Gro. *B18* —5A **100**
(off Heath Grn. Rd.)
Ashover Rd. *B44* —2F **67**
Ash Rd. *B8* —5D **102**
Ash Rd. *Dud* —4D **76**
Ash Rd. *Tip* —3G **77**
Ash Rd. *W'bry* —6F **47**
Ash St. *Bils* —2G **61**
Ash St. *Crad H* —1G **111**
Ash St. *Wals* —6B **20**
Ash St. *Wolv* —2E **43**
Ashtead Clo. *Min* —1F **87**
Ashted Cir. *B7* —1H **5**
Ashted Lock. *B7*
—5H **101** (1H **5**)
Ashted Wlk. *B7* —5B **102**
Ash Ter. *Tiv* —6B **78**
Ash Ter. *Wash H* —3E **103**
Ashtoncroft. *B16* —1C **116**
Ashton Cft. *Sol* —6E **151**
Ashton Dri. *Wals* —4G **21**
Ashton Pk. Dri. *Brie H*
—3G **109**
Ashton Rd. *B25* —4H **119**
Ashtree Clo. *Brie H* —3E **109**
Ash Tree Dri. *B26* —4B **120**
Ashtree Dri. *Stourb* —2E **125**
Ashtree Gro. *Bils* —2B **62**
Ashtree Rd. *B30* —1C **146**
Ashtree Rd. *Crad H* —1G **111**
Ashtree Rd. *Tiv & O'bry*
—6C **78**
Ashtree Rd. *Wals* —4E **21**
Ashurst Rd. *S Cold* —1D **86**
Ashville Av. *B34* —2D **104**
Ashville Dri. *Hale* —6A **112**
Ashwater Dri. *B14* —5F **147**
Ash Way. *B23* —5C **68**
Ashway. *B11* —6B **118**
Ashwell Dri. *Shir* —3B **150**
Ashwells Gro. *Wolv* —5E **15**
Ashwin Rd. *B21* —2B **100**
Ashwood. —4E 91
Ashwood Av. *Stourb* —1A **108**

Ashwood Clo. *S Cold* —3G **51**
Ashwood Ct. *B34* —4B **104**
Ashwood Dri. *B37* —6F **107**
Ashworth Rd. *B42* —4D **66**
Askew Bri. Rd. *Dud* —4F **75**
Askew Clo. *Dud* —2A **76**
Aspbury Cft. *B36* —6H **87**
Aspen Clo. *B27* —3H **135**
Aspen Clo. *S Cold* —3D **70**
Aspen Dri. *B37* —3E **123**
Aspen Gdns. *Hand* —6D **82**
Aspen Gro. *B9* —6G **103**
Aspen Gro. *W'hall* —2E **31**
Aspen Gro. *Wyt* —4B **162**
Aspen Ho. *Wolv* —5D **150**
Aspen Way. *Wolv* —2E **43**
Asquith Dri. *Tiv* —5C **78**
Asquith Rd. *B8* —4H **103**
Asra Clo. *Smeth* —1E **99**
Asra Ho. *Smeth* —1E **99**
Astbury Av. *Smeth* —6D **98**
Astbury Clo. *Wals* —3G **19**
Astbury Clo. *Wolv* —2C **44**
Astbury Ct. *O'bry* —4H **113**
Aster Wlk. *Pend* —4E **15**
Astley Av. *Hale* —5F **113**
Astley Clo. *Tip* —1D **78**
Astley Cres. *Hale* —6F **113**
Astley Pl. *Wolv* —5H **43**
Astley Rd. *B21* —6H **81**
Astley Wlk. *Shir* —2H **149**
Aston. —1H 101
Aston Bri. *B6* —4H **101**
Aston Brook Grn. *B6* —4H **101**
Aston Brook St. *B6* —3H **101**
(in two parts)
Aston Brook St. E. *B6*
　　　　　　　　　—4H **101**
Aston Bury. *B15* —3H **115**
Aston Chu. Rd. *Nech & Salt*
　　　　　　　　　—2C **102**
Aston Chu. Trad. Est. *Nech*
　　　　　　　　　—3D **102**
Aston Clo. *Bils* —1B **62**
Aston Cross Bus. Pk. *Aston*
　　　　　　　　　—3A **102**
Aston Expressway. *B6*
　　　　　　　　　—4H **101**
Aston Hall. —1H 101
Aston Hall Rd. *B6* —1A **102**
Aston La. *Hand & Aston*
　　　　　　　　　—5F **83**
Aston Manor Transport Mus.
　　　　　　　　　—6H 83
Aston Rd. *B6* —4H **101**
(in three parts)
Aston Rd. *Dud* —1D **94**
Aston Rd. *Tiv* —6A **78**
Aston Rd. *W'hall* —1G **45**
Aston Rd. N. *B6* —3H **101**
Aston Science Pk. *B7*
　　　　　　　　　—5H **101** (1H **5**)
Aston's Clo. *Brie H* —4H **109**
Aston Seedbed Cen. *Nech*
　　　　　　　　　—3A **102**
Aston's Fold. *Brie H* —4H **109**
Aston St. *B4* —5H **101** (2F **5**)
(in two parts)
Aston St. *Tip* —6C **62**
Aston St. *Wolv* —3E **43**
Aston Students Guild. *B4*
　　　　　　　　　—1G **5**
Aston Triangle. *B4*
　　　　　　　　　—6H **101** (2G **5**)
Astor Dri. *B13* —4C **134**

Astoria Clo. *W'hall* —6D **18**
Astoria Gdns. *W'hall* —6D **18**
Astor Rd. *K'wfrd* —4D **92**
Astor Rd. *S Cold* —2A **52**
Athelney Ct. *Wals* —4E **21**
Athelstan Gro. *Wolv* —4F **25**
Atherstone Clo. *Shir* —5E **149**
Atherstone Rd. *Wolv* —1D **44**
Athlone Rd. *Wals* —3G **49**
Athol Clo. *B32* —5B **130**
Athole St. *B12* —4A **118**
Atlantic Ct. W'hall —2A **46**
(off Cheapside)
Atlantic Rd. *B44* —5H **67**
Atlantic Way. *W'bry* —4E **63**
Atlas Cft. *Wolv* —3G **27**
Atlas Est. *Witt* —5A **84**
Atlas Gro. *W Brom* —4F **79**
Atlas Trad. Est. *Bils* —3H **61**
Atlas Way. *B1* —5A **4**
Attenborough Clo. *B19*
　　　　　　　　　—4G **101**
Attingham Dri. *B43* —3H **65**
Attleboro La. *Wat O* —5C **88**
Attlee Clo. *Tiv* —5D **78**
Attlee Cres. *Bils* —3G **61**
Attlee Rd. *Wals* —5E **31**
Attwell Pk. *Wolv* —4B **42**
Attwell Rd. *Tip* —4H **61**
Attwood Clo. *B8* —3E **103**
Attwood Gdns. *Wolv* —6A **44**
Attwood St. *Hale* —6H **111**
Attwood St. *Stourb* —6B **110**
Aubrey Rd. *B32* —4C **114**
Aubrey Rd. *Small H* —3F **119**
Auchinleck Sq. B15 —2D **116**
(off Islington Row Middleway)
Aucinleck Ho. *B15*
　　　　　　　　　—2D **116** (6A **4**)
(off Broad St.)
Auckland Dri. *B36* —1B **106**
Auckland Ho. *B32* —1D **130**
Auckland Rd. *B11* —4A **118**
Auckland Rd. *K'wfrd* —5C **92**
Auckland Rd. *Smeth* —3C **98**
Auden Ct. *Pert* —5F **25**
Audleigh Ho. *B15* —3E **117**
Audlem Wlk. *Wolv* —4C **28**
Audley Rd. *B33* —5C **104**
Audnam. —2D 108
Audnam. *Stourb* —2D **108**
Augusta Rd. *A Grn* —6A **120**
Augusta Rd. *Mose* —1G **133**
Augusta Rd. E. *B13* —1H **133**
Augusta St. *B18*
　　　　　　　　　—5E **101** (1A **4**)
Augustine Gro. *B18* —3B **100**
Augustine Gro. *S Cold* —4F **37**
Augustus Clo. *Col* —6H **89**
Augustus Ct. *B15* —3B **116**
Augustus Rd. *B15* —3H **115**
Augustus Rd. *Wals* —2B **48**
Aulton Rd. *S Cold* —6C **38**
Ault St. *W Brom* —6B **80**
Austcliff Dri. *Sol* —1G **165**
Austen Pl. *B15* —3D **116**
Austen Wlk. *W Brom* —2B **80**
Austin Clo. *B27* —1B **136**
Austin Clo. *Dud* —5B **76**
Austin Cft. *B36* —6B **88**
Austin Ho. *Wals* —6D **32**
Austin Ri. *B31* —2D **158**
Austin Rd. *B21* —6G **81**
Austin St. *Wolv* —5F **27**
Austin Way. *B42 & Hamp I*
　　　　　　　　　—2C **82**

Austrey Clo. *Know* —3C **166**
Austrey Gro. *B29* —5E **131**
Austrey Rd. *K'wfrd* —4E **93**
Austy Clo. *B36* —1C **104**
Autumn Berry Gro. *Sed*
　　　　　　　　　—1A **76**
Autumn Clo. *Wals* —6G **21**
Autumn Dri. *Dud* —3H **75**
Autumn Dri. *Wals* —6F **21**
Autumn Gro. *Hock* —3E **101**
Avalon Clo. *B24* —3H **85**
Avebury Gro. *B30* —6E **133**
Avebury Rd. *B30* —5E **133**
Ave Maria Clo. *Crad H*
　　　　　　　　　—2G **111**
Avenbury Dri. *Sol* —3A **152**
Avenue Clo. *B7* —3A **102**
Avenue Clo. *Dorr* —6C **166**
Avenue Rd. *Aston* —3H **101**
Avenue Rd. *Bils* —5E **61**
Avenue Rd. *Dorr* —6C **166**
Avenue Rd. *Dud* —3B **94**
Avenue Rd. *Erd* —3F **85**
Avenue Rd. *Hand & Nech*
　　　　　　　　　—5H **81**
Avenue Rd. *K Hth* —5F **133**
Avenue Rd. *Row R* —2D **112**
Avenue Rd. *W'bry* —5D **46**
Avenue Rd. *Wolv* —1C **42**
Avenue, The. *A Grn* —1B **136**
Avenue, The. *Cas* —3H **41**
Avenue, The. *Fall P* —4B **28**
Avenue, The. *F'stne* —1D **16**
Avenue, The. *Penn* —1C **58**
Avenue, The. *Redn* —2E **157**
Avenue, The. *Row R* —6A **96**
Averill Rd. *B26* —2E **121**
Avern Clo. *Tip* —1B **78**
Aversley Rd. *B38* —6H **145**
Avery Ct. *O'bry* —4H **113**
Avery Cft. *B35* —5D **86**
Avery Dell Ind. Est. *B30*
　　　　　　　　　—2D **146**
Avery Dri. *B27* —1A **136**
Avery Myers Clo. *O'bry*
　　　　　　　　　—4H **97**
Avery Rd. *Smeth* —3H **99**
Avery Rd. *S Cold* —3C **68**
Aviemore Cres. *B43* —1D **66**
Avington Clo. *Dud* —6H **59**
Avion Cen. *Wolv* —5E **27**
Avion Clo. *Wals* —4D **48**
Avocet Clo. *B33* —6C **104**
Avon Clo. *B14* —6F **147**
Avon Clo. *Brie H* —3F **93**
Avon Clo. *Wolv* —6F **25**
Avon Cres. *Wals* —6E **21**
Avoncroft Ho. *B37* —1C **122**
Avondale Clo. *K'wfrd* —1C **92**
Avondale Rd. *B11* —1C **134**
Avondale Rd. *Wolv* —6D **26**
Avon Dri. *Cas B* —1B **106**
Avon Dri. *Mose* —3B **134**
Avon Dri. *W'hall* —1C **46**
Avon Gro. *Wals* —2E **65**
Avon Ho. *B15* —3F **117**
Avon M. *Stourb* —6H **91**
Avon Rd. *Hale* —6D **110**
Avon Rd. *Shir* —6B **150**
Avon Rd. *Stourb* —2D **124**
Avon Rd. *Wals* —6C **20**
Avon St. *B11* —6C **118**
Avon Way. *Wyt* —6G **161**
Awbridge Rd. *Dud* —6E **95**
Awefields Cres. *Smeth* —5B **98**
Axletree Way. *W'bry* —5G **47**

Ayala Cft. *B36* —6C **86**
Aylesbury Cres. *B44* —5A **68**
Aylesford Clo. *Dud* —3G **59**
Aylesford Dri. *B37* —4C **122**
Aylesford Dri. *S Cold* —4E **37**
Aylesford Rd. *B21* —6H **81**
Aylesmore Clo. *B32* —4A **130**
Aylesmore Clo. *Sol* —5C **136**
Aynsley Ct. *Shir* —5A **150**
Ayre Rd. *B24* —3H **85**
Ayrshire Clo. *B36* —1B **104**
Ayrton Clo. *Wolv* —5G **25**
Azalea Clo. *Cod* —4H **13**
Azalea Gro. *B9* —1F **119**
Aziz Isaac Clo. *O'bry* —4A **98**

Babington Rd. *B21* —2A **100**
Bablake Cft. *Sol* —4E **137**
Babors Fld. *Bils* —2C **60**
Babworth Clo. *Wolv* —5E **15**
Baccabox La. *H'wd* —2G **161**
Bacchus Rd. *B18* —3B **100**
Bache St. *W Brom* —6A **80**
Bach Mill Dri. *B28* —4D **148**
Backhouse La. *Wolv* —5C **29**
Back La. *Crad H* —2D **110**
Back La. *Wals* —2H **35**
Back La. *Wtgtn* —1E **37**
Back Rd. *K Nor* —5B **146**
Back Rd. *K'wfrd* —2B **92**
Bacon's End. —5D 106
Bacons End. *B37* —4D **106**
Baddesley Rd. *Sol* —3C **136**
Bader Rd. *Wals* —1F **47**
Bader Rd. *Wolv* —6E **25**
Bader Wlk. *B35* —5D **86**
Badger Clo. *Shir* —4B **164**
Badger Dri. *Wolv* —5C **28**
Badgers Bank Rd. *S Cold*
　　　　　　　　　—4F **37**
Badgers Clo. *Wals* —2E **21**
Badgers Cft. *Hale* —4B **112**
Badger St. *Dud* —2A **76**
Badger St. *Stourb* —5A **110**
Badgers Way. *B34* —4E **105**
(in two parts)
Badminton Clo. *Dud* —4B **76**
Badon Covert. *B14* —5F **147**
Badsey Clo. *B31* —3G **145**
Badsey Rd. *O'bry* —4D **96**
Baggeridge Clo. *Dud* —5E **59**
Baggeridge Country Pk.
　　　　　　　　　—1C 74
Baggeridge Country Pk.
　　　　　　　　　Vis. Cen. —6D 58
Baggott St. *Wolv* —4G **43**
Baginton Clo. *Sol* —2F **151**
Baginton Rd. *B35* —3E **87**
Bagley's Rd. *Brie H* —5G **109**
Bagley St. *Stourb* —6G **109**
Bagnall Clo. *B25* —5B **120**
Bagnall Rd. *Bils* —6E **45**
Bagnall St. *Ock H* —4C **62**
Bagnall St. *Ock H & G Hill*
　　　　　　　　　—6D **62**
Bagnall St. *Wals* —3A **32**
Bagnall St. *W Brom* —5C **80**
Bagnall Wlk. *Brie H* —2H **109**
Bagnell Rd. *B13* —6H **133**
Bagot St. *B4* —5G **101**
Bagridge Clo. *Wolv* —3H **41**
Bagridge Rd. *Wolv* —3H **41**
Bagshawe Cft. *B23* —6D **68**
Bagshaw Rd. *B33* —6C **104**
Bailey Rd. *Bils* —4D **44**

Baileys Ct. *Row R* —6B **96**
Bailey St. *W Brom* —3G **79**
Bailey St. *Wolv* —1A **44**
Baker Av. *Bils* —3B **60**
Baker Ho. Gro. *B43* —6H **65**
Baker Rd. *Bils* —2G **61**
Bakers Gdns. *Cod* —3E **13**
Bakers La. *A'rdge* —3D **34**
Bakers La. *S Cold* —6H **51**
Baker St. *Hand* —1B **100**
Baker St. *Small H* —2D **118**
Baker St. *S'hll* —1C **134**
Baker St. *Tip* —3G **77**
(in two parts)
Baker St. *W Brom* —4H **79**
Bakers Way. *Cod* —3E **13**
Bakewell Clo. *Wals* —4A **20**
Balaclava Rd. *B14* —5G **133**
Balcaskie Clo. *B15* —4A **116**
Balden Rd. *B32* —4C **114**
Baldmoor Lake Rd. *B23*
—6F **69**
Bald's La. *Stourb* —6B **110**
Baldwin Clo. *Tiv* —5D **78**
Baldwin Ho. *B19* —3G **101**
Baldwin Rd. *B30* —5C **146**
Baldwins Ho. Brie H —3B **110**
(off Maughan St.)
Baldwins La. *B28* —3E **149**
Baldwin St. *Bils* —1H **61**
Baldwin St. *Smeth* —3F **99**
Baldwin Way. *Swind* —5E **73**
Balfour Ct. *S Cold* —6G **37**
Balfour Cres. *Wolv* —5D **26**
Balfour Dri. *Tiv* —5C **78**
Balfour Rd. *K'wfrd* —1C **92**
Balfour St. *B12* —5G **117**
Balham Gro. *B44* —3A **68**
Balking Clo. *Bils* —2D **60**
Ballarat Wlk. *Stourb* —6D **108**
Ballard Cres. *Dud* —4F **95**
Ballard Rd. *Dud* —4F **95**
Ballard Wlk. *B37* —3C **106**
Ballfields. *Tip* —2D **78**
Ball Ho. Wals —1H **31**
(off Somerfield Rd.)
Balliol Bus. Pk. *Wolv* —4B **14**
Balliol Ho. *B37* —1B **122**
Ball La. *Cov H* —1G **15**
Ballot St. *Smeth* —4F **99**
Balls Hill. —5G 63
Balls Hill. *Wals* —1D **48**
Balls St. *Wals* —2D **48**
Balmain Cres. *Wolv* —1D **28**
Balmoral Clo. *Hale* —4B **112**
Balmoral Clo. *Wals* —2H **33**
Balmoral Dri. *W'hall* —2B **30**
Balmoral Dri. *Wom* —4G **57**
Balmoral Rd. *Bart G* —6G **129**
Balmoral Rd. *Erd* —2F **85**
Balmoral Rd. *K'hrst* —2C **106**
Balmoral Rd. *Stourb* —6A **92**
Balmoral Rd. *S Cold* —4F **37**
Balmoral Rd. *Wolv* —6E **43**
Balmoral Vw. *Dud* —5A **76**
Balmoral Way. *Row R* —5D **96**
Balmoral Way. *Wals* —5G **31**
Balsall. —4G 169
Balsall Common. —2G 169
Balsall Heath. —6H 117
Balsall Heath Rd. *B5 & B12*
—4F **117**
Balsall Street. —3F 169
Balsall St. *Bal C* —4B **168**
Balsall St. E. *Bal C* —4G **169**
Baltimore Rd. *B42* —1C **82**

Balvenie Way. *Dud* —4B **76**
Bamber Clo. *Wolv* —3C **42**
Bamford Clo. *Wals* —4A **20**
Bamford Ho. *Wals* —4A **20**
Bamford Rd. *Wals* —4A **20**
Bamford Rd. *Wolv* —3E **43**
Bampfylde Pl. *B42* —6E **67**
Bamville Rd. *B8* —4G **103**
Banbery Dri. *Wom* —3F **73**
Banbrook Clo. *Sol* —5H **137**
Banbury Clo. *Sed* —1A **76**
Banbury Cft. *B37* —1B **122**
Banbury Ho. *B33* —1A **122**
Banbury St. *B5*
—6H **101** (3G **5**)
Bancroft Clo. *Cose* —6D **60**
Bandywood Cres. *B44*
—2H **67**
Bandywood Rd. *B44* —1G **67**
Banfield Av. *W'bry* —4C **46**
Banfield Rd. *W'bry* —1C **62**
Banford Av. *B8* —5G **103**
Banford Rd. *B8* —5G **103**
Bangham Pit Rd. *B31*
—1C **144**
Bangley La. *Hints* —3H **39**
(in two parts)
Bangor Ho. *B37* —5D **106**
Bangor Rd. *B9* —1D **118**
Bankdale Rd. *B8* —5H **103**
Bankes Rd. *B10* —2E **119**
Bank Farm Clo. *Stourb*
—4G **125**
Bankfield Ho. *Wolv*
—1G **43** (2A **170**)
Bankfield Rd. *Bils* —6F **45**
(in two parts)
Bankfield Rd. *Tip* —5C **62**
Banklands Rd. *Dud* —3G **95**
Bank Rd. *Gorn W* —4G **75**
(in two parts)
Bank Rd. *Neth* —3F **95**
Bankside. *Gt Barr* —6A **66**
Bankside. *Mose* —3D **134**
Bankside. *Wom* —6F **57**
Bankside Cres. *S Cold*
—4H **51**
Bankside Way. *Wals* —5D **22**
Banks St. *W'hall* —1A **46**
Bank St. *B14* —5G **133**
Bank St. *Brad* —2G **61**
Bank St. *Brie H* —5H **93**
Bank St. *Cose* —5D **60**
Bank St. *Crad H* —2E **111**
Bank St. *Stourb* —6B **110**
Bank St. *Wals* —2D **48**
Bank St. *W Brom* —1A **80**
Bank St. *Wolv* —4A **28**
Bankwell St. *Brie H* —5G **93**
Banner La. *Bars* —6B **154**
Bannerlea Rd. *B37* —4B **106**
Bannerley Rd. *B33* —2G **121**
Banners Ct. *S Cold* —2B **68**
Banners Ga. Rd. *S Cold*
—2B **68**
Banners Gro. *B23* —1G **85**
Banner's La. *Hale* —5F **111**
Banner's St. *Hale* —5F **111**
Banners Wlk. *B44* —3B **68**
Bannington Ct. *W'hall* —5D **30**
Bannister Rd. *W'bry* —3D **62**
Bannister St. *Crad H* —2F **111**
Banstead Clo. *Wolv* —4A **44**
Bantams Clo. *B33* —1G **121**
Bantock Av. *Wolv* —3D **42**
Bantock Gdns. *Wolv* —2C **42**

Bantock House Mus. —2D **42**
Bantocks, The. *W Brom*
—1G **79**
Bantock Way. *B17* —6H **115**
Banton Clo. *B23* —5D **68**
Bantry Clo. *B26* —1G **137**
Baptist End. —3F 95
Baptist End Rd. *Dud* —4E **95**
Barbara Rd. *B28* —3E **149**
Barber Institute of Fine Arts.
—1C **132**
Barbers La. *Cath B* —1E **153**
Barbourne Clo. *Sol* —2F **165**
Barbrook Dri. *Brie H* —4F **109**
Barcheston Rd. *B29* —4E **131**
Barcheston Rd. *Know*
—4C **166**
Barclay Ct. *Wolv* —1E **43**
Barclay Rd. *Smeth* —2C **114**
Bar Common. —6D 34
Barcroft. *W'hall* —6B **30**
Bardfield Clo. *B42* —5C **66**
Bardon Dri. *Shir* —5A **150**
Bard St. *B11* —6C **118**
Bardwell Clo. *Wolv* —1D **26**
Barford Clo. *S Cold* —1D **70**
Barford Clo. *W'bry* —3C **46**
Barford Cres. *B38* —5E **147**
Barford Ho. *B5* —4G **117**
Barford Rd. *B16* —5A **100**
Barford Rd. *Shir* —5B **150**
Barford St. *B5*
—3G **117** (6G **5**)
Bargate Dri. *Wolv* —5E **27**
Bargehorse Wlk. *B38* —2A **160**
Bargery Rd. *Wolv* —6A **18**
Barham Clo. *Shir* —4E **165**
Barker Ho. *O'bry* —1E **97**
Barker Rd. *S Cold* —4H **53**
Barker St. *Loz* —2D **100**
Barker St. *O'bry* —3A **98**
Bark Piece. *B32* —2A **130**
Barlands Cft. *B34* —3G **105**
Barle Gro. *B36* —2B **106**
Barley Clo. *A'rdge* —1G **51**
Barley Clo. *Dud* —6B **60**
Barley Clo. *Wolv* —6C **14**
Barley Cft. *Pert* —6D **24**
Barleyfield Ho. Wals —3C **48**
(off Bath St.)
Barleyfield Ri. *K'wfrd* —1G **91**
Barleyfield Row. *Wals* —3C **48**
Barlow Clo. *O'bry* —6G **97**
Barlow Clo. *Redn* —5E **143**
Barlow Dri. *W Brom* —6D **80**
Barlow Rd. *W'bry* —6G **47**
Barlow's Rd. *B15* —6H **115**
Barmouth Clo. *W'hall* —3C **30**
Barnabas Rd. *B23* —3F **85**
Barnaby Sq. *Wolv* —3B **16**
Barnard Clo. *B37* —2F **123**
Barnardo's Cen. B7 —4A **102**
(off Rupert St.)
Barnard Pl. *Wolv* —5A **44**
Barnard Rd. *S Cold* —4C **54**
Barnard Rd. *Wolv* —6H **17**
Barn Av. *Dud* —6G **59**
Barnbrook Rd. *Know* —2C **166**
Barn Clo. *B30* —1D **146**
Barn Clo. *Crad H* —5G **111**
Barn Clo. *Hale* —3G **127**
Barn Clo. *Stourb* —1G **125**
Barncroft. *B32* —4C **130**
Barncroft. *Burn* —1C **10**
Barncroft Rd. *Tiv* —1A **96**
Barncroft St. *W Brom* —5G **63**

Barnes Clo. *B37* —1A **122**
Barnes Hill. *B29* —3D **130**
Barnesville Clo. *B10* —3G **119**
Barnet Rd. *B23* —2D **84**
Barnett Clo. *Bils* —1F **61**
Barnett Clo. *K'wfrd* —5B **92**
Barnett Grn. *K'wfrd* —5B **92**
Barnett La. *K'wfrd & Stourb*
—4B **92**
Barnett Rd. *W'hall* —2G **45**
Barnetts La. *Wals* —5B **10**
Barnett St. *Stourb* —6B **92**
Barnett St. *Tip* —3A **78**
Barnett St. *Tiv* —5A **78**
Barney Clo. *Tip* —4H **77**
Barn Farm Clo. *Bils* —4A **46**
Barnfield Dri. *Sol* —1A **152**
Barnfield Gro. *B20* —2A **82**
Barnfield Rd. *Hale* —4D **112**
Barnfield Rd. *Tip* —6G **61**
Barnfield Rd. *Wolv* —1C **44**
Barnfield Trad. Est. *Tip*
—1G **77**
Barnford Clo. *B10* —2C **118**
Barnford Cres. *O'bry* —6H **97**
Barnfordhill Clo. *O'bry* —5H **97**
Barn Grn. *Wolv* —4D **42**
Barn Hill. —4C 162
Barnhurst La. *Cod & Wolv*
—4B **14**
Barn La. *Hand* —2A **100**
Barn La. *Mose* —6A **134**
Barn La. *Sol* —1C **136**
Barn Mdw. *B25* —2B **120**
Barnmoor Ri. *Sol* —6G **137**
Barn Owl Dri. *Wals* —3D **20**
Barn Owl Wlk. *Brie H* —5G **109**
Barnpark Covert. *B14* —5E **147**
Barn Piece. *B32* —1H **129**
Barnsbury Av. *S Cold* —1A **86**
Barns Clo. *Wals* —3B **22**
Barns Cft. *S Cold* —5B **36**
Barnsdale Cres. *B31* —3C **144**
Barns La. *Wals & A'rdge*
—2G **33**
Barnsley Rd. *B17* —2E **115**
Barnstaple Rd. *Smeth* —4F **99**
Barn St. *B5* —1H **117** (5H **5**)
Barnt Grn. Rd. *Redn* —5A **158**
Barnwood Rd. *B32* —1D **130**
Barnwood Rd. *Wolv* —6C **14**
Barons Clo. *B17* —5E **115**
Barons Ct. *Sol* —1G **137**
Barons Ct. Trad. Est. *Wals*
—5A **22**
Barrack La. *Hale* —5D **110**
Barracks Clo. *Wals* —1C **32**
Barracks La. *Bwnhls & Wals W*
—4E **11**
Barracks La. *Wals* —1B **32**
Barracks Pl. *Wals* —1C **32**
Barrack St. *B7* —5A **102**
Barrack St. *W Brom* —5G **63**
Barra Cft. *B35* —3F **87**
Barrar Clo. *Stourb* —3C **108**
Barratts Cft. *Brie H* —6G **75**
Barratts Rd. *B38* —6C **146**
Barr Comn. Clo. *Wals* —6D **34**
Barr Comn. Rd. *Wals* —5C **34**
Barrhill Clo. *B43* —3A **66**
Barrington Clo. *Wals* —2E **65**
Barrington Clo. *Wolv* —6G **15**
Barrington Rd. *Redn* —2E **157**
Barrington Rd. *Sol* —3C **136**
Barr Lakes La. *A'rdge* —4A **50**
Barron Rd. *B31* —4F **145**

Barrow Hill Rd. *Brie H* —6G **75**
(in two parts)
Barrows La. *B26* —3C **120**
(in two parts)
Barrows Rd. *B11* —5C **118**
Barrow Wlk. *B5* —4G **117**
(in two parts)
Barrs Cres. *Crad H* —3H **111**
Barrs Rd. *Crad H* —4G **111**
Barrs St. *O'bry* —5G **97**
Barr St. *B19* —4E **101**
(in two parts)
Barr St. *Dud* —4G **75**
Barry Jackson Tower. *B6*
—2H **101**
Barry Rd. *Wals* —4G **49**
Barsham Clo. *B5* —5E **117**
Barsham Dri. *Brie H* —3G **109**
Barston. —6A 154
Barston La. *Bal C* —6D **154**
Barston La. *H Ard & Bars*
(in two parts) —4G **153**
Barston La. *Know* —5B **152**
Barston La. *Sol* —5D **152**
(in three parts)
Barston Rd. *O'bry* —4H **113**
Bartholomew Row. *B5*
—6H **101** (3G **5**)
Bartholomew St. *B5*
—1H **117** (4G **5**)
Bartic Av. *K'wfrd* —5D **92**
Bartleet Rd. *Smeth* —4B **98**
Bartlett Clo. *Tip* —4B **62**
Bartley Clo. *Sol* —3D **136**
Bartley Dri. *B31* —5C **130**
Bartley Green. —5B 130
Bartley Woods. *B32* —3H **129**
Barton Cft. *B28* —3F **149**
Barton Dri. *Know* —6D **166**
Barton La. *K'wfrd* —1A **92**
Barton Lodge Rd. *B28*
—3E **149**
Barton Rd. *Wolv* —1B **60**
Bartons Bank. *B6* —2G **101**
Barton St. *W Brom* —5H **79**
Bar Wlk. *Wals* —6E **23**
Barwell Clo. *Dorr* —5A **166**
Barwell Ct. *B9* —1B **118**
Barwell Rd. *B9* —1B **118**
Barwick St. *B3*
—6F **101** (3D **4**)
Basalt Clo. *Wals* —5G **31**
Basil Gro. *B31* —3C **144**
Basil Rd. *B31* —3C **144**
Baslow Clo. *B33* —5D **104**
Baslow Clo. *Wals* —4H **19**
Baslow Rd. *Wals* —4H **19**
Bason's La. *O'bry* —4A **98**
Bassano Rd. *Row R* —2C **112**
Bassenthwaite Ct. *K'wfrd*
—3B **92**
Bassett Clo. *S Cold* —1C **70**
Bassett Clo. *W'hall* —5D **30**
Bassett Clo. *Wolv* —5A **42**
Bassett Cft. *B10* —3B **118**
Bassett Rd. *Hale* —5C **110**
Bassett Rd. *W'bry* —3A **64**
(in two parts)
Bassetts Gro. *B37* —4B **106**
Bassett's Pole. —1F 55
Bassett St. *Wals* —2H **47**
Bassnage Rd. *Hale* —3G **127**
Batch Cft. *Bils* —6F **45**
Batchcroft. *W'bry* —3D **46**
Batchelor Clo. *Stourb*
—3D **108**

Bateman Dri. *S Cold* —3H **69**
Bateman Rd. *Cul* —6H **89**
Bateman's Green. —3G 161
Batemans La. *H'wd & Wyt*
—4G **161**
Bates Clo. *S Cold* —6F **71**
Bates Gro. *Wolv* —4C **28**
Bate St. *Wals* —6C **32**
Bate St. *Wolv* —2C **60**
Bath Av. *Wolv*
—1F **43** (1A **170**)
Bath Ct. *B29* —6F **131**
Bath Ct. *B15* —2E **117**
Batheaston Clo. *B38* —2H **159**
Bath Mdw. *Hale* —6G **111**
Bath Pas. *B5* —2G **117** (6E **5**)
Bath Rd. *Brie H* —1C **110**
Bath Rd. *Stourb* —6D **108**
Bath Rd. *Tip* —2A **78**
Bath Rd. *Wals* —3C **48**
Bath Rd. *Wolv*
—1F **43** (2A **170**)
Bath Row. *B15* —2E **117**
Bath Row. *O'bry* —1D **96**
Bath St. *B4* —5G **101** (1E **5**)
Bath St. *Bils* —6G **45**
Bath St. *Dud* —1E **95**
Bath St. *Sed* —4A **60**
Bath St. *Wals* —2C **48**
Bath St. *W'hall* —2B **46**
Bath St. *Wolv* —2A **44**
Bath Wlk. *B12* —6G **117**
Batmans Hill Rd. *Bils & Tip*
—3G **61**
Batson Ri. *Brie H* —3E **109**
Battenhall Rd. *B17* —6E **115**
Battery Ind. Pk. *S Oak*
—3A **132**
Battlefield Hill. *Wom* —6A **58**
Battlefield La. *Wom* —1H **73**
Bavaro Gdns. *Brie H* —1C **110**
Baverstock Rd. *B14* —5G **147**
Baxterley Grn. *Sol* —3B **150**
Baxterley Grn. *S Cold* —4D **70**
Baxter Rd. *Brie H* —1G **109**
Baxters Grn. *Shir* —1G **163**
(in two parts)
Baxters Rd. *Shir* —1H **163**
Bayer St. *Bils* —5E **61**
Bayford Av. *N'fld* —3C **158**
Bayford Av. *Sheld* —1G **137**
Bayley Cres. *W'bry* —3C **46**
Bayley Ho. *Bwnhls* —1B **22**
Bayleys La. *Tip* —5C **62**
Bayley Tower. *B36* —1C **104**
Baylie St. *Stourb* —1D **124**
Baylis Av. *Wolv* —1H **29**
Bayliss Av. *Wolv* —2C **60**
Bayliss Clo. *B31* —2F **145**
Bayliss Clo. *Bils* —4E **45**
Baynton Rd. *W'hall* —2C **30**
Bayston Av. *Wolv* —3C **42**
Bayston Rd. *B14* —3G **147**
Bayswater Rd. *B20* —6F **83**
Bayswater Rd. *Dud* —4H **75**
Bay Tree Clo. *B38* —1H **159**
Baytree Clo. *Wals* —5G **19**
Baytree Rd. *Wals* —5G **19**
Baywell Clo. *Shir* —2E **165**
Beach Av. *Bal H* —6B **118**
Beach Av. *Bils* —2B **60**
Beach Brook Clo. *B11*
—6B **118**
Beachburn Way. *B20* —4C **82**
Beach Clo. *B31* —6G **145**
Beachcroft Rd. *K'wfrd* —6A **74**

Beach Dri. *Hale* —6A **112**
Beach Rd. *B11* —6B **118**
Beach Rd. *Bils* —4F **45**
Beach St. *Hale* —6A **112**
Beachwood Av. *K'wfrd* —6A **74**
Beacon Clo. *Gt Barr* —4B **66**
Beacon Clo. *Redn* —3G **157**
Beacon Clo. *Smeth* —2E **99**
Beacon Ct. *B43* —4B **66**
Beacon Ct. *S Cold* —3H **51**
Beacon Dri. *Wals* —3E **49**
Beacon Hill. *Aston* —1G **101**
Beacon Hill. *Redn* —4F **157**
Beacon Hill. *Wals* —2E **51**
Beacon La. *Dud* —4A **60**
Beacon La. *Marl & Redn*
—6D **156**
Beacon M. *B43* —4B **66**
Beacon Pas. *Dud* —5H **59**
Beacon Ri. *Dud* —4A **60**
Beacon Ri. *Stourb* —1H **125**
Beacon Ri. *Wals* —6D **34**
Beacon Rd. *K'sdng* —1A **68**
Beacon Rd. *S Cold* —4G **69**
Beacon Rd. *Wals* —6H **49**
Beacon Rd. *A'rdge & Gt Barr*
—3D **50**
Beacon Rd. *W'hall* —1C **30**
Beaconsfield Av. *Wolv* —5H **43**
Beaconsfield Ct. *Wals* —3F **49**
Beaconsfield Cres. *B12*
—6G **117**
Beaconsfield Dri. *Wolv*
—5H **43**
Beaconsfield Rd. *B12*
—1G **133**
Beaconsfield Rd. *S Cold*
—4H **53**
Beaconsfield St. *W Brom*
—2A **80**
Beacon St. *Bils* —4B **60**
Beacon St. *Wals* —2E **49**
Beacon Vw. *Redn* —3F **157**
Beacon Vw. *Wals* —1F **47**
(in two parts)
Beacon Vw. Dri. *S Cold*
—6H **51**
Beaconview Ho. *W Brom*
—4D **64**
Beacon Vw. Rd. *W Brom*
—3C **64**
Beacon Way. *Wals* —4C **22**
Beacon Way. *W Brom* —2E **81**
Beakes Rd. *Smeth* —6D **98**
Beaks Farm Gdns. *B16*
—1H **115**
Beaks Hill Rd. *B38* —6A **146**
Beak St. *B1* —1F **117** (5D **4**)
Beale Clo. *B35* —5E **87**
Beales St. *B6* —1B **102**
Beale St. *Stourb* —6D **108**
Bealeys Av. *Wolv* —1E **29**
Bealeys Fold. *Wolv* —4F **29**
(off Nicholls Fold)
Bealeys La. *Wals* —4G **19**
(in two parts)
Beamans Clo. *Sol* —1E **137**
Beaminster Rd. *Sol* —3E **151**
Beamish La. *Cod W* —2A **12**
Beamont Clo. *Tip* —1G **77**
Bean Cft. *B32* —2A **130**
Bean Rd. *Dud* —1F **95**
Bean Rd. *Tip* —1E **77**
Bean Rd. Ind. Est. *Tip* —1E **77**
Beardmore Rd. *S Cold* —5A **70**
Bearley Cft. *Shir* —1A **164**

Bearmore Rd. *Crad H*
—2G **111**
Bearnett Dri. *Wolv* —3A **58**
Bearnett La. *Wolv* —4H **57**
Bearwood. —1E 115
Bearwood Ho. *Smeth* —5E **99**
Bearwood Shop. Cen. *Smeth*
—2E **115**
Beasley Gro. *B43* —4D **66**
Beaton Clo. *W'hall* —1G **45**
Beaton Rd. *S Cold* —6G **37**
Beatrice St. *Wals* —3A **32**
Beatrice Wlk. *Tiv* —5A **78**
Beatty Ho. *Tip* —5A **62**
Beaubrook Gdns. *Word*
—6C **92**
Beauchamp Av. *B20* —2B **82**
Beauchamp Clo. *B37* —1D **122**
Beauchamp Clo. *S Cold*
—6F **71**
Beauchamp Rd. *B13* —2B **148**
Beauchamp Rd. *Sol* —2F **151**
Beaudesert Clo. *H'wd*
—3A **162**
Beaudesert Rd. *B20* —1D **100**
Beaudesert Rd. *H'wd* —3A **162**
Beaufort Av. *B34* —3B **104**
Beaufort Pk. *B36* —4B **104**
Beaufort Rd. *Edg* —2B **116**
Beaufort Rd. *Erd* —5E **85**
Beaufort Way. *Wals* —5D **34**
Beaulieu Av. *K'wfrd* —5D **92**
Beaumaris Clo. *Dud* —4B **76**
Beaumont Clo. *Wals* —3F **7**
Beaumont Dri. *B17* —1F **131**
Beaumont Dri. *Brie H* —4F **109**
Beaumont Gdns. *B18* —3B **100**
Beaumont Gro. *Sol* —2D **150**
Beaumont Pk. *K Nor* —3B **146**
Beaumont Rd. *Hale* —3E **113**
Beaumont Rd. *Wals* —3F **7**
Beaumont Rd. *W'bry* —1F **63**
Beausale Dri. *Know* —2E **167**
Beauty Bank. *Crad H* —3A **112**
Beauty Bank Cres. *Stourb*
—5C **108**
Beaver Clo. *Wolv* —4H **29**
Beaver Rd. *Tip* —6D **62**
Bebington Clo. *Wolv* —1D **26**
Beccles Dri. *W'hall* —3H **45**
Beckbury Av. *Wolv* —6A **42**
Beckbury Rd. *B29* —4E **131**
Beck Clo. *Smeth* —5E **99**
Beckenham Av. *B44* —4A **68**
Becket Clo. *S Cold* —3F **37**
Beckett St. *Bils* —5G **45**
Beckfield Clo. *B14* —5G **147**
Beckfield Clo. *Wals* —1G **33**
Beckford Cft. *Dorr* —6B **166**
Beckman Rd. *Stourb* —3G **125**
Beckminster Rd. *Wolv* —4D **42**
Beconsfield Clo. *Dorr*
—6G **167**
Becton Gro. *B42* —6F **67**
Bedcote Pl. *Stourb* —6F **109**
Beddoe Clo. *Tip* —2D **78**
Beddow Av. *Bils* —6E **61**
Beddows Rd. *Wals* —4C **32**
Bedford Dri. *S Cold* —5C **54**
Bedford Ho. *B36* —3D **106**
Bedford Ho. Wolv —5G **27**
(off Lomas St.)
Bedford Rd. *Camp H* —2A **118**
Bedford Rd. *S Cold* —5C **54**
Bedford Rd. *W Brom* —6H **63**

Bentley La.—Birches Grn. Rd.

Bentley La. *Wals* —5G **31**
Bentley La. *W'hall* —4D **30**
Bentley La. Ind. Est. *Wals*
—5H **31**
Bentley La. Ind. Pk. *Wals*
—6G **31**
Bentley Mill Clo. *Wals* —2F **47**
Bentley Mill La. *Wals* —2F **47**
Bentley Mill Way. *Wals* —2F **47**
Bentley New Dri. *Wals* —6H **31**
Bentley Pl. *Wals* —1H **47**
Bentley Rd. *B36* —2H **105**
Bentley Rd. *Wolv* —5A **16**
Bentley Rd. N. *Wals* —2E **47**
Bentley Rd. S. *W'bry* —3D **46**
Bentmead Gro. *B38* —6C **146**
Benton Av. *B11* —5C **118**
Benton Clo. *W'hall* —5D **30**
Benton Cres. *Wals* —5A **20**
Benton Rd. *B11* —5C **118**
Bentons La. *Wals* —4G **7**
Bentons Mill Cft. *B7* —1C **102**
Bent St. *Brie H* —5H **93**
Ben Willetts Wlk. *Row R*
—2C **112**
Benyon Cen., The. *Wals*
—2G **31**
Beoley Clo. *S Cold* —4A **70**
Beoley Gro. *Redn* —2F **157**
Berberry Clo. *B30* —1H **145**
Berberry Ct. *Tip* —5A **62**
Beresford Cres. *W Brom*
—4H **79**
Beresford Dri. *S Cold* —4G **69**
Beresford Rd. *O'bry* —2A **98**
Beresford Rd. *Wals* —1C **32**
Bericote Cft. *B27* —2B **136**
Berkeley Clo. *Wolv* —6F **25**
Berkeley Dri. *K'wfrd* —2A **92**
Berkeley Precinct. *B14*
—5H **147**
Berkeley Rd. *B25* —4G **119**
Berkeley Rd. *Shir* —4E **149**
Berkeley Rd. E. *B25* —4H **119**
Berkeley St. *Wals* —4H **47**
Berkley Clo. *Wals* —6F **31**
Berkley Ct. *B1* —2E **117** (5A **4**)
Berkley Cres. *B13* —4C **134**
Berkley Ho. *B23* —1F **85**
Berkley St. *B1* —1E **117** (5A **4**)
Berkshire Clo. *W Brom*
—6H **63**
Berkshire Cres. *W'bry* —1A **64**
Berkshire, The. *Wals* —4G **19**
Berkswell Clo. *Dud* —4A **76**
Berkswell Clo. *Sol* —5F **137**
Berkswell Clo. *S Cold* —5E **37**
Berkswell Rd. *B24* —3H **85**
Bermuda Clo. *Dud* —1D **76**
Bernard Pl. *B18* —4B **100**
Bernard Rd. *B17* —1F **115**
Bernard Rd. *O'bry* —1A **114**
Bernard Rd. *Tip* —6B **62**
Bernard St. *Wals* —3E **49**
Bernard St. *W Brom* —3A **80**
Berners St. *B19* —2F **101**
Bernhard Dri. *B21* —1A **100**
Bernwall Clo. *Stourb* —1D **124**
Berrandale Rd. *B36* —1D **104**
Berrington Dri. *Bils* —5D **60**
Berrington Wlk. *B5* —4G **117**
Berrow Cottage Homes. *Know*
—3E **167**
Berrow Dri. *B15* —4A **116**
Berrowside Rd. *B34* —3A **106**
Berry Av. *W'bry* —6B **46**

Berrybush Gdns. *Sed* —6A **60**
Berry Clo. *B19* —3F **101**
Berry Cres. *Wals* —1G **65**
Berry Dri. *Wals* —4A **34**
Berryfield Rd. *B26* —5H **121**
Berryfields. *A'rdge* —4A **34**
Berryfields. *Ston* —2G **23**
Berryfields Rd. *S Cold* —2D **70**
Berry Hall La. *Cath B* —3C **152**
Berrymound Vw. *H'wd*
—2C **162**
Berry Rd. *B8* —4E **103**
Berry Rd. *Dud* —2E **77**
Berry St. *B18* —3B **100**
Berry St. *Wolv*
—1H **43** (3C **170**)
Bertha Rd. *B11* —6D **118**
Bertram Clo. *Tip* —4C **62**
Bertram Rd. *B9 & B10*
—2D **118**
Bertram Rd. *Smeth* —3C **98**
Berwick Gro. *Gt Barr* —1D **66**
Berwick Gro. *N'fld* —4B **144**
Berwicks La. *B37* —2D **122**
(in two parts)
Berwood Farm Rd. *S Cold*
—1A **86**
Berwood Gdns. *B24* —1A **86**
Berwood Gro. *Sol* —4F **137**
Berwood La. *B24* —4C **86**
Berwood Pk. *Cas V* —5E **87**
Berwood Rd. *S Cold* —1B **86**
Berwyn Gro. *Wals* —2F **7**
Besant Gro. *B27* —4G **135**
Besbury Clo. *Dorr* —6F **167**
Bescot. —6H 47
Bescot Cres. *Wals* —5B **48**
Bescot Cft. *B42* —1D **82**
Bescot Dri. *Wals* —5H **47**
Bescot Ind. Est. *W'bry* —1D **62**
Bescot Rd. *Wals* —5H **47**
Bescot St. *Wals* —4B **48**
Besford Gro. *B31* —4B **144**
Besford Gro. *Shir* —3F **165**
Bessborough Rd. *B25*
—3B **120**
Best Rd. *Bils* —4F **45**
Best St. *Crad H* —1H **111**
Beswick Gro. *B33* —5E **105**
Beta Gro. *B14* —3C **148**
Betjeman Pl. *Wolv* —6C **16**
Betley Gro. *B33* —4E **105**
Betony Clo. *Wals* —2E **65**
Betsham Clo. *B44* —4B **68**
Bettany Glade. *Wolv* —3A **16**
Betteridge Dri. *S Cold* —1C **70**
Betton Rd. *B14* —2G **147**
Bett Rd. *B20* —4B **82**
Betty's La. *Cann* —1D **8**
Beulah Ct. *Hale* —1A **128**
Bevan Av. *Wolv* —1A **60**
Bevan Clo. *Bils* —5H **45**
Bevan Clo. *Wals* —6G **21**
Bevan Ind. Est. *Brie H*
—1E **109**
Bevan Rd. *Brie H* —1E **109**
Bevan Rd. *Tip* —3B **78**
Bevan Way. *Smeth* —1D **98**
Beverley Clo. *S Cold* —6A **70**
Beverley Ct. Rd. *B32* —5A **114**
Beverley Cres. *Wolv* —1B **60**
Beverley Dri. *K'wfrd* —2A **92**
Beverley Gro. *B26* —6F **121**
Beverley Rd. *Redn* —2G **157**
Beverley Rd. *W Brom* —4B **64**

Beverston Rd. *Tip* —3B **62**
Beverston Rd. *Wolv* —5G **25**
Bevington Rd. *B6* —6H **83**
Bevin Rd. *Wals* —6E **31**
Bevis Gro. *B44* —2H **67**
Bewdley Av. *B12* —5A **118**
Bewdley Dri. *Wolv* —1D **44**
Bewdley Ho. *B26* —2E **121**
Bewdley Rd. *B30* —5D **132**
Bewlay Clo. *Brie H* —4F **109**
Bewley Rd. *W'hall* —5D **30**
Bewlys Av. *B20* —3A **82**
Bexhill Gro. *B15* —2E **117**
Bexley Gro. *W Brom* —6C **64**
Bexley Rd. *B44* —5B **68**
Bhylls Cres. *Wolv* —4A **42**
Bhylls La. *Wolv* —3H **41**
Bibbey's Grn. *Wolv* —3B **16**
Bibsworth Av. *B13* —5D **134**
Bibury Rd. *B28* —6E **135**
Bicester Sq. *B35* —3F **87**
Bickenhill. —4F 139
Bickenhill Grn. Ct. *Bick*
—4F **139**
Bickenhill La. *B37 & B40*
(in two parts) —5F **123**
Bickenhill La. *Cath B* —1E **153**
Bickenhill Pk. Rd. *Sol*
—4B **136**
Bickenhill Rd. *B37* —4C **122**
Bickenhill Trad. Est. *B37*
—6F **123**
Bickford Rd. *B6* —6A **84**
Bickford Rd. *Wolv* —4B **28**
Bickington Rd. *B32* —4B **130**
Bickley Av. *B11* —5C **118**
Bickley Av. *S Cold* —4E **37**
Bickley Gro. *B26* —6F **121**
Bickley Rd. *Bils* —4A **46**
Bickley Rd. *Wals* —2G **33**
Bicknell Cft. *B14* —5G **147**
Bickton Clo. *B24* —1A **86**
Biddings La. *Bils* —3D **60**
Biddlestone Gro. *Wals* —2G **65**
Biddlestone Pl. *W'bry* —4B **46**
Biddulph Ct. *S Cold* —3G **69**
Bideford Dri. *B29* —4G **131**
Bideford Rd. *Smeth* —4F **99**
Bidford Clo. *Shir* —5B **150**
Bidford Rd. *B31* —4C **144**
Bierton Rd. *B25 & Yard*
—3A **120**
Biggin Clo. *B35* —4E **87**
Biggin Clo. *Wolv* —4E **25**
Big Peg, The. *B18 & Hock*
—5E **101** (1A **4**)
Bigwood Dri. *B32* —4B **130**
Bigwood Dri. *S Cold* —5E **55**
Bilberry Cres. *S Cold* —2D **70**
Bilberry Dri. *Redn* —3G **157**
Bilberry Rd. *B14* —1E **147**
Bilboe Rd. *Bils* —2H **61**
Bilbrook. —3H 13
Bilbrook Ct. *Cod* —4H **13**
Bilbrook Gro. *B29* —3D **130**
Bilbrook Gro. *Cod* —4H **13**
Bilbrook Ho. *Cod* —4H **13**
Bilbrook Rd. *Cod* —3H **13**
Bilhay La. *W Brom* —2G **79**
Bilhay St. *W Brom* —2G **79**
Billau Rd. *Bils* —3F **61**
Billesley. —1C 148
Billesley La. *Mose* —5H **133**
Billingham Clo. *Sol* —1F **165**
Billingsley Rd. *B26* —3E **121**
Bills La. *Shir* —6F **149**

Billsmore Grn. *Sol* —6G **137**
Bills St. *W'bry* —4E **47**
Billy Buns La. *Wom* —5G **57**
Billy Wright Clo. *Wolv* —5C **42**
Bilport La. *W'bry* —5F **63**
Bilston. —6H 45
Bilston Ind. Est. *Bils* —6A **46**
Bilston Key Ind. Est. *Bils*
—6H **45**
Bilston La. *W'hall* —3A **46**
Bilston Mus. & Art Gallery.
—5G **45**
Bilston Rd. *Tip* —3B **62**
Bilston Rd. *W'bry* —2D **62**
Bilston Rd. *W'hall* —4A **46**
Bilston Rd. *Wolv*
—2H **43** (4D **170**)
Bilston St. *Dud* —5H **59**
Bilston St. *W'bry* —5D **46**
(in two parts)
Bilston St. *W'hall* —2A **46**
Bilston St. *Wolv*
—2H **43** (4C **170**)
Bilston St. Island. *Wolv*
—2H **43** (4D **170**)
Bilton Grange Rd. *B26*
—4D **120**
Bilton Ind. Est. *B38* —1A **160**
Binbrook Rd. *W'hall* —5D **30**
Bincomb Av. *B26* —5F **121**
Binfield St. *Tip* —3A **78**
Bingley Av. *B8* —5H **103**
Bingley St. *Wolv* —3E **43**
Binley Clo. *B25* —5B **120**
Binley Clo. *Shir* —1G **163**
Binstead Rd. *B44* —3A **68**
Binswood Rd. *Hale* —4G **113**
Binton Cft. *B13* —5H **133**
Binton Rd. *Shir* —6F **149**
Birbeck Ho. *B36* —3D **106**
Birbeck Pl. *Brie H* —3F **93**
Birchall St. *B12* —2H **117**
Birch Av. *Brie H* —1C **110**
Birch Av. *Bwnhls* —5A **10**
Birch Clo. *B30* —1H **145**
Birch Clo. *S Cold* —3D **70**
Birch Coppice. *Brie H*
(in two parts) —2C **110**
Birch Coppice. *Wom* —1E **73**
Birchcoppice Gdns. *W'hall*
—5E **31**
Birch Ct. *Smeth* —1B **98**
Birch Ct. Wals —5E **33**
(off Lichfield Rd.)
Birch Ct. Wolv —5G **27**
(off Boscobel Cres.)
Birch Cres. *Tiv* —6A **78**
Birch Cft. *Chel W* —2E **123**
Birch Cft. *Erd* —2B **86**
Birchcroft. *Fren W* —4G **99**
Birch Cft. *Wals* —1E **35**
Birch Cft. Rd. *S Cold* —4B **54**
Birchdale. *Bils* —4F **45**
Birchdale Av. *B23* —3E **85**
Birchdale Rd. *B23* —2D **84**
Birch Dri. *Hale* —2E **113**
Birch Dri. *Lit A* —4D **36**
Birch Dri. *Stourb* —5C **108**
Birch Dri. *S Cold* —4D **54**
Birches Av. *Cod* —6A **14**
Birches Barn Av. *Wolv* —4D **42**
Birches Barn Rd. *Wolv*
—3D **42**
Birches Clo. *B13* —4H **133**
Birches Green. —5G 85
Birches Grn. Rd. *B24* —5H **85**

Birches Pk. Rd. *Cod* —5G **13**
Birches Ri. *W'hall* —2A **46**
Birches Rd. *Cod* —5G **13**
Birchfield. —5E 83
Birchfield Av. *Wolv* —3H **25**
Birchfield Clo. *Hale* —3G **127**
Birchfield Cres. *Stourb*
 —2B **126**
Birchfield Gdns. *B6* —1G **101**
Birchfield Gdns. *Wals* —1G **65**
Birchfield La. *O'bry* —5E **97**
(in three parts)
Birchfield Rd. *B20 & B19*
 —6F **83**
Birchfield Rd. *Stourb* —2B **126**
Birchfields Rd. *W'hall* —4A **30**
Birchfield Way. *Wals* —1F **65**
Birch Ga. *Stourb* —1B **126**
Birchglade. *Wolv* —2B **42**
Birch Gro. *O'bry* —4B **114**
Birch Hill Av. *Wom* —2F **73**
Birch Hollow. *B15* —5B **116**
Birch Hollow. *O'bry* —4B **114**
Birchills. —6A 32
Birchills Canal Mus. —6B 32
Birchills St. *Wals* —6A **32**
Birch La. *A'rdge* —6F **23**
Birch La. *O'bry* —4B **114**
Birch La. *Pels* —6G **21**
Birchley Ho. *O'bry* —3D **96**
Birchley Ind. Est. *O'bry*
 —4E **97**
Birchley Pk. Av. *O'bry* —3E **97**
Birchley Ri. *Sol* —6D **120**
Birchmoor Clo. *B28* —6H **135**
Birchover Rd. *Wals* —5G **31**
Birch Rd. *Dud* —4B **60**
Birch Rd. *O'bry* —3B **114**
Birch Rd. *Redn* —3E **157**
Birch Rd. *Witt* —5A **84**
Birch Rd. *Wolv* —6H **17**
Birch Rd. E. *B6* —5B **84**
Birch St. *O'bry* —3A **98**
Birch St. *Tip* —2H **77**
Birch St. *Wals* —6B **32**
Birch St. *Wolv*
 —1G **43** (2A **170**)
Birch Ter. *Dud* —5E **95**
Birchtree Gdns. *Brie H*
 —2C **110**
Birch Tree Gro. *Sol* —3C **150**
Birchtree Hollow. *W'hall*
 —4D **30**
Birchtrees. *B24* —3B **86**
Birchtrees Cft. *B26* —6B **120**
Birchtrees Dri. *B33* —1H **121**
Birch Wlk. *O'bry* —3B **114**
Birchwood Clo. *Ess* —4A **18**
Birchwood Cres. *B12* —1B **134**
Birchwood Rd. *B12* —1A **134**
Birchwood Rd. *Wolv* —6E **43**
Birchwoods. *B32* —3H **129**
Birchwood Wlk. *K'wfrd*
 —1C **92**
Birchy Clo. *Shir* —3F **163**
Birchy Leasowes La. *Shir*
 —4E **163**
Birdbrook Rd. *B44* —4G **67**
Birdcage Wlk. *B38* —5B **146**
Birdcage Wlk. *Dud* —6F **77**
Bird End. *W Brom* —5D **64**
Birdie Clo. *B38* —6H **145**
Birdlip Gro. *B32* —5A **114**
Birds Mdw. *Brie H* —2F **93**
Bird St. *Dud* —4G **75**
Birdwell Cft. *B13* —1H **147**

Birkdale Av. *B29* —4B **132**
Birkdale Clo. *Stourb* —4D **124**
Birkdale Clo. *Wolv* —1C **44**
Birkdale Dri. *Tiv* —2A **96**
Birkdale Gro. *B29* —5C **132**
Birkdale Rd. *Wals* —4G **19**
Birkenshaw Rd. *B44* —5G **67**
Birley Gro. *Hale* —5E **127**
Birmingham. —1F 117 (5D 4)
Birmingham Airport Info.
 Desk. —1E 139
Birmingham Botanical
 Gardens. —4B 116
Birmingham Bus. Pk. *Birm P*
 —3G **123**
Birmingham Cathedral.
 —6F 101
Birmingham City Info. Cen.
 —1E 117
Birmingham Convention &
 (City) Vis. Bureau. —1G 117
Birmingham Convention &
 Vis. Bureau. —1F 117
(Colmore Row)
Birmingham Convention &
 (ICC) Vis. Bureau. —1E 117
Birmingham Convention &
 (NEC) Vis. Bureau. —1F 139
Birmingham Mus. &
 Art Gallery. —1F 117
Birmingham Mus. of
 Transport, The. —6G 161
Birmingham Nature Cen.
 —1E 133
Birmingham New Rd. *Dud &*
 Tip —2E **77**
Birmingham New Rd. *Wolv*
 —6A **44**
Birmingham One Bus. Pk. *B1*
 —6D **100**
Birmingham Railway Mus.
 —6F 119
Birmingham R.C. Cathedral.
 —5F 101
Birmingham Rd. *A'rdge*
 —4C **34**
Birmingham Rd. *Cas B*
 —1E **105**
Birmingham Rd. *Dud* —5G **77**
Birmingham Rd. *Hag* —6G **125**
Birmingham Rd. *Hale*
 —2B **128**
Birmingham Rd. *K'hrst & Col*
 —4D **106**
Birmingham Rd. *L Ash &*
 Redn —5C **156**
Birmingham Rd. *Mer* —2D **140**
Birmingham Rd. *N'fld*
 —3F **159**
Birmingham Rd. *O'bry*
 —2H **97**
Birmingham Rd. *Row R*
 —1C **112**
Birmingham Rd. *Shen W &*
 Lich —2G **37**
Birmingham Rd. *S Cold*
 —6H **69**
Birmingham Rd. *Wals* —2D **48**
Birmingham Rd. *Wals &*
 Gt Barr —5G **49**
Birmingham Rd. *Wat O*
 —5B **88**
Birmingham Rd. *W Brom*
 —6C **80**
Birmingham Rd. *Wolv*
 —2H **43** (5C **170**)

Birmingham St. *Dud* —6F **77**
Birmingham St. *Hale* —2B **128**
Birmingham St. *O'bry* —2G **97**
Birmingham St. *Stourb*
 —6E **109**
Birmingham St. *Wals* —2D **48**
Birmingham St. *W'bry* —5D **46**
Birmingham St. *W'hall* —1B **46**
Birnham Clo. *Tip* —2F **77**
Birstall Way. *B38* —1G **159**
Bisell Way. *Brie H* —4H **109**
Bishbury Clo. *B15* —3A **116**
Bishop Asbury Cottage.
 —5G 65
Bishop Asbury Cres. *B43*
 —5G **65**
Bishop Clo. *Dud* —1G **95**
Bishop Clo. *Redn* —6E **143**
Bishop Rd. *W'bry* —3A **64**
Bishop Ryder Ho. *B4* —2G **5**
Bishops Clo. *Smeth* —5G **99**
Bishops Ct. *Birm P* —3F **123**
Bishops Ga. *B31* —5E **145**
Bishopsgate St. *B15*
 —2D **116** (6A **4**)
Bishops Mdw. *S Cold* —6C **38**
Bishops Rd. *S Cold* —2H **69**
Bishop St. *B5* —3G **117**
Bishops Way. *S Cold* —4F **37**
Bishopton Clo. *Shir* —6A **150**
Bishopton Rd. *Smeth*
 —2D **114**
Bishton Gro. *Neth* —5F **95**
Bisley Gro. *B24* —5G **85**
Bissell Clo. *B28* —1F **149**
Bissell Dri. *W'bry* —2H **63**
Bissell St. *B5* —3G **117**
Bissell St. *Bils* —6H **45**
Bissell St. *Quin* —5G **113**
Biton Clo. *B17* —6F **115**
Bittell Clo. *B31* —2D **158**
Bittell Clo. *Wolv* —3A **16**
Bittell Farm Rd. *B Grn & A'chu*
 —6F **159**
Bitterne Dri. *Wolv* —5E **27**
Bittern Wlk. *Brie H* —5G **109**
Blackacre Rd. *Dud* —1F **95**
Blackberry Av. *B9* —6G **103**
Blackberry Clo. *Dud* —1A **94**
Blackberry La. *Hale* —3A **128**
Blackberry La. *Row R* —4H **95**
Blackberry La. *S Cold* —4E **37**
Blackberry La. *Wals W*
 —3D **22**
Blackbird Cft. *B36* —2C **106**
Blackbrook Clo. *Dud* —6C **94**
Blackbrook Rd. *Dud* —4C **94**
(in two parts)
Blackbrook Way. *Wolv* —3A **16**
Blackburn Av. *Wolv* —2C **26**
Blackburne Rd. *B28* —1F **149**
Blackbushe Clo. *B17* —4D **114**
Blackcat Clo. *B37* —6C **106**
Black Country Ho. *O'bry*
 —2F **97**
Black Country Mus. —3F 77
Black Country New Rd.
 Bstne & W'bry —5A **46**
Black Country New Rd. *Tip &*
 W Brom —1E **79**
Black Country Route. *Bils*
 —2D **60**
Black Country Route. *W'hall*
 —4B **46**
Blackdown Clo. *Redn*
 —5G **143**

Blackdown Rd. *Know*
 —3D **166**
Blackett Ct. *S Cold* —3G **69**
Blackfirs La. *B37* —4E **123**
Blackford Clo. *Hale* —3F **127**
Blackford Rd. *B11* —1C **134**
Blackford Rd. *Shir* —2A **164**
Blackford St. *B18* —4A **100**
Blackhalve La. *Wolv* —1D **28**
Blackham Dri. *S Cold* —6G **69**
Blackham Rd. *Wolv* —1H **29**
Black Haynes Rd. *B29*
 —1E **145**
Blackheath Mkt. *Row R*
 —2D **112**
Blackhorse La. *Brie H*
 —2A **110**
Blacklake. —1G 79
Black Lake. *W Brom* —1G **79**
Black Lake Ind. Est. *W Brom*
 —1H **79**
Blacklea Clo. *B25* —2B **120**
Blackmoor Cft. *B33* —1H **121**
Blackpit La. *Lwr P* —2E **57**
Blackrock Rd. *B23* —1B **84**
Blackroot Clo. *Hamm* —1F **11**
Blackroot Rd. *S Cold* —4G **53**
Blackthorn Clo. *B30* —1G **145**
Blackthorne Av. *Burn* —1B **10**
Blackthorne Clo. *Dud* —3B **76**
Blackthorne Clo. *Sol* —3C **150**
Blackthorne Rd. *Dud* —3B **76**
Blackthorne Rd. *Smeth*
(in two parts) —5B **98**
Blackthorne Rd. *Wals* —6D **48**
Blackthorn Rd. *Cas B* —1G **105**
Blackthorn Rd. *K Nor*
 —1G **145**
Blackthorn Rd. *Stourb*
 —2D **108**
Blackwater Clo. *Brie H* —3E **93**
Blackwell Rd. *S Cold* —6B **70**
Blackwood Av. *Wolv* —1D **28**
Blackwood Dri. *S Cold* —3G **51**
Blackwood Rd. *S Cold* —2G **51**
Blades Ho. *W Brom* —5E **65**
Blades Rd. *W Brom* —3D **78**
Blaenwern Dri. *Hale* —4D **110**
Blagdon Rd. *Hale* —5A **112**
Blair Gro. *B37* —2F **123**
Blakedon Rd. *W'bry* —2E **63**
Blakedown Rd. *Hale* —4G **127**
Blakedown Way. *O'bry* —5E **97**
Blake Hall Clo. *Brie H* —4G **109**
Blake Ho. Wals —3A 48
(off St Johns Rd.)
Blakeland Rd. *B44* —1G **83**
Blakeland St. *B9* —1F **119**
Blake La. *B9* —1F **119**
Blakeley. —2G 73
Blakeley Av. *Wolv* —2D **26**
Blakeley Hall Rd. *O'bry*
 —2H **97**
Blakeley Heath Dri. *Wom*
 —2G **73**
Blakeley Ri. *Wolv* —2D **26**
Blakeley Wlk. *Dud* —5E **95**
Blakeley Wood Rd. *Tip* —5C **62**
Blakemere Av. *B25* —3C **120**
Blakemere Ho. B16 —1C 116
(off Graston Clo.)
Blakemore Clo. *B32* —2D **130**
Blakemore Dri. *S Cold* —5D **54**
Blakemore Rd. *Wals* —4C **22**
Blakemore Rd. *W Brom*
 —5G **79**

Blakenall Clo. *Wals* —1B **32**
Blakenall Heath. —6A 20
Blakenall Heath. *Wals* —1B **32**
Blakenall La. *Wals* —2A **32**
Blakenall Row. *Wals* —1B **32**
Blakeney Av. *B17* —4E **115**
Blakeney Av. *Stourb* —5B **108**
Blakeney Clo. *Dud* —6G **59**
Blakenhale Rd. *B33* —2F **121**
Blakenhall. —4F 43
Blakenhall Gdns. *Wolv* —4G **43**
Blakenhall Ind. Est. *Wolv*
—4F **43**
Blake Pl. *B9* —1F **119**
Blakesley Clo. *S Cold* —2D **86**
Blakesley Gro. *B25* —2B **120**
Blakesley Hall. —2C 120
Blakesley M. *B25* —3B **120**
Blakesley Rd. *B25* —2A **120**
Blake St. *S Cold* —3E **37**
Blakewood Clo. *B34* —4G **105**
Blandford Av. *B36* —6A **88**
Blandford Dri. *Stourb* —6C **92**
Blandford Rd. *B32* —6C **114**
Blanefield. *Wolv* —5C **14**
Blanning Ct. *Dorr* —5A **166**
Blay Av. *Wals* —1H **47**
Blaydon Av. *S Cold* —6C **38**
Blaydon Rd. *Wolv* —5E **15**
Blaythorn Av. *Sol* —2E **137**
Blaze Hill Rd. *K'wfrd* —1G **91**
Blaze Pk. *K'wfrd* —1H **91**
Bleak Hill Rd. *B23* —3C **84**
Bleakhouse Rd. *O'bry*
—2A **114**
Bleak St. *Smeth* —3D **98**
Blenheim Clo. *Wals* —2H **33**
Blenheim Ct. *B44* —5H **67**
Blenheim Ct. *Sol* —3G **151**
Blenheim Dri. *B43* —5H **65**
Blenheim Rd. *B13* —4H **133**
Blenheim Rd. *Cann* —1F **9**
Blenheim Rd. *K'wfrd* —3D **92**
Blenheim Rd. *Shir* —5B **150**
Blenheim Rd. *W'hall* —3B **30**
Blenheim Way. *B44* —5H **67**
Blenheim Way. *Cas V* —5F **87**
Blenheim Way. *Dud* —5A **76**
Bletchley Rd. *B24* —3C **86**
Blewitt Clo. *B36* —5H **87**
Blewitt St. *Brie H* —3G **93**
Blews St. *B6* —4G **101**
Blithe Clo. *Stourb* —3E **109**
Blithfield Dri. *Brie H* —4F **109**
Blithfield Gro. *B24* —2A **86**
Blithfield Rd. *Wals* —3F **9**
Blockall. *W'bry* —4D **46**
Blockall Clo. *W'bry* —5C **46**
Bloomfield. —6G 61
Bloomfield Clo. *Wom* —1D **72**
Bloomfield Dri. *W'hall* —6D **18**
Bloomfield Rd. *B13* —2B **134**
Bloomfield Rd. *Tip & Bloom*
—1G **77**
Bloomfield St. N. *Hale*
—6H **111**
Bloomfield St. W. *Hale*
—1H **127**
Bloomfield Ter. *Tip* —1F **77**
Bloomsbury Gro. *B30 & B14*
—6E **133**
Bloomsbury St. *B7* —4B **102**
Bloomsbury St. *Wolv*
—3G **43** (5A **170**)
Bloomsbury Wlk. *B7* —4B **102**
(in two parts)

Blossom Av. *B29* —3B **132**
Blossomfield. —5D 150
Blossomfield Clo. *B38*
—1H **159**
Blossomfield Clo. *K'wfrd*
—1C **92**
Blossomfield Ct. *B38* —1H **159**
Blossomfield Rd. *Sol* —6C **150**
Blossom Gro. *B36* —1C **104**
Blossom Gro. *Crad H* —2H **111**
Blossom Hill. *B24* —4G **85**
Blossom's Fold. *Wolv*
—1G **43** (3B **170**)
Blossomville Way. *B27*
—1H **135**
Blounts Rd. *B23* —2C **84**
Blower's Green. —2D 94
Blower's Grn. Cres. *Dud*
—2D **94**
Blower's Grn. Pl. *Dud* —2D **94**
Blower's Grn. Rd. *Dud* —2D **94**
Bloxcidge St. *O'bry* —5H **97**
Bloxwich. —6H 19
Bloxwich Bus. Pk. *Wals*
—2G **31**
Bloxwich La. *Wals* —5G **31**
Bloxwich Rd. *Wals* —2A **32**
Bloxwich Rd. N. *W'hall*
—3D **30**
Bloxwich Rd. S. *W'hall*
—6A **30**
Blucher St. *B1* —2F **117** (6C **4**)
Blue Ball La. *Hale* —5E **111**
Blue Bell Clo. *Stourb* —1A **108**
Bluebell Cres. *Wed* —4F **29**
Bluebell Dri. *B37* —1F **123**
Bluebell La. *Wals* —4G **7**
Bluebell Rd. *Crad H* —6G **95**
Bluebell Rd. *Dud* —4D **76**
Bluebell Rd. *Wals W* —4D **22**
Bluebellwood Clo. *S Cold*
—2E **71**
Bluebird Cen. Ind. Est. *Wolv*
—4A **28**
Blue Bird Pk. *Hunn* —5A **128**
Blue Cedars. *Stourb* —5A **108**
Blue Lake Rd. *Dorr* —6H **167**
Blue La. E. *Wals* —6B **32**
Blue La. W. *Wals* —1B **48**
Blue Rock Pl. *Tiv* —2C **96**
Blue Stone Wlk. *Row R*
—3C **96**
Blundell Rd. *B11* —6D **118**
Blyth Ct. *Sol* —6D **136**
Blythe Ct. *Col* —2H **107**
Blythefield Av. *B43* —3G **65**
Blythe Gdns. *Cod* —3F **13**
Blythe Gro. *B44* —2H **67**
Blythe Rd. *Col* —2H **107**
Blythe Valley Bus. Pk. *H'ley H*
—6E **165**
Blythe Way. *Sol* —4A **152**
Blythewood Clo. *Sol* —6B **152**
Blythsford Rd. *B28* —3F **149**
Blythswood Rd. *B11* —1G **135**
Blyton Clo. *B16* —6B **100**
Board School Gdns. *Dud*
—1A **76**
Boar Hound Clo. *B18* —5C **100**
Boat La. *Lich* —4H **11**
Boatmans La. *Wals* —5A **22**
Bobbington Way. *Dud* —4F **95**
Bob's Coppice Wlk. *Brie H*
—4B **110**
Bodenham Rd. *B31* —5C **144**
Bodenham Rd. *O'bry* —3H **113**

Boden Rd. *B28* —6F **135**
Bodens La. *Wals* —4C **50**
Bodiam Ct. *Wolv* —6G **25**
Bodicote Gro. *S Cold* —6C **38**
Bodington Rd. *S Cold* —6H **37**
Bodmin Clo. *Wals* —4H **49**
Bodmin Ct. *Brie H* —1H **109**
Bodmin Gro. *B7* —4B **102**
Bodmin Ri. *Wals* —4H **49**
Bodmin Rd. *Dud* —1F **111**
Bognop Rd. *Ess* —3E **17**
Boldmere. —5F 69
Boldmere Clo. *S Cold* —6G **69**
Boldmere Ct. *B43* —6A **66**
(off South Vw.)
Boldmere Dri. *S Cold* —5G **69**
Boldmere Gdns. *S Cold*
—5F **69**
Boldmere Rd. *S Cold* —3F **69**
Boldmere Ter. *B29* —4A **132**
Boleyn Clo. *Wals* —3D **6**
Boleyn Mnr. Dri. *Redn*
—6G **143**
Boleyn Rd. *Redn* —6D **142**
Bolney Rd. *B32* —6C **114**
Bolton Ct. *Tip* —5C **62**
Bolton Ind. Cen. *B19* —3D **100**
Bolton Rd. *B10* —3B **118**
Bolton Rd. *Wolv* —4E **29**
Bolton St. *B9* —1B **118**
Bolton Way. *Wals* —4F **19**
Bomers Fld. *Redn* —3A **158**
Bond Dri. *B35* —4E **87**
Bondfield Rd. *B13* —1B **148**
Bond Sq. *B18* —5C **100**
Bond St. *Bils* —5C **60**
Bond St. *Hock* —5F **101** (1C **4**)
Bond St. *Row R* —6E **97**
Bond St. *Stir* —6C **132**
Bond St. *W Brom* —5A **80**
Bond St. *Wolv*
—2G **43** (5B **170**)
Bond, The. *B5* —1A **118**
Bone Mill La. *Wolv* —5H **27**
Bonham Gro. *B25* —2B **120**
Boningale Way. *Dorr* —6H **165**
Bonner Dri. *S Cold* —2D **86**
Bonner Gro. *Wals* —4B **34**
Bonnington Way. *B43* —1F **67**
Bonny Stile La. *Wolv* —3D **28**
Bonsall Rd. *B23* —1G **85**
Bonville Gdns. *Wolv* —3A **16**
Booth Clo. *K'wfrd* —3E **93**
Booth Clo. *Wals* —1B **32**
Booth Ct. *Brie H* —1H **109**
Booth Ho. *Wals* —6D **32**
Booth Rd. *W'bry* —3A **64**
Booth's Farm Rd. *B42* —6C **66**
Booth's La. *B42* —4D **66**
Booth St. *Smeth & B21*
—2G **99**
Booth St. *Wals* —1A **32**
Booth St. *W'bry* —3D **46**
Bordeaux Clo. *Dud* —4A **76**
Borden Clo. *Wolv* —1D **26**
Bordesley. —2B 118
Bordesley Cir. *B10* —2B **118**
Bordesley Clo. *B9* —1G **119**
Bordesley Green. —1E 119
Bordesley Grn. *B9* —1D **118**
Bordesley Grn. E. *Bord G &
Stech* —1H **119**
Bordesley Grn. Rd. *B9 & B8*
—1D **118**
Bordesley Grn. Trad. Est. *B8*
—6D **102**

Bordesley Middleway. *Camp H*
—3A **118**
Bordesley Pk. Rd. *B10*
—2B **118**
Bordesley St. *B5*
—1H **117** (4G **5**)
Borneo St. *Wals* —5D **32**
Borough Cres. *O'bry* —4E **97**
Borough Cres. *Stourb*
—6C **108**
Borrowdale Clo. *Brie H*
—4F **109**
Borrowdale Gro. *B31* —4B **144**
Borrowdale Rd. *B31* —4A **144**
Borrow St. *W'hall* —6A **30**
Borwick Av. *W Brom* —4G **79**
Bosbury Ter. *B30* —6D **132**
Boscobel Av. *Tip* —3H **77**
Boscobel Clo. *Dud* —4B **76**
Boscobel Cres. *Wolv* —5G **27**
Boscobel Rd. *B43* —3H **65**
Boscobel Rd. *Shir* —4B **164**
Boscobel Rd. *Wals* —3F **49**
Boscombe Av. *B11* —5C **118**
Boscombe Rd. *B11* —1E **135**
Bossgate Clo. *Wom* —3G **73**
Boston Gro. *B44* —5B **68**
Bosty La. *Wals* —4G **33**
Boswell Clo. *Darl* —6D **46**
Boswell Clo. *W'bry* —4C **62**
Boswell Rd. *B44* —1H **83**
Boswell Rd. *Bils* —4H **45**
Boswell Rd. *S Cold* —5A **54**
Bosworth Clo. *Dud* —1B **76**
Bosworth Ct. *Sheld* —6E **121**
Bosworth Dri. *B37* —1B **122**
Bosworth Rd. *B26* —1C **136**
Botany Dri. *Dud* —2H **75**
Botany Rd. *Wals* —6E **49**
Botany Wlk. *B16* —1C **116**
Botha Rd. *B9* —6E **103**
Botteley Rd. *W Brom* —1G **79**
Botterham La. *Swind* —4E **73**
Bottetourt Rd. *B29* —2E **131**
(in two parts)
Botteville Rd. *B27* —3A **136**
Bott La. *Stourb* —5H **109**
Bott La. *Wals* —2D **48**
Bouchall. —5F 109
Boughton Rd. *B25* —4A **120**
Boulevard, The. *Brie H*
—1A **110**
Boulevard, The. *S Cold*
—5H **69**
Boultbee Rd. *S Cold* —6A **70**
Boulton Ho. *W Brom* —6B **80**
Boulton Ind. Cen. *Hock*
—4D **100**
Boulton Middleway. *Hock*
—4D **100**
Boulton Pl. *Smeth* —5F **99**
Boulton Point. *B6* —1B **102**
Boulton Retreat. *B21* —2A **100**
Boulton Rd. *B21* —2A **100**
Boulton Rd. *Smeth* —3H **99**
Boulton Rd. *Sol* —6G **137**
Boulton Rd. *W Brom* —6B **80**
Boulton Sq. *W Brom* —6B **80**
Boulton Ter. *B21* —2A **100**
Boulton Wlk. *B23* —3B **84**
Boundary Av. *Row R* —1E **113**
Boundary Clo. *W'hall* —2E **45**
Boundary Ct. *B37* —1A **122**
Boundary Cres. *Dud* —4G **75**
Boundary Dri. *Mose* —3F **133**
Boundary Hill. *Dud* —4G **75**

Boundary Ho. *B5* —6E **117**
Boundary Ho. *Wyt* —6G **161**
Boundary Pl. *B21* —6G **81**
Boundary Rd. *S Cold* —4H **51**
Boundary Rd. *Wals W* —4B **22**
Boundary Way. *Comp* —1F **41**
Boundary Way. *Penn* —6A **42**
Bourlay Clo. *Redn* —5E **143**
Bournbrook. —3B 132
Bournbrook Rd. *B29* —2C **132**
Bourne Av. *Hale* —1F **129**
Bourne Av. *Tip* —6C **62**
Bournebrook Clo. *Dud* —4E **95**
Bournebrook Cres. *Hale*
—1G **129**
Bourne Clo. *B13* —1D **148**
Bourne Clo. *Sol* —1H **151**
Bourne Grn. *B32* —5C **114**
Bourne Hill Clo. *Dud* —6G **95**
Bournes Clo. *Hale* —2H **127**
Bournes Cres. *Hale* —1G **127**
Bournes Hill. *Hale* —1G **127**
Bourne St. *Dud* —6F **77**
Bourne St. *Woods & Bils*
—6C **60**
Bourne Va. *Wals* —6F **35**
Bourne Wlk. *Row R* —4H **95**
Bourne Way Gdns. *B29*
—5C **132**
Bourn Mill Dri. *B6* —3G **101**
Bournvale Wlk. *B32* —2D **130**
Bournville. —6A 132
Bournville La. *B30* —6H **131**
Bourton Clo. *Wals* —2E **65**
Bourton Cft. *Sol* —5D **136**
Bourton Rd. *Sol* —5D **136**
Bovey Cft. *S Cold* —6E **71**
Bovingdon Rd. *B35* —4E **87**
Bowater Av. *B33* —2B **120**
Bowater Ho. B19 —4F **101**
(off Aldgate Gro.)
Bowater Ho. *W Brom* —5A **80**
Bowater St. *W Brom* —4A **80**
Bowbrook Av. *Shir* —4E **165**
Bowcroft Gro. *B24* —1A **86**
Bowden Rd. *Smeth* —3C **98**
Bowdler Rd. *Wolv*
—3H **43** (6D **170**)
Bowen Av. *Wolv* —2C **60**
Bowen-Cooke Av. *Pert* —3E **25**
Bowen St. *Wolv* —6A **44**
Bowercourt Clo. *Sol* —6F **151**
Bower Ho. *B19* —3F **101**
Bower La. *Brie H* —3B **110**
Bowes Rd. *Redn* —2E **157**
Bowker St. *W'hall* —2E **45**
Bowlas Av. *S Cold* —3H **53**
Bowling Green. —6F 95
Bowling Grn. Clo. *B23* —6E **69**
Bowling Grn. Clo. *W'bry*
—4D **46**
Bowling Grn. La. *B20* —1C **100**
Bowling Grn. Rd. *Dud* —6F **95**
Bowling Grn. Rd. *Small H*
—2C **118**
Bowling Grn. Rd. *Stourb*
—6C **108**
Bowman Rd. *B42* —4D **66**
Bowmans Ri. *Wolv* —6C **28**
Bowood Cres. *B31* —5F **145**
Bowood Dri. *Wolv* —3B **26**
Bowood End. *S Cold* —2C **70**
Bowshot Clo. *B36* —6H **87**
Bowstoke Rd. *B43* —5G **65**
Bow St. *B1* —2F **117** (6D **4**)

Bow St. *Bils* —5G **45**
Bow St. *W'hall* —2B **46**
Bowyer Rd. *B8* —5E **103**
Bowyer St. *B10* —2A **118**
Boxhill Clo. *B6* —3H **101**
Box Rd. *B37* —3E **123**
Box St. *Wals* —2D **48**
Box Trees Rd. *H'ley H & Dorr*
—6H **165**
Boyd Gro. *B27* —3H **135**
Boydon Clo. *Wolv* —5C **44**
Boyleston Rd. *B28* —1G **149**
Boyne Rd. *B26* —4E **121**
Boyton Gro. *B44* —2H **67**
Brabazon Gro. *B35* —4D **86**
Brabham Cres. *S Cold* —5H **51**
Bracadale Av. *B24* —3G **85**
Bracebridge Clo. *Bal C*
—3H **169**
Bracebridge Rd. *B24* —6F **85**
Bracebridge Rd. *S Cold*
—3F **53**
Bracebridge Rd. *B6* —3G **101**
Braceby Av. *B13* —6C **134**
Brace St. *Wals* —3C **48**
(in two parts)
Brackenbury Rd. *B44* —5B **68**
Bracken Clo. *Wolv* —6C **14**
Bracken Cft. *B37* —6E **107**
Brackendale Dri. *Wals* —2F **65**
Brackendale Way. *Stourb*
—1H **125**
Bracken Dri. *S Cold* —6E **55**
Brackenfield Rd. *B44* —3E **67**
Brackenfield Rd. *Hale*
—2G **127**
Brackenfield Vw. *Dud* —1H **93**
Bracken Pk. Gdns. *Word*
—1D **108**
Bracken Rd. *B24* —5A **86**
Bracken Way. *B38* —2A **160**
Bracken Way. *S Cold* —3H **51**
Brackenwood. *Wals* —6H **49**
Brackenwood Dri. *Wolv*
—4H **29**
Brackley Av. *B20* —6E **83**
Brackleys Way. *Sol* —3D **136**
Bradburne Way. *B7* —4A **102**
Bradburn Rd. *Wolv* —1D **28**
Bradbury Clo. *Wals* —2B **22**
Bradbury Rd. *Sol* —4D **136**
Braden Rd. *Wolv* —2B **58**
Brades Clo. *Hale* —4D **110**
Brades Ri. *O'bry* —1E **96**
Brades Rd. *O'bry* —6E **79**
Brades Village. —6E 79
Bradewell Rd. *B36* —6H **87**
Bradfield Rd. *B42* —6F **67**
Bradford Clo. *B43* —6B **66**
Bradford Cotts. *Tip* —4A **78**
Bradford Ct. *B12* —3A **118**
Bradford La. *Wals* —2C **48**
Bradford Mall. *Wals* —2C **48**
Bradford Pl. *B11* —5A **118**
Bradford Pl. *Wals* —2C **48**
Bradford Pl. *W Brom* —1C **98**
Bradford Rd. *B36* —1E **105**
Bradford Rd. *Dud* —3B **94**
Bradford Rd. *Wals* —5A **10**
Bradford St. *B42* —1B **82**
Bradford St. *B5 & B12*
—2H **117** (6F **5**)
Bradford St. *Wals* —2C **48**
Bradgate Clo. *W'hall* —3C **30**
Bradgate Dri. *S Cold* —4E **37**
Bradley. —2G 61

Bradley Cft. *Bal C* —3H **169**
Bradley La. *Bils* —2H **61**
Bradleymore Rd. *Brie H*
—6H **93**
Bradley Rd. *B34* —3H **105**
Bradley Rd. *Stourb* —5D **108**
Bradley Rd. *Wolv* —4A **44**
Bradleys Clo. *Crad H* —4G **111**
Bradley's La. *Bils & Tip*
—5F **61**
Bradley St. *Bils* —1H **61**
Bradley St. *Brie H* —2F **93**
Bradley St. *Tip* —5H **77**
Bradmore. —3C 42
Bradmore Clo. *Sol* —1E **165**
Bradmore Gro. *B29* —5E **131**
Bradmore Rd. *Wolv* —3D **42**
Bradnock Clo. *B13* —6C **134**
Bradnock's Marsh. —4D 154
Bradnocks Marsh La. *H Ard*
—6D **154**
Bradshaw Av. *B38* —6H **145**
Bradshaw Av. *W'bry* —6B **46**
Bradshaw Clo. *Tip* —4A **78**
Bradshawe Clo. *B28* —4D **148**
Bradshaw St. *Wolv* —1A **44**
Bradstock Rd. *B30* —3E **147**
Bradwell Cft. *S Cold* —6C **38**
Braemar Av. *Stourb* —2A **108**
Braemar Clo. *Dud* —4G **59**
Braemar Clo. *Sol* —1E **9**
Braemar Clo. *W'hall* —3B **30**
Braemar Dri. *B23* —2B **84**
Braemar Rd. *Cann* —1E **9**
Braemar Rd. *Sol* —4C **136**
Braemar Rd. *S Cold* —3F **69**
Braeside Cft. *B37* —1F **123**
Braeside Way. *Wals* —4D **20**
Bragg Rd. *B20* —5F **83**
Braggs Farm La. *Shir* —5F **163**
Braid Clo. *B38* —6H **145**
Brailes Clo. *Sol* —6A **138**
Brailes Dri. *S Cold* —2D **70**
Brailes Gro. *B9* —2H **119**
Brailsford Clo. *Wolv* —1G **29**
Brailsford Dri. *Smeth* —4E **99**
Braithwaite Dri. *K'wfrd* —3B **92**
Braithwaite Rd. *B11* —4B **118**
Bramah Way. *Tip* —1C **78**
Bramber Dri. *Wom* —1F **73**
Bramber Way. *Stourb*
—3D **124**
Bramble Clo. *Aston* —2G **101**
Bramble Clo. *Col* —2H **107**
Bramble Clo. *Crad H* —5H **95**
Bramble Clo. *N'fld* —1D **144**
Bramble Clo. *Wals* —2A **22**
Bramble Clo. *W'hall* —2C **30**
Bramble Dell. *B9* —6G **103**
Bramble Dri. *B26* —5E **121**
Bramble Grn. *Dud* —2B **76**
Brambleside. *Stourb* —2D **108**
Brambles, The. *Stourb*
—2H **125**
Brambles, The. *S Cold* —5E **71**
Bramblewood Dri. *Wolv*
—3C **42**
Bramblewoods. *B34* —4G **105**
Brambling Wlk. *B15* —4E **117**
Brambling Wlk. *Brie H*
—5G **109**
Bramcote Dri. *Sol* —6G **137**
Bramcote Ri. *S Cold* —4A **54**
Bramcote Rd. *B32* —6A **114**
Bramdean Wlk. *Wolv* —5A **42**
Bramerton Clo. *Wolv* —3C **28**
Bramford Dri. *Dud* —1D **76**

Bramley Clo. *B43* —2F **67**
Bramley Clo. *Wals* —3H **49**
Bramley Cft. *Shir* —5A **150**
Bramley Dri. *Hand* —4D **82**
Bramley Dri. *H'wd* —3B **162**
Bramley M. Ct. *B27* —6A **120**
Bramley Rd. *B27* —6A **120**
Bramley Rd. *Wals* —1F **65**
Brampton Av. *B28* —1G **149**
Brampton Cres. *Shir* —1H **149**
Bramshall Dri. *Dorr* —6A **166**
Bramshaw Clo. *B14* —5H **147**
Bramstead Av. *Wolv* —1H **41**
Branchal Rd. *Wals* —6E **23**
Branch Rd. *B38* —1A **160**
Brandhall. —3H 113
Brandhall Ct. *O'bry* —1G **113**
Brandhall La. *O'bry* —2H **113**
Brandhall Rd. *O'bry* —1H **113**
Brandon Clo. *Dud* —6A **60**
Brandon Clo. *Wals* —6H **35**
Brandon Clo. *W Brom* —5G **79**
Brandon Gro. *B31* —2D **158**
Brandon Pk. *Wolv* —4C **42**
Brandon Pas. *B16* —6A **100**
Brandon Pl. *B34* —2H **105**
Brandon Rd. *B28* —3E **135**
Brandon Rd. *Hale* —2E **113**
Brandon Rd. *Sol* —6G **137**
Brandon Thomas Ct. *B6*
—1B **102**
Brandon Way. *Brie H* —3A **110**
Brandon Way. *W Brom*
—4G **79**
Brandon Way Ind. Est.
W Brom —5F **79**
Brandwood End. —3F 147
Brandwood Gro. *B14* —2F **147**
Brandwood Pk. Rd. *B14*
—2D **146**
Brandwood Rd. *B14* —3F **147**
Branfield Clo. *Bils* —4C **60**
Branksome Av. *B21* —1B **100**
Branscombe Clo. *B14* —2F **147**
Bransdale Clo. *Wolv* —4E **27**
Bransdale Rd. *Clay* —6A **68**
Bransford Ri. *Cath B* —2D **152**
Branston Ct. *B18* —4E **101**
Branston St. *B18* —4E **101**
Brantford Rd. *B25* —3A **120**
Branthill Cft. *Sol* —6F **151**
Brantley Av. *Wolv* —2A **42**
Brantley Rd. *B6* —5A **84**
Branton Hill La. *Wals* —4E **35**
Brasshouse La. *Smeth*
—3D **98**
Brassie Clo. *B38* —6H **145**
Brassington Av. *S Cold*
—1H **69**
Bratch Clo. *Dud* —6E **95**
Bratch Comn. Rd. *Wom*
—6E **57**
Bratch Hollow. *Wom* —5G **57**
Bratch La. *Wom* —5F **57**
Bratch Pk. *Wom* —5E **57**
Bratch, The. —5E 57
Bratt St. *W Brom* —3A **80**
Braunston Clo. *S Cold* —3E **71**
Brawnes Hurst. *B26* —2E **121**
Brayford Av. *Brie H* —4F **109**
Braymoor Rd. *B33* —2A **122**
Brays Rd. *B26* —5E **121**
Bray St. *W'hall* —1B **46**
Bream Clo. *B37* —1E **123**
Breamore Cres. *Dud* —4B **76**
Brean Av. *B26* —6D **120**

Brearley Clo. *B19* —4G **101**
Brearley St. *Hand* —1H **99**
Brearley St. *Hock* —4F **101**
Breaside Wlk. *B37* —6E **107**
Brecknock Rd. *W Brom*
—1G **79**
Brecon Dri. *Stourb* —5F **109**
Brecon Rd. *B20* —1D **100**
Brecon Tower. *B16* —1C **116**
Brecon Way. *Salt* —4D **102**
Bredon Av. *Stourb* —6G **109**
Bredon Ct. *Hale* —2A **128**
Bredon Cft. *B18* —4C **100**
Bredon Rd. *O'bry* —4D **96**
Bredon Rd. *Stourb* —5E **109**
Breech Clo. *S Cold* —4G **51**
Breeden Dri. *Curd* —1D **88**
Breedon Rd. *B30* —2C **146**
Breedon Ter. *B18* —4C **100**
Breedon Way. *Wals* —6G **21**
Breener Ind. Est. *Brie H*
—2F **109**
Breen Rydding Dri. *Bils*
—4D **60**
Brelades Clo. *Dud* —5A **76**
Brennand Clo. *O'bry* —3H **113**
Brennand Rd. *O'bry* —2H **113**
Brentford Rd. *B14* —2A **148**
Brentford Rd. *Sol* —4C **150**
Brentmill Clo. *Wolv* —3B **16**
Brentnall Dri. *S Cold* —6H **37**
Brenton Rd. *Wolv* —2D **58**
Brent Rd. *B30* —5F **133**
Brentwood Clo. *Sol* —4C **150**
Brentwood Gro. *B44* —5G **67**
Brenwood Clo. *K'wfrd* —2H **91**
Brereton Clo. *Dud* —1G **95**
Brereton Rd. *W'hall* —2C **30**
Bretby Gro. *B23* —1G **85**
Bretshall Clo. *Shir* —4D **164**
Brett Dri. *B32* —5A **114**
Brettell La. *Stourb & Brie H*
—3D **108**
Brettell St. *Dud* —1D **94**
Bretton Gdns. *Wolv* —3B **28**
Bretton Rd. *B27* —3B **136**
Brett St. *W Brom* —2H **79**
Brevitt Rd. *Wolv* —5H **43**
Brewer's Dri. *Wals* —6E **21**
Brewers Ter. *Wals* —5E **21**
Brewer St. *Wals* —5C **32**
Brewery St. *Aston* —4G **101**
Brewery St. *Dud* —6G **77**
Brewery St. *Hand* —1H **99**
Brewery St. *Smeth* —3D **98**
Brewery St. *Tip* —3H **77**
Brewins Way. *Hurst B* —5C **94**
Brewster St. *Dud* —4E **95**
Breydon Gro. *W'hall* —3H **45**
Brian Rd. *Smeth* —3C **98**
Briar Av. *S Cold* —2A **52**
Briarbeck. *Wals* —1G **33**
Briar Clo. *B24* —3G **85**
Briar Coppice. *Shir* —5C **164**
Briar Ct. *Brie H* —1H **109**
(off Hill St.)
Briarfield Rd. *B11* —2G **135**
Briarley. *W Brom* —4D **64**
Briar Rd. *Dud* —2B **76**
Briars Clo. *Brie H* —5G **93**
Briars, The. *B23* —1D **84**
Briarwood Clo. *Shir* —5C **164**
Briarwood Clo. *Wolv* —4C **44**
Brickbridge La. *Wom* —2E **73**
Brickfield Rd. *B25* —5H **119**
Brickheath Rd. *Wolv* —6C **28**

Brickhill Dri. *B37* —1C **122**
Brickhouse La. *W Brom*
—1E **79**
Brickhouse La. S. *Gt Bri & Tip*
—1D **78**
Brickhouse Rd. *Row R* —5A **96**
Brickiln Ct. *Brie H* —1H **109**
Brickiln St. *Wals* —6B **10**
Brick Kiln La. *Dud* —4E **75**
Brick Kiln La. *Gt Barr* —1G **83**
Brick Kiln La. *Sol* —1D **164**
Brick Kiln La. *S Cold* —3E **39**
Brick Kiln La. *Wyt* —6G **161**
Brick Kiln St. *Brie H* —4A **94**
Brick Kiln St. *Quar B* —3C **110**
Brick Kiln St. *Tip* —1G **77**
Brickkiln St. *W'hall* —2H **45**
Bricklin Ct. *Brie H* —1H **109**
Brick St. *Dud* —5H **59**
Brickyard Rd. *Wals* —6B **22**
Briddsland Rd. *B33* —1A **122**
Brides Row. *Bils* —5G **45**
Brides Wlk. *B38* —2A **160**
Bridge Av. *Wals* —1E **7**
Bridgeburn Rd. *B31* —5C **130**
Bridge Clo. *B11* —2B **134**
Bridge Clo. *Clay* —1A **22**
Bridge Ct. *Crad H* —3H **111**
Bridge Cft. *B12* —5G **117**
Bridgefield Wlk. *Row R*
—4H **95**
Bridgefoot Wlk. *Pend* —6D **14**
Bridgeford Rd. *B34* —3F **105**
Bridgehead Wlk. *S Cold*
—6D **70**
Bridge Ind. Est. *Sol* —6G **137**
Bridge Ind. Est., The. *Smeth*
—3F **99**
Bridgelands Way. *B20* —6F **83**
Bridgeman Cft. *B36* —1G **105**
Bridgeman St. *Wals* —2B **48**
Bridgemary Clo. *Wolv* —3B **16**
Bridge Mdw. Dri. *Know*
—4B **166**
Bridgemeadow Ho. *B36*
—1C **104**
Bridgend Cft. *Brie H* —3F **93**
Bridge Piece. *B31* —5F **145**
Bridge Rd. *B11* —1D **134**
Bridge Rd. *Salt* —5E **103**
Bridge Rd. *Tip* —1C **78**
Bridge Rd. *Wals* —6F **21**
Bridges Cres. *Cann* —1D **8**
Bridges Rd. *Cann* —1D **8**
Bridge St. *B1* —1E **117** (5B **4**)
Bridge St. *Bils* —6G **45**
Bridge St. *Cose* —5E **61**
Bridge St. *Hale* —4E **111**
Bridge St. *O'bry* —2G **97**
Bridge St. *Park V* —4A **28**
Bridge St. *Stourb* —2C **108**
Bridge St. *Wals* —1C **48**
Bridge St. *W'bry* —4F **63**
Bridge St. *W Brom* —3H **79**
Bridge St. *W'hall* —2H **45**
Bridge St. N. *Smeth* —3F **99**
Bridge St. S. *Smeth* —3F **99**
Bridge St. W. *B19* —3E **101**
(in two parts)
Bridge, The. *Wals* —2C **48**
Bridge Wlk. *B27* —2B **136**
Bridgewater Av. *O'bry* —5G **97**
Bridgewater Cres. *Dud* —6G **77**
Bridgewater Dri. *Bils* —3E **61**

Bridgewater Dri. *Wom* —6F **57**
Bridge Way. *Clay* —1A **22**
Bridgnorth Av. *Wom* —3F **73**
Bridgnorth Gro. *W'hall*
—3B **30**
Bridgnorth Rd. *Patt & Wolv*
—5A **40**
Bridgnorth Rd. *Stourb & Woll*
—4A **108**
Bridgnorth Rd. *Swind & Wom*
—2A **72**
Bridgwater Clo. *Wals* —4B **22**
Bridle Gro. *W Brom* —5D **64**
Bridle La. *Wals & S Cold*
—5E **51**
Bridle Mead. *B38* —1H **159**
Bridle Path, The. *Shir*
—2G **149**
Bridle Rd. *Stourb* —5B **108**
Bridle Ter. *Hand* —1A **100**
Bridlewood. *S Cold* —3H **51**
Bridport Ho. *B31* —6C **130**
Brierley Hill. —6H 93
Brierley Hill Rd. *Stourb &
Brie H* —1C **108**
Brierley La. *Bils* —3G **61**
Brierley Trad. Est. *Brie H*
—6G **93**
Brier Mill Rd. *Hale* —2C **128**
Briery Clo. *Crad H* —4H **111**
Briery Rd. *Hale* —2G **127**
Briffen Ho. *B16* —1D **116**
Brigfield Cres. *B13* —2B **148**
Brigfield Rd. *B13* —2B **148**
Brighton Clo. *Wals* —6B **32**
Brighton Pl. *Wolv* —1E **43**
Brighton Rd. *B12* —6H **117**
Bright Rd. *O'bry* —4H **97**
Brightstone Clo. *Wolv* —3B **16**
Brightstone Rd. *Redn*
—5H **143**
Bright St. *Stourb* —6B **108**
Bright St. *W'bry* —6D **46**
Bright St. *Wolv* —6F **27**
Bright Ter. *Hand* —2A **100**
Brightwell Cres. *Dorr* —6A **166**
Brindle Clo. *Sheld* —6C **120**
Brindle Ct. *B23* —4B **84**
Brindlefields Way. *Tip* —5A **78**
Brindle Rd. *Wals* —1G **65**
Brindley Av. *Wolv* —6A **18**
Brindley Clo. *Stourb* —2C **108**
Brindley Clo. *Wals* —4F **31**
Brindley Clo. *Wom* —1D **72**
Brindley Ct. *B30* —5C **146**
Brindley Ct. *O'bry* —4H **113**
Brindley Ct. *Tip* —2G **77**
Brindley Dri. *B1*
—1E **117** (4A **4**)
Brindley Pl. *B1*
—1D **116** (5A **4**)
Brindley Rd. *W Brom* —5G **63**
Brindley Way. *Smeth* —4G **99**
Brineton Gro. *B29* —4E **131**
Brineton Ind. Est. *Wals*
—2A **48**
Brineton St. *Wals* —2A **48**
Bringewood Gro. *B32*
—5H **129**
Brinklow Cft. *B34* —2H **105**
Brinklow Rd. *B29* —3D **130**
Brinley Way. *K'wfrd* —3A **92**
Brinsford Rd. *Wolv* —4G **15**
Brinsley Clo. *Sol* —5F **151**
Brinsley Rd. *B26* —3F **121**
Brisbane Ho. *B34* —3A **106**

Brisbane Rd. *Smeth* —4C **98**
Briseley Clo. *Brie H* —3H **109**
Bristam Clo. *O'bry* —3E **97**
Bristnall Fields. —1H **113**
Bristnall Hall Cres. *O'bry*
—6A **98**
Bristnall Hall La. *O'bry* —6A **98**
Bristnall Hall Rd. *O'bry*
—1H **113**
Bristnall Ho. *Smeth* —5B **98**
Bristol Pas. *B5* —3F **117**
Bristol Rd. *Dud* —1F **111**
Bristol Rd. *Erd* —4E **85**
Bristol Rd. *S Oak & B5*
—6H **131**
Bristol Rd. S. *Redn & N'fld*
—1G **157**
Bristol St. *B5* —3F **117** (6D **4**)
Bristol St. *Wolv* —3F **43**
Briston Clo. *Brie H* —3G **109**
Britannia Gdns. *Row R*
—6C **96**
Britannia Grn. *Dud* —2A **76**
Britannia Pk. *W'bry* —3D **62**
Britannia Rd. *Bils* —2H **61**
Britannia Rd. *Row R* —1C **112**
Britannia Rd. *Wals* —6B **48**
Britannia St. *Tiv* —5C **78**
Britannic Gdns. *Mose* —3F **133**
Britford Clo. *B14* —4H **147**
Brittan Clo. *B34* —3A **106**
Britton Dri. *S Cold* —5A **70**
Britwell Rd. *S Cold* —3G **69**
Brixfield Way. *Shir* —4G **163**
Brixham Rd. *B16* —5H **99**
Broadacres. *B31* —1C **144**
Broad Cft. *Tip* —1C **78**
Broadfern Rd. *Know* —1D **166**
Broadfield Clo. *K'wfrd* —4B **92**
Broadfield Clo. *W Brom*
—4D **64**
Broadfield House Glass Mus.
—4B 92
Broadfields Rd. *B23* —6H **69**
Broadfield Wlk. *B16* —2D **116**
Broadheath Dri. *Shelf* —1H **33**
Broadhidley Dri. *B32* —4H **129**
Broadlands Dri. *Brie H* —4A **94**
Broad La. *B14* —3F **147**
Broad La. *Ess & Wals* —1C **18**
Broad La. *Pels* —6G **21**
Broad La. *Wolv* —3C **42**
Broad La. Gdns. *Wals* —5G **19**
Broad La. N. *W'hall* —3B **30**
Broad Lanes. *Bils* —2E **61**
Broad La. S. *Wolv* —4H **29**
Broadmeadow. *K'wfrd* —1C **92**
Broadmeadow. *Wals* —1D **34**
Broadmeadow Clo. *B30*
—4D **146**
Broad Mdw. Grn. *Bils* —4E **45**
Broad Mdw. La. *B30* —4D **146**
Broadmeadow La. *Wals* —3G **7**
Broadmeadows Clo. *W'hall*
—1E **31**
Broadmeadows Rd. *W'hall*
—1E **31**
Broadmoor Av. *O'bry & Smeth*
—1B **114**
Broadmoor Clo. *Bils* —1E **61**
Broadmoor Rd. *Bils* —1E **61**
Broadoaks. *S Cold* —5E **71**
Broad Oaks Rd. *Sol* —3E **151**
Broad Oaks Rd. *Sol* —1D **150**
Broad Rd. *B27* —2H **135**
Broadstone Av. *Hale* —1D **126**

Broadstone Av. *Wals* —3B **32**
Broadstone Clo. *Wolv* —6H **43**
Broadstone Rd. *B26* —1D **120**
Broad St. *B15 & B1*
 —2D **116** (6A **4**)
Broad St. *Bils* —5E **45**
Broad St. *Cose* —5E **61**
Broad St. *K'wfrd* —4B **92**
Broad St. *O'bry* —4G **97**
Broad St. *Pens* —3G **93**
Broad St. *Wolv*
 —1H **43** (2C **170**)
Broad St. Junct. *Wolv*
 —1H **43** (2D **170**)
Broadwalk Retail Pk. *Wals*
 —5B **48**
Broadwaters Av. *W'bry*
 —1C **62**
Broadwaters Rd. *W'bry*
 —1C **62**
Broadway. *Bush* —5A **16**
Broadway. *Cod* —4E **13**
Broadway. *Finc* —2A **42**
Broadway. *O'bry* —2A **114**
Broad Way. *Pels* —5G **21**
Broadway. *Shir* —3G **149**
Broadway. *Wals* —5D **48**
Broadway Av. *B9* —1G **119**
Broadway Av. *Hale* —3A **128**
Broadway Cft. *B26* —5E **121**
Broadway Cft. *O'bry* —2A **114**
Broadway Ho. *B31* —5H **145**
Broadway N. *Wals* —1D **48**
Broadway, The. *B20* —5F **83**
Broadway, The. *Dud* —4C **76**
Broadway, The. *Stourb*
 —3B **124**
Broadway, The. *W Brom*
 —6G **63**
Broadway, The. *Wom* —2G **73**
Broadway W. *Wals* —5A **48**
Broadwell Ind. Est. *O'bry*
 —1F **97**
Broadwell Rd. *O'bry* —1G **97**
Broadwell Rd. *Sol* —3E **137**
Broadyates Gro. *B25* —5A **120**
Broadyates Rd. *B25* —5A **120**
Brobury Cft. *Sol* —3B **150**
Brockeridge Clo. *W'hall*
 —6C **18**
Brockfield Ho. *Wolv* —5B **28**
Brockhall Gro. *B37* —4B **106**
Brockhill La. *A'chu* —6D **160**
Brockhurst Cres. *Wals* —6C **48**
Brockhurst Dri. *B28* —2G **149**
Brockhurst Dri. *Wolv* —5E **27**
Brockhurst Ho. *Wals* —6B **32**
Brockhurst La. *Can* —1F **39**
Brockhurst Pl. *Wals* —6D **48**
Brockhurst Rd. *B36* —3A **104**
Brockhurst Rd. *S Cold* —2B **54**
Brockhurst St. *Wals* —5C **48**
Brockley Clo. *Brie H* —6H **93**
Brockley Gro. *B13* —4E **133**
Brockley Pl. *B7* —2C **102**
Brockmoor. —5F 93
Brockmoor Clo. *Stourb*
 —3G **125**
Brock Rd. *Tip* —3C **78**
Brockton Rd. *B29* —4E **131**
Brockwell Gro. *B44* —1G **67**
Brockwell Rd. *B44* —1G **67**
Brockworth Rd. *B14* —5E **147**
Brocton Clo. *Bils* —2D **60**
Brocton Clo. *Wals* —1F **31**
Brogden Clo. *W Brom* —5D **64**

Bromfield Clo. *B6* —2G **101**
Bromfield Ct. *Wolv* —1H **41**
Bromfield Cres. *W'bry* —1A **64**
Bromfield Rd. *W'bry* —2A **64**
Bromford. —5B 86
Bromford Clo. *B20* —6C **82**
Bromford Clo. *Erd* —2E **85**
Bromford Ct. *B31* —6F **145**
Bromford Cres. *B24* —5G **85**
Bromford Dale. *Wolv* —6E **27**
Bromford Dri. *B36* —1H **103**
Bromford Hill. *B20* —4E **83**
Bromford La. *Erd* —5G **85**
Bromford La. *Wash H*
 —3H **103**
Bromford La. *W Brom* —6G **79**
Bromford Mere. *Sol* —5C **136**
Bromford Mills Ind. Est. *Erd*
 —6H **85**
Bromford Pk. Ind. Est.
 W Brom —6G **79**
Bromford Ri. *Wolv* —3F **43**
Bromford Rd. *B36* —2H **103**
Bromford Rd. *Dud* —3C **94**
Bromford Rd. *O'bry & W Brom*
 —1G **97**
Bromford Rd. Ind. Est. *O'bry*
 —6G **79**
Bromford Wlk. *B43* —4B **66**
Bromley. —4E 93
Bromley. *Brie H* —4F **93**
Bromley Gdns. *Cod* —3G **13**
Bromley Ho. *Wals* —1F **65**
Bromley La. *K'wfrd* —5C **92**
Bromley Pl. *Wolv* —6E **43**
Bromley St. *B9* —2A **118**
Bromley St. *Stourb* —5B **110**
Bromley St. *Wolv* —4G **43**
Brompton Dri. *Brie H* —4F **109**
Brompton Lawns. *Wolv*
 —6G **25**
Brompton Pool Rd. *B28*
 —4E **149**
Brompton Rd. *B44* —1G **67**
Bromsgrove Rd. *Hag & Clent*
 —6G **125**
Bromsgrove Rd. *Hale*
 —2C **128**
Bromsgrove Rd. *Rom & Hunn*
 —3A **142**
Bromsgrove St. *B5*
 —2G **117** (6E **5**)
Bromsgrove St. *Hale* —1C **128**
Bromwall Rd. *B13* —1B **148**
Bromwich Dri. *S Cold* —4A **54**
Bromwich La. *Stourb* —6F **125**
Bromwich Wlk. *B9* —6G **103**
Bromwynd Clo. *Wolv* —5F **43**
Bromyard Av. *S Cold* —5E **71**
Bromyard Rd. *B11* —2E **135**
Bronte Clo. *Shir* —6B **150**
Bronte Ct. *Shir* —6B **150**
Bronte Farm Rd. *Shir* —6B **150**
Bronte Rd. *Wolv* —5B **44**
Bronwen Rd. *Bils* —6E **61**
Brookbank Av. *B34* —3H **105**
Brookbank Gdns. *Dud* —5F **75**
Brookbank Rd. *Dud* —5F **75**
Brook Clo. *B33* —5C **104**
Brook Clo. *Shir* —6F **149**
Brook Clo. *Wals* —4C **22**
Brook Cres. *K'wfrd* —2A **92**
Brook Cres. *Stourb* —2B **126**
Brook Cft. *Mars G* —4D **122**
Brook Cft. *Sheld* —4F **121**
Brookdale. *Dud* —4G **75**

Brookdale Clo. *Redn* —6G **143**
Brookdale Dri. *Wolv* —5C **42**
Brook Dri. *B32* —4B **130**
Brook End. *Burn* —1C **10**
Brookend Dri. *Redn* —1F **157**
Brookes Ho. *Wals* —2D **48**
 (off Paddock La.)
Brook End. Clo. *Dud* —1E **95**
Brook Farm Wlk. *B37* —6F **107**
Brookfield Clo. *Wals* —6C **22**
Brookfield Precinct. *B18*
 —5D **100**
Brookfield Rd. *B18* —4C **100**
Brookfield Rd. *Cod* —4H **13**
Brookfield Rd. *Wals* —6C **22**
Brookfields Rd. *O'bry* —5A **98**
Brookfield Way. *Sol* —6B **136**
Brookfield Way. *Tip* —1A **78**
Brook Grn. La. *Bars* —6A **154**
Brook Gro. *Cod* —4H **13**
Brookhill Clo. *W'hall* —6D **18**
Brook Hill Rd. *B8* —5G **103**
Brookhill Way. *W'hall* —6D **18**
Brook Holloway. *Stourb*
 —1B **126**
Brook Ho. Clo. *F'stne* —1D **16**
Brook Ho. La. *F'stne* —1A **16**
Brookhouse Rd. *Wals* —4F **49**
Brookhurst La. *Shir* —4H **163**
Brookhus Farm Rd. *S Cold*
 —5E **71**
Brooking Clo. *B43* —1F **67**
Brookland Gro. *Wals* —5C **22**
Brookland Rd. *Wals* —4B **22**
Brooklands. *Stourb* —2D **108**
Brooklands. *Wals* —2F **65**
Brooklands Av. *Wals* —1F **7**
Brooklands Clo. *B28* —4F **135**
Brooklands Dri. *B14* —2G **147**
Brooklands Pde. *Wolv* —2C **44**
Brooklands Rd. *B28* —4F **135**
Brooklands, The. *Swind*
 —6E **73**
Brook La. *B13* —5A **134**
Brook La. *Crad H* —1G **111**
Brook La. *Gt Wyr* —2G **7**
Brook La. *Sol* —5B **136**
Brook La. *Wals W* —4B **22**
Brooklea Gro. *B38* —6C **146**
Brooklyn Av. *B6* —2H **101**
Brooklyn Gro. *Bils* —5F **61**
Brooklyn Gro. *K'wfrd* —1H **91**
Brooklyn Rd. *Burn* —1C **10**
Brookmans Av. *B32* —1B **130**
Brook Mdw. Rd. *B34* —3E **105**
Brook Mdw. Rd. *Shelf* —1H **33**
Brook Piece Wlk. *B35* —4F **87**
Brook Rd. *Edg* —4B **116**
Brook Rd. *O'bry* —1G **113**
Brook Rd. *Redn* —2E **157**
Brook Rd. *Stourb* —2F **125**
Brook Rd. *Wals* —1E **7**
Brook Rd. *W'hall* —2G **45**
Brook Rd. *Wom* —1F **73**
Brooksbank Dri. *Crad H*
 —5H **95**
Brooksby Gro. *Dorr* —6H **167**
Brooks Cft. *B35* —5E **87**
Brookside. *Dud* —5H **75**
Brookside. *Gt Barr* —6A **66**
Brookside. *N'fld* —2D **144**
Brookside. *Shir* —5B **164**
Brookside. *W'bry* —2H **63**
Brookside Av. *B13* —6B **134**
Brookside Clo. *B23* —6C **68**
Brookside Clo. *Hale* —2F **127**

Brookside Clo. *Wom* —1E **73**
Brookside Ind. Est. *W'bry*
 —2H **63**
Brookside Way. *K'wfrd*
 —2H **91**
Brooks Rd. *S Cold* —5A **70**
Brook St. *B3* —6E **101** (2B **4**)
Brook St. *Bils* —6G **45**
Brook St. *Gorn W* —4G **75**
Brook St. *Lye* —6B **110**
Brook St. *Prem B* —2B **48**
Brook St. *Quar B* —3C **110**
Brook St. *Smeth* —3F **99**
Brook St. *Stourb* —6C **108**
Brook St. *Tip* —1G **77**
Brook St. *W Hth* —6H **73**
Brook St. *W Brom* —4H **79**
Brook St. *Woods* —6C **60**
Brook St. *Word* —2D **108**
Brook Ter. *Bils* —6G **45**
Brookthorpe Dri. *W'hall*
 —5C **30**
Brookvale Gro. *Sol* —4B **136**
Brookvale Pk. Rd. *B23* —2B **84**
Brookvale Rd. *Sol* —4B **136**
Brookvale Rd. *Witt & Erd*
 —5A **84**
Brookvale Trad. Est. *B6*
 —4H **83**
Brookview. *Smeth* —6D **98**
Brook Vw. Clo. *B19* —3E **101**
Brook Wlk. *B32* —3B **130**
Brookwillow Rd. *Hale* —4F **127**
Brookwood Av. *B28* —2D **148**
Broomcroft Rd. *B37* —4B **106**
Broomdene Av. *B34* —2E **105**
Broom Dri. *B14* —3G **147**
Broome Av. *B43* —6G **65**
Broome Clo. *Hale* —2A **128**
Broome Ct. *B36* —1G **105**
Broomehill Clo. *Brie H*
 —4G **109**
Broome Rd. *Wolv* —2A **28**
Broomfield. *Smeth* —4D **98**
Broomfield Rd. *B23* —5D **84**
Broomfields Av. *Sol* —2H **151**
Broomfields Clo. *Sol* —2H **151**
Broomfields Farm Rd. *Sol*
 —2H **151**
Broomhall Av. *Wolv* —3F **29**
Broom Hall Cres. *B27*
 —6H **135**
Broom Hall Gro. *B27* —5A **136**
Broomhill Clo. *B43* —5H **65**
Broomhill La. *B43* —5H **65**
Broomhill Rd. *B23* —6B **68**
 (in two parts)
Broom Ho. *W Brom* —4D **64**
Broomhurst. *B15* —3A **116**
Broomie Clo. *S Cold* —6B **54**
Broom La. *Shir* —3G **163**
Broomlea Clo. *S Cold* —3G **51**
Broom Rd. *Dud* —2C **76**
Broom Rd. *Wals* —2F **65**
Broom St. *B12* —3A **118**
Broomy Clo. *B34* —4E **105**
Broseley Av. *B31* —1F **159**
Broseley Brook Clo. *B9*
 —2C **118**
Brosil Av. *B20* —4A **82**
Brougham St. *B19* —2D **100**
 (in two parts)
Brough Clo. *B7* —3B **102**
Brough Clo. *Wolv* —2B **60**
Broughton Ct. *Pert* —6G **25**
Broughton Cres. *B31* —1B **158**

Broughton Rd. *B20* —1C **100**
Broughton Rd. *Stourb*
—2H **125**
Broughton Rd. *Wolv* —2A **42**
Brownfield Rd. *B34* —3G **105**
Brownhills. —6B 10
Brownhills Common. —4H 9
Brownhills Rd. *Nort C* —1E **9**
Brownhills Rd. *Wals* —2B **22**
Brownhills West. —3G 9
Browning Clo. *W'hall* —2E **31**
Browning Cres. *Wolv* —5G **15**
Browning Gro. *Pert* —5E **25**
Browning Rd. *Dud* —3E **75**
Browning St. *B16* —1D **116**
Browning Tower. *B31*
—4G **145**
Brownley Rd. *Shir* —2B **164**
Brown Lion St. *Tip* —6G **61**
Brown Rd. *W'bry* —4C **46**
Brown's Coppice Av. *Sol*
—2B **150**
Brown's Dri. *S Cold* —5F **69**
Brownsea Clo. *Redn* —6E **143**
Brownsea Dri. *B1*
—2F **117** (6C **4**)
Brown's Green. —4B 82
Browns Grn. *B20* —4B **82**
Brownshore La. *Ess* —3A **18**
Browns La. *Know* —3A **166**
Brownsover Clo. *B36* —6F **87**
Brown St. *Tip* —2H **77**
Brown St. *Wolv* —4H **43**
Brownswall Est. *Dud* —6F **59**
Brownswall Rd. *Dud* —6F **59**
Broxwood Pk. *Wolv* —6H **25**
Brueton Av. *Sol* —4H **151**
Brueton Dri. *B24* —4G **85**
Brueton Rd. *Bils* —4A **46**
Bruford Rd. *Wolv* —3E **43**
Brunel Clo. *B12* —6A **118**
Brunel Ct. *Bils* —5G **61**
Brunel Ct. *W'bry* —5F **47**
Brunel Gro. *Pert* —3E **25**
Brunel Rd. *O'bry* —3D **96**
Brunel St. *B2* —1F **117** (5C **4**)
Brunel Wlk. *W'bry* —5F **47**
Brunel Way. *E'shll* —4C **44**
Brunslow Clo. *W'hall* —2C **46**
Brunslow Clo. *Wolv* —6G **15**
Brunswick Ct. *W'bry* —2A **64**
Brunswick Gdns. *B21* —6B **82**
Brunswick Gdns. *B19*
—2E **101**
Brunswick Ga. *Stourb*
—4E **125**
Brunswick Ho. *B34* —2E **105**
Brunswick Ho. *B37* —3B **122**
Brunswick Pk. Rd. *W'bry*
—2G **63**
Brunswick Rd. *Hand* —6B **82**
Brunswick Rd. *S'brk* —6A **118**
Brunswick Sq. *B1*
—1D **116** (5A **4**)
Brunswick St. *B1*
—1D **116** (5A **4**)
Brunswick St. *Wals* —4A **48**
Brunswick Ter. *W'bry* —2F **63**
Brunton Rd. *B10* —4F **119**
Brushfield Rd. *B42* —5F **67**
Brutus Dri. *Col* —6G **89**
Bryan Av. *Wolv* —1B **58**
Bryan Rd. *Wals* —5A **48**
Bryanston Ct. *Sol* —6D **136**
Bryanston Rd. *Sol* —1D **150**
Bryant St. *B18* —4A **100**

Bryce Rd. *Brie H* —4E **93**
(in two parts)
Bryher Wlk. *Redn* —6E **143**
Brylan Cft. *B44* —1H **83**
Brymill Ind. Est. *Tip* —6G **61**
Bryn Arden Rd. *B26* —6C **120**
Bryndale Av. *B14* —2E **147**
Brynmawr Rd. *Bils* —2C **60**
Brynside Clo. *B14* —5F **147**
Bryony Cft. *Erd* —6B **68**
Bryony Gdns. *Darl* —4D **46**
Bryony Rd. *B29* —6F **131**
Buchanan Av. *Wals* —6E **33**
Buchanan Clo. *Wals* —6E **33**
Buchanan Rd. *Wals* —6E **33**
Buckbury Clo. *Stourb*
—4H **125**
Buckbury Cft. *Shir* —3F **165**
Buckingham Clo. *W'bry*
—1A **64**
Buckingham Clo. *B29* —4A **132**
Buckingham Dri. *W'hall*
—2B **30**
Buckingham Gro. *K'wfrd*
—2A **92**
Buckingham M. *S Cold*
—2G **69**
Buckingham Ri. *Dud* —5A **76**
Buckingham Rd. *B36* —2B **106**
Buckingham Rd. *Row R*
—5D **96**
Buckingham Rd. *Wolv* —1E **59**
Buckingham Rd. *B19* —5F **101**
Buckland End. —2D 104
Buckland End. *B34* —3E **105**
Bucklands End La. *B34*
—3D **104**
Buckle Clo. *Wals* —3D **48**
Buckley Rd. *Wolv* —6B **42**
Bucklow Wlk. *B33* —5D **104**
Buckminster Dri. *Dorr*
—5A **166**
Bucknall Cres. *B32* —5G **129**
Bucknall Rd. *Wolv* —6B **18**
Bucknell Clo. *Sol* —2G **151**
Buckpool. —1C 108
Buckridge Clo. *B38* —2H **159**
Buckton Clo. *S Cold* —6C **38**
Budbrooke Gro. *B34* —3A **106**
Budden Rd. *Cose* —6F **61**
Bude Rd. *Wals* —4H **49**
Buffery Rd. *Dud* —2F **95**
Bufferys Clo. *Sol* —1F **165**
Buildwas Clo. *Wals* —5F **19**
Bulford Clo. *B14* —5H **147**
Bulger Rd. *Bils* —4E **45**
Bullace Cft. *B15* —2A **132**
Bullock St. *B7* —4A **102**
Bullock St. *W Brom* —1B **98**
Bullows Rd. *Bwnhls* —1G **21**
Bull Ring. *B5* —1G **117** (5F **5**)
Bull Ring. *Dud* —5H **59**
Bull Ring. *Hale* —2B **128**
Bull Ring. *W'hall* —6A **30**
Bull Ring Cen. *B5*
—1G **117** (5E **5**)

Bull Ring Trad. Est. *B12*
—2H **117** (6H **5**)
Bull's La. *Wis* —2F **71**
(in two parts)
Bull St. *B4* —6G **101** (3E **5**)
Bull St. *Brie H* —1E **109**
(in two parts)
Bull St. *Dud* —1C **94**
Bull St. *Gorn W* —5G **75**
Bull St. *Harb* —5H **115**
Bull St. *W'bry* —5E **47**
Bull St. *W Brom* —4B **80**
Bull St. Trad. Est. *Brie H*
—2F **109**
Bulwell Clo. *B6* —2A **102**
Bulwer St. *Wolv* —6H **27**
Bumble Hole. —4G 95
Bumblehole Meadows. *Wom*
—6F **57**
Bunbury Gdns. *B30* —3G **145**
Bunbury Rd. *B31* —3F **145**
Bundle Hill. *Hale* —1A **128**
Bungalow, The. *W Brom*
—3F **79**
Bunker's Hill. —4G 45
Bunkers Hill La. *Bils* —3G **45**
Bunn's La. *Dud* —6H **77**
Burbage Clo. *Wolv* —3B **28**
Burberry Gro. *Bal C* —3G **169**
Burbidge Rd. *B9* —6D **102**
Burbury St. *B19* —2E **101**
Burbury St. S. *B19* —3E **101**
Burcombe Tower. *B23* —1H **85**
Burcot Av. *Wolv* —1C **44**
Burcote Rd. *B24* —4B **86**
Burcot Wlk. *Wolv* —1C **44**
Burdock Clo. *Wals* —2E **65**
Burdock Rd. *B29* —1E **145**
Burdons Clo. *B34* —4E **105**
Bure Gro. *W'hall* —1D **46**
Burfield Rd. *Hale* —5H **111**
Burford Clo. *Sol* —2E **137**
Burford Clo. *Wals* —2E **65**
Burford Pk. Rd. *B38* —1A **160**
Burford Rd. *H'wd* —3H **161**
Burford Rd. *K'sdng* —6H **67**
Burgess Cft. *Sol* —6B **138**
Burghley Dri. *W Brom* —3D **64**
Burghley Wlk. *Brie H* —3F **109**
Burgh Way. *Wals* —4G **31**
Burhill Way. *B37* —4D **106**
Burke Av. *B13* —4D **134**
Burkitt Dri. *Tip* —5C **62**
Burland Av. *Wolv* —2C **26**
Burleigh Clo. *Bal C* —2H **169**
Burleigh Clo. *W'hall* —3B **30**
Burleigh Cft. *Burn* —1C **10**
Burleigh Rd. *Wolv* —4E **43**
Burleigh St. *Wals* —2E **49**
Burleton Rd. *B33* —1A **122**
Burley Clo. *Shir* —5F **149**
Burley Way. *B38* —1G **159**
Burlington Arc. *B2* —4D **4**
Burlington Av. *W Brom*
—6C **80**
Burlington Pas. *B2* —4D **4**
Burlington Rd. *B10* —2E **119**
Burlington Rd. *W Brom*
—6C **80**
Burlington St. *B6* —3G **101**
Burlish Av. *Sol* —4D **136**
Burman Clo. *Shir* —5G **149**
Burman Dri. *Col* —4H **107**
Burman Rd. *Shir* —5F **149**
Burmarsh Wlk. *Wolv* —1D **26**
Burmese Way. *Row R* —3H **95**

Burnaston Cres. *Shir* —3G **165**
Burnaston Rd. *B28* —4E **135**
Burnbank Gro. *B24* —3H **85**
Burn Clo. *Smeth* —5E **99**
Burncross Way. *Wolv* —3B **28**
Burnell Gdns. *Wolv* —3C **42**
Burnel Rd. *B29* —3E **131**
Burnett Ho. *O'bry* —4D **96**
Burnett Rd. *S Cold* —1B **52**
Burney La. *B8* —4A **104**
Burnfields Clo. *Wals* —2C **34**
Burnham Av. *B25* —5A **120**
Burnham Av. *Wolv* —1F **27**
Burnham Clo. *K'wfrd* —5D **92**
Burnham Ct. Brie H —1H **109**
(off Hill St.)
Burnham Mdw. *B28* —1G **149**
Burnham Rd. *B44* —6G **67**
Burnhill Gro. *B29* —5E **131**
Burnlea Gro. *B31* —6G **145**
Burnsall Clo. *B37* —1B **122**
Burnsall Clo. *Pend* —4E **15**
Burns Av. *Tip* —5A **62**
Burns Av. *Wolv* —5H **15**
Burns Clo. *Stourb* —3E **109**
Burns Gro. *Dud* —3E **75**
Burnside Ct. *S Cold* —4G **69**
Burnside Gdns. *Wals* —5H **49**
Burnside Way. *B31* —2D **158**
Burns Pl. *W'bry* —6A **46**
Burns Rd. *W'bry* —6A **46**
Burnthurst Cres. *Shir* —2E **165**
Burnt Oak Dri. *Stourb* —6F **109**
Burnt Tree. —5H 77
Burnt Tree. *Tip* —5H **77**
Burnt Tree Ho. *Tip* —5H **77**
Burntwood Rd. *Hamm* —1F **11**
Burrelton Way. *B43* —5H **65**
Burrington Rd. *B32* —5G **129**
Burrowes St. *Wals* —6B **32**
Burrow Hill Clo. *B36* —1G **105**
Burrows Ho. Wals —6B **32**
(off Burrowes St.)
Burrows Rd. *K'wfrd* —5D **92**
Bursledon Wlk. *Wolv* —3E **45**
Burslem Clo. *Wals* —3G **19**
Bursnips Rd. *Ess* —5B **18**
Burton Av. *Wals* —1F **33**
Burton Cres. *Wolv* —6A **28**
Burton Farm Rd. *Wals* —6F **33**
Burton Rd. *Dud* —3B **76**
Burton Rd. *Wolv* —6A **28**
Burton Rd. E. *Dud* —3B **76**
Burton Wood Dri. *B20* —5F **83**
Buryfield Rd. *Sol* —1E **151**
Bury Hill Rd. *O'bry* —1D **96**
Bury Mound Ct. *Shir* —5C **148**
Bush Av. *Smeth* —4G **99**
Bushbury. —6A 16
Bushbury Ct. *Bush* —5A **16**
Bushbury Cft. *B37* —6E **107**
Bushbury La. *Wolv* —3G **27**
Bushbury Rd. *B33* —4E **105**
Bushbury Rd. *Wolv* —3C **28**
Bushell Dri. *Sol* —3H **151**
Bushey Clo. *S Cold* —1H **51**
Bushey Fields Rd. *Dud*
—1A **94**
Bush Gro. *B21* —6G **81**
Bush Gro. *Wals* —5E **21**
Bushley Cft. *Sol* —1F **165**
Bushman Way. *B34* —4A **106**
Bushmore Rd. *B28* —1G **149**
Bush Rd. *Dud* —1E **111**
Bush Rd. *Tip* —3G **77**
Bush St. *W'bry* —4D **46**

Bushway Clo. *Brie H* —1E **109**
Bushwood Dri. *Dorr* —6C **166**
Bushwood Rd. *B29* —4F **131**
(in two parts)
Bustleholme Av. *W Brom*
—4D **64**
Bustleholme Cres. *W Brom*
—4C **64**
Bustleholme La. *W Brom*
(in two parts) —4C **64**
Butchers La. *Hale* —4E **111**
Butchers Rd. *H Ard* —1A **154**
Butcroft. —5E 47
Butcroft Gdns. *W'bry* —5E **47**
Bute Clo. *Redn* —6E **143**
Bute Clo. *W'hall* —3B **30**
Butler Rd. *Sol* —2D **136**
Butlers Clo. *Erd* —4D **68**
Butlers Clo. *Hand* —4C **82**
Butlers La. *S Cold* —6F **37**
Butlers Precinct. *Wals* —1C **48**
Butler's Rd. *B20* —4C **82**
Butler St. *Small H* —3C **118**
Butler St. *W Brom* —3G **79**
Butlin St. *B7* —2C **102**
Buttercup Clo. *Wals* —2E **65**
Butterfield Clo. *Pert* —6D **24**
Butterfield Ct. *Dud* —5C **76**
Butterfield Rd. *Brie H* —2F **93**
Butterfly Way. *Crad H*
—2H **111**
Buttermere Clo. *Brie H*
—4F **109**
Buttermere Clo. *Tett* —1B **26**
Buttermere Ct. *Pert* —5F **25**
Buttermere Dri. *B32* —2D **130**
Buttermere Dri. *Ess* —5A **18**
Buttermere Gro. *W'hall*
—6B **18**
Butter Wlk. *B38* —1G **159**
Butterworth Clo. *Bils* —4C **60**
Buttery Rd. *Smeth* —3C **98**
Buttons Farm Rd. *Wolv*
—2B **58**
Buttress Way. *Smeth* —3E **99**
Butts Clo. *Cann* —1C **8**
Butts La. *Cann* —1C **8**
Butts Rd. *Wals* —6D **32**
Butts Rd. *Wolv* —1D **58**
Butts St. *Wals* —6D **32**
Butts, The. *Wals* —6D **32**
Butts Way. *Cann* —1C **8**
Buxton Clo. *Wals* —4A **20**
Buxton Rd. *B23* —1B **84**
Buxton Rd. *Dud* —3B **94**
Buxton Rd. *S Cold* —5G **69**
Buxton Rd. *Wals* —4A **20**
Byeways. *Wals* —4A **20**
Byfield Clo. *B33* —3A **122**
Byfield Pas. *B9* —1E **119**
Byfield Vw. *Dud* —6A **60**
Byfleet Clo. *Bils* —2C **60**
Byland Way. *Wals* —5F **19**
By-Pass Link. *Sol* —4A **152**
Byrchen Moor Gdns. *Brie H*
—2F **93**
Byrne Rd. *Wolv* —4H **43**
Byron Av. *B23* —4B **84**
Byron Clo. *B10* —4D **118**
Byron Ct. *Know* —3C **166**
Byron Ct. *S Cold* —4G **37**
Byron Cres. *Dud* —2D **76**
Byron Cft. *Dud* —2E **75**
Byron Cft. *S Cold* —3F **37**
Byron Gdns. *W Brom* —2H **79**
Byron Ho. *Hale* —6D **110**

Byron Rd. *B10* —4D **118**
Byron Rd. *W'hall* —2E **31**
Byron Rd. *Wolv* —1C **28**
Byron St. *Brie H* —2H **93**
Byron St. *W Brom* —1H **79**
Bywater Ho. *Wals* —2D **48**
(off Paddock La.)

C

Caban Clo. *B31* —2C **144**
Cable Dri. *Wals* —4A **32**
Cable St. *Wolv* —3A **44**
Cabot Gro. *Wolv* —5E **25**
Cadbury Dri. *B35* —6E **87**
Cadbury Ho. B19 —4F 101
(off Gt. Hampton Row)
Cadbury Rd. *B13* —1B **134**
Cadbury Way. *B17* —6F **115**
Cadbury World. —6B 132
Caddick Cres. *W Brom* —6B **64**
Caddick Rd. *B42* —4D **66**
Caddick St. *Bils* —5C **60**
(in two parts)
Cadec Trad. Est. *Smeth*
—6D **98**
Cadgwith Gdns. *Bils* —3A **62**
Cadine Gdns. *B13* —4E **133**
Cadleigh Gdns. *B17* —2G **131**
Cadle Rd. *Wolv* —2A **28**
Cadman Cres. *Wolv* —3C **28**
Cadman's La. *Wals* —5A **8**
(in two parts)
Cadnam Clo. *B17* —2G **131**
Cadnam Clo. *W'hall* —3B **46**
Caernarvon Clo. *W'hall*
—2C **30**
Caernarvon Way. *Dud* —5A **76**
Caesar Way. *Col* —6H **89**
Cahill Av. *Wolv* —5C **28**
Cairn Dri. *Wals* —1F **47**
Cairns St. *Wals* —6A **32**
Caister Dri. *W'hall* —3H **45**
Cakemore La. *O'bry* —1F **113**
Cakemore Rd. *Row R* —1E **113**
Cala Dri. *B15* —4D **116**
Calcot Dri. *Wolv* —2C **26**
Caldecote Gro. *B9* —1A **120**
Caldeford Av. *Shir* —2E **165**
Calder Av. *Wals* —1E **49**
Calder Dri. *S Cold* —5D **70**
Calderfields Clo. *Wals* —6E **33**
Calder Gro. *B20* —5B **82**
Calder Ri. *Dud* —1B **76**
Caldmore. —3B 48
Caldmore Grn. *Wals* —3C **48**
Caldmore Rd. *Wals* —2C **48**
Caldwell St. *Sol* —2G **151**
Caldwell Gro. *Sol* —2G **151**
Caldwell Ho. *W Brom* —5A **80**
Caldwell Rd. *B9* —6H **103**
Caldwell St. *W Brom* —5B **64**
Caldy Wlk. *Redn* —6F **143**
Caledonia. *Brie H* —4H **109**
Caledonian Clo. *Wals* —2G **65**
Caledonia Rd. *Wolv* —3H **43**
(in two parts)
Caledonia St. *Bils* —5G **45**
Caledon Pl. *Wals* —4A **48**
Caledon St. *Wals* —4A **48**
(in two parts)
Calewood Rd. *Brie H* —4H **109**
California. —2E 131
California Rd. *Tiv* —1B **96**
California Way. *B32* —2D **130**
Callcott Dri. *Brie H* —4H **109**
Callear Rd. *W'bry* —4D **62**

Calley Clo. *Tip* —4H **77**
Callow Bri. Rd. *Redn* —2F **157**
Callowbrook La. *Redn*
—1F **157**
Calshot Rd. *B42* —4B **66**
Calstock Rd. *W'hall* —5D **30**
Calthorpe Clo. *Wals* —5A **50**
Calthorpe Mans. *Edg* —2D **116**
Calthorpe Rd. *Edg* —3C **116**
Calthorpe Rd. *Hand* —5E **83**
Calthorpe Rd. *Wals* —5H **49**
Calver Cres. *Wed* —4H **29**
Calver Gro. *B44* —2F **67**
Calverley Rd. *B38* —6H **145**
Calverton Gro. *B43* —5A **66**
Calverton Wlk. *Wolv* —4F **27**
Calves Cft. *W'hall* —6A **30**
Calvin Clo. *Wolv* —4H **15**
Calvin Clo. *Wom* —2F **73**
Camberley. *W Brom* —4D **64**
Camberley Cres. *Wolv* —3A **60**
Camberley Dri. *Wolv* —1E **59**
Camberley Gro. *B23* —1E **85**
Camberley Rd. *K'wfrd* —6D **92**
Camborne Clo. *B6* —2G **101**
Camborne Ct. *Wals* —4H **49**
Camborne Rd. *Wals* —4H **49**
Cambourne Rd. *Row R*
—6C **96**
Cambrai Dri. *B28* —5E **135**
Cambria Clo. *Shir* —2E **163**
Cambridge Av. *Sol* —4C **150**
Cambridge Av. *S Cold* —5H **69**
Cambridge Clo. *Wals* —1C **34**
Cambridge Cres. *B15* —4E **117**
Cambridge Dri. *B37* —3B **122**
Cambridge Rd. *B14 & B13*
—4H **133**
Cambridge Rd. *Dud* —2C **94**
Cambridge Rd. *Smeth* —2E **99**
(Halford's La.)
Cambridge Rd. *Smeth* —1F **99**
(Middlemore Rd.)
Cambridge St. *B1*
—1E **117** (4A **4**)
Cambridge St. *Wals* —4C **48**
Cambridge St. *W Brom*
—5H **79**
Cambridge St. *Wolv* —5H **27**
Cambridge Tower. *B1*
—1E **117** (4A **4**)
Cambridge Way. *B27* —1B **136**
Camden Clo. *B36* —1E **105**
Camden Clo. *Wals* —2E **65**
Camden Dri. *B1*
—6D **100** (2A **4**)
Camden Gro. *B1*
—6D **100** (2A **4**)
Camden St. *B18 & Hock*
—5C **100** (2A **4**)
Camden St. *Wals* —3B **48**
Camden St. *Wals W* —3A **22**
Camden Way. *K'wfrd* —6B **74**
Camellia Gdns. *Pend* —4D **14**
Camelot Way. *B10* —3C **118**
Cameo Dri. *Stourb* —3D **108**
Cameronian Cft. *B36* —1A **104**
Cameron Rd. *Wals* —6E **33**
Camford Gro. *B14* —4H **147**
Cam Gdns. *Brie H* —3F **93**
Camino Rd. *B32* —2D **130**
Camomile Clo. *Wals* —2E **65**
Campbell Clo. *Wals* —6E **33**
Campbell Pl. *W'bry* —5D **46**
Campbells Grn. *B26* —6F **121**
Campbell St. *Brie H* —5G **93**

Campden Grn. *Sol* —2E **137**
Camp Hill. *B12* —3A **118**
Camp Hill. *Stourb* —2C **108**
Camp Hill Ind. Est. *B12*
—4A **118**
Camphill La. *W'bry* —3F **63**
Camphill Precinct. *W'bry*
—3F **63**
Campion Clo. *B34* —3F **105**
Campion Clo. *B38* —1B **160**
Campion Clo. *Wals* —2E **65**
Campion Clo. *Wom* —1E **73**
Campion Ct. *Tip* —2F **77**
Campion Dri. *F'stne* —1C **16**
Campion Gro. *Hale* —2F **127**
Campion Ho. *Wolv* —5B **28**
Campions Av. *Wals* —3D **6**
Campion Way. *Shir* —4G **163**
Camp La. *B21 & Hand* —6F **81**
Camp La. *K Nor* —4B **146**
Camplea Cft. *B37* —1C **122**
Camplin Cres. *B20* —2A **82**
Camp Rd. *Lich & S Cold*
—2H **37**
Camp St. *B9* —2C **118**
Camp St. *W'bry* —3F **63**
Camp St. *Wolv*
—6G **27** (1B **170**)
Campville Cres. *W Brom*
—4C **64**
Campville Gro. *B37* —4B **106**
Campwood Clo. *B30* —5A **132**
Camrose Cft. *Bal H* —6H **117**
Camrose Cft. *Buc E* —4F **105**
Camrose Gdns. *Pend* —4E **15**
Camrose Tower. *B7* —3B **102**
Canal Cotts. *Neth* —6D **94**
Canal La. *B24* —6G **85**
Canal Side. *Dud* —5G **95**
Canal Side. *K Nor* —4C **146**
Canal Side. *O'bry* —1G **97**
(in two parts)
Canalside Clo. *Wals* —6D **20**
Canalside Clo. *W'bry* —3C **64**
Canalside Ind. Est. *Brie H*
—2G **109**
Canal St. *Bils* —5E **61**
Canal St. *Brie H* —4A **94**
Canal St. *O'bry* —2F **97**
Canal St. *Stourb* —5D **108**
Canal St. *Tip* —3F **77**
Canal St. *Wals* —1B **48**
Canal Vw. Ind. Est. *Brie H*
—2F **109**
Canary Gro. *B19* —1E **101**
Canberra Ho. *B34* —3A **106**
Canberra Rd. *Wals* —6G **49**
Canberra Way. *B12* —3A **118**
Canford Clo. *B12* —4H **117**
Canford Cres. *Cod* —4E **13**
Canning Clo. *Wals* —5H **49**
Canning Gdns. *B18* —5A **100**
Canning Rd. *Wals* —5H **49**
Cannock Rd. *F'stne* —2D **16**
Cannock Rd. *W'hall* —2C **30**
Cannock Rd. *Wolv* —5H **27**
Cannon Dri. *Bils* —3E **61**
Cannon Hill Gro. *B12* —6G **117**
Cannon Hill Pl. *B12* —6G **117**
Cannon Hill Rd. *B12* —6F **117**
Cannon Rd. *Wom* —1G **73**
Cannon St. *B2*
—1G **117** (4D **4**)
Cannon St. *Wals* —5C **32**
Cannon St. *W'hall* —1B **46**
Cannon St. N. *Wals* —5C **32**

Canterbury Av. *W'hall* —1D **46**
Canterbury Clo. *Row R*
—5E **97**
Canterbury Clo. *Wals* —3E **21**
Canterbury Clo. *W Brom*
—5C **64**
Canterbury Dri. *B37* —4C **122**
Canterbury Dri. *Pert* —5D **24**
Canterbury Rd. *B20* —6F **83**
Canterbury Rd. *W Brom*
—5B **64**
Canterbury Rd. *Wolv* —6C **42**
Canterbury Tower. B1
(off St Marks St.) —6D **100**
Cantlow Rd. *B13* —1A **148**
Canton La. *Col* —2H **89**
Canute Clo. *Wals* —4D **48**
Canvey Clo. *Redn* —6E **143**
Canwell Av. *B37* —4B **106**
Canwell Dri. *Can* —4E **39**
Canwell Gdns. *Bils* —1E **61**
Capcroft Rd. *B13* —1B **148**
Cape Clo. *Wals* —1C **22**
Cape Hill. *Smeth* —5F **99**
Cape Hill Retail Cen. *Smeth*
—5F **99**
Capener Rd. *B43* —3C **66**
Capern Gro. *B32* —6D **114**
Cape St. *B18* —5H **99**
Cape St. *W Brom* —3E **79**
Capethorn Rd. *Smeth* —6E **99**
Capilano Rd. *B23* —6C **68**
Capponfield Clo. *Bils* —2D **60**
Capstone Av. *B18* —5C **100**
Capstone Av. *Wolv* —1F **27**
Captain's Clo. *Wolv* —1B **42**
Carcroft Rd. *B25* —3B **120**
Cardale St. *Row R* —1D **112**
Carden Clo. *W Brom* —3F **79**
Carder Cres. *Bils* —1F **61**
Carder Dri. *Brie H* —1G **109**
Cardiff St. *Wolv* —3F **43**
Cardigan Clo. *W Brom* —6A **64**
Cardigan Dri. *W'hall* —3B **30**
Cardigan St. *B4*
—6H **101** (2H **5**)
Cardington Av. *B42* —4D **66**
Cardoness Pl. *Dud* —5B **76**
Careless Grn. *Stourb* —1B **126**
Careynon Ct. *Blox* —1H **31**
Carhampton Rd. *S Cold*
—5E **55**
Carisbrooke Av. *B37* —1E **123**
Carisbrooke Clo. *W'bry*
—3C **64**
Carisbrooke Cres. *W'bry*
—2C **64**
Carisbrooke Dri. *Hale* —1D **128**
Carisbrooke Gdns. *Wolv*
—4A **16**
Carisbrooke Rd. *B17* —2F **115**
Carisbrooke Rd. *Bush* —4A **16**
Carisbrooke Rd. *Pert* —6G **25**
Carisbrooke Rd. *W'bry*
—3B **64**
Carless Av. *B17* —4F **115**
Carless St. *Wals* —3C **48**
Carlisle St. *B18* —4A **100**
Carl St. *Wals* —4B **32**
Carlton Av. *B21* —6A **82**
Carlton Av. *Bils* —4H **45**
Carlton Av. *Stourb* —2A **126**
Carlton Av. *S Cold* —1H **51**
Carlton Av. *Wolv* —2C **28**
Carlton Clo. *Dud* —1E **77**
Carlton Clo. *S Cold* —4B **54**

Carlton Cft. *S Cold* —1A **52**
Carlton Gro. *S'hll* —6C **118**
Carlton M. *B36* —1H **105**
Carlton M. Flats. *B36* —1H **105**
Carlton Rd. *Small H* —2D **118**
Carlton Rd. *Smeth* —1E **99**
Carlton Rd. *Wolv* —4E **43**
Carlyle Bus. Pk. *Swan V*
—2F **79**
Carlyle Gro. *Wolv* —1C **28**
Carlyle Rd. *Edg* —2A **116**
Carlyle Rd. *Loz* —1E **101**
Carlyle Rd. *Row R* —1C **112**
Carlyle Rd. *Wolv* —1C **28**
Carmel Gro. *B32* —4H **129**
Carmodale Av. *B42* —1D **82**
Carnegie Av. *Tip* —3A **78**
Carnegie Dri. *W'bry* —2G **63**
Carnegie Rd. *Row R* —1B **112**
Carnford Rd. *B26* —5F **121**
Carnforth Clo. *K'wfrd* —2H **91**
Carnoustie Clo. *S Cold* —3A **54**
Carnoustie Clo. *Wals* —4G **19**
Carnwath Rd. *S Cold* —3E **69**
Carol Cres. *Hale* —6H **111**
Carol Cres. *Wolv* —3G **29**
Carol Gdns. *Stourb* —3D **108**
Caroline Rd. *B13* —1H **133**
Caroline St. *B3*
—5E **101** (1B **4**)
Caroline St. *Dud* —6G **77**
Caroline St. *W Brom* —5H **79**
Carpenter Rd. *B15* —4C **116**
Carpenter's Rd. *B19* —2E **101**
Carrick Clo. *Wals* —2E **21**
Carriers Clo. *Wals* —2F **47**
Carrington Rd. *W'bry* —3B **64**
Carraway Head. —5G 39
Carroway Head Hill. *Can*
—6F **39**
Carrs La. *B4* —1G **117** (4F **5**)
Carshalton Gro. *Wolv* —4A **44**
Carshalton Rd. *B44* —3A **68**
Cartbridge Cres. *Wals* —3D **32**
(in two parts)
Cartbridge La. *Wals* —4E **33**
Cartbridge La. S. *Wals*
—5E **33**
Cartbridge Wlk. *Wals* —3E **33**
Carter Av. *Cod* —4H **13**
Carter Rd. *B43* —3B **66**
Carter Rd. *Wolv* —4F **27**
Carters Clo. *S Cold* —2D **70**
Cartersfield La. *Wals* —1F **23**
Carters Grn. *W Brom* —3H **79**
Carter's Hurst. *B33* —2F **121**
Carter's La. *Hale* —6F **113**
Cartland Rd. *S'brk* —4C **118**
Cartland Rd. *Stir & K Hth*
—5D **132**
Cartmel Ct. *B23* —3B **84**
Cartway, The. *Pert* —5D **24**
Cartwright Gdns. *Tiv* —5C **78**
Cartwright Ho. *Blox* —6H **19**
Cartwright Rd. *S Cold* —6A **38**
Cartwright St. *Wolv*
—3H **43** (6C **170**)
Carver Gdns. *Stourb* —3C **124**
Carver St. *B1* —5D **100**
Casewell Rd. *K'wfrd* —1A **92**
Casey Av. *B23* —5D **68**
Cash-Joynson Av. *W'bry*
—3C **46**
Caslon Cres. *Stourb* —1B **124**
Caslon Rd. *Hale* —5E **111**
Caslow Flats. *Hale* —1E **127**

Cassandra Clo. *Brie H* —6G **75**
Cassowary Rd. *B20* —4B **82**
Castello Dri. *B36* —6H **87**
Castlebridge Gdns. *Wolv*
—2H **29**
Castlebridge Rd. *Wolv* —3H **29**
Castle Bromwich. —6G 87
Castle Bromwich Bus. Pk.
Cas V —6D **86**
Castle Bromwich Hall. *Cas B*
—1E **105**
Castle Bromwich Hall
Gardens. —1E 105
Castle Clo. *Crad H* —2B **112**
Castle Clo. *Sol* —4F **137**
Castle Clo. *Wals* —3B **10**
Castle Ct. *B34* —2A **106**
Castle Cres. *B36* —1G **105**
Castlecroft. —2G 41
Castlecroft. *Cann* —1C **8**
Castle Cft. *O'bry* —3B **114**
Castlecroft Av. *Wolv* —3G **41**
Castlecroft Gdns. *Wolv*
—3A **42**
Castlecroft La. *Wolv* —3F **41**
Castle Cft. Rd. *Bils* —4G **45**
Castlecroft Rd. *Wolv* —3F **41**
Castle Dri. *Col* —4H **107**
Castle Dri. *W'hall* —4B **30**
Castleford Gro. *B11* —1C **134**
Castleford Rd. *B11* —1C **134**
Castlefort Rd. *Wals* —4C **22**
Castle Gro. *Stourb* —2F **125**
Castle Heights. *Crad H*
—3B **112**
Castle Hill. *Dud* —5F **77**
Castlehill Rd. *Wals* —4D **22**
Castlehills Dri. *B36* —1E **105**
Castle La. *Sol* —4D **136**
Castle Mill Rd. *Dud* —3E **77**
Castle Rd. *B29* —3E **131**
Castle Rd. *B30* —3B **146**
Castle Rd. *Tip* —3F **77**
Castle Rd. *Wals* —5C **22**
Castle Rd. E. *O'bry* —3B **114**
Castle Rd. W. *O'bry* —3A **114**
Castle Sq. *B29* —4E **131**
Castle St. *B4* —1G **117** (4F **5**)
Castle St. *Bils* —5E **61**
Castle St. *Dud* —6F **77**
Castle St. *Sed* —5H **59**
Castle St. *Tip* —2G **77**
Castle St. *Wals* —3B **10**
Castle St. *W'bry* —3D **46**
(in two parts)
Castle St. *W Brom* —5G **63**
Castle St. *Wolv*
—1H **43** (3C **170**)
Castleton Rd. *B42* —6F **67**
Castleton Rd. *Wals* —4A **20**
Castleton St. *Dud* —4E **95**
Castle Vale. —3F 87
Castle Va. Ind. Est. *Min*
—2E **87**
Castle Va. Shop. Cen. *B35*
—5D **86**
Castle Vw. *Dud* —5D **76**
Castle Vw. Clo. *Mox* —1A **62**
Castle Vw. Rd. *Bils* —1A **62**
Castle Vw. Ter. *Bils* —5D **60**
Castle Yd. *Wolv*
—1H **43** (3C **170**)
Caswell Rd. *Dud* —5G **59**
Cat & Kittens La. *F'stne*
—1A **16**
Cater Dri. *S Cold* —3D **70**

Caterham Dri. *K'wfrd* —6D **92**
Catesby Dri. *K'wfrd* —1B **92**
Catesby Ho. *B37* —4B **106**
Catesby Rd. *Shir* —6H **149**
Cateswell Rd. *Hall G* —4F **135**
Cateswell Rd. *S'hll* —3F **135**
Cathcart Rd. *Stourb* —6C **108**
Cathel Dri. *B42* —6C **66**
Catherine-de-Barnes.
—2D **152**
Catherine de Barnes La. *Bick*
—1E **153**
Catherine Dri. *S Cold* —5G **53**
Catherine Rd. *Bils* —4C **60**
Catherines Clo. *Cath B*
—3D **152**
Catherine St. *B6* —2A **102**
Catherton Clo. *Tip* —3C **62**
Catholic La. *Dud* —1G **75**
Catisfield Cres. *Wolv* —6D **14**
Cat La. *B34* —2F **105**
Caton Gro. *B28* —6G **135**
Cato St. *B7* —5B **102**
Cato St. N. *B7* —4C **102**
Catshill. —6C 10
Catshill Rd. *Wals* —6C **10**
Cattell Dri. *S Cold* —6F **55**
Cattell Rd. *B9* —2C **118**
Cattells Gro. *B7* —3C **102**
Cattermole Gro. *B43* —2E **67**
Cattock Hurst Dri. *S Cold*
—6B **70**
Causeway. *Row R* —1C **112**
Causeway Green. —6F 97
Causeway Grn. Rd. *O'bry*
—6F **97**
Causeway Rd. *Bils* —5F **61**
Causeway, The. *B25* —4B **120**
Causey Farm Rd. *Hale*
—5E **127**
Cavalier Cir. *Wolv* —3A **16**
Cavandale Av. *B44* —4G **67**
Cavell Clo. *Wals* —1B **48**
Cavell Rd. *Dud* —6H **77**
Cavendish Clo. *B38* —6D **146**
Cavendish Clo. *K'wfrd* —5B **92**
Cavendish Ct. *Dorr* —6C **166**
Cavendish Gdns. *Wals* —5G **31**
Cavendish Gdns. *Wolv* —2E **45**
Cavendish Rd. *B16* —6H **99**
Cavendish Rd. *Hale* —1F **129**
Cavendish Rd. *Wals* —4G **31**
Cavendish Rd. *Wolv* —2D **44**
Cavendish Way. *Wals* —4D **34**
Caversham Rd. *B44* —3A **68**
Cawdon Gro. *Dorr* —6G **167**
Cawdor Cres. *B16* —2B **116**
Cawney Hill. *Dud* —1G **95**
Caxton Gro. *B44* —4C **68**
Caynham Rd. *B32* —5H **129**
Cayton Gro. *B23* —1F **85**
Cecil Dri. *Tiv* —5D **78**
Cecil Rd. *Erd* —4F **85**
Cecil Rd. *S Oak* —4E **133**
Cecil St. *B19* —5G **101**
Cecil St. *Stourb* —6D **108**
Cecil St. *Wals* —6D **32**
Cedar Av. *B36* —1G **105**
Cedar Av. *Bils* —6D **60**
Cedar Av. *Wals* —5C **10**
Cedar Bri. Cft. *S Cold* —3H **53**
Cedar Clo. *B30* —1A **146**
Cedar Clo. *O'bry* —3A **114**
Cedar Clo. *Stourb* —3B **124**
Cedar Clo. *Wals* —1F **65**
Cedar Dri. *B24* —2A **86**

Cedar Dri.—Charlotte St.

Cedar Dri. *S Cold* —2G **51**
Cedar Gro. *Bils* —4H **45**
Cedar Gro. *Cod* —4H **13**
Cedar Gro. *Wolv* —4D **42**
Cedar Ho. *B36* —1D **104**
Cedar Ho. *Sol* —6D **150**
Cedarhurst. *B32* —6E **115**
Cedarhurst. *Sol* —4H **151**
Cedar Pk. Rd. *W'hall* —6C **18**
Cedar Rd. *B30* —1A **146**
Cedar Rd. *Dud* —4D **76**
(in two parts)
Cedar Rd. *Tip* —2F **77**
Cedar Rd. *W'bry* —3G **63**
Cedar Rd. *W'hall* —1G **45**
Cedars Av. *B27* —1A **136**
Cedars Av. *K'wfrd* —5B **92**
Cedars Av. *Wom* —2G **73**
Cedars, The. *B25* —2C **120**
Cedars, The. *Wolv* —4B **26**
Cedar Wlk. *B37* —1D **122**
Cedar Way. *Wolv* —2E **29**
Cedarwood. *S Cold* —3H **53**
Cedarwood Cft. *B42* —5B **66**
Cedarwood Dri. *Bal C*
—3H **169**
Cedarwood Rd. *Dud* —2H **75**
Celandine Clo. *K'wfrd* —5A **92**
Celandine Rd. *Dud* —3C **76**
Celandines, The. *Wom*
—1E **73**
Celbury Way. *B43* —5H **65**
Celts Clo. *Row R* —5C **96**
Cemetery La. *Hock* —4D **100**
Cemetery Rd. *O'bry* —3A **98**
Cemetery Rd. *Smeth* —5D **98**
Cemetery Rd. *Stourb*
(in two parts) —6H **109**
Cemetery Rd. *S Cold* —5B **54**
Cemetery Rd. *W'bry* —3F **47**
Cemetery Rd. *W'hall* —6A **30**
Cemetery St. *Bils* —5E **45**
Cemetery St. *Wals* —3C **6**
Cemetery Way. *Wals* —6H **19**
Centenary Clo. *B31* —6E **145**
Centenary Dri. *B21* —6A **82**
Centenary Sq. *B1*
—1E **117** (4B **4**)
Central Arc. *Wolv*
—1G **43** (3B **170**)
Central Av. *B31* —1C **158**
Central Av. *Bils* —4G **45**
Central Av. *Crad H* —3E **111**
Central Av. *Row R* —1C **112**
Central Av. *Stourb* —2A **126**
Central Av. *Tip* —6H **61**
Central Clo. *Wals* —6G **19**
Central Dri. *B24* —5A **86**
Central Dri. *Bils* —6E **61**
Central Dri. *Dud* —5G **75**
Central Dri. *Wals* —1F **31**
Central Gro. *B27* —3A **136**
Central Links Ind. Est. *B7*
—3B **102**
Central Pk. Ind. Est. *Dud*
—6G **95**
Central Sq. *Erd* —3G **85**
Central Trad. Est. *Wolv*
—3B **44**
Central Way. *Brie H* —6A **94**
Centre City. *B5* —6D **4**
Centre La. *Hale* —2B **128**
Centreway, The. *B14* —3D **148**
Centurion Clo. *Col* —6H **89**
Century Ho. *O'bry* —3D **96**

Century Ind. Est. *B44* —2G **67**
Century Pk. *B9* —1C **118**
Century Rd. *O'bry* —1G **97**
Century Tower. *B5* —6E **117**
Ceolmund Cres. *B37* —1D **122**
Chaceley Gro. *B23* —6D **68**
Chadbrook Crest. *B15*
—4A **116**
Chadbury Cft. *Sol* —1F **165**
Chadbury Rd. *Hale* —2C **128**
Chaddersley Clo. *Redn*
—6F **143**
Chaddesley Clo. *O'bry* —4D **96**
Chaddesley Dri. *Stourb*
—4F **125**
Chaddesley Rd. *B31* —5H **145**
Chaddesley Rd. *Hale* —3H **127**
Chadley Clo. *Sol* —1E **151**
Chad Rd. *B15* —3B **116**
Chad Rd. *Bils* —6C **60**
Chadshunt Clo. *B36* —5H **87**
Chadsmoor Ter. *B7* —3B **102**
Chad Sq. *B15* —4A **116**
Chadstone Clo. *Shir* —4F **165**
Chad Valley. —4H 115
Chad Valley Clo. *B17* —5H **115**
Chadwell Dri. *Shir* —1H **149**
Chadwell Gdns. *Cod* —3F **13**
Chadwich La. *Belb & Chad*
—2A **156**
Chadwick Av. *Redn* —3H **157**
Chadwick Clo. *Wolv* —5A **42**
Chadwick La. *Know* —6A **168**
Chadwick Rd. *S Cold* —6D **54**
Chadworth Av. *Dorr* —5A **166**
Chaffcombe Rd. *B26* —5G **121**
Chaffinch Clo. *Dud* —3G **59**
Chaffinch Dri. *B36* —2D **106**
Chaffinch Rd. *Stourb* —2H **125**
Chainmakers Clo. *Cose*
—3F **61**
Chain Wlk. *B19* —1F **101**
Chalcot Gro. *B20* —2A **82**
Chaldon Clo. *Wolv* —6E **15**
Chale Gro. *B14* —4A **148**
Chalfont Pl. *Stourb* —3A **126**
Chalfont Rd. *B20* —5D **82**
Chalford Rd. *B23* —5C **68**
Chalford Way. *Shir* —6B **150**
Chalgrove Av. *B38* —6A **146**
Chalgrove Cres. *Sol* —6F **151**
Challenor Av. *W'hall* —1F **45**
Chalybeate Clo. *Redn* —6F **143**
Chamberlain Clo. *Tiv* —5D **78**
Chamberlain Ct. *K Hth*
—4G **133**
Chamberlain Cres. *Shir*
—5G **149**
Chamberlain Rd. *B13* —1H **147**
Chamberlains La. *Wolv*
—2C **58**
Chamberlain Sq. *B3*
—1F **117** (4C **4**)
Chamberlain Wlk. *Smeth*
—4F **99**
Chance Cft. *O'bry* —3H **113**
Chancel Ind. Est. *W'bry*
—6D **46**
Chancel Ind. Est. *W'hall*
—1B **46**
Chancel Ind. Est. *Wolv* —2C **44**
Chancellors Clo. *B15* —4A **116**
Chancel Way. *B6* —2H **83**
Chancel Way. *Hale* —5C **112**
Chancery Way. *Brie H*
—1B **110**

Chandler Dri. *Penn* —2B **58**
Chandler Ho. *O'bry* —5D **96**
Chandlers Clo. *Wolv* —6E **15**
Chandlers Keep. *Bwnhls*
—1B **22**
Chandos Av. *B13* —2H **133**
Chandos Rd. *B12* —3A **118**
Channon Dri. *Brie H* —3H **109**
Chanston Av. *B14* —3G **147**
Chanterelle Gdns. *Wolv*
—1E **59**
Chantrey Cres. *B43* —1F **67**
Chantrey Cres. *Bils* —4H **45**
Chantry Av. *Wals* —1A **32**
Chantry Clo. *H'wd* —2A **162**
Chantry Dri. *Hale* —5G **113**
Chantry Heath Cres. *Know*
—1E **167**
Chantry Rd. *Hand* —1B **100**
Chantry Rd. *Mose* —1G **133**
Chantry Rd. *Stourb* —4A **108**
Chapel Ash. *Wolv* —1F **43**
Chapel Ash Island. *Wolv*
—1F **43** (3A **170**)
Chapel Av. *Wals* —3A **10**
Chapel Clo. *Crad H* —3B **112**
Chapel Clo. *Wom* —2F **73**
Chapel Ct. Brie H —1H **109**
(off Promenade, The)
Chapel Dri. *Bal C* —1H **169**
Chapel Dri. *Wals* —3A **10**
Chapel Dri. *Wyt* —6H **161**
Chapelfield Rd. *Redn* —2G **157**
Chapel Fields Rd. *Sol* —3D **136**
Chapel Grn. *W'hall* —1B **46**
Chapel Ho. La. *Hale* —5E **111**
Chapelhouse Rd. *B37*
—1B **122**
Chapel Ho. St. *B12*
—2H **117** (6H **5**)
Chapel La. *Cod* —4E **13**
Chapel La. *Gt Barr* —2A **66**
Chapel La. *S Oak* —3A **132**
Chapel La. *Swind* —3C **72**
Chapel La. *Wyt* —6G **161**
Chapel Pas. *O'bry* —5G **97**
Chapel Sq. *Wals* —2D **6**
Chapel St. *B4* —6H **101** (3G **5**)
Chapel St. *Bils* —6H **45**
Chapel St. *Bwnhls* —3A **10**
Chapel St. *Dud* —5F **95**
Chapel St. *Hale* —2A **128**
Chapel St. *Hand* —2H **99**
Chapel St. *Lye* —6A **110**
Chapel St. *Nort C* —1C **8**
Chapel St. *O'bry* —2E **97**
Chapel St. *Pels* —4D **20**
Chapel St. *Pens* —2G **93**
Chapel St. *Quar B* —3C **110**
Chapel St. *Stourb* —1E **125**
Chapel St. *Tip* —2G **77**
(in two parts)
Chapel St. *W Hth* —1H **91**
Chapel St. *Wals* —1B **32**
Chapel St. *W'bry* —2E **63**
Chapel St. *W Brom* —2H **79**
Chapel St. *Wolv* —4H **43**
Chapel St. *Wom* —2F **73**
(in two parts)
Chapel St. *Word* —6B **92**
Chapel Vw. *Smeth* —5D **98**
Chapel Wlk. *B30* —5C **146**
Chapel Wlk. *Dud* —5G **75**
Chapelwood Gro. *B42* —2F **83**
Chapman Rd. *Small H*
—3C **118**

Chapman's Hill. —1B 156
Chapman's Hill. *Rom* —6B **142**
Chapmans Pas. *B1*
—2F **117** (6C **4**)
Chapman St. *W Brom* —4H **79**
Charfield Clo. *B30* —6H **131**
Charingworth Rd. *Sol*
—3G **137**
Charlbury Av. *B37* —1B **122**
Charlbury Cres. *B26* —3D **120**
Charlecoat Tower. B15
(off Dorking Gro.) —2E **117**
Charlecote Cft. *Shir* —1A **164**
Charlecote Dri. *B23* —6E **69**
Charlecote Dri. *Dud* —4A **76**
Charlecote Gdns. *S Cold*
—5G **69**
Charlecote Ri. *W'hall* —3H **45**
Charlecott Clo. *B13* —6D **134**
Charlemont. —5B 64
Charlemont Av. *W Brom*
—5C **64**
Charlemont Clo. *Wals* —5G **49**
Charlemont Cres. *W Brom*
—5C **64**
Charlemont Gdns. *Wals*
—5G **49**
Charlemont Rd. *Wals* —5F **49**
Charlemont Rd. *W Brom*
—5C **64**
Charles Av. *Ess* —3H **17**
Charles Av. *Row R* —5C **96**
Charles Av. *Wolv* —6F **43**
Charles Clo. *B8* —5D **102**
Charles Clo. *C Hay* —4D **6**
Charles Ct. *S Cold* —2D **70**
Charles Cres. *Wals* —2E **21**
Charlesdale Dri. *Wals* —5D **34**
Charles Dri. *B7* —3B **102**
Charles Edward Rd. *B26*
—5B **120**
Charles Foster St. *W'bry*
—5C **46**
Charles Hayward Flats. *Wolv*
—4F **27**
Charles Henry St. *B12*
—3H **117**
Charles Holland St. *W'hall*
—1B **46**
Charles Pearson Ct. Smeth
(off Mill Dri.) —4F **99**
Charles Rd. *Aston* —6A **84**
Charles Rd. *Brie H* —2C **110**
Charles Rd. *Hale* —1H **127**
Charles Rd. *Hand* —6E **83**
Charles Rd. *Small H* —1E **119**
Charles Rd. *Sol* —5C **150**
Charles Rd. *Stourb* —1C **124**
Charles Rd. *Tip* —6A **62**
Charles St. *Smeth* —2G **99**
Charles St. *Wals* —1B **48**
Charles St. *W Brom* —2E **79**
Charles St. *W'hall* —6C **30**
Charles Wlk. *Row R* —4C **96**
Charles Wesley Ct. Wolv
(off Claremont Rd.) —4E **43**
Charlesworth Av. *Shir* —3F **165**
Charleville Rd. *B19* —2D **100**
Charlotte Clo. *Tiv* —5A **78**
Charlotte Gdns. *Smeth* —4F **99**
Charlotte Rd. *Edg* —4E **117**
Charlotte Rd. *Stir* —1C **146**
Charlotte Rd. *W'bry* —4C **62**
Charlotte St. *B3*
—6E **101** (3B **4**)
Charlotte St. *Dud* —1D **94**

Charlotte St. *Wals* —1E **49**
Charlton Dri. *Cong E* —4F **111**
Charlton Pl. *B8* —4D **102**
Charlton Rd. *B44* —5A **68**
Charlton St. *Brie H* —6E **93**
Charlton St. *Dud* —6D **76**
Charminster Av. *B25* —3B **120**
Charnley Dri. *S Cold* —1C **54**
Charnwood Av. *Dud* —3H **59**
Charnwood Bus. Pk. *Bils*
—6E **45**
Charnwood Clo. *Bils* —2B **62**
Charnwood Clo. *Brie H*
—4F **109**
Charnwood Clo. *Redn*
—4H **143**
Charnwood Ct. *Stourb*
—3A **126**
Charnwood Rd. *B42* —6B **66**
Charnwood Rd. *Wals* —1E **65**
Charter Cl. *Tip* —2G **77**
Charter Clo. *Cann* —1C **8**
Charter Cres. *Crad H* —3B **112**
Charterfield Cen. *K'wfrd*
—1B **92**
Charterfield Dri. *K'wfrd*
—1B **92**
Charterhouse Dri. *Sol* —6F **151**
Charter Rd. *Tip* —4C **62**
Charters Av. *Cod* —6H **13**
Charter St. *Brie H* —4A **94**
Chartist Rd. *B8* —3D **102**
Chartley Clo. *Dorr* —6A **166**
Chartley Clo. *Wolv* —5F **25**
Chartley Rd. *B23* —6D **84**
Chartley Rd. *W Brom* —1B **80**
Chartway, The. *Wals* —3E **21**
Chartwell Clo. *Dud* —1D **76**
Chartwell Dri. *Shir* —4B **164**
Chartwell Dri. *Wolv* —6A **16**
Chartwell Dri. *Wom* —2F **73**
Chase Av. *Wals* —2F **7**
Chase Gro. *B24* —1B **86**
Chasepool Rd. *Swind* —2C **90**
Chase Rd. *Bwnhls* —4C **10**
Chase Rd. *Dud & Brie H*
—6F **75**
Chase Rd. *Wals* —1G **31**
Chase, The. *S Cold* —6B **70**
Chase, The. *Wolv* —3F **27**
Chasetown. —1B **10**
Chase Vw. *Wolv* —3A **60**
Chasewater Railway & Mus.
—2G **9**
Chassieur Wlk. *Col* —1H **107**
Chater Dri. *S Cold* —4E **71**
Chatham Rd. *B31* —4E **145**
Chatsworth Av. *B43* —4G **65**
Chatsworth Clo. *Shir* —4B **164**
Chatsworth Clo. *S Cold*
—6B **70**
Chatsworth Clo. *W'hall*
—4B **30**
Chatsworth Cres. *Wals*
—2H **33**
Chatsworth Gdns. *Wolv*
—2G **25**
Chatsworth M. *Stourb* —6H **91**
Chatsworth Rd. *Hale* —4A **112**
Chatsworth Tower. *B15*
—3E **117**
Chattaway Dri. *Bal C* —3H **169**
Chattaway St. *B7* —2C **102**
Chattle Hill. —5F **89**
Chattle Hill. *Col* —5G **89**

Chattock Av. *Sol* —3A **152**
Chattock Clo. *B36* —2C **104**
Chatwell Gro. *B29* —3F **131**
Chatwin Pl. *Bils* —2G **61**
Chatwin St. *Smeth* —2D **98**
Chatwins Wharf. *Tip* —2H **77**
Chaucer Av. *Dud* —2E **75**
Chaucer Av. *Tip* —5B **62**
Chaucer Av. *W'hall* —2E **31**
Chaucer Clo. *B23* —4B **84**
Chaucer Clo. *Bils* —5F **61**
Chaucer Clo. *Stourb* —3E **109**
Chaucer Gro. *B27* —3H **135**
Chaucer Ho. *Hale* —6D **110**
Chaucer Rd. *Wals* —1C **32**
Chauson Gro. *Sol* —1E **165**
Chavasse Rd. *S Cold* —2A **70**
Chawnhill. —2H **125**
Chawn Hill. *Stourb* —2G **125**
Chawn Hill Clo. *Stourb*
—2G **125**
Chawn Pk. Dri. *Stourb*
—2G **125**
Chaynes Gro. *B33* —6H **105**
Cheadle Rd. *B23* —5D **68**
Cheam Gdns. *Wolv* —1C **26**
Cheapside. *B5 & B12*
—2H **117** (6G **5**)
Cheapside. *W'hall* —2A **46**
Cheapside. *Wolv*
—1G **43** (3B **170**)
Cheapside Ind. Est. *B12*
—2H **117**
Cheatham St. *B7* —3C **102**
Checketts St. *Wals* —1A **48**
Checkley Cft. *S Cold* —5D **70**
Cheddar Rd. *B12* —5G **117**
Chedworth Clo. *B29* —1E **145**
Chedworth Ct. *B29* —5A **132**
Cheedon Clo. *Dorr* —6F **167**
Chelford Cres. *K'wfrd* —6E **93**
Chells Gro. *B13* —2B **148**
Chelmar Clo. *B36* —1B **106**
Chelmar Dri. *Brie H* —3E **93**
Chelmarsh Av. *Wolv* —2G **41**
Chelmorton Rd. *B42* —6F **67**
Chelmscote Rd. *Sol* —4D **136**
Chelmsley Av. *Col* —3H **107**
Chelmsley Circ. *B37* —1D **122**
Chelmsley Gro. *B33* —6A **106**
Chelmsley La. *B37* —3B **122**
(in two parts)
Chelmsley Rd. *B37* —6B **106**
Chelmsley Wood. —1E **123**
Chelsea Clo. *B32* —1D **130**
Chelsea Dri. *S Cold* —5F **37**
Chelsea Trad. Est. *B7* —3A **102**
Chelsea Way. *K'wfrd* —3B **92**
Chelston Dri. *Wolv* —5C **26**
Chelston Rd. *B31* —5C **144**
Cheltenham Clo. *Wolv* —3F **27**
Cheltenham Dri. *B36* —1B **104**
Cheltenham Dri. *K'wfrd*
—3H **91**
Chelthorn Way. *Sol* —5G **151**
Cheltondale Rd. *Sol* —1D **150**
Chelveston Cres. *Sol* —6F **151**
Chelwood Gdns. *Bils* —6D **44**
Chelworth Rd. *B38* —5D **146**
Chem Rd. *Bils* —6E **45**
Cheniston Rd. *W'hall* —3C **30**
Chepstow Clo. *Pert* —5F **25**
Chepstow Gro. *Redn* —3H **157**
Chepstow Rd. *Wals* —6F **19**
Chepstow Rd. *Wolv* —2H **15**
Chepstow Way. *Wals* —6F **19**

Chequerfield Dri. *Wolv* —5E **43**
Chequers Av. *Wom* —4G **57**
Chequer St. *Wolv* —5E **43**
Cherhill Covert. *B14* —5E **147**
Cheriton Gro. *Wolv* —6E **25**
Cheriton Wlk. *B23* —4B **84**
Cherrington Clo. *B31* —6D **130**
Cherrington Dri. *Wals* —1F **7**
Cherrington Gdns. *Stourb*
—5G **125**
Cherrington Gdns. *Wolv*
—1H **41**
Cherrington Way. *Sol* —6F **151**
Cherry Cres. *Erd* —4F **85**
Cherry Dri. *B9* —2B **118**
Cherry Dri. *Crad H* —2H **111**
Cherry Grn. *Dud* —3B **76**
Cherry Gro. *Smeth* —4G **99**
(off Rosedale Av.)
Cherry Gro. *Stourb* —1C **124**
Cherry Gro. *Wolv* —2E **29**
Cherry Hill Wlk. *Dud* —1C **94**
Cherry La. *Himl* —4A **74**
Cherry La. *S Cold* —6G **69**
Cherry La. *W'bry* —3G **63**
Cherry Lea. *B34* —3F **105**
Cherry Orchard. —2A **112**
Cherry Orchard. *Crad H*
—2H **111**
Cherry Orchard Av. *Hale*
—6H **111**
Cherry Orchard Cres. *Hale*
—6H **111**
Cherry Orchard Rd. *B20*
—2B **82**
Cherry Rd. *Tip* —6H **61**
Cherry St. *B2* —1G **117** (4E **5**)
Cherry St. *Hale* —6H **111**
Cherry St. *Stourb* —1C **124**
Cherry St. *Wolv* —2F **43**
Cherry Tree Av. *Wals* —1E **65**
Cherry Tree Ct. *B30* —2B **146**
Cherrytree Ct. *Stourb* —2A **126**
Cherry Tree Cft. *B27* —6A **120**
Cherry Tree Gdns. *Cod*
—4H **13**
Cherry Tree La. *Cod* —4H **13**
Cherry Tree La. *Hale* —4F **127**
Cherry Tree Rd. *K'wfrd*
—1C **92**
Cherry Tree Rd. *Nort C* —1F **9**
Cherry Wlk. *H'wd* —4B **162**
Cherrywood Ct. *Sol* —3E **137**
Cherrywood Cres. *Sol*
—1G **165**
Cherrywood Grn. *Bils* —3F **45**
Cherrywood Ind. Est. *B9*
—1D **118**
Cherrywood Rd. *B9* —1D **118**
Cherrywood Rd. *S Cold*
—2F **51**
Cherrywood Way. *Lit A*
—4D **36**
Chervil Clo. *B42* —6E **67**
Chervil Ri. *Wolv* —6B **28**
Cherwell Dri. *B36* —1B **106**
Cherwell Dri. *Wals* —3G **9**
(in two parts)
Cherwell Gdns. *B6* —1F **101**
Cheshire Av. *Shir* —4G **149**
Cheshire Clo. *Stourb* —3B **108**
Cheshire Ct. *B34* —2F **105**
Cheshire Gro. *Pert* —5E **25**
Cheshire Rd. *B6* —5A **84**
Cheshire Rd. *Smeth* —5E **99**

Cheshire Rd. *Wals* —1F **47**
Cheshunt Ho. *B37* —1D **122**
Cheslyn Dri. *Wals* —2D **6**
Cheslyn Gro. *B14* —4A **148**
Cheslyn Hay. —2C **6**
Chessetts Gro. *B13* —1A **148**
Chester Av. *Wolv* —2D **26**
Chester Clo. *B37* —1C **122**
Chester Clo. *W'hall* —1D **46**
Chester Ct. *B37* —1F **123**
(off Hedingham Gro.)
Chesterfield Clo. *B31* —5F **145**
Chesterfield Ct. *Wals W*
—3B **22**
Chestergate Cft. *B24* —3B **86**
Chester Hayes Ct. *Erd* —2A **86**
Chester House. —3E **167**
Chester Pl. *Wals* —2H **47**
Chester Ri. *O'bry* —3H **113**
Chester Road. —6A **70**
Chester Rd. *Bwnhls &*
Wals W —2D **22**
Chester Rd. *Cas B & K'hrst*
—1E **105**
Chester Rd. *Chel W & Col*
—4D **106**
Chester Rd. *Crad H* —3E **111**
Chester Rd. *Dud* —1F **111**
Chester Rd. *Erd & Cas V*
—2A **86**
Chester Rd. *S'tly* —2H **51**
Chester Rd. *S Cold & Erd*
—4D **68**
Chester Rd. *Wals & S Cold*
—4G **35**
Chester Rd. *W Brom* —4H **63**
Chester Rd. N. *Bwnhls* —4H **9**
Chester Rd. N. *S Cold* —6A **52**
Chester St. *B6 & Aston*
—4H **101**
Chester St. *Wolv* —5F **27**
Chester St. Wharf. *B6*
—4H **101**
Chesterton Av. *B18* —5A **100**
Chesterton Av. *B12* —6B **118**
Chesterton Clo. *Sol* —2C **150**
Chesterton Rd. *B12* —6B **118**
Chesterton Rd. *Wolv* —1C **28**
Chesterwood. *A'rdge* —1H **51**
Chesterwood. *H'wd* —3A **162**
Chesterwood Gdns. *B20*
—5F **83**
Chesterwood Rd. *B13*
—1H **147**
Chestnut Av. *Dud* —4E **77**
Chestnut Av. *Tip* —6H **61**
Chestnut Clo. *B27* —1A **136**
Chestnut Clo. *Cod* —5F **13**
Chestnut Clo. *Sol* —5B **136**
Chestnut Clo. *Stourb* —3A **124**
Chestnut Clo. *S Cold* —6A **36**
Chestnut Ct. *Cas B* —2A **106**
Chestnut Ct. *Smeth* —2C **98**
Chestnut Dri. *Cas B* —1E **105**
Chestnut Dri. *C Hay* —2D **6**
Chestnut Dri. *Erd* —3A **86**
Chestnut Dri. *Gt Wyr* —2F **7**
Chestnut Dri. *Redn* —5B **158**
Chestnut Dri. *Wals* —6F **21**
Chestnut Dri. *Wom* —2G **73**
Chestnut Gro. *Col* —2H **107**
Chestnut Gro. *Harb* —6H **115**
Chestnut Gro. *K'wfrd* —2D **92**
Chestnut Gro. *Wolv* —2E **29**
Chestnut Ho. *B7* —5A **102**
Chestnut Pl. *B12* —5A **118**

Cinder Way—Coalway Gdns.

Cinder Way. *W'bry* —2E **63**
Cinquefoil Leasow. *Tip* —1C **78**
Circle, The. *B17* —5G **115**
Circuit Clo. *W'hall* —6B **30**
Circular Rd. *B27* —3A **136**
Circus Av. *B37* —1E **123**
City Arc. *B2* —1G **117** *(4E 5)*
  (off Corporation St.)
City Est. *Crad H* —3F **111**
City Plaza. *B2* —4E **5**
City Rd. *B17 & B16* —2F **115**
City Rd. *Tiv* —2B **96**
City, The. *Tip* —4A **78**
City Trad. Est. *B16* —6C **100**
City Vw. *B8* —5D **102**
City Wlk. *B5* —2G **117** (6E **5**)
Civic Clo. *B1* —1E **117** (4A **4**)
Claerwen Gro. *B31* —2C **144**
Claines Rd. *B31* —3G **145**
Claines Rd. *Hale* —6F **111**
Claire Ct. *B26* —4G **121**
Clandon Clo. *B14* —5E **147**
Clanfield Av. *Wolv* —1H **29**
Clapgate Gdns. *Bils* —2C **60**
Clap Ga. Gro. *Wom* —1E **73**
Clapgate La. *B32* —3G **129**
Clapgate Rd. *Wom* —6E **57**
Clapton Gro. *B44* —4B **68**
Clare Av. *Wolv* —6H **17**
Clare Ct. *Shir* —5D **148**
Clare Cres. *Bils* —3B **60**
Clare Dri. *B15* —3B **116**
Clarel Av. *B8* —6C **102**
Claremont Ct. *Crad H* —2G **111**
Claremont M. *Wolv* —4E **43**
Claremont Pl. *B18* —4B **100**
Claremont Rd. *Dud* —5A **60**
Claremont Rd. *Hock* —3D **100**
Claremont Rd. *Smeth* —5F **99**
Claremont Rd. *S'brk* —4B **118**
Claremont Rd. *Wolv* —4E **43**
Claremont St. *Bils* —5E **45**
Claremont St. *Crad H* —2G **111**
Claremont Way. *Hale* —2B **128**
Clarence Av. *B21* —1G **99**
Clarence Ct. *O'bry* —1A **114**
Clarence Gdns. *S Cold* —1F **53**
Clarence Rd. *Bils* —4G **45**
Clarence Rd. *Dud* —3F **95**
Clarence Rd. *Erd* —4D **84**
Clarence Rd. *Hand* —1G **99**
Clarence Rd. *Harb* —5H **115**
Clarence Rd. *K Hth & Mose*
  —4A **134**
Clarence Rd. *S'hll* —1C **134**
Clarence Rd. *S Cold* —4E **37**
Clarence Rd. *Wolv*
  —1G **43** (2A **170**)
Clarence St. *Wolv*
  —1G **43** (3A **170**)
Clarenden Pl. *B17* —6G **115**
Clarendon Dri. *Tip* —4D **62**
Clarendon Pl. *Hale* —5G **113**
Clarendon Pl. *Wals* —3D **20**
Clarendon Rd. *B16* —2A **116**
Clarendon Rd. *Smeth* —5D **98**
Clarendon Rd. *S Cold* —6A **38**
Clarendon Rd. *Wals* —5G **21**
Clarendon St. *Wals* —6H **19**
Clarendon St. *Wolv* —1E **43**
Clarendon Way. *Sol* —4G **151**
Clare Rd. *Wals* —3D **32**
Clare Rd. *Wolv* —2A **28**
Clarewell Av. *Sol* —1F **165**
Clarke Ho. *Wals* —6H **19**

Clarkes Gro. *Tip* —1C **78**
Clarke's La. *W Brom* —6A **64**
Clarke's La. *W'hall* —6C **30**
Clark Rd. *Wolv* —1D **42**
Clarkson Rd. *W'bry* —1G **63**
Clark St. *B16* —1B **116**
Clark St. *Stourb* —6C **108**
Clarry Dri. *S Cold* —3F **53**
Clary Gro. *Wals* —2E **65**
Clatterbatch. —6F 109
Claughton Rd. *Dud* —6F **77**
Clausen Clo. *B43* —1G **67**
Clavedon Clo. *B31* —6C **130**
Claverdon Clo. *Sol* —4C **150**
Claverdon Dri. *B43* —5H **65**
Claverdon Dri. *S Cold* —5B **36**
Claverdon Gdns. *B27* —4H **119**
Claverley Ct. *Dud* —6D **76**
Claverley Dri. *Wolv* —6B **42**
Claybrook St. *B5*
  —2G **117** (6E **5**)
Claycroft Pl. *Stourb* —6A **110**
Claycroft Ter. *Dud* —1D **76**
Claydon Gro. *B14* —4A **148**
Claydon Rd. *K'wfrd* —6A **74**
Clay Dri. *B32* —6G **113**
Clayhanger. —1A 22
Clayhanger La. *Wals* —6H **9**
Clayhanger Rd. *Wals* —1B **22**
Clay La. *B26* —6C **120**
Clay La. *O'bry* —5G **97**
Claypit Clo. *W Brom* —4G **79**
Clay Pit La. *Shir* —4G **163**
Claypit La. *W Brom* —4G **79**
Clayton Clo. *Wolv* —4G **43**
Clayton Dri. *B36* —1G **105**
Clayton Gdns. *Redn* —6G **157**
Clayton Rd. *B8* —4D **102**
Clayton Rd. *Bils* —6D **60**
Clayton Wlk. *B35* —5E **87**
Clear Vw. *K'wfrd* —3H **91**
Clearwell Gdns. *Dud* —4A **76**
Clee Hill Dri. *Wolv* —2G **41**
Clee Hill Rd. *Dud* —3G **75**
Clee Rd. *B31* —1E **159**
Clee Rd. *Dud* —2C **94**
Clee Rd. *O'bry* —5A **98**
Clee Rd. *Stourb* —5E **109**
Cleeve Dri. *S Cold* —3F **37**
Cleeve Ho. *Erd* —5G **85**
Cleeve Rd. *B14* —3C **148**
Cleeve Rd. *Wals* —4F **19**
Cleeve Way. *Wals* —5F **19**
Clee Vw. Mdw. *Dud* —3H **59**
Clee Vw. Rd. *Wom* —2E **73**
Clematis Dri. *Pend* —4D **14**
Clement Pl. *Bils* —4F **45**
Clement Rd. *Bils* —4F **45**
Clement Rd. *Hale* —2D **112**
Clements Clo. *O'bry* —5F **97**
Clements Rd. *B25* —3B **120**
Clement St. *B1*
  —6D **100** (3A **4**)
Clement St. *Prem B* —2B **48**
Clements Way. *B38* —2H **159**
Clemson St. *W'hall* —1A **46**
Clent Ct. *Dud* —6D **76**
Clent Hill Dri. *Row R* —4A **96**
Clent Rd. *Hand* —6H **81**
Clent Rd. *O'bry* —3A **114**
Clent Rd. *Redn* —1E **157**
Clent Rd. *Stourb* —5E **109**
Clent Vw. *Smeth* —6F **99**
Clent Vw. Rd. *B32* —4G **129**
Clent Vw. Rd. *Hale* —1E **127**
Clent Vw. Rd. *Stourb* —2A **124**

Clent Vs. *B12* —1B **134**
Clent Way. *B32* —5G **129**
Cleobury La. *Shir & Earls*
  —4F **163**
Cleton St. *Tip* —4B **78**
Cleton St. Bus. Pk. *Tip* —4B **78**
Clevedon Av. *B36* —1A **106**
Clevedon Rd. *B12* —5G **117**
Cleveland Clo. *W'hall* —2F **45**
Cleveland Clo. *Wolv* —6H **17**
Cleveland Pas. *Wolv*
  —2G **43** (4B **170**)
Cleveland Rd. *Wolv*
  —2H **43** (5D **170**)
Cleveland St. *Dud* —6D **76**
Cleveland St. *Stourb* —1C **124**
Cleveland St. *Wolv*
  —2G **43** (4B **170**)
Cleveland Tower. *B1* —6D **4**
Cleves Cres. *C Hay* —4D **6**
Cleves Dri. *Redn* —2E **157**
Cleves Rd. *Redn* —1E **157**
Clewley Dri. *Wolv* —4E **15**
Clewley Gro. *B32* —6H **113**
Clews Clo. *Wals* —4C **48**
Clewshaw La. *B38* —5D **160**
Cley Clo. *B5* —5F **117**
Cliffe Dri. *B33* —6G **105**
Clifford Rd. *Ben H* —5B **166**
Clifford Rd. *Smeth* —2D **114**
Clifford Rd. *W Brom* —5H **79**
Clifford St. *B19* —2F **101**
Clifford St. *Dud* —1D **94**
Clifford St. *Wolv* —6E **27**
Clifford Wlk. *B19* —2F **101**
  (in two parts)
Cliff Rock Rd. *Redn* —2H **157**
Clift Clo. *W'hall* —3C **30**
Clifton Av. *A'rdge* —1E **35**
Clifton Av. *Bwnhls* —6H **9**
Clifton Clo. *B6* —2H **101**
Clifton Clo. *O'bry* —5G **97**
Clifton Cres. *Sol* —6C **150**
Clifton Dri. *S Cold* —5H **53**
Clifton Gdns. *Cod* —4A **14**
Clifton Grn. *B28* —2G **149**
Clifton Ho. *Bal H* —6A **118**
Clifton La. *W Brom* —5C **64**
Clifton Rd. *Aston* —2H **101**
Clifton Rd. *Bal H* —6H **117**
Clifton Rd. *Cas B* —1A **106**
Clifton Rd. *Hale* —3D **112**
Clifton Rd. *Smeth* —5D **98**
Clifton Rd. *S Cold* —1G **69**
Clifton Rd. *Wolv* —4B **26**
Clifton St. *Bils* —4B **60**
Clifton St. *Crad H* —2H **111**
Clifton St. *Stourb* —1C **124**
Clifton St. *Wolv* —1F **43**
Clifton Ter. *Erd* —3F **85**
Clinic Dri. *Stourb* —6A **110**
Clinton Gro. *Shir* —6C **150**
Clinton Rd. *Bils* —4A **46**
Clinton Rd. *Col* —3H **107**
Clinton Rd. *Shir* —1B **164**
Clinton St. *B18* —4A **100**
Clipper Vw. *B16* —2A **116**
Clipston Rd. *B8* —5F **103**
Clissold Clo. *B12* —4G **117**
Clissold Pas. *B18* —5C **100**
Clissold St. *B18* —5C **100**
Clive Clo. *S Cold* —1B **54**
Cliveden Av. *B42* —3E **83**
Cliveden Av. *Wals* —6D **22**
Cliveden Coppice. *S Cold*
  —2F **53**

Clivedon Way. *Hale* —4A **112**
Cliveland St. *B19*
  —5G **101** (1E **5**)
Clive Pl. *B19* —5B **101** (1D **4**)
Clive Rd. *B32* —4B **114**
Clive St. *W Brom* —2A **80**
Clockfields Dri. *Brie H*
  —2E **109**
Clock La. *Bick* —3E **139**
Clockmill Av. *Wals* —4C **20**
Clockmill Pl. *Wals* —4D **20**
Clockmill Rd. *Wals* —4C **20**
Clodeshall Rd. *B8* —5E **103**
Cloister Dri. *Hale* —2D **128**
Clonmel Rd. *B30* —1C **146**
Clopton Cres. *B37* —5D **106**
Clopton Rd. *B33* —3G **121**
Close, The. *Dud* —3G **75**
Close, The. *Hale* —5F **111**
Close, The. *Harb* —4D **114**
Close, The. *H'wd* —4A **162**
Close, The. *Hunn* —6A **128**
Close, The. *S Oak* —5H **131**
Close, The. *Sol* —5D **136**
Close, The. *Swind* —5E **73**
Close, The. *W'bry* —2E **63**
Clothier Gdns. *W'hall* —6A **30**
Clothier St. *W'hall* —6A **30**
Cloudbridge Dri. *Sol* —6B **138**
Cloudsley Gro. *Sol* —2D **136**
Clovelly Ho. *B31* —5A **144**
Clover Av. *B37* —1F **123**
Cloverdale. *Pert* —5D **24**
Clover Dri. *B32* —3A **130**
Clover Hill. *Wals* —3A **50**
Clover La. *K'wfrd* —2G **91**
Clover Lea Sq. *B8* —3G **103**
Clover Ley. *Wolv* —6B **28**
Clover Piece. *Tip* —1C **78**
Clover Ridge. *C Hay* —2C **6**
Clover Rd. *B29* —6E **131**
Club Row. *Dud* —2A **76**
Club Vw. *B38* —5H **145**
Clunbury Cft. *B34* —4F **105**
Clunbury Rd. *B31* —1E **159**
Clun Clo. *Tiv* —6H **77**
Clun Rd. *B31* —1D **144**
Clyde Av. *Hale* —3E **113**
Clyde Ct. *S Cold* —6H **53**
Clyde M. *Brie H* —3F **93**
Clyde Rd. *Dorr* —6H **167**
Clydesdale. *B26* —6E **121**
Clydesdale Rd. *B32* —5H **113**
Clydesdale Rd. *Clay* —1A **22**
Clydesdale Rd. *Dud* —6E **95**
Clydesdale Tower. *B1* —6D **4**
Clyde St. *Bord* —2A **118**
Clyde St. *Crad H* —2G **111**
Clyde Tower. *B19* —2F **101**
Coalbournbrook. —3D 108
Coalbourne Gdns. *Hale*
  —6E **111**
Coalbourn La. *Stourb*
  —4D **108**
Coalbourn Way. *Brie H*
  —6E **93**
Coalheath La. *Wals* —1G **33**
Coalmeadow Clo. *Wals* —4F **19**
Coal Pool. —4D 32
Coalpool La. *Wals* —5C **32**
Coalpool Pl. *Wals* —3D **32**
Coalport La. *Wals* —3D **32**
Coalport Rd. *Wolv* —2C **44**
Coalway Av. *B26* —1G **137**
Coalway Av. *Wolv* —5E **43**
Coalway Gdns. *Wolv* —5B **42**

Connaught Rd. *Wolv* —1E **43**
Connops Way. *Stourb*
—6A **110**
Connor Rd. *W Brom* —5C **64**
Conrad Clo. *B11* —4A **118**
Consort Cres. *Brie H* —3G **93**
Consort Dri. *W'bry* —3D **46**
Consort Rd. *B30* —4C **146**
Constable Clo. *B43* —2F **67**
Constables, The. *O'bry*
—1H **113**
Constance Av. *W Brom*
—6B **80**
Constance Rd. *B5* —6F **117**
Constantine La. *Col* —6H **89**
Constantine Way. *Bils* —3A **62**
Constitution Hill. *B19*
—5F **101** (1C **4**)
Constitution Hill. *Dud* —1E **95**
Conway Av. *B32* —5H **113**
Conway Av. *O'bry* —1H **113**
Conway Av. *W Brom* —4H **63**
Conway Clo. *Dud* —1E **77**
Conway Clo. *K'wfrd* —5D **92**
Conway Clo. *Shir* —6B **150**
Conway Cres. *W'hall* —2C **30**
Conway Gro. *B43* —6H **65**
Conway Ho. *Wals* —3B **32**
Conway Rd. *F'bri* —6D **106**
Conway Rd. *Shir* —6B **150**
Conway Rd. *S'brk* —5C **118**
Conway Rd. *Wolv* —6F **25**
Conwy Clo. *Wals* —5G **31**
Conybere St. *B12* —4G **117**
Conyworth Clo. *B27* —1B **136**
Cook Av. *Dud* —2F **95**
Cook Clo. *Know* —3E **167**
Cook Clo. *Wolv* —5C **25**
Cooke Ct. *B37* —4D **106**
Cookes Cft. *B31* —5F **145**
Cookesley Clo. *B43* —1F **67**
Cooke St. *Wolv* —4G **43**
Cookley Clo. *Hale* —3H **127**
Cookley Way. *O'bry* —4E **97**
Cooknell Dri. *Stourb* —1C **108**
Cook Rd. *Wals* —5B **20**
Cooksey La. *B43 & B44*
—1G **67**
Cooksey Rd. *B10* —4C **118**
Cook's La. *B37* —6B **106**
Cookspiece Wlk. *B33* —6D **104**
Cook St. *B7* —2C **102**
Cook St. *W'bry* —5F **47**
Coombe Clo. *Wolv* —4E **15**
Coombe Hill. *Crad H* —3B **112**
Coombe Hill Rd. *Crad H*
—3B **112**
Coombe Pk. *S Cold* —4F **53**
Coombe Rd. *B20* —6G **83**
Coombe Rd. *Shir* —5A **150**
Coombes La. *B31* —3D **158**
Coombeswood. —4C 112
Coombs Rd. *Hale* —5B **112**
Cooper Av. *Brie H* —1E **109**
Cooper Clo. *W Brom* —5C **80**
Cooper's Bank. —6G 75
Cooper's Bank Rd. *Brie H &
Dud* —6G **75**
Cooper's La. *Smeth* —4D **98**
Coopers Rd. *B20* —4C **82**
Cooper St. *W Brom* —4B **80**
Cooper St. *Wolv* —3B **44**
Copeley Hill. *B23* —6C **84**
Copes Cres. *Wolv* —3C **28**
Cope St. *B18* —6C **100**
Cope St. *Wals* —3A **32**

Cope St. *W'bry* —5E **47**
Cophall St. *Tip* —2D **78**
Cophams Clo. *Sol* —3G **137**
Coplow Clo. *Bal C* —3G **169**
Coplow Cotts. *B16* —6B **100**
Coplow St. *B16* —6B **100**
*Coplow Ter. B16 —6B 100
(off Coplow St.)*
Copnor Gro. *B26* —5C **120**
Coppenhall Gro. *B33* —6E **105**
Copperbeech Clo. *B32*
—6D **114**
Copperbeech Dri. *B12*
—6A **118**
Copper Beech Dri. *K'wfrd*
—6B **74**
Copper Beech Dri. *Wom*
—1H **73**
Copperbeech Gdns. *Hand*
—5B **82**
Coppice Ash Cft. *B19* —1F **101**
Coppice Av. *Stourb* —2B **126**
Coppice Clo. *Brie H* —2B **110**
Coppice Clo. *C Hay* —1D **6**
Coppice Clo. *Dud* —6F **59**
Coppice Clo. *Redn* —2F **157**
Coppice Clo. *Shir* —5A **164**
Coppice Clo. *Sol* —6E **137**
Coppice Clo. *Wolv* —6A **18**
Coppice Cres. *Wals* —6H **9**
Coppice Dri. *B27* —3H **135**
Coppice Farm Way. *W'hall*
—6B **18**
Coppice Hollow. *B32* —4H **129**
Coppice La. *Brie H* —2B **110**
Coppice La. *Bwnhls* —5G **9**
Coppice La. *C Hay* —1D **6**
Coppice La. *Hamm* —2H **11**
Coppice La. *Midd* —1G **55**
Coppice La. *Wals W* —6B **22**
Coppice La. *W'hall* —3C **30**
Coppice La. *Wolv* —3H **25**
Coppice Ri. *Brie H* —2C **110**
Coppice Rd. *B13* —2A **134**
Coppice Rd. *Bils* —5C **60**
Coppice Rd. *Crad H* —4G **111**
Coppice Rd. *Sol* —6A **138**
Coppice Rd. *Wals* —3B **22**
Coppice Rd. *Wolv* —3B **42**
Coppice Side. *Bwnhls* —5H **9**
Coppice Side Ind. Est. *Wals*
—6G **9**
Coppice St. *Dud* —3F **77**
Coppice St. *Tip* —1G **77**
Coppice St. *W Brom* —3G **79**
Coppice, The. *B20* —5C **82**
Coppice, The. *Tip* —4C **62**
Coppice, The. *W'hall* —3C **30**
Coppice Vw. Rd. *S Cold*
—1A **68**
Coppice Wlk. *Shir* —5A **164**
Coppice Way. *B37* —1D **122**
Copplestone Clo. *B34* —3F **105**
Coppy Hall Gro. *Wals* —6D **22**
Coppy Nook La. *Hamm*
—1D **10**
Copse Clo. *B31* —5E **145**
Copse Cres. *Wals* —3E **21**
Copse Rd. *Dud* —6D **94**
Copse, The. *S Cold* —2F **53**
Copstone Dri. *Dorr* —6B **166**
Copston Gro. *B29* —5F **132**
Copthall Rd. *B21* —5G **81**
Copt Heath. —6C 152
Copt Heath Cft. *Know*
—1D **166**

Copt Heath Dri. *Know*
—2C **166**
Copthorne Av. *Burn* —1B **10**
Copthorne Rd. *B44* —2G **67**
Copthorne Rd. *Wolv* —4E **43**
Coralin Clo. *B37* —1D **122**
Corbett Cres. *Stourb* —4E **109**
Corbett Rd. *Brie H* —2H **109**
Corbett Rd. *H'wd* —2A **162**
Corbetts Clo. *H Ard* —6B **140**
Corbett St. *Smeth* —5F **99**
Corbridge Av. *B44* —4H **67**
Corbridge Rd. *S Cold* —3F **69**
Corbyn Rd. *B9* —6H **103**
Corbyn Rd. *Dud* —1B **94**
Corbyn's Clo. *Brie H* —2F **93**
Corbyn's Hall La. *Brie H*
—2F **93**
Corbyn's Hall Rd. *Brie H*
—3F **93**
Cordley St. *W Brom* —3H **79**
Corfe Clo. *B32* —6D **114**
Corfe Clo. *Wolv* —6F **25**
Corfe Dri. *Tiv* —1A **96**
Corfe Rd. *Bils* —5C **60**
Corfton Dri. *Wolv* —5A **26**
Coriander Clo. *Redn* —6H **143**
Corinne Clo. *Redn* —3G **157**
Corinne Cft. *B37* —5C **106**
Corisande Rd. *B29* —3G **131**
Corley Av. *B31* —4F **145**
Corley Clo. *Shir* —6E **149**
Cornbrook Rd. *B29* —6D **130**
Cornbury Gro. *Sol* —3B **150**
Corncrake Clo. *S Cold* —3B **70**
Corncrake Dri. *B36* —1C **106**
Corncrake Rd. *Dud* —4A **76**
Cornel Clo. *B37* —3E **123**
Cornerstone Country Club. *B31*
—2F **145**
Cornerway. *B38* —2B **160**
Cornets End. —1H 155
Cornets End La. *Mer* —6E **141**
Cornfield. *Wolv* —6C **14**
Cornfield Clo. *W Hth* —1G **91**
Cornfield Cft. *B37* —6F **107**
Cornfield Cft. *S Cold* —2D **70**
Cornfield Pl. *Row R* —5H **95**
Cornfield Rd. *B31* —3F **145**
Cornfield Rd. *Row R* —5H **95**
Cornflower Clo. *F'stne* —1C **16**
Cornflower Cres. *Dud* —1H **95**
Cornflower Rd. *Clay* —1H **21**
Corngreaves Rd. *Crad H*
—2F **111**
Corngreaves, The. *B34*
—3G **105**
Corngreaves Trad. Est. *Crad H*
—4F **111**
Corngreaves Wlk. *Crad H*
—4G **111**
Corn Hill. *Wals* —3A **50**
Corn Hill. *Wolv*
—1H **43** (3D **170**)
Cornhill Gro. *B30* —6E **133**
Corn Mill Clo. *B32* —4C **130**
Corn Mill Clo. *Wals* —4B **48**
Cornmill Gro. *Pert* —6D **24**
Cornovian Clo. *Wolv* —4E **25**
Corns Gro. *Wom* —2F **73**
*Corns Ho. W'bry —5E 47
(off Birmingham St.)*
Corns St. *W'bry* —6E **47**
Cornwall Av. *O'bry* —3H **113**
Cornwall Clo. *K'wfrd* —1C **92**
Cornwall Clo. *Wals* —6C **22**

Cornwall Clo. *W'bry* —1B **64**
Cornwall Ga. *W'hall* —4B **30**
Cornwall Ind. Est. *Smeth*
—2F **99**
Cornwallis Rd. *W Brom*
—6G **79**
Cornwall Pl. *Wals* —6E **31**
Cornwall Rd. *B20* —5B **82**
Cornwall Rd. *Redn* —6E **143**
Cornwall Rd. *Smeth* —2F **99**
Cornwall Rd. *Stourb* —3B **108**
Cornwall Rd. *Wals* —4F **49**
Cornwall Rd. *Wolv* —5A **26**
Cornwall St. *B3*
—6F **101** (3C **4**)
Cornwall Tower. *B18* —4D **100**
Cornwell Clo. *Tip* —2A **78**
Cornyx La. *Sol* —1H **151**
Coronation Av. *W'hall* —1D **46**
Coronation Rd. *Bils* —6E **45**
Coronation Rd. *Gt Barr*
—1A **66**
Coronation Rd. *Pels* —5F **21**
Coronation Rd. *Salt* —3F **103**
Coronation Rd. *S Oak*
—3B **132**
Coronation Rd. *Tip* —5A **62**
Coronation Rd. *Wals W*
—4C **22**
Coronation Rd. *W'bry* —2A **64**
Coronation Rd. *Wolv* —4C **28**
Corporation Rd. *Dud* —5G **77**
Corporation Sq. *B4*
—6G **101** (3F **5**)
Corporation St. *B2 & B4*
—1G **117** (4E **5**)
(in two parts)
Corporation St. *Wals* —3C **48**
Corporation St. *W'bry* —3G **63**
Corporation St. *Wolv*
—1G **43** (3A **170**)
Corporation St. W. *Wals*
—3B **48**
Corrie Cft. *B26* —4F **121**
Corrie Cft. *Bart G* —5H **129**
Corrin Gro. *K'wfrd* —1A **92**
*Corron Hill. Hale —1B 128
(off Cobham Rd.)*
Corser St. *Dud* —5B **76**
Corser St. *Stourb* —2E **125**
Corser St. *Wolv* —2B **44**
Corsican Clo. *W'hall* —2E **31**
Corvedale Rd. *B29* —1E **145**
Corve Gdns. *Wolv* —4C **26**
Corve Vw. *Dud* —4G **59**
Corville Gdns. *B26* —1G **137**
Corville Rd. *Hale* —5F **113**
Corwen Cft. *B31* —6B **130**
(in two parts)
Cory Cft. *Tip* —2A **78**
Coseley. —2E 61
Coseley Hall. *Bils* —5E **61**
Coseley Rd. *Bils* —6E **45**
Cosford Ct. *Wolv* —4E **25**
Cosford Cres. *B35* —4E **87**
Cosford Dri. *Dud* —5G **95**
Cosgrove Wlk. *Wolv* —6D **14**
Cossington Rd. *B23* —6D **68**
Cotford Rd. *B14* —5A **148**
Cotheridge Clo. *Shir* —3G **165**
Cot La. *K'wfrd & Stourb*
—3A **92**
Cotleigh Gro. *B43* —2F **67**
Cotman Clo. *B43* —2E **67**
Coton Gro. *Shir* —5E **149**
Coton La. *B23* —3F **85**

Coton Rd. *Wolv* —6F **43**
Cotsdale Rd. *Wolv* —2C **58**
Cotsford. *Sol* —4E **151**
Cotswold Av. *Gt Wyr* —2F **7**
Cotswold Clo. *A'rdge* —6E **23**
Cotswold Clo. *O'bry* —4E **97**
Cotswold Clo. *Redn* —5H **143**
Cotswold Cft. *Hale* —4E **127**
Cotswold Gro. *W'hall* —6B **18**
Cotswold Rd. *Stourb* —5F **109**
Cotswold Rd. *Wolv* —4B **44**
Cottage Clo. *Wed* —3E **29**
(in two parts)
Cottage Gdns. *Redn* —4F **157**
Cottage La. *Min* —1H **87**
Cottage La. *Wolv* —4H **15**
Cottage M. *A'rdge* —5G **35**
Cottage St. *Brie H* —6H **93**
Cottage St. *K'wfrd* —2B **92**
Cottage Vw. *Cod* —3H **13**
Cottage Wlk. *W Brom* —5B **80**
Cotteridge. —3B 146
Cotteridge Rd. *B30* —3C **146**
Cotterills Av. *B8* —5A **104**
Cotterills La. *B8* —5G **103**
Cotterills Rd. *Tip* —6B **62**
Cottesbrook Rd. *B27* —1B **136**
Cottesfield Clo. *B8* —5H **103**
Cottesmore Clo. *W Brom*
—5D **64**
Cottesmore Ho. *B20* —4B **82**
Cottle Clo. *Wals* —6F **31**
Cotton La. *B13* —3H **133**
Cottrells Clo. *B14* —3C **148**
Cottrell St. *W Brom* —3B **80**
Cottsmeadow Dri. *B8* —5A **104**
Cotwall End. —6G 59
Cotwall End Countryside
Cen. —1G **75**
Cotwall End Rd. *Dud* —3F **75**
Cotysmore Rd. *S Cold* —5B **54**
Couchman Rd. *B8* —5E **103**
Coulter Gro. *Pert* —5D **24**
Council Cres. *W'hall* —5C **30**
Counterfield Dri. *Row R*
—4H **95**
Countess Dri. *Wals* —2H **33**
Countess St. *Wals* —4B **48**
County Bridge. —1E 47
County Clo. *B30* —1D **146**
County Clo. *W'gte* —2A **130**
County La. *Alb & Cod W*
—2A **12**
County La. *Iver* —5B **124**
(in two parts)
County Pk. Av. *Hale* —2C **128**
Court Cres. *K'wfrd* —4H **91**
Courtenay Gdns. *B43* —3A **66**
Courtenay Rd. *B44* —6G **67**
Ct. Farm Rd. *B23* —1E **85**
Ct. Farm Way. *B29* —6D **130**
Courtland Rd. *K'wfrd* —1C **92**
Courtlands Clo. *B5* —5E **117**
Courtlands, The. *Wolv* —5C **26**
Court La. *B23* —5E **69**
Ct. Oak Gro. *B32* —5D **114**
Ct. Oak Rd. *B32 & B17*
—5C **114**
Court Pde. *Wals* —3D **34**
Court Pas. *Dud* —6E **77**
Court Rd. *Bal H* —5G **117**
Court Rd. *Lane* —2C **60**
Court Rd. *S'hll* —1C **134**
Court Rd. *Wolv* —5D **26**
Court St. *Crad H* —2G **111**
Court St. *Stourb* —6E **109**

Court Way. *Wals* —1C **48**
Courtway Av. *B14* —6B **148**
Courtyard, The. *Col* —5H **89**
Courtyard, The. *Sol* —3G **151**
Cousins St. *Wolv* —4H **43**
Coveley Gro. *B18* —4C **100**
Coven Clo. *Wals* —2E **21**
Coven Gro. *B29* —3F **131**
Coven Heath. —1H 15
Coven La. *Coven* —2D **14**
Coven St. *Wolv* —5H **27**
Coventry Rd. *Bick* —2C **138**
Coventry Rd. *Col* —6H **107**
Coventry Rd. *Sheld & Elmd*
—5C **120**
Coventry Rd. *Small H & Yard*
—2A **118**
Coventry St. *B5*
—1H **117** (5G **5**)
Coventry St. *Stourb* —6E **109**
Coventry St. *Wolv* —1C **44**
Cover Cft. *S Cold* —4E **71**
Coverdale Rd. *Sol* —1E **137**
Covert La. *Stourb* —4B **124**
Covert, The. *Wolv* —6C **14**
Cowles Cft. *B25* —2C **120**
Cowley Clo. *B36* —6B **88**
Cowley Dri. *B27* —1B **136**
Cowley Dri. *Dud* —5B **76**
Cowley Gro. *B11* —6E **119**
Cowley Rd. *B11* —6E **119**
Cowper Clo. *W'hall* —2E **31**
Cowslip Clo. *K Nor* —1B **160**
Cowslip Clo. *S Oak* —6E **131**
Cowslip Wlk. *Brie H* —5G **109**
Coxcroft Av. *Brie H* —3B **110**
Coxmoor Clo. *Wals* —4F **19**
Cox Rd. *Bils* —4G **61**
Cox's La. *Crad H* —1H **111**
Cox St. *B3* —5F **101** (1B **4**)
Coxwell Av. *Wolv* —3G **27**
Coxwell Gdns. *B16* —1B **116**
Coyne Clo. *Tip* —2F **77**
Coyne Rd. *W Brom* —5H **79**
Crabbe St. *Stourb* —6B **110**
Crab La. *K'wfrd* —5E **93**
Crab La. *W'hall* —6D **18**
Crabmill Clo. *B38* —2A **160**
Crabmill Clo. *Know* —2E **167**
Crabmill La. *B38* —2E **161**
Crabourne Rd. *Dud* —1D **110**
Crabtree Clo. *B31* —5G **145**
Crabtree Clo. *Hag* —6F **125**
Crabtree Clo. *W Brom* —5D **64**
Crabtree Dri. *B37* —1B **122**
Crab Tree Ho. *B33* —6C **104**
Crabtree Rd. *B18* —4C **100**
Crackley Way. *Dud* —3C **94**
Craddock Rd. *Smeth* —3C **98**
Craddock St. *Wolv* —5E **27**
Cradley Cft. *B21* —4G **81**
Cradley Fields. *Hale* —6F **111**
Cradley Forge. *Brie H*
—3C **110**
Cradley Heath. —3E 111
Cradley Heath Factory Cen.
Crad H —3E **111**
Cradley Mill. *Brie H* —4B **110**
Cradley Pk. Rd. *Dud* —1E **111**
Cradley Rd. *Crad H* —3E **111**
Cradley Rd. *Dud* —5F **95**
Cradock Rd. *Salt* —4E **103**
Craig Cft. *B37* —1F **123**
Crail Gro. *B43* —1D **66**
Cramlington Rd. *B42* —5C **66**
Cramp Hill. *W'bry* —5D **46**

Cranbourne Av. *Wolv* —2A **60**
Cranbourne Clo. *Redn*
—5G **143**
Cranbourne Gro. *B44* —5A **68**
Cranbourne Pl. *W Brom*
—3B **80**
Cranbourne Rd. *B44* —5A **68**
Cranbourne Rd. *Stourb*
—1E **125**
Cranbrook Ct. W'hall —1C **46**
(off Mill St.)
Cranbrook Gro. *Wolv* —6F **25**
Cranbrook Rd. *B21* —6G **81**
Cranby St. *B8* —4D **102**
Craneberry Rd. *B33 & B37*
—1A **122**
Cranebrook Hill. *Dray B*
—4H **39**
Cranebrook La. *Hltn* —1H **23**
Crane Ct. *Wals* —6E **33**
Crane Dri. *Burn* —1C **10**
Crane Hollow. *Wom* —2E **73**
Cranehouse Rd. *B44* —3B **68**
Cranemoor Clo. *B7* —3C **102**
Crane Rd. *Bils* —2H **61**
Cranesbill Rd. *B29* —1E **145**
Cranes Pk. Rd. *B26* —6G **121**
Crane Ter. *Wolv* —4C **26**
Cranfield Gro. *B26* —3D **120**
Cranfield Pl. *Wals* —1D **64**
Cranford Gro. *Sol* —6F **151**
Cranford Rd. *Wolv* —3A **42**
Cranford St. *Smeth* —4G **99**
Cranford Way. *Smeth* —4G **99**
Cranham Dri. *K'wfrd* —4C **92**
Cranhill Clo. *Sol* —4F **137**
Crankhall La. *W'bry & W Brom*
—2H **63**
Cranleigh Clo. *Wals* —4D **34**
Cranleigh Clo. *W'hall* —6C **18**
Cranleigh Ho. *B23* —1F **85**
Cranleigh Pl. *B44* —2G **83**
Cranley Dri. *Cod* —3F **13**
Cranmer Av. *W'hall* —2D **30**
Cranmere Av. *Wolv* —3G **25**
Cranmere Clo. *C Hay* —4D **6**
Cranmer Gro. *S Cold* —3F **37**
Cranmoor Cres. *Hale* —6A **112**
Cranmore Av. *B21* —2H **99**
Cranmore Av. *Shir* —1C **164**
Cranmore Boulevd. *Shir*
—1B **164**
Cranmore Clo. *Tip* —5A **62**
Cranmore Dri. *Shir* —6C **150**
Cranmore Rd. *B36* —6H **87**
Cranmore Rd. *Shir* —1B **164**
Cranmore Rd. *Wolv* —6D **26**
Cransley Gro. *Sol* —6E **151**
Crantock Clo. *Ess* —6C **18**
Crantock Rd. *B42* —3E **83**
Cranwell Grn. *Wom* —2F **73**
Cranwell Gro. *B24* —4B **86**
Cranwell Way. *B35* —4E **87**
Crathorne Av. *Wolv* —6G **15**
Craufurd Ct. *Stourb* —2E **125**
Craufurd St. *Stourb* —2E **125**
Craven Heights. *H Ard*
—6A **140**
Craven St. *Wolv* —5B **44**
Crawford Av. *Smeth* —5D **98**
Crawford Av. *W'bry* —4C **46**
Crawford Av. *Wolv* —2B **60**
Crawford Rd. *S Cold* —5D **70**
Crawford Rd. *Wolv* —1E **43**
Crawford St. *B8* —4C **102**
Crawley Wlk. *Crad H* —2F **111**

Crawshaws Rd. *B36* —6G **87**
Crayford Rd. *B44* —4A **68**
Craythorne Av. *B20* —2A **82**
Crecy Clo. *S Cold* —1C **70**
Credenda Rd. *W Brom* —6G **79**
Credon Gro. *Edg* —1B **132**
Cregoe St. *B15* —2E **117**
Cremore Av. *B8* —4E **103**
Cremorne Rd. *S Cold* —1H **53**
Crendon Rd. *Row R* —3A **96**
Crescent Av. *Brie H* —1G **109**
Crescent Av. *Hock* —3D **100**
Crescent Rd. *Dud* —4D **94**
Crescent Rd. *W'bry* —5D **46**
Crescent Rd. *W'hall* —1C **46**
Crescent, The. *B43* —2F **67**
(Collingwood Dri.)
Crescent, The. *B43* —4C **66**
(Queslett Rd.)
Crescent, The. *Bils* —5F **45**
Crescent, The. *Birm P*
—3G **123**
Crescent, The. *Crad H*
—4A **112**
Crescent, The. *Dud* —3G **77**
Crescent, The. *Gt Wyr* —3G **7**
Crescent, The. *H Ard* —6B **140**
Crescent, The. *Hock* —3D **100**
Crescent, The. *Row R*
—1C **112**
Crescent, The. *Shir* —3G **149**
Crescent, The. *Sol* —3F **151**
Crescent, The. *Stourb*
—1G **125**
Crescent, The. *Wals* —3E **49**
Crescent, The. *Wat O* —4D **88**
Crescent, The. *W'bry* —1G **63**
Crescent, The. *W'hall* —2C **46**
Crescent, The. *Wolv* —6H **25**
Crescent Tower. *B1* —4A **4**
Crescent Wlk. *B1* —5A **4**
Cressage Av. *B31* —6E **145**
Cressett Av. *Brie H* —5F **93**
Cressett La. *Brie H* —5G **93**
Cressington Dri. *S Cold*
—2G **53**
Cresswell Ct. *Pend* —4E **15**
Cresswell Cres. *Wals* —5F **19**
Cresswell Gro. *B24* —3B **86**
Crest, The. *B31* —2F **159**
Crest Vw. *B14* —3B **148**
Crest Vw. *S Cold* —3H **51**
Crestwood Dri. *B44* —6G **67**
Crestwood Glen. *Wolv* —2C **26**
Creswell Rd. *B28* —6H **135**
Creswick Gro. *Redn* —2A **158**
Crew Rd. *W'bry* —1G **63**
Creynolds Clo. *Shir* —5B **164**
Creynolds La. *Shir* —6B **164**
Cricket Clo. *Wals* —4F **49**
Cricketers Mdw. *Crad H*
—4G **111**
Cricket Mdw. *Dud* —2A **76**
Cricket Mdw. *Wolv* —3H **15**
Cricket St. *W Brom* —6F **63**
Crick La. *B20* —1C **100**
Cricklewood Dri. *Hale*
—2D **128**
Crimmond Ri. *Hale* —6G **111**
Crimscote Clo. *Shir* —3D **164**
Cripps Rd. *Wals* —6E **31**
Criterion Works. *W'hall*
—3B **46**
Crockets Av. *B21* —2H **99**
Crockett's La. *Smeth* —4E **99**
Crocketts Rd. *B21* —2G **99**

Crockett St.—Daleview Rd.

Crockett St. *Dud* —5C **76**
Crockford Dri. *S Cold* —6H **37**
Crockford Rd. *W Brom*
—4A **64**
Crocus Cres. *Pend* —4E **15**
Croft Apartments. W'hall
(off Croft St.) —1A **46**
Croft Clo. *B25* —3C **120**
Croft Ct. *Cas B* —1F **105**
Croft Cres. *Wals* —6H **9**
Croftdown Rd. *B17* —5D **114**
Cft. Down Rd. *Sol* —1H **137**
Croft Dri. *B26* —3D **120**
Crofters Clo. *Stourb* —1F **125**
Crofters Ct. *B15* —5A **116**
Crofters Wlk. *Wolv* —6C **14**
Croft Gdns. *B36* —1D **104**
Croft Ho. Wals —2D **48**
(off Paddock La.)
Croft Ind. Est. *B37* —1F **123**
Croft Ind. Est. *W'hall* —1A **46**
Croft La. *Wolv* —2C **28**
Croftleigh Gdns. *Sol* —5C **150**
Crofton Common. —2E 159
Crofton Hackett. —6B 158
Croft Pde. *Wals* —3D **34**
Croft Rd. *B26* —3C **120**
Crofts, The. *S Cold* —6E **71**
Croft St. *Wals* —6B **32**
Croft St. *W'hall* —1A **46**
(in two parts)
Croft, The. *B31* —4F **145**
Croft, The. *Dud* —3B **94**
Croft, The. *Sed* —4A **60**
Croft, The. *Wals* —3A **50**
Croft, The. *W'hall* —3D **30**
Croft, The. *Wom* —2D **72**
Croftway, The. *B20* —1A **82**
Croftwood Rd. *Stourb*
—1H **125**
Cromane Sq. *B43* —6A **66**
Cromdale Dri. *Hale* —2F **127**
Cromer Gdns. *Wolv* —4D **26**
Crome Rd. *B43* —2F **67**
Cromer Rd. *B12* —6H **117**
Crompton Av. *Hand* —6E **83**
Crompton Clo. *Wals* —4G **31**
Crompton Rd. *Hand* —6E **83**
Crompton Rd. *Nech* —1C **102**
Crompton Rd. *Redn* —6D **142**
Crompton Rd. *Tip* —3A **78**
Cromwell Clo. *Bntly* —6H **9**
Cromwell Clo. *Row R* —4H **95**
Cromwell Dri. *Dud* —1H **95**
Cromwell La. *B31* —5B **130**
Cromwell Rd. *Wolv* —4A **16**
Cromwell St. *B7* —4B **102**
Cromwell St. *Dud* —1G **95**
Cromwell St. *W Brom* —3A **80**
Crondal Pl. *B15* —4D **116**
Cronehills Linkway. *W Brom*
—3B **80**
Cronehills St. *W Brom* —4B **80**
Cronehills, The. —4A 80
Crooked Ho. La. *Dud* —5D **74**
Crookham Clo. *B17* —4D **114**
Crookhay La. *W Brom* —5G **63**
Crook La. *Wals* —4C **50**
Croome Clo. *S'hll* —2B **134**
Cropredy Rd. *B31* —1E **159**
Cropthorne Dri. *H'wd* —2B **162**
Cropthorne Rd. *Shir* —4A **150**
Crosbie Rd. *B17* —5F **115**
Crosby Clo. *B1* —6D **100**
Crosby Clo. *Wolv* —4D **26**

Cross Clo. *Crad H* —1H **111**
Cross Farm Rd. *B17* —1G **131**
Cross Farms La. *Redn*
—6F **143**
Crossfield Rd. *B33* —5F **105**
Crossgate Rd. *Dud* —3B **94**
Crossings Ind. Est., The. *Wals*
—1G **31**
Crosskey Clo. *B33* —1A **122**
Crossland Cres. *Wolv* —3D **26**
Crossland Rd. *B31* —3D **144**
Cross La. *B43* —4A **66**
Cross La. *Dud* —5H **59**
Cross La. *Wtgtn* —1E **37**
Crossley St. *Dud* —5F **95**
Cross Pl. *Dud* —4A **60**
Cross St. *B21* —1G **99**
Cross St. *Bils* —3G **61**
(in two parts)
Cross St. *C Hay* —3D **6**
Cross St. *Dud* —6E **77**
Cross St. *Hale* —2A **128**
Cross St. *K'wfrd* —1H **91**
Cross St. *O'bry* —5G **97**
Cross St. *Pels* —6E **21**
Cross St. *Row R* —2C **112**
Cross St. *Smeth* —3E **99**
Cross St. *Stourb* —6C **108**
Cross St. *W'bry* —4D **46**
(Blockhall)
Cross St. *W'bry* —2E **63**
(Meeting St.)
Cross St. *W'hall* —2A **46**
Cross St. *Wolv* —2B **44**
Cross St. *Word* —6B **92**
Cross St. N. *Wolv* —5H **27**
Cross St. S. *Wolv* —4G **43**
Cross, The. *K'wfrd* —3B **92**
Cross Wlk. *Tiv* —1C **96**
Cross Walks Rd. *Stourb*
—6A **110**
Crossway La. *B44* —1H **83**
Crossways Ct. *B44* —6B **68**
Crossways Grn. *B44* —6B **68**
Crosswells Rd. *O'bry* —4H **97**
Crowberry Clo. *Clay* —1H **21**
Crowesbridge M. *Bils* —5D **60**
Crowhurst Rd. *B31* —2C **158**
Crowland Av. *Wolv* —5E **25**
Crowle Dri. *Stourb* —6G **109**
Crown Av. *B20* —5F **83**
Crown Cen., The. *Stourb*
—6E **109**
Crown Clo. *Dud* —4H **59**
Crown Clo. *Row R* —5D **96**
Crown Ct. *W'bry* —3C **46**
Crown La. *Iver* —6A **124**
Crown La. *Stourb* —6D **108**
Crown La. *S Cold* —6E **37**
Crownmeadow Dri. *Tip*
—6D **62**
Crown Rd. *B9* —1D **118**
Crown Rd. *B30* —3C **146**
Crown St. *Wolv* —5H **27**
Crown Wlk. *Tip* —5A **78**
Crows Nest Clo. *S Cold*
—2D **70**
Crowther Gdns. *Hale* —4E **111**
Crowther Gro. *Wolv* —5D **26**
Crowther Rd. *B23* —2C **84**
Crowther Rd. *Wolv* —5C **26**
Crowther St. *Wolv* —5A **28**
Croxall Way. *Smeth* —4F **99**
Croxdene Av. *Wals* —6F **19**
(in two parts)
Croxley Gdns. *W'hall* —3H **45**

Croxstalls Av. *Wals* —1G **31**
Croxstalls Clo. *Wals* —6G **19**
Croxstalls Pl. *Wals* —1G **31**
Croxstalls Rd. *Wals* —6G **19**
Croxton Gro. *B33* —5B **105**
Croyde Av. *B42* —6C **66**
Croydon Rd. *B'brk* —2B **132**
Croydon Rd. *Erd* —6F **85**
Crusader Clo. *O'bry* —4E **97**
Crychan Clo. *Redn* —5H **143**
Cryersoak Clo. *Shir* —2F **165**
Crystal Av. *Stourb* —2D **108**
Crystal Dri. *Smeth* —1A **98**
Crystal Ho. *Smeth* —3F **99**
Cubley Rd. *B28* —4E **135**
Cuckoo Rd. *B6 & B7* —1C **102**
Cuin Dri. *Smeth* —4G **99**
Cuin Rd. *Smeth* —4G **99**
Cuin Wlk. *Smeth* —4G **99**
(off Cuin Rd.)
Culey Gro. *B33* —1H **121**
Culey Wlk. *B37* —1F **123**
Culford Dri. *B32* —5A **130**
Culham Clo. *B27* —3B **136**
Cullwick St. *Wolv* —4C **44**
Culmington Rd. *B31* —1D **158**
Culmore Clo. *W'hall* —5D **30**
Culmore Rd. *Hale* —2E **113**
Culverhouse Dri. *Brie H*
—2E **109**
Culverley Cres. *Know* —3B **166**
Culvert Way. *Smeth* —2B **98**
Culwell Ind. Est. *Wolv* —5B **28**
Culwell St. *Wolv*
—6H **27** (1D **170**)
Cumberford Av. *B33* —2A **122**
Cumberland Av. *B5* —4G **117**
Cumberland Clo. *K'wfrd*
—5C **92**
Cumberland Ho. Wolv —5G **27**
(off Lomas St.)
Cumberland Rd. *Bils* —4F **45**
Cumberland Rd. *O'bry*
—4H **113**
Cumberland Rd. *W Brom*
—1B **80**
Cumberland Rd. *W'hall*
—1D **46**
Cumberland St. *B1*
—1E **117** (5A **4**)
Cumberland St. N. *B1*
—1D **116** (5A **4**)
Cumberland Wlk. *S Cold*
—6F **55**
Cumbrian Cft. *Hale* —3F **127**
Cumbria Way. *Salt* —3D **102**
Cunningham Rd. *Pert* —5E **25**
Cunningham Rd. *Wals* —1E **47**
Cupfields Av. *Tip* —5B **62**
Cupfields Cres. *Tip* —6G **62**
Curbar Rd. *B42* —1E **83**
Curdale Rd. *B32* —5H **129**
Curdworth. —1D 88
Curlews Clo. *B23* —5C **68**
Curral Rd. *Row R* —6C **96**
Curtin Dri. *W'bry* —1B **62**
Curtis Clo. *Smeth* —5G **99**
Curzon Circ. *B4* —6A **102**
Curzon St. *B4* —6H **101** (3H **5**)
Curzon St. *Wolv* —4H **43**
Cuthbert Rd. *B18* —5A **100**
Cutlers Rough Clo. *B31*
—2D **144**
Cutler St. *Smeth* —3F **99**
Cutsdean Clo. *B31* —1D **144**

Cutshill Clo. *B36* —1G **105**
Cutting, The. *Wals* —6D **32**
Cuttle Pool La. *Know* —5H **167**
Cutworth Clo. *S Cold* —2E **71**
Cwerne Ct. *Dud* —4G **75**
Cygnet Clo. *Wolv* —1A **42**
Cygnet Gro. *B23* —1A **84**
Cygnet La. *Pens* —2G **93**
Cygnet Rd. *W Brom* —2G **79**
Cygnus Bus. Pk. Ind. Cen.
W Brom —1F **79**
Cygnus Way. *W Brom* —2F **79**
Cypress Av. *Dud* —2H **75**
Cypress Gdns. *K'wfrd* —5A **92**
Cypress Gdns. *Wals* —1G **65**
Cypress Gro. *B31* —6C **144**
Cypress Rd. *Dud* —6H **77**
Cypress Rd. *Wals* —1G **65**
Cypress Sq. *B27* —6A **120**
Cypress Way. *B31* —1D **158**
Cyprus Clo. *B29* —6E **131**
Cyprus St. *O'bry* —1G **97**
(in two parts)
Cyprus St. *Wolv* —5G **43**
Cyril Rd. *B10* —3D **118**

D

Dacer Clo. *B30* —2D **146**
Dadford Vw. *Brie H* —1F **109**
Dad's La. *B13* —4E **133**
Daffodil Clo. *Dud* —6A **60**
Daffodil Pl. *Wals* —3H **49**
Daffodil Rd. *Wals* —3H **49**
Daffodil Way. *B31* —6C **144**
Dagger La. *W Brom* —3C **80**
Dagnall Rd. *B27* —2B **136**
Daimler Clo. *B36* —6B **88**
Daimler Rd. *B14* —4D **148**
Dainton Gro. *B32* —4A **130**
Dairy Clo. *Tip* —2B **78**
Dairy Ct. *O'bry* —4B **114**
Daisy Bank. —3A 50
Daisy Bank Clo. *Wals* —5F **21**
Daisy Bank Cres. *Wals* —3H **49**
Daisy Dri. *Erd* —2A **84**
Daisy Farm Rd. *B14* —5B **148**
Daisy Mdw. *Tip* —1C **78**
Daisy Rd. *B16* —1B **116**
Daisy St. *Bils* —3F **61**
Daisy Wlk. *Pend* —4E **15**
Dalbeg Clo. *Wolv* —1C **26**
Dalbury Rd. *B28* —2E **149**
Dalby Rd. *Wals* —3D **32**
Dale Clo. *B43* —4H **65**
Dale Clo. *Smeth* —6E **99**
Dale Clo. *Tip* —2D **78**
Dalecote Av. *Sol* —5A **138**
Dale End. *B4* —6G **101** (4F **5**)
Dale End. *W'bry* —4D **46**
(in two parts)
Dale Mdw. Clo. *Bal C* —3H **169**
Dale Rd. *B29* —2A **132**
Dale Rd. *Hale* —4E **113**
Dale Rd. *Stourb* —3D **124**
Dales Clo. *Wolv* —3F **27**
Dales La. *Wals* —4G **33**
Dalesman Clo. *K'wfrd* —2H **91**
Dale St. *Bils* —6H **45**
Dale St. *Smeth* —6E **99**
Dale St. *Tip* —1D **78**
Dale St. *Wals* —4B **48**
(in two parts)
Dale St. *W'bry* —2E **63**
Dale St. *Wolv* —2F **43**
Dale Ter. *Tiv* —1C **96**
Daleview Rd. *B14* —3C **148**

Dale Wlk. *B25* —4H **119**
Dalewood Cft. *B26* —5D **120**
Dalewood Rd. *B37* —4B **106**
Daley Clo. *B1* —6D **100**
Daley Rd. *Bils* —3H **61**
Dalkeith Rd. *S Cold* —3D **68**
Dalkeith St. *Wals* —6A **32**
Dallas Rd. *B23* —3C **84**
Dallimore Clo. *Sol* —2D **136**
Dalloway Clo. *B5* —5F **117**
Dalston Clo. *Dud* —3F **95**
Dalston Rd. *B27* —1A **136**
Dalton Ct. *B23* —3B **84**
Dalton Rd. *Wals* —6G **31**
Dalton St. *B4* —6G **101** (3F **5**)
Dalton St. *Wolv* —3F **43**
Dalton Tower. *B4* —1G **5**
Dalton Way. *B4*
　—6G **101** (3E **5**)
Dalvine Rd. *Dud* —1D **110**
Dalwood Clo. *Bils* —6D **60**
Damar Cft. *B14* —3F **147**
Damian Clo. *Smeth* —4D **98**
Damson La. *Sol* —2A **152**
Damson Parkway. *Sol*
　—2B **138**
Danbury Clo. *S Cold* —3E **71**
Danbury Rd. *Shir* —5H **149**
Danby Gro. *B24* —5H **85**
Dando Rd. *Dud* —1F **95**
Dandy Bank Rd. *K'wfrd*
　—1E **93**
Dandy's Wlk. *Wals* —2D **48**
Dane Gro. *B13* —5F **133**
Danehill Wlk. *Wolv* —1D **26**
Danesbury Cres. *B44* —5A **68**
Danes Clo. *Ess* —3H **17**
Danescourt Rd. *Wolv* —3A **26**
Daneswood Dri. *Wals* —4B **22**
Dane Ter. *Row R* —4C **96**
Daneways Clo. *S Cold* —3A **52**
Danford Clo. *Stourb* —1E **125**
Danford Gdns. *B10* —3C **118**
Danford La. *Sol* —4C **150**
Danford Rd. *H'wd* —3H **161**
Danford Way. *B43* —5H **65**
Dangerfield Ho. *W Brom*
　—6C **80**
Dangerfield La. *W'bry* —6C **46**
Daniels La. *Wals* —5E **35**
Daniels Rd. *B9* —1G **119**
Danks St. *Tip* —5A **78**
Danzey Grn. Rd. *B36* —6F **87**
Danzey Gro. *B14* —4E **147**
Darby Clo. *Bils* —3C **60**
Darby End. —5G 95
Darby End Rd. *Dud* —5G **95**
Darby Ho. Wals —4A 48
(off Caledon St.)
Darby Rd. *O'bry* —4A **98**
Darby Rd. *W'bry* —2H **63**
Darby's Hill Rd. *Tiv* —1A **96**
Darby St. *Row R* —2C **112**
Darell Cft. *S Cold* —2C **70**
Daren Clo. *B36* —1B **106**
Dare Rd. *B23* —3E **85**
Darfield Wlk. *B12* —3H **117**
Darges La. *Wals* —1F **7**
Darkhouse La. *Bils* —3E **61**
Darkies, The. *N'fld* —4F **145**
(in two parts)
Dark La. *K Nor & H'wd*
　—2E **161**
Dark La. *Rom* —3A **142**
Dark La. *Wals* —4A **8**
Darlaston. —5D 46

Darlaston Central Trad. Est.
　W'bry —4E **47**
Darlaston La. *Bils* —4A **46**
Darlaston Green. —3D 46
Darlaston Rd. *Wals* —4F **47**
Darlaston Rd. *W'bry* —5D **46**
Darlaston Rd. Ind. Est. *W'bry*
　—6D **46**
Darlaston Row. *Mer* —4H **141**
Darley Av. *B34* —3D **104**
Darleydale Av. *B44* —4G **67**
Darley Dri. *Wolv* —4F **27**
Darley Ho. *O'bry* —3D **96**
Darley Mead Ct. *Sol* —3A **152**
Darley Way. *S Cold* —4A **52**
Darlington St. *W'bry* —1D **62**
Darlington St. *Wolv* —1F **43**
Darlington Yd. *Wolv*
　—1G **43** (3A **170**)
Darnel Cft. *B10* —2B **118**
Darnel Hurst Rd. *S Cold*
　—6A **38**
Darnford Clo. *B28* —2G **149**
Darnford Clo. *S Cold* —6B **70**
Darnick Rd. *S Cold* —2D **68**
Darnley Rd. *B16* —1C **116**
Darris Rd. *B29* —5C **132**
Dartford Rd. *Wals* —6F **19**
Dartmoor Clo. *Redn* —5G **143**
Dartmouth Av. *Stourb* —5B **92**
Dartmouth Av. *Wals* —4C **32**
Dartmouth Av. *W'hall* —1A **46**
Dartmouth Cir. *B6* —4H **101**
Dartmouth Clo. *Wals* —4C **32**
Dartmouth Cres. *Bils* —4A **46**
Dartmouth Dri. *Wals* —4B **34**
Dartmouth Middleway. *B6 &*
　B7 —4H **101** (1H **5**)
Dartmouth Pl. *Wals* —3D **32**
Dartmouth Rd. *Oak* —3B **132**
Dartmouth Rd. *Smeth* —1D **98**
Dartmouth Sq. *W Brom*
　—5B **80**
Dartmouth St. *W Brom*
　—4H **79**
Dartmouth St. *Wolv* —3H **43**
Dart St. *B9* —2B **118**
Darvel Rd. *W'hall* —5D **30**
Darwall St. *Wals* —1C **48**
Darwin Ct. *Wolv* —5E **25**
Darwin Rd. *B37* —2D **122**
Darwin Pl. *Wals* —3H **31**
Darwin Rd. *Wals* —4H **31**
Darwin St. *B12* —3H **117**
(in two parts)
Dassett Gro. *B9* —1A **120**
Dassett Rd. *Ben H* —5B **166**
Dauntsey Covert. *B14*
　—5F **147**
Davena Dri. *B29* —3C **130**
Davena Gro. *Bils* —2F **61**
Davenport Dri. *B35* —4G **87**
Davenport Rd. *Tett* —4H **25**
Davenport Rd. *Wed* —3G **29**
Daventry Gro. *B32* —5B **114**
Davey Rd. *B20* —6G **83**
Davey Rd. *W Brom* —2G **79**
David Cox Tower. *B31*
　—6D **130**
David Peacock Clo. *Tip*
　—2A **78**
David Rd. *B20* —5D **82**
David Rd. *Tip* —6A **62**
Davids, The. *B31* —1G **145**
Davies Av. *Bils* —2F **61**
Davies Ho. *Blox* —5H **19**

Davis Av. *Tip* —3G **77**
Davis Gro. *B25* —5B **120**
Davis Ho. *O'bry* —2G **97**
Davison Rd. *Smeth* —6D **98**
Davis Rd. *W'hall* —1D **30**
Davy Rd. *Wals* —4G **31**
Dawberry Clo. *B14* —2F **147**
Dawberry Fields Rd. *B14*
　—2E **147**
Dawberry Rd. *B14* —2E **147**
Daw End. —3G 33
Daw End. *Wals* —3G **33**
Daw End La. *Wals* —2F **33**
Dawes Av. *W Brom* —6A **80**
Dawes La. *Wals* —4C **10**
Dawley Brook Rd. *K'wfrd*
　—2B **92**
Dawley Clo. *Wals* —4H **47**
Dawley Cres. *B37* —2D **122**
Dawley Rd. *K'wfrd* —1A **92**
Dawley Trad. Est. *K'wfrd*
　—1B **92**
Dawlish Rd. *B29* —2B **132**
Dawlish Rd. *Dud* —1D **76**
Dawlish Rd. *Smeth* —4F **99**
Dawn Dri. *Tip* —3C **62**
Dawney Dri. *S Cold* —5G **37**
Dawn Rd. *B31* —1C **144**
Dawson Av. *Bils* —3C **60**
Dawson Rd. *B21* —1A **100**
Dawson Sq. *Bils* —6E **45**
Dawson St. *Smeth* —6E **99**
Dawson St. *Wals* —1B **32**
Day Av. *Wolv* —2G **29**
Day Ho. *Tip* —5C **62**
Dayhouse Bank. —6A 142
Dayhouse Bank. *Rom*
　—6B **142**
Daylesford Rd. *Sol* —2E **137**
Day St. *Wals* —6C **32**
Deakin Av. *Wals* —4B **10**
Deakin Rd. *B24* —4F **85**
Deakin Rd. *S Cold* —4C **54**
Deakins Rd. *B25* —4H **119**
Deal Dri. *Tiv* —6A **78**
Deal Gro. *B31* —3E **145**
Deanbrook Clo. *Shir* —3E **165**
Dean Clo. *B44* —5B **68**
Dean Clo. *Stourb* —5F **109**
Dean Clo. *S Cold* —6A **70**
Dean Ct. Brie H —1H 109
(off Promenade, The)
Dean Ct. *Pert* —3E **25**
Deanery Row. *Wolv*
　—6G **27** (1B **170**)
Dean Rd. *B23* —2F **85**
Dean Rd. *Wals* —2G **33**
Dean Rd. *Wom* —2F **73**
Deans Bank Cen., The. *Wals*
　—3B **48**
Deansfield Rd. *Wolv* —1C **44**
Deans Pl. *Wals* —3D **32**
Dean's Rd. *Wolv* —6C **28**
Dean St. *B5* —2G **117** (6F **5**)
Dean St. *Dud* —5H **59**
Dearman Rd. *B11* —4B **118**
Dearmont Rd. *B31* —2C **158**
Dearne Ct. *Dud* —1C **76**
Debdale Clo. *Sol* —2H **151**
Debden Clo. *Dorr* —6F **167**
Debenham Cres. *B25* —2B **120**
Debenham Rd. *B25* —2B **120**
Deblen Dri. *B16* —2H **115**
Deborah Clo. *Wolv* —5G **43**
Dee Gro. *B38* —1A **160**
Deelands Rd. *Redn* —1F **157**

Deeley Clo. *B15* —4E **117**
Deeley Clo. *Crad H* —4G **111**
Deeley Dri. *Tip* —1C **78**
Deeley Pl. *Wals* —1H **31**
Deeley St. *Brie H* —2A **110**
Deeley St. *Wals* —1H **31**
Deepdale Av. *B26* —1F **137**
Deepdale La. *Dud* —4A **76**
Deepdales. *Wom* —1E **73**
Deepfields. —3D 60
Deeplow Clo. *S Cold* —1A **70**
Deepmoor Rd. *B33* —6D **104**
Deepmore Av. *Wals* —6H **31**
Deepwood Clo. *Wals* —1F **33**
Deepwood Gro. *B32* —5H **129**
Deer Clo. *Wals* —6A **20**
Deerham Clo. *B23* —6D **68**
Deerhurst Ct. *Sol* —3H **151**
Deerhurst Rd. *B20* —2B **82**
Dee Rd. *Wals* —6C **20**
Deer Pk. Way. *Sol* —6G **151**
Deer Wlk. *Wolv* —5D **14**
Dee Wlk. *B36* —1C **106**
(in two parts)
Defford Av. *Wals* —6G **21**
Defford Dri. *O'bry* —5H **97**
Deighton Rd. *Wals* —1F **65**
Delamere Clo. *B36* —6H **87**
Delamere Dri. *Wals* —2G **65**
Delamere Rd. *B28* —6F **135**
Delamere Rd. *W'hall* —2C **30**
Delancey Keep. *S Cold* —6E **55**
Delhurst Rd. *B44* —4F **67**
Delhurst Rd. *Wolv* —2A **60**
Delius St. *B16* —1D **116**
Della Dri. *B32* —5B **130**
Dell Farm Clo. *Know* —3E **167**
Dellows Clo. *B38* —2H **159**
Dell Rd. *B30* —2C **146**
Dell Rd. *Brie H* —4F **93**
Dell, The. *B36* —6B **88**
Dell, The. *N'fld* —1B **144**
Dell, The. *Sol* —4E **137**
Dell, The. *Stourb* —5C **108**
Dell, The. *S Cold* —3G **53**
Delmore Way. *Min* —1F **87**
Delph Dri. *Brie H* —4A **110**
Delphinium Clo. *B9* —6F **103**
Delph La. *Brie H* —3H **109**
Delph Rd. *Brie H* —2G **109**
Delph Rd. Ind. Est. *Brie H*
　—2G **109**
Delrene Rd. *Hall G & Shir*
　—4F **149**
Delves Cres. *Wals* —6E **49**
Delves Grn. Rd. *Wals* —5E **49**
Delves Rd. *Wals* —4D **48**
Delville Clo. *W'bry* —1F **63**
Delville Rd. *W'bry* —1F **63**
Delville Ter. *W'bry* —1F **63**
De Marnham Clo. *W Brom*
　—6C **80**
De Montfort Ho. *B37* —4B **106**
De Moram Gro. *Sol* —6B **138**
Demuth Way. *O'bry* —3F **97**
Denaby Gro. *B14* —3D **148**
Denbigh Clo. *Dud* —5B **76**
Denbigh Cres. *W Brom*
　—1H **79**
Denbigh Dri. *W'bry* —1B **64**
Denbigh Dri. *W Brom* —6G **63**
Denbigh Rd. *Tip* —2C **78**
Denbigh St. *B9* —1D **118**
Denby Clo. *B7* —4B **102**
Denby Cft. *Shir* —3F **165**
Dencer Clo. *Redn* —1G **157**

Dencil Clo. *Hale* —6F **111**
Dene Av. *K'wfrd* —5A **92**
Dene Ct. *Bal Sol* —4D **136**
Dene Hollow. *B13* —1C **148**
Dene Rd. *Stourb* —2D **124**
Dene Rd. *Wolv* —1F **57**
Denewood Av. *B20* —5C **82**
Denford Gro. *B14* —2F **147**
Dengate Dri. *Bal C* —2H **169**
Denham Ct. *B23* —5C **84**
  (off Park App.)
Denham Gdns. *Wolv* —3H **41**
Denham Rd. *B27* —6H **119**
Denholme Gro. *B14* —4A **148**
Denholm Rd. *S Cold* —2D **68**
Denise Dri. *Bils* —5D **60**
Denise Dri. *Harb* —1G **131**
Denise Dri. *K'hrst* —5B **106**
Denleigh Rd. *K'wfrd* —5D **92**
Denmark Clo. *Wolv* —5E **27**
Denmead Dri. *Wolv* —1H **29**
Denmore Gdns. *Wolv* —1D **44**
Dennis Hall Rd. *Stourb*
  —3E **109**
Dennis Rd. *B12* —1B **134**
Dennis St. *Stourb* —3D **108**
Denshaw Rd. *B14* —1F **147**
Denton Cft. *Dorr* —6H **165**
Denton Gro. *Gt Barr* —6H **65**
Denton Gro. *Stech* —1B **120**
Denton Rd. *Stourb* —1C **126**
Denver Rd. *B14* —5A **148**
Denville Clo. *Bils* —4G **45**
Denville Cres. *B9* —6H **103**
Derby Av. *Wolv* —2C **26**
Derby Dri. *B37* —1D **122**
Derby St. *B9* —1A **118**
Derby St. *Wals* —5B **32**
Dereham Clo. *B8* —5D **102**
Dereham Wlk. *Bils* —3G **61**
Dereton Clo. *Dud* —1A **94**
Deritend. —2A 118 (6H 5)
Derron Av. *B26* —6C **120**
Derry Clo. *B17* —2E **131**
Derrydown Clo. *B23* —4E **85**
Derrydown Rd. *B42* —2D **82**
Derry St. *Brie H* —1H **109**
Derry St. *Wolv* —3H **43**
Derwent Clo. *Brie H* —3E **93**
Derwent Clo. *S Cold* —1H **51**
Derwent Clo. *W'hall* —1C **46**
Derwent Gro. *B30* —5E **133**
Derwent Ho. *B17* —6H **115**
Derwent Ho. *O'bry* —4D **96**
Derwent Rd. *B30* —5E **133**
Derwent Rd. *Wolv* —1B **26**
Desford Av. *B42* —6E **67**
Dettonford Rd. *B32* —5H **129**
Devereux Clo. *B36* —1G **105**
Devereux Rd. *S Cold* —2A **54**
Devereux Rd. *W Brom* —6C **80**
Devey Dri. *Tip* —1D **78**
Devil's Elbow La. *Wolv*
  —2G **29**
Devine Cft. *Tip* —2A **78**
Devitts Clo. *Shir* —2D **164**
Devon Clo. *B20* —5B **82**
Devon Cres. *Dud* —2B **94**
Devon Cres. *Wals* —6C **22**
Devon Cres. *W Brom* —1A **80**
Devon Ho. *B31* —5A **144**
Devon Rd. *Redn* —5E **143**
Devon Rd. *Smeth* —4C **114**
Devon Rd. *Stourb* —4C **108**
Devon Rd. *W'bry* —1A **64**

Devon Rd. *W'hall* —1D **46**
Devon Rd. *Wolv* —6F **27**
Devonshire Av. *B18* —3B **100**
Devonshire Ct. *S Cold* —1F **53**
Devonshire Dri. *W Brom*
  —4C **80**
Devonshire Rd. *B20* —5B **82**
Devonshire Rd. *Smeth* —3C **98**
Devonshire St. *B18* —3B **100**
Devon St. *B7* —5C **102**
Devoran Clo. *Wolv* —5F **27**
Dewberry Dri. *Wals* —2E **65**
Dewberry Rd. *Stourb* —2D **108**
Dewhurst Cft. *B33* —6F **105**
Dewsbury Clo. *Stourb* —6C **92**
Dewsbury Dri. *Wolv* —2E **59**
Dewsbury Gro. *B42* —2E **83**
Deykin Av. *B6* —5A **84**
Deyncourt Rd. *Wolv* —2C **28**
Dial Clo. *B14* —5G **147**
Dial La. *Stourb* —3C **108**
Dial La. *W Brom* —1F **79**
Diamond Pk. Dri. *Stourb*
  —2C **108**
Diana Clo. *Wals W* —4D **22**
Diane Clo. *Tip* —3B **62**
Dibble Clo. *W'hall* —4D **30**
Dibble Rd. *Smeth* —3D **98**
Dibdale Rd. *Dud* —4A **76**
Dibdale Rd. W. *Dud* —4A **76**
Dibdale St. *Dud* —5B **76**
Dice Pleck. *B31* —5G **145**
Dickens Clo. *Dud* —2F **75**
Dickens Gro. *B14* —4A **148**
Dickens Heath. —4F 163
Dickens Heath Rd. *Tid G &*
  Shir —5E **163**
Dickens Rd. *Bils* —3F **61**
Dickens Rd. *Wolv* —1C **28**
Dickinson Av. *Wolv* —1A **28**
Dickinson Dri. *S Cold* —1C **70**
Dickinson Dri. *Wals* —5A **48**
Dickinson Rd. *Wom* —3G **73**
Dick Sheppard Av. *Tip* —5B **62**
Diddington Av. *B28* —2G **149**
Diddington La. *H Ard* —5C **140**
Didgley Gro. *B37* —4C **106**
Digbeth. —2H 117 (6G 5)
Digbeth. *B5* —2H **117** (5F **5**)
Digbeth. *Wals* —2C **48**
Digby Cres. *Wat O* —4D **88**
Digby Dri. *B37* —5C **122**
Digby Ho. *B37* —5B **106**
Digby Rd. *Col* —3H **107**
Digby Rd. *K'wfrd* —1B **92**
Digby Rd. *S Cold* —1G **69**
Digby Wlk. *B33* —3G **121**
Dilke Rd. *Wals* —4B **34**
Dilliars Wlk. *W Brom* —2G **79**
Dillington Ho. *B37* —1D **122**
Dilloway's La. *W'hall* —2G **45**
Dimmingsdale Bank. *B32*
  —1A **130**
Dimmingsdale Rd. *Wolv*
  —6E **41**
Dimminsdale. *W'hall* —2A **46**
Dimmocks Av. *Bils* —5F **61**
Dimmock St. *Wolv* —6A **44**
Dimsdale Gro. *B31* —4C **144**
Dimsdale Rd. *B31* —4B **144**
Dingle Av. *Crad H* —3G **111**
Dingle Clo. *B30* —6H **131**
Dingle Clo. *Dud* —2G **95**
Dingle Ct. *O'bry* —1E **97**
Dingle Ct. *Sol* —6D **150**
Dingle Hollow. *O'bry* —1D **96**

Dingle La. *Sol* —5D **150**
Dingle La. *W'hall* —5A **30**
Dingle Mead. *B14* —3E **147**
Dingle Rd. *Dud* —2G **95**
Dingle Rd. *K'wfrd* —5E **93**
Dingle Rd. *Stourb* —3F **125**
Dingle Rd. *Wals* —4E **23**
Dingle Rd. *Wom* —1F **73**
Dingle St. *O'bry* —1D **96**
Dingle, The. *O'bry* —1D **96**
Dingle, The. *S Oak* —3A **132**
Dingle, The. *Shir* —4B **164**
Dingle, The. *Wolv* —2B **42**
Dingle Vw. *Dud* —1G **75**
Dingley Rd. *W'bry* —6G **47**
Dingleys Pas. *B4*
  —6G **101** (4F **5**)
Dinham Gdns. *Dud* —4A **76**
Dinmore Av. *B31* —3F **145**
Dinsdale Wlk. *Wolv* —4E **27**
Dippons Dri. *Wolv* —6G **25**
Dippons La. *Wergs* —3F **25**
Dippons La. *Wolv* —3E **25**
Dippons Mill Clo. *Wolv*
  —6G **25**
Dirtyfoot La. *Wolv* —6G **41**
Discovery Clo. *Tip* —2C **78**
Ditch, The. *Wals* —2D **48**
Ditton Gro. *B31* —3D **158**
Dixon Clo. *B35* —5E **87**
Dixon Clo. *Tip* —1C **78**
Dixon Rd. *B10* —3B **118**
Dixon's Green. —2G 95
Dixon's Grn. Ct. *Dud* —1G **95**
  (off Dixon's Grn.)
Dixon's Grn. Rd. *Dud* —1F **95**
Dixon St. *Wolv* —5A **44**
Dobbins Oak Rd. *Stourb*
  —4H **125**
Dobbs Mill Clo. *B29* —3D **132**
Dobbs St. *Wolv*
  —3G **43** (6B **170**)
Dockar Rd. *B31* —5C **144**
Dockers Clo. *Bal C* —2H **169**
Dock La. *Dud* —6D **76**
Dock La. Ind. Est. *Dud*
  (off Dock La.) —6D **76**
Dock Mdw. Dri. *Wolv* —1C **60**
Dock Rd. *Stourb* —1D **108**
Dock, The. *Stourb* —6B **110**
Doctors Hill. *Stourb* —2G **125**
Doctors La. *K'wfrd* —4F **91**
Doctor's Piece. *W'hall* —1B **46**
Doddington Gro. *B32* —5H **129**
Dodford Clo. *Redn* —2F **157**
Doe Bank. —3H 53
Doe Bank Ct. *S Cold* —3H **53**
Doe Bank La. *Wals & B43*
  —5E **51**
Doe Bank Rd. *Tip* —4C **62**
Dogge La. Cft. *B27* —3H **135**
Dogkennel La. *Hale* —2B **128**
Dogkennel La. *O'bry* —4A **98**
Dog Kennel La. *Shir* —2A **164**
Dog Kennel La. *Wals* —1D **48**
Dogpool La. *B30* —4D **132**
Doidge Rd. *B23* —4D **84**
Dollery Dri. *B5* —6E **117**
Dollis Gro. *B44* —2H **67**
Dollman St. *B7* —6B **102**
Dolman Rd. *B6* —1G **101**
Dolobran Rd. *B11* —4B **118**
Dolphin Clo. *Wals* —6D **20**
Dolphin Ho. *Wals* —1D **32**
Dolphin La. *B27* —4H **135**
  (in two parts)

Dolphin Rd. *B11* —6D **118**
Dolton Way. *Tip* —1G **77**
Dominic Dri. *B30* —3H **145**
Doncaster Way. *B36* —1A **104**
Don Clo. *B15* —3H **115**
Donegal Rd. *S Cold* —6H **51**
Donibristle Cft. *B35* —3E **87**
Dooley Clo. *W'hall* —1G **45**
Doran Clo. *Hale* —4F **127**
Doranda Way. *W Brom*
  —6D **80**
Dora Rd. *Hand* —2A **100**
Dora Rd. *Small H* —3E **119**
Dora Rd. *W Brom* —6A **80**
Dora St. *Wals* —4H **47**
Dorchester Clo. *W'hall* —1C **30**
Dorchester Ct. *Sol* —3E **151**
Dorchester Dri. *B17* —1F **131**
Dorchester Rd. *Sol* —3E **151**
Dorchester Rd. *Stourb*
  —3H **125**
Dorchester Rd. *W'hall* —1C **30**
Dordon Clo. *Shir* —6E **149**
Doreen Gro. *B24* —5H **85**
Doris Rd. *Bord G* —1C **118**
Doris Rd. *Col* —1H **107**
Doris Rd. *S'hll* —1B **134**
Dorking Gro. *B15* —2E **117**
Dorlcote Rd. *B8* —5G **103**
Dormie Clo. *B38* —6H **145**
Dormington Rd. *B44* —2G **67**
Dormston Clo. *Sol* —2G **165**
Dormston Dri. *B29* —3D **130**
Dormston Dri. *Dud* —5A **60**
Dormston Trad. Est. *Dud*
  —3A **76**
Dormy Dri. *B31* —2E **159**
Dorncliffe Av. *B33* —4H **121**
Dornie Dri. *B38* —6B **146**
Dornton Rd. *B30* —5E **133**
Dorothy Gdns. *Hand* —5C **82**
Dorothy Rd. *B11* —6H **119**
Dorothy Rd. *Smeth* —6E **99**
Dorothy St. *Wals* —4B **48**
Dorridge. —6C 166
Dorridge Cft. *Dorr* —6G **167**
Dorridge Rd. *Dorr* —6H **167**
Dorrington Grn. *B42* —2C **82**
Dorrington Rd. *B42* —1C **82**
Dorset Clo. *Redn* —5F **143**
Dorset Cotts. *B30* —1C **146**
Dorset Dri. *Wals* —6C **22**
Dorset Rd. *B17* —6F **99**
Dorset Rd. *Stourb* —4B **108**
Dorset Tower. *Hock* —5D **100**
Dorsett Pl. *Wals* —2A **32**
Dorsett Rd. *Darl* —5C **46**
Dorsett Rd. *W'bry* —3B **64**
Dorsett Rd. Ter. *W'bry* —5C **46**
Dorset Way. *Salt* —3D **102**
Dorsheath Gdns. *B23* —3F **85**
Dorsington Rd. *B27* —4B **136**
Dorstone Covert. *B14* —5E **147**
Dorville Clo. *B38* —1H **159**
Douay Rd. *B23 & B24* —1H **85**
Double Row. *Dud* —5G **95**
Doughty St. *Tip* —2C **78**
Douglas Av. *B36* —3B **104**
Douglas Av. *O'bry* —4B **98**
Douglas Davies Clo. *W'hall*
  —5C **30**
Douglas Pl. *Wolv* —3G **27**
Douglas Rd. *A Grn* —1H **135**
Douglas Rd. *Bils* —5F **61**
Douglas Rd. *Dud* —1F **95**
Douglas Rd. *Hale* —2E **113**

Edward Rd. *Wolv* —4E **25**
Edwards Rd. *B24* —2G **85**
Edwards Rd. *Dud* —5E **95**
Edwards Rd. *S Cold* —6B **38**
Edward St. *B1* —1D **116** (4A **4**)
Edward St. *Dud* —6D **76**
Edward St. *O'bry* —5G **97**
Edward St. *P'flds* —5B **44**
Edward St. *Wals* —6H **31**
Edward St. *W'bry* —5E **47**
Edward St. *W Brom* —4A **80**
Edwin Rd. *B30* —6D **132**
Eel St. *O'bry* —2F **97**
Effingham Rd. *B13* —1C **148**
Egbert Clo. *B6* —1B **102**
Egelwin Clo. *Wolv* —4E **25**
Egerton Rd. *B24* —4B **86**
Egerton Rd. *S Cold* —2H **51**
Egerton Rd. *Wolv* —4A **16**
Egg Hill. —4H 143
Egghill La. *Fran & N'fld*
　　　　　　　—3G **143**
Eggington Rd. *Stourb*
　　　　　　　—4B **108**
Egginton Rd. *B28* —2E **149**
Egmont Gdns. *Wolv* —4H **29**
Eileen Gdns. *B37* —5B **106**
Eileen Rd. *B11* —2B **134**
Elan Clo. *Dud* —4H **75**
Elan Rd. *B31* —5A **144**
Elan Rd. *Dud* —5G **59**
Elbow St. *Crad H* —1H **111**
Elbury Cft. *Know* —4B **166**
Elcock Dri. *B42* —2F **83**
Eldalade Way. *W'bry* —3B **64**
Elderberry Clo. *Stourb*
　　　　　　　—2A **124**
Elderfield. *B33* —3F **121**
Elderfield Rd. *B30* —4D **146**
Elder Gro. *Wom* —1F **73**
Eldersfield Gro. *Sol* —2F **165**
Elderside Clo. *Bwnhls* —5B **10**
Elder Way. *B23* —5E **85**
Eldon Ct. Wals —2D 48
(off Eldon St.)
Eldon Dri. *S Cold* —6C **70**
Eldon Rd. *B16* —2B **116**
Eldon Rd. *Hale* —2G **129**
Eldon St. *Wals* —2D **48**
Eldridge Clo. *Wolv* —5D **14**
Eleanor Rd. *Bils* —5F **45**
Electra Pk. *B6* —6B **84**
Electric Av. *B6* —6B **84**
Elford Clo. *B14* —2G **147**
Elford Gro. *B37* —2D **122**
Elford Gro. *Bils* —1E **61**
Elford Rd. *B17 & B29* —2F **131**
Elford Rd. *W Brom* —4C **64**
Elgar Cres. *Brie H* —2H **93**
Elgar Ho. *B1* —1D **116**
Elgin Clo. *Dud* —4A **60**
Elgin Clo. *Stourb* —4E **109**
Elgin Ct. *Wolv* —5E **25**
Elgin Gro. *B25* —4A **120**
Elgin Rd. *Wals* —3G **19**
Eliot Cft. *Bils* —3F **61**
Eliot St. *B7* —1C **102**
Elizabeth Av. *Bils* —2H **61**
Elizabeth Av. *W'bry* —2A **64**
Elizabeth Av. *Wolv* —6F **43**
Elizabeth Cres. *O'bry* —1B **114**
Elizabeth Gro. *Dud* —2H **95**
Elizabeth Gro. *Shir* —5A **150**
Elizabeth Ho. *S Cold* —2D **70**
Elizabeth Ho. *Wals* —4H **49**
Elizabeth M. *Tiv* —5A **78**

Elizabeth Prout Gdns. *Row R*
　　　　　　　—2B **112**
Elizabeth Rd. *Hale* —2G **127**
Elizabeth Rd. *Mose* —3E **133**
Elizabeth Rd. *Stech* —6A **104**
Elizabeth Rd. *S Cold* —4C **68**
Elizabeth Rd. *Wals* —4F **49**
Elizabeth Rd. *W Brom* —3D **78**
Elizabeth Wlk. *Tip* —4A **62**
Elkington Cft. *Shir* —4E **165**
Elkington St. *B6* —4G **101**
Elkstone Clo. *Sol* —2F **137**
Elkstone Covert. *B14* —5E **147**
Elland Gro. *B27* —3A **136**
Ellards Dri. *Wolv* —4H **29**
Ellen St. *B18* —5C **100**
　(in two parts)
Ellenvale Clo. *Bils* —5C **60**
Ellerby Gro. *B24* —3C **86**
Ellerside Gro. *B31* —5D **144**
Ellerslie Clo. *Brie H* —3H **109**
Ellerslie Rd. *B13* —6C **134**
Ellerton Rd. *B44* —4B **68**
Ellerton Wlk. *Wolv* —4B **28**
Ellesborough Rd. *B17*
　　　　　　　—3F **115**
Ellesmere Ct. *O'bry* —1D **96**
Ellesmere Rd. *B8* —5D **102**
Ellice Dri. *B36* —2D **106**
Elliott Gdns. *Redn* —4A **158**
Elliott Rd. *B29* —4A **132**
Elliotts La. *Cod* —4G **13**
Elliotts Rd. *Tip* —2G **77**
Elliot Way. *Witt* —4H **83**
Ellis Av. *Brie H* —1E **109**
Ellison St. *W Brom* —6A **80**
Ellis St. *B1* —2F **117** (6C **4**)
Elliston Av. *B44* —5G **67**
Ellowes Rd. *Dud* —3G **75**
Elm Av. *B12* —6A **118**
Elm Av. *Bils* —5F **45**
Elm Av. *W'bry* —1F **63**
Elm Av. *Wolv* —1D **28**
Elmay Rd. *B26* —4E **121**
Elm Bank. *Mose* —2A **134**
Embank Gro. *B20* —2A **82**
Embank Rd. *Wals* —1G **65**
Elmbridge Clo. *Hale* —6F **111**
Elmbridge Dri. *Shir* —3F **165**
Elmbridge Ho. *B31* —5H **145**
Elmbridge Rd. *B44* —1G **83**
Elmbridge Way. *Sed* —1A **76**
Elm Clo. *Dud* —5F **75**
Elm Clo. *Stourb* —3B **124**
Elm Ct. *Smeth* —1A **98**
Elm Ct. *Wals* —3E **49**
Elm Cres. *Tip* —1H **77**
Elm Cft. *O'bry* —4A **114**
Elmcroft. *Smeth* —4G **99**
Elmcroft Av. *B32* —4G **129**
Elmcroft Gdns. *Wolv* —4A **16**
Elmcroft Rd. *B26* —4D **120**
Elmdale. *Hale* —4G **113**
Elmdale Cres. *B31* —2C **144**
Elmdale Dri. *Wals* —1E **35**
Elmdale Gro. *B31* —3C **144**
Elmdale Rd. *Bils* —6C **60**
Elmdale Rd. *Wolv* —6E **43**
Elmdon. —3B 138
Elmdon Clo. *Sol* —3H **137**
Elmdon Clo. *Wolv* —6E **15**
Elmdon Coppice. *Sol* —6B **138**
Elmdon Ct. *Mars G* —4C **122**
Elmdon Heath. —1A 152
Elmdon La. *Birm A* —2C **138**
Elmdon La. *Mars G* —4B **122**

Elmdon Pk. Rd. *Sol* —2H **137**
Elmdon Rd. *A Grn* —1B **136**
Elmdon Rd. *Mars G* —4C **122**
Elmdon Rd. *S Oak* —3C **132**
Elmdon Rd. *Wolv* —6E **15**
Elmdon Trad. Est. *B37*
　　　　　　　—6E **123**
Elm Dri. *B43* —4H **65**
Elm Dri. *Hale* —2E **113**
Elm Farm Av. *B37* —4B **122**
Elm Farm Rd. *Wolv* —4H **43**
Elmfield Av. *B24* —3D **86**
Elmfield Cres. *B13* —3H **133**
Elmfield Rd. *B36* —2A **106**
Elm Grn. *Dud* —2C **76**
Elm Gro. *B37* —3B **106**
Elm Gro. *Bal C* —3H **169**
Elm Gro. *Cod* —4G **13**
Elmhurst Av. *Row R* —6C **96**
Elmhurst Dri. *Burn* —1C **10**
Elmhurst Dri. *K'wfrd* —5D **92**
Elmhurst Rd. *B21* —6A **82**
Elmley Clo. *Cose* —6D **60**
Elmley Gro. *B30* —5D **146**
Elmley Gro. *Wolv* —6F **25**
Elm Lodge. *H Ard* —6A **140**
Elmore Clo. *F'bri* —5C **106**
Elmore Grn. Clo. *Wals* —1H **31**
Elmore Grn. Rd. *Wals* —6G **19**
Elmore Rd. *B33* —6E **105**
Elmore Row. *Wals* —6H **19**
Elm Rd. *B30* —5B **132**
Elm Rd. *Cann* —1F **9**
Elm Rd. *Dud* —3E **77**
Elm Rd. *K'wfrd* —3C **92**
Elm Rd. *S Cold* —3D **70**
Elm Rd. *Wals* —3B **32**
Elms Clo. *B38* —1G **159**
Elms Clo. *Sol* —2H **151**
Elmsdale. *Wolv* —1G **41**
Elmsdale Ct. *Wals* —3D **48**
Elms Rd. *Edg* —1B **132**
Elms Rd. *S Cold* —2A **70**
Elmstead Av. *B33* —4H **121**
Elmstead Clo. *Wals* —2A **50**
Elmstead Wood. *Wals* —2A **50**
Elms, The. *B16* —6B **100**
Elm St. *W'hall* —1C **46**
Elm St. *Wolv* —2E **43**
Elm Ter. *Tiv* —6A **78**
Elm Tree Clo. *Wom* —2F **73**
Elm Tree Gro. *Hale* —5F **111**
Elm Tree Ri. *H Ard* —1A **154**
Elm Tree Rd. *Harb* —4E **115**
Elmtree Rd. *Stir* —1C **146**
Elmtree Rd. *S Cold* —2F **51**
Elm Tree Way. *Crad H*
　　　　　　　—2H **111**
Elmwood Av. *Ess* —4A **18**
Elmwood Clo. *B5* —5F **117**
Elmwood Clo. *Bal C* —2H **169**
Elmwood Ct. *S Cold* —6A **52**
Elmwood Gdns. *B20* —5D **82**
Elmwood Gro. *H'wd* —3A **162**
Elmwood Ri. *Dud* —4F **59**
Elmwood Rd. *B24* —5A **86**
Elmwood Rd. *Stourb* —6A **92**
Elmwood Rd. *S Cold* —6A **52**
Elmwoods. *B32* —3H **129**
Elphinstone End. *B24* —1A **86**
Elsma Rd. *O'bry* —3A **114**
Elston Hall La. *Wolv* —6H **15**
Elstree Rd. *B23* —2D **84**
Elswick Gro. *B44* —5B **68**
Elswick Rd. *B44* —4B **68**
Elsworth Gro. *B25* —5A **120**

Elsworth Ho. *B31* —5H **145**
Eltham Gro. *B44* —4B **68**
Elton Clo. *Wolv* —3A **16**
Elton Cft. *Dorr* —5B **166**
Elton Gro. *B27* —3G **135**
Eltonia Cft. *B26* —5F **121**
Elva Cft. *B36* —6B **88**
Elvers Grn. La. *Know* —3G **167**
Elvetham Rd. *B15* —3E **117**
Elvetham Rd. N. *B15* —3E **117**
Elviron Dri. *Wolv* —4H **25**
Elwell Cres. *Dud* —1B **76**
Elwells Clo. *Bils* —2C **60**
Elwell St. *W'bry* —2H **63**
Elwell St. *W Brom* —2E **79**
Elwyn Rd. *S Cold* —2G **69**
Ely Clo. *B37* —1D **122**
Ely Clo. *Row R* —5E **97**
Ely Cres. *W Brom* —6H **63**
Ely Gro. *B32* —1D **130**
Ely Pl. *Wals* —2H **47**
Ely Rd. *Wals* —2H **47**
Emay Clo. *W Brom* —5F **63**
Embankment, The. *Brie H*
　　　　　　　—6A **94**
Embassy Dri. *Edg* —3C **116**
Embassy Dri. *O'bry* —1E **97**
Embassy Rd. *O'bry* —1E **97**
Embleton Gro. *B34* —3E **105**
Emerald Ct. *B8* —4A **104**
Emerald Ct. *Sol* —4D **136**
Emerson Clo. *Dud* —3E **75**
Emerson Gro. *Wolv* —1B **28**
Emerson Rd. *B17* —5G **115**
Emerson Rd. *Wolv* —6B **16**
Emery Clo. *B23* —6D **84**
Emery Clo. *Wals* —3D **48**
Emery St. *Wals* —3D **48**
Emily Gdns. *B16* —6B **100**
Emily Rd. *B26* —5B **120**
Emily St. *B12* —3H **117**
Emily St. *W Brom* —5H **79**
Emmanuel Rd. *S Cold* —6H **69**
Emmeline St. *B9* —2B **118**
Empire Clo. *Wals* —1B **34**
Empire Ind. Pk. *A'rdge* —1B **34**
Empress Dri. *B36* —1C **104**
Empress Way. *Darl* —3D **46**
Emscote Dri. *S Cold* —6H **69**
Emscote Grn. *Sol* —5C **150**
Emscote Rd. *B6* —6H **83**
Emsworth Cres. *Wolv* —5E **15**
Emsworth Gro. *B14* —1F **147**
Enderby Dri. *Wolv* —1D **58**
Enderby Rd. *B23* —6C **68**
Enderley Clo. *Wals* —4H **19**
Enderley Dri. *Wals* —4H **19**
End Hall Rd. *Wolv* —6G **25**
Endhill Rd. *B44* —1A **68**
Endicott Rd. *B6* —6H **83**
Endmoor Gro. *B23* —1D **84**
Endsleigh Gro. *B28* —5G **135**
Endwood Ct. *Hand* —5C **82**
Endwood Ct. Rd. *B20* —5C **82**
Endwood Dri. *Sol* —5D **150**
Endwood Dri. *S Cold* —5C **36**
Enfield Clo. *B23* —1F **85**
Enfield Rd. *B15* —3D **116**
Enfield Rd. *Row R* —6D **96**
Enford Clo. *B34* —3H **105**
Engine La. *Brie H* —6B **94**
Engine La. *Bwnhls* —5F **9**
Engine La. *Stourb* —5H **109**
Engine La. *W'bry* —1A **62**
Engine St. *O'bry* —3G **97**
Engine St. *Smeth* —3F **99**

Englestede Clo. *B20* —4B **82**
Englewood Dri. *B28* —5G **135**
Ennerdale Clo. *Clay* —6A **10**
Ennerdale Dri. *Hale* —3F **127**
Ennerdale Dri. *Pert* —5F **25**
Ennerdale Rd. *B43* —1B **82**
Ennerdale Rd. *Tett* —1B **58**
Ennersdale Bungalows. *Col*
　　　　　　　—6H **89**
Ennersdale Clo. *Col* —6H **89**
Ennersdale Rd. *Col* —6H **89**
Ensall Dri. *Stourb* —2C **108**
Ensbury Clo. *W'hall* —5D **30**
Ensdale Row. *W'hall* —2A **46**
Ensdon Gro. *B44* —4B **68**
Ensford Clo. *S Cold* —4E **37**
Ensign Ho. *B35* —3E **87**
Enstone Rd. *B23* —6G **69**
Enstone Rd. *Dud* —1B **94**
Enterprise Dri. *Stourb*
　　　　　　　—5B **110**
Enterprise Dri. *S Cold* —4G **51**
Enterprise Gro. *Pels* —2F **21**
Enterprise Trad. Est. *Brie H*
　　　　　　　—6B **94**
Enterprise Way. *B7* —5H **101**
Enville Clo. *Wals* —4G **19**
Enville Gro. *B11* —6D **118**
Enville Rd. *Dud* —3H **75**
Enville Rd. *K'wfrd* —1G **91**
Enville Rd. *Wolv* —1A **58**
Enville St. *Stourb* —6D **108**
Enville Towermill. —*5B 90*
Epping Clo. *Redn* —5H **143**
Epping Clo. *Wals* —3D **32**
Epping Gro. *B44* —6A **68**
Epsom Clo. *Pert* —5F **25**
Epsom Gro. *B44* —5B **68**
Epwell Gro. *B44* —1H **83**
Epwell Rd. *B44* —1H **83**
Epworth Ct. *Brie H* —4F **93**
Erasmus Rd. *B11* —4A **118**
Ercall Clo. *B23* —1A **84**
Erdington. —3G 85
Erdington Hall Rd. *B24* —5F **85**
Erdington Ind. Pk. *B24*
　　　　　　　—3D **86**
Erdington Rd. *Wals* —5D **34**
Erica Clo. *B29* —5E **131**
Erica Rd. *Wals* —2F **65**
Ermington Cres. *B36* —1C **104**
Ermington Rd. *Wolv* —6H **43**
Ernest Clarke Clo. *W'hall*
　　　　　　　—5C **30**
Ernest Rd. *B12* —1B **134**
Ernest Rd. *Dud* —6H **77**
Ernest Rd. *Smeth* —3C **98**
Ernest St. *B1* —2F **117** (6C **4**)
Ernsford Clo. *Dorr* —6G **167**
Erskine St. *B7* —5B **102**
Esher Rd. *B44* —1H **67**
Esher Rd. *W Brom* —1B **80**
Eskdale Clo. *Wolv* —1C **44**
Eskdale Wlk. *Brie H* —3F **109**
Esme Rd. *B11* —1B **134**
Esmond Clo. *B30* —2H **145**
Essendon Gro. *B8* —5H **103**
Essendon Rd. *B8* —5H **103**
Essendon Wlk. *B8* —5H **103**
Essex Av. *K'wfrd* —4H **91**
Essex Av. *W'bry* —1A **64**
Essex Av. *W Brom* —6A **64**
Essex Ct. *B29* —6G **131**
Essex Gdns. *Stourb* —4B **108**
Essex Ho. *Wolv* —5G **27**
　(off Lomas St.)

Essex Rd. *Dud* —3C **94**
Essex Rd. *S Cold* —2B **54**
Essex St. *B5* —2G **117** (6D **4**)
Essex St. *Wals* —4C **32**
Essington. —3H 17
Essington Clo. *Stourb*
　　　　　　　—2C **108**
Essington Ho. *B8* —4G **103**
Essington Ind. Est. *Ess*
　　　　　　　—3H **17**
Essington Rd. *Ess & W'hall*
　　　　　　　—5B **18**
Essington St. *B16* —2D **116**
Essington Way. *Wolv* —2D **44**
Este Rd. *B26* —3E **121**
Estone Wlk. *B6* —2H **101**
Estria Rd. *B15* —4D **116**
Estridge La. *Wals* —3G **7**
Ethelfleda Ter. *W'bry* —2F **63**
Ethelred Clo. *S Cold* —6G **37**
Ethel Rd. *B17* —6H **115**
Ethel St. *B2* —1F **117** (4D **4**)
Ethel St. *O'bry* —5G **97**
Ethel St. *Smeth* —1D **114**
Etheridge Rd. *Bils* —4E **45**
Eton Clo. *Dud* —6B **60**
Eton Dri. *Stourb* —2E **125**
Eton Rd. *B12* —1B **134**
Etruria Way. *Bils* —4G **45**
Etta Gro. *B44* —1H **67**
Ettingshall. —6C 44
Ettingshall Park. —1A 60
Ettingshall Pk. Farm La. *Wolv*
　　　　　　　—1A **60**
Ettingshall Rd. *Bils* —3C **60**
Ettingshall Rd. *Wolv* —4C **44**
Ettington Clo. *Dorr* —6F **167**
Ettington Rd. *B6* —1G **101**
Ettymore Clo. *Dud* —5H **59**
Ettymore Rd. *Dud* —5H **59**
Ettymore Rd. W. *Dud* —5G **59**
Etwall Rd. *B28* —2E **149**
Euan Clo. *B17* —3G **115**
Euro Bus. Pk. *O'bry* —2E **97**
Europa Av. *W Brom* —5D **80**
Europa Way. *Birm A* —1E **139**
Evans Clo. *Tip* —2E **77**
Evans Gdns. *B29* —4H **131**
Evans Pl. *Bils* —4G **45**
Evans St. *Bils* —4B **60**
Evans St. *W'hall* —2F **45**
Evans St. *Wolv* —5E **27**
Eva Rd. *B18* —3H **99**
Eva Rd. *O'bry* —6A **98**
Evason Ct. *B6* —6G **83**
Eve Hill. —5D 76
Eve La. *Dud* —2B **76**
Evelyn Cft. *S Cold* —5G **69**
Evelyn Rd. *B11* —1C **134**
Evenlode Clo. *Sol* —2F **137**
Evenlode Gro. *W'hall* —2D **46**
Evenlode Rd. *Sol* —2E **137**
Evered Bardon Ho. O'bry
　　　　　　　—2E **97**
　(off Round's Grn. Rd.)
Everest Clo. *Smeth* —1C **98**
Everest Rd. *B20* —4C **82**
Everest Rd. *Wals* —6F **31**
Evergreen Clo. *Cose* —5D **60**
Everitt Dri. *Know* —3C **166**
Eversley Dale. *B24* —5G **85**
Eversley Gro. *Dud* —3G **59**
Eversley Gro. *Wolv* —3E **29**
Eversley Rd. *B9* —2D **118**
　(in two parts)
Evers St. *Brie H* —3C **110**

Everton Rd. *B8* —5A **104**
Eves Cft. *B32* —4A **130**
Evesham Cres. *Wals* —4F **19**
Evesham Ri. *Dud* —6F **95**
Eveson Rd. *Stourb* —3B **124**
Ewart Rd. *Wals* —6E **31**
Ewell Rd. *B24* —3H **85**
Ewhurst Av. *B29* —4B **132**
　(Heeley Rd.)
Ewhurst Av. *B29* —5C **132**
　(Umberslade Rd.)
Ewhurst Clo. *W'hall* —3H **45**
Exbury Clo. *Wolv* —5D **14**
Excelsior Gro. *Pels* —2F **21**
Exchange St. *Brie H* —5H **93**
Exchange St. *W Brom* —5H **79**
Exchange St. *Wolv*
　　　　　　　—1G **43** (3B **170**)
Exchange, The. *Wals* —6H **19**
Exe Cft. *B31* —1F **159**
Exeter Dri. *B37* —3B **122**
Exeter Ho. *B31* —5A **144**
Exeter Pas. *B1* —2F **117**
Exeter Pl. *Wals* —2H **47**
Exeter Rd. *B29* —3B **132**
Exeter Rd. *Dud* —1F **111**
Exeter Rd. *Smeth* —4F **99**
Exeter St. *B1* —2F **117** (6D **4**)
Exford Clo. *Brie H* —4F **109**
Exhall Clo. *Sol* —5C **150**
Exhibition Way. *B40* —6F **123**
Exmoor Grn. *Wed* —2E **29**
Exon Ct. *Tip* —1H **77**
Expressway, The. *W Brom*
　　　　　　　—3A **80**
Exton Clo. *Wolv* —1H **29**
Exton Way. *B8* —4D **102**
Eyland Gro. *Wals* —1D **48**
Eymore Clo. *B29* —1F **145**
Eyre St. *B18* —6C **100**
Eyston Av. *Tip* —5D **62**
Eyton Cft. *B12* —4H **117**
Ezekiel La. *W'hall* —3C **30**

Fabian Clo. *Redn* —5F **143**
Fabian Cres. *Shir* —6H **149**
Facet Rd. *B38* —5C **146**
Factory Rd. *B18* —3B **100**
Factory Rd. *Tip* —1G **77**
Factory St. *W'bry* —5C **46**
Fairbourne Av. *B44* —3G **67**
Fairbourne Av. *Row R* —5E **97**
Fairbourn Tower. *B23* —1G **85**
Fairburn Cres. *Pels* —2F **21**
Faircroft Av. *S Cold* —1D **86**
Faircroft Rd. *B36* —6H **87**
Fairdene Way. *B43* —5H **65**
Fairfax Ct. *S Cold* —1E **71**
Fairfax Rd. *B31* —1E **159**
Fairfax Rd. *S Cold* —6D **54**
Fairfax Rd. *Wolv* —5H **15**
Fairfield Dri. *Cod* —3E **13**
Fairfield Dri. *Hale* —2E **113**
Fairfield Dri. *Wals* —3F **21**
Fairfield Gro. *Hale* —2E **113**
Fairfield Mt. *Wals* —3D **48**
Fairfield Pk. Ind. Est. *Hale*
　　　　　　　—1E **113**
Fairfield Pk. Rd. *Hale* —2E **113**
Fairfield Ri. *Mer* —4H **141**
Fairfield Ri. *Stourb* —6A **108**
Fairfield Rd. *B14* —5G **133**
Fairfield Rd. *Dud* —2F **95**
Fairfield Rd. *Hale* —3A **128**
Fairfield Rd. *H Grn* —2E **113**

Fairfield Rd. *Stourb* —1D **108**
Fairford Clo. *Sol* —2B **150**
Fairford Gdns. *Stourb* —6C **92**
Fairford Rd. *B44* —1H **83**
Fairgreen Gdns. *Brie H* —4F **93**
Fairgreen Way. *B29* —4B **132**
Fairgreen Way. *S Cold* —2A **52**
Fair Ground Way. *Wals*
　　　　　　　—3B **48**
Fairhaven Cft. *H Grn* —2E **113**
Fairhills. *Dud* —5H **59**
Fairhill Way. *B11* —4B **118**
Fairholme Rd. *B8 & B36*
　　　　　　　—2H **103**
Fairlawn. *Edg* —4C **116**
Fairlawn Clo. *W'hall* —6C **18**
Fairlawn Dri. *K'wfrd* —5B **92**
Fairlawns. *B26* —2E **121**
Fairlawns. *S Cold* —5E **71**
Fairlawn Way. *W'hall* —6C **18**
Fairlie Cres. *B38* —6H **145**
Fairmead Ri. *B38* —6A **146**
Fairmile Rd. *Hale* —5H **111**
Fairoak Dri. *Wolv* —6H **25**
Fair Oaks Dri. *Wals* —5G **7**
Fairview Av. *B42* —1D **82**
Fairview Clo. *C Hay* —3D **6**
Fairview Clo. *Wolv* —3D **28**
Fairview Ct. *Wals* —1D **46**
Fairview Cres. *K'wfrd* —4D **92**
Fairview Cres. *Wolv* —2D **28**
Fairview Gro. *Wolv* —2D **28**
Fairview Rd. *Dud* —4C **76**
Fairview Rd. *Penn* —1A **58**
Fairview Rd. *Wed* —2D **28**
Fairway. *N'fld* —5C **144**
Fairway. *Wals* —6H **21**
Fairway Av. *Tiv* —1A **96**
Fairway Dri. *Redn* —3F **157**
Fairway Grn. *Bils* —4F **45**
Fairway Rd. *O'bry* —1F **113**
Fairways Av. *Stourb* —3C **124**
Fairways Clo. *Stourb* —3C **124**
Fairway, The. *K Nor* —5H **145**
Fairyfield Av. *B43* —4H **65**
Fairyfield Ct. *B43* —4H **65**
Fakenham Cft. *B17* —4D **114**
Falcon Clo. *Wals* —3C **6**
Falcon Cres. *Bils* —3B **60**
Falcondale Rd. *W'hall* —6C **18**
Falconhurst Rd. *B29* —3G **131**
Falcon Lodge. —6F 55
Falcon Lodge Cres. *S Cold*
　　　　　　　—6D **54**
Falcon Pl. *Tiv* —2C **96**
Falcon Ri. *Stourb* —5A **108**
Falcon Rd. *O'bry* —1F **113**
Falcons, The. *S Cold* —6F **55**
Falcon Way. *Dud* —6B **76**
Falfield Clo. *Row R* —3D **96**
Falfield Gro. *B31* —2C **158**
Falkland Cft. *B30* —1D **146**
Falklands Clo. *Swind* —5E **73**
Falkland Way. *B36* —4D **106**
Falkwood Gro. *Know* —3B **166**
Fallindale Rd. *B26* —5F **121**
Fallings Heath. —5F 47
Fallings Heath Clo. *W'bry*
　　　　　　　—4F **47**
Fallings Park. —4B 28
Fallings Pk. Ind. Est. *Wolv*
　　　　　　　—4B **28**
Fallowfield. *Pend* —5C **14**
Fallowfield. *Pert* —5D **24**
Fallow Fld. *S Cold* —6B **36**
Fallowfield Av. *B28* —2F **149**

Fallowfield Rd. *Hale* —2F **127**
Fallowfield Rd. *Row R* —6A **96**
Fallowfield Rd. *Sol* —3G **137**
Fallowfield Rd. *Wals* —3A **50**
Fallows Ho. *B19* —4G **101**
Fallows Rd. *B11* —5C **118**
Fallow Wlk. *B32* —3G **129**
Falmouth Ho. *B34* —4C **104**
Falmouth Rd. *Wals* —4H **49**
Falstaff Av. *H'wd* —3A **162**
Falstaff Clo. *S Cold* —6F **71**
Falstaff Ct. *S Cold* —6G **55**
Falstaff Rd. *Shir* —5H **149**
Falstone Rd. *S Cold* —3D **68**
Fancott Rd. *B31* —2E **145**
Fancourt Av. *Wolv* —1B **58**
Fane Rd. *Wolv* —6A **18**
Fanshawe Rd. *B27* —4A **136**
Fanum Ho. *Hale* —2B **128**
Faraday Av. *B32* —6B **114**
Faraday Av. *Col* —2H **89**
Faraday Rd. *Wals* —3H **31**
Farbrook Way. *W'hall* —3B **30**
Farcroft Av. *B21* —1H **99**
Farcroft Gro. *B21* —6H **81**
Farcroft Rd. *B21* —6H **81**
Fareham Cres. *Wolv* —5A **42**
Farfield Clo. *B31* —5F **145**
Far Highfield. *S Cold* —1B **70**
Farhill Clo. *W Brom* —5D **64**
Farlands Dri. *Stourb* —2E **125**
Farlands Gro. *B43* —6B **66**
Farlands Rd. *Stourb* —2E **125**
Farleigh Dri. *Wolv* —3G **41**
Farleigh Rd. *Pert* —6G **25**
Farley Cen. *W Brom* —5B **80**
Farley Rd. *B23* —3B **84**
Farley St. *Tip* —2D **78**
Farlow Cft. *Mars G* —3B **122**
Farlow Rd. *B31* —4G **145**
Farmacre. *B9* —1B **118**
Farm Av. *O'bry* —6G **97**
Farmbridge Clo. *Wals* —6D **30**
Farmbridge Rd. *Wals* —6D **30**
Farmbridge Way. *Wals* —6D **30**
Farmbrook Av. *Wolv* —4H **15**
Farm Clo. *Cod* —5H **13**
Farm Clo. *Dud* —6F **59**
Farm Clo. *Sol* —3G **137**
Farmcote Rd. *B33* —5E **105**
Farm Cft. *B19* —3E **101**
Farmcroft Rd. *Stourb* —2A **126**
Farmdale Gro. *Redn* —3G **157**
Farmer Rd. *B10* —4G **119**
Farmers Clo. *S Cold* —1C **70**
Farmers Ct. *Hale* —1H **127**
Farmers Fold. *Wolv* —3B **170**
Farmers Wlk. *B21* —2H **99**
Farmer Way. *Tip* —4B **62**
Farmhouse Rd. *W'hall* —4D **30**
Farm.Ho. Way. *B43* —1A **66**
Farmhouse Way. *Shir* —2F **165**
Farmhouse Way. *W'hall*
    —4E **31**
Farmoor Gro. *B34* —3A **106**
Farmoor Way. *Wolv* —3A **16**
Farm Rd. *B11* —4B **118**
Farm Rd. *Brie H* —2A **110**
Farm Rd. *Dud* —6C **94**
Farm Rd. *O'bry* —6G **97**
Farm Rd. *Row R* —6A **96**
Farm Rd. *Smeth* —6C **98**
Farm Rd. *Tip* —6C **62**
Farm Rd. *Wolv* —3A **42**
Farmside Grn. *Wolv* —5D **14**

Farmstead Rd. *Sol* —3G **137**
Farm St. *B19* —3D **100**
Farm St. *Wals* —5C **32**
Farm St. *W Brom* —6A **80**
Farnborough Ct. *S Cold*
    —1H **53**
Farnborough Dri. *Shir*
    —3D **164**
Farnborough Rd. *B35* —5E **87**
Farnbury Cft. *B38* —5D **146**
Farn Clo. *B33* —6D **104**
Farncote Dri. *S Cold* —6F **37**
Farndale Av. *Wolv* —4D **26**
Farndale Clo. *Brie H* —5F **109**
Farndon Av. *Mars G* —4D **122**
Farndon Rd. *B8* —5F **103**
Farndon Way. *B23* —6D **68**
Farnham Clo. *B43* —5B **66**
Farnham Rd. *B21* —5H **81**
Farnhurst Rd. *B8 & B36*
    —2H **103**
Farnol Rd. *B26* —3D **120**
Farnworth Gro. *B36* —6A **88**
Farquhar Rd. *Edg* —5B **116**
Farquhar Rd. *Mose* —2H **133**
Farquhar Rd. E. *B15* —5B **116**
Farran Way. *B43* —6A **66**
Farren Rd. *B31* —6B **144**
Farrier Clo. *S Cold* —5D **70**
Farrier Rd. *B43* —2F **67**
Farriers Mill. *Pels* —3C **20**
Farriers, The. *B26* —6F **121**
Farrier Way. *K'wfrd* —2G **91**
Farringdon Ho. Wals —*6B 32*
  (off Green La.)
Farringdon St. *Wals* —1B **48**
Farrington Rd. *B23* —2B **84**
Farrington Rd. *Wolv* —2H **59**
Farrow Rd. *B44* —2G **67**
Farthing La. *Curd* —1E **89**
Farthing La. *S Cold* —1H **69**
Farthing Pools Clo. *S Cold*
    —1A **70**
Farthings, The. *B17* —5H **115**
Farvale Rd. *Min* —1G **87**
Far Vw. *Wals* —5D **22**
Farway Gdns. *Cod* —5F **13**
Far Wood Rd. *B31* —5C **130**
Fashoda Rd. *B29* —4D **132**
Fastlea Rd. *Bart G* —4B **130**
Fastmoor Oval. *B33* —2A **122**
Fast Pits Rd. *B25* —3H **119**
Fatherless Barn Cres. *Hale*
    —1E **127**
Faulkland Cres. *Wolv*
    —6H **27** (1C **170**)
Faulkner Clo. *Stourb* —1D **124**
Faulkner Rd. *Sol* —4F **137**
Faulkners Farm Dri. *B23*
    —1B **84**
Faulknor Dri. *Brie H* —2F **93**
Faversham Clo. *Wals* —6D **30**
Faversham Clo. *Wolv* —1C **26**
Fawdry Clo. *S Cold* —6H **53**
Fawdry St. *B9* —1A **118**
Fawdry St. *Smeth* —4G **99**
Fawdry St. *Wolv* —6F **27**
Fawley Clo. *W'hall* —3H **45**
Fawley Gro. *B14* —2D **146**
Fazeley St. *B5* —1H **117** (4G **5**)
Fazeley St. Ind. Est. *B5*
    —1A **118** (4H **5**)
Fearon Pl. *Smeth* —4E **99**
Featherstone. —1D 16
Featherstone Clo. *Shir*
    —5B **150**

Featherstone Cres. *Shir*
    —5B **150**
Featherstone Rd. *B14*
    —1G **147**
Featherston Rd. *S Cold*
    —1A **52**
Feiashill. —6B 56
Feiashill Clo. *Try* —6B **56**
Feiashill Rd. *Try* —5B **56**
Felbrigg Clo. *Brie H* —3G **109**
Feldings, The. *B24* —3A **86**
Feldon La. *Hale* —4E **113**
Felgate Clo. *Shir* —3E **165**
Fellbrook Clo. *B33* —5D **104**
Fell Gro. *B21* —5G **81**
Fellmeadow Rd. *B33* —1E **121**
Fellmeadow Way. *Sed* —1A **76**
Fellows Av. *K'wfrd* —1A **92**
Fellows La. *B17* —5E **115**
Fellows Rd. *Bils* —4F **45**
Fellows St. *Wolv* —3G **43**
Felsted Way. *B7* —5A **102**
Felstone Rd. *B44* —4G **67**
Feltham Clo. *B33* —2A **122**
Felton Cft. *B33* —6E **105**
Felton Gro. *Sol* —6F **151**
Fenbourne Clo. *Wals* —1G **33**
Fenchurch Clo. *Wals* —5B **32**
Fencote Av. *F'bri* —5C **106**
Fen End Rd. *Ken* —6E **169**
Fen End Rd. W. *Know*
    —4B **168**
Fenmere Clo. *Wolv* —6H **43**
Fennel Clo. *Wals* —2D **6**
Fennel Cft. *B34* —2F **105**
Fennel Rd. *Brie H* —4G **109**
Fennis Clo. *Dorr* —6B **166**
Fenn Ri. *Stourb* —6A **92**
Fenn Ri. *W'hall* —3B **30**
Fens Cres. *Brie H* —4G **93**
Fens Pool Av. *Brie H* —4H **93**
Fensway, The. *B34* —4E **105**
Fenter Clo. *B13* —6H **117**
Fentham Clo. *H Ard* —1B **154**
Fentham Ct. *Sol* —5D **136**
Fentham Grn. *H Ard* —6A **140**
Fentham Rd. *Aston* —1F **101**
Fentham Rd. *Erd* —4D **84**
Fentham Rd. *H Ard* —1A **154**
Fenton Rd. *B27* —6H **119**
Fenton Rd. *H'wd* —2A **162**
Fenton St. *Brie H* —6G **93**
Fenton St. *Smeth* —2C **98**
Fenton Way. *B27* —1H **135**
Fereday Rd. *Wals* —4D **22**
Fereday's Cft. *Dud* —6H **59**
Fereday St. *Tip* —5H **61**
Ferguson Rd. *O'bry* —4B **98**
Ferguson St. *Wolv* —6A **18**
Fern Av. *Tip* —6H **61**
Fern Bank Clo. *Hale* —3F **127**
Fernbank Cres. *Wals* —1G **65**
Fernbank Rd. *B8* —5G **103**
Ferncliffe Rd. *B17* —1F **131**
Fern Clo. *Bils* —5D **60**
Fern Clo. *Shelf* —6G **21**
Ferndale Av. *B43* —6B **66**
Ferndale Ct. *Col* —4H **107**
Ferndale Cres. *B12* —3A **118**
Ferndale M. *Col* —4H **107**
Ferndale Pk. *Stourb* —5F **125**
Ferndale Rd. *B28* —5F **135**
Ferndale Rd. *Bal C* —3F **169**
Ferndale Rd. *Col* —4H **107**
Ferndale Rd. *Ess* —4B **18**
Ferndale Rd. *O'bry* —2F **113**

Ferndale Rd. *S Cold* —3H **51**
Ferndene Rd. *B11* —2F **135**
Ferndown Av. *Dud* —6G **59**
Ferndown Clo. *B26* —2E **121**
Ferndown Clo. *Wals* —3H **19**
Ferndown Gdns. *Wolv*
    —4H **29**
Ferndown Rd. *Sol* —1F **151**
Fern Dri. *Wals* —1G **7**
Fernfell Ct. *B23* —2E **85**
Fernhill Gro. *B44* —2H **67**
Fernhill La. *Ken* —5E **169**
Fernhill Rd. *Sol* —3C **136**
Fernhurst Dri. *Brie H* —2F **93**
Fernhurst Rd. *B8* —6G **103**
Fernleigh Ct. *Sol* —2G **151**
Fernleigh Gdns. *Stourb*
    —6A **92**
Fernleigh Rd. *Wals* —6F **33**
Fernley Av. *B29* —3D **132**
Fernley Rd. *B11* —1C **134**
Fern Leys. *Wolv* —2B **42**
Fern Rd. *B24* —3G **85**
Fern Rd. *Dud* —3E **77**
Fern Rd. *Wolv* —3F **43**
Fernside Gdns. *B13* —2B **134**
Fernside Rd. *W'hall* —6F **29**
Fernwood Clo. *S Cold* —4E **69**
Fernwood Cft. *B14* —1G **147**
Fernwood Cft. *Tip* —3H **77**
Fernwood Rd. *S Cold* —5E **69**
Fernwoods. *B32* —3H **129**
Ferrers Clo. *S Cold* —1B **54**
Ferrie Gro. *Bwnhls* —6A **10**
Ferris Gro. *B27* —4G **135**
Festival Av. *W'bry* —1C **62**
Festival Way. *Wolv* —4F **27**
Fibbersley. *Wolv & W'hall*
    —5H **29**
Fibbersley Bank. *W'hall*
    —5H **29**
Fiddlers Grn. *H Ard* —6A **140**
Field Av. *B31* —2D **144**
Field Clo. *B26* —5E **121**
Field Clo. *Blox* —1A **32**
Field Clo. *Pels* —5F **21**
Field Clo. *Stourb* —1E **109**
Fld. Cottage Dri. *Stourb*
    —2F **125**
Field Ct. *Wals* —5F **21**
Fieldfare. *Hamm* —1F **11**
Fieldfare Clo. *Crad H* —5H **95**
Fieldfare Cft. *B36* —1C **106**
Fieldfare Rd. *Stourb* —1H **125**
Fieldgate Trad. Est. *Wals*
    —2D **48**
Fld. Head Pl. *Wolv* —5H **25**
Fieldhead Rd. *B11* —2G **135**
Fieldhouse Rd. *B25* —3A **120**
Fieldhouse Rd. *Wolv* —1A **60**
Field La. *B32* —5G **129**
Field La. *Gt Wyr* —2G **7**
Field La. *Pels* —5F **21**
Field La. *Sol* —1C **152**
Field La. *Stourb* —2E **125**
Field M. *Dud* —6G **95**
Fieldon Clo. *Shir* —4A **150**
Field Rd. *Dud* —6G **77**
Field Rd. *Tip* —5H **61**
Field Rd. *Wals* —1A **32**
Fieldside Wlk. *Bils* —3F **45**
Field St. *Bils* —2G **61**
Field St. *W'hall* —1A **46**
Field St. *Wolv* —6A **28**
Fieldview Clo. *Cose* —3G **61**
Field Vw. Dri. *Row R* —6F **97**

Field Wlk.—Forge La.

Field Wlk. *Wals* —2D **34**
Fieldways Clo. *H'wd* —2A **162**
Fifield Gro. *B33* —6D **104**
Fifth Av. *B9* —1F **119**
Fifth Av. *Wolv* —2H **27**
Filey Rd. *Wolv* —5F **15**
Fillingham Clo. *B37* —2F **123**
Fillongley Rd. *Mer* —4H **141**
Filton Cft. *B35* —3E **87**
Fimbrell Clo. *Brie H* —3E **109**
Finbury Clo. *Sol* —4D **136**
Finchall Cft. *Sol* —6A **138**
Fincham Clo. *Wolv* —4E **15**
Finch Clo. *Row R* —5H **95**
Finchdene Gro. *Wolv* —2B **42**
Finch Dri. *S Cold* —6A **52**
Finches End. *B34* —4G **105**
Finchfield Clo. *Stourb*
—1A **124**
Finchfield Gdns. *Wolv* —2C **42**
Finchfield Hill. *Wolv* —1A **42**
Finchfield La. *Wolv* —3A **42**
Finchfield Rd. *Wolv* —2C **42**
Finchfield Rd. W. *Wolv* —2B **42**
Finchley Av. *B19* —1E **101**
Finchley Clo. *Dud* —5H **75**
Finchley Rd. *B44* —3B **68**
Finchmead Rd. *B33* —2A **122**
Finchpath Rd. *W Brom*
—1G **79**
Finch Rd. *B19* —1E **101**
Findlay Rd. *B14* —4G **133**
Findon Rd. *B8* —3H **103**
Finfold Cft. *Bal C* —3H **169**
Fingerpost Dri. *Pels* —2E **21**
Finlarigg Dri. *B15* —5B **116**
Finmere Rd. *B28* —5F **135**
Finnemore Rd. *B9* —1G **119**
Finneywell Clo. *Bils* —2D **60**
Finsbury Dri. *Brie H* —4G **109**
Finsbury Gro. *B23* —1D **84**
Finstall Clo. *B7* —5A **102**
Finstall Clo. *S Cold* —4A **70**
Finwood Clo. *Sol* —5A **138**
Fir Av. *B12* —6A **118**
Firbank Clo. *B30* —6A **132**
Firbank Way. *Wals* —5D **20**
Firbarn Clo. *S Cold* —2B **70**
Firbeck Gro. *B44* —4A **68**
Firbeck Rd. *B44* —4A **68**
Fircroft. *B31* —5D **130**
Fircroft. *Bils* —2A **62**
Fir Cft. *Brie H* —3G **109**
Fircroft. *Sol* —1D **150**
Fircroft Ho. *B37* —1C **122**
Firecrest Clo. *Erd* —6B **68**
Fire Sta. Rd. *Birm A* —6D **122**
Fir Gro. *B14* —2H **147**
Fir Gro. *Stourb* —5A **108**
Fir Gro. *Wolv* —2E **43**
Firhill Cft. *B14* —5F **147**
Firmstone Ct. *Stourb* —4C **108**
Firmstone St. *Stourb* —4C **108**
Firsbrook Clo. *Wolv* —4D **26**
Firsby Rd. *B32* —6C **114**
Firs Clo. *Smeth* —4E **99**
Firs Dri. *Shir* —6G **149**
Firs Farm Dri. *B36* —1D **104**
Firsholm Clo. *S Cold* —6G **69**
Firs Ho. *B36* —1D **104**
Firs La. *Smeth* —4E **99**
Firs Rd. *K'wfrd* —3C **92**
Firs St. *Dud* —6F **77**
First Av. *Bord G* —2E **119**
First Av. *Min* —2E **87**
First Av. *Pens T* —6E **75**

First Av. *S Oak* —2D **132**
First Av. *Wals* —5C **10**
First Av. *Witt* —5H **83**
First Av. *Wolv* —3A **28**
First Exhibition Av. *B40*
—6F **123**
Firs, The. *B11* —5C **118**
Firs, The. *Mer* —4H **141**
First Mdw. Piece. *B32*
—1C **130**
Fir St. *Sed* —6D **58**
Firsvale Rd. *Wolv* —4H **29**
Firsway. *Wolv* —1G **41**
Firswood Rd. *B33* —2G **121**
Firth Dri. *B14* —2B **148**
Firth Dri. *Hale* —3E **113**
Firth Pk. Cres. *Hale* —3E **113**
Firtree Clo. *B44* —6G **67**
Fir Tree Dri. *Dud* —6A **60**
Fir Tree Dri. *Wals* —1F **65**
Fir Tree Gro. *S Cold* —4F **69**
Firtree Rd. *B24* —4H **85**
Fir Tree Rd. *Wolv* —3B **42**
Fisher Clo. *Redn* —5E **143**
Fisher Rd. *O'bry* —2A **98**
Fisher Rd. *Wals* —5F **19**
Fishers Dri. *Shir* —4F **163**
Fisher St. *Brie H* —6F **93**
Fisher St. *Dud* —6F **77**
Fisher St. *Dud P* —4A **78**
Fisher St. *Gt Bri* —2D **78**
Fisher St. *W'hall* —1C **46**
Fisher St. *Wolv* —3F **43**
Fishley. —3A 20
Fishley Clo. *Wals* —3A **20**
Fishley La. *Wals* —4B **20**
Fishpool Clo. *B36* —1A **104**
Fistral Gdns. *Wolv* —4D **42**
Fithern Clo. *Dud* —2A **76**
Fitters Mill Clo. *B5* —5G **117**
Fitton Av. *K'wfrd* —4E **93**
Fitzgerald Pl. *Brie H* —5F **109**
Fitzguy Clo. *W Brom* —6C **80**
Fitzmaurice Rd. *Wolv* —2H **29**
Fitz Roy Av. *B17* —4D **114**
Fitzroy Rd. *B31* —4A **144**
Five Fields Rd. *W'hall* —4A **30**
Five Oaks Rd. *W'hall* —3G **45**
Five Ways. —3D 116
Five Ways. *Brie H* —1H **109**
Five Ways. *Dud* —4H **75**
Five Ways. *Stech* —1B **120**
Five Ways. *Wolv* —5G **27**
(WV1)
Five Ways. *Wolv* —4A **42**
(WV3)
Five Ways Shop. Cen. *B15*
—2D **116**
Flackwell Rd. *B23* —6E **69**
Fladbury Clo. *Dud* —6F **95**
Fladbury Cres. *B29* —4H **131**
Fladbury Gdns. *Hand* —1E **101**
Fladbury Pl. *B19* —2E **101**
Flamborough Clo. *B34*
—2E **105**
Flamborough Way. *Cose*
—6D **60**
Flanders Dri. *K'wfrd* —1B **92**
Flash La. *Lwr P* —3E **57**
Flash Rd. *O'bry* —2G **97**
Flatts, The. *W'bry* —4E **47**
Flavell Av. *Bils* —4F **61**
Flavell Clo. *B32* —4H **129**
Flavells La. *B25* —3A **120**
Flavells La. *Dud* —5F **75**
Flavell St. *Dud* —1D **76**

Flax Clo. *H'wd* —4A **162**
Flax Gdns. *B38* —1B **160**
Flaxhall St. *Wals* —3H **47**
Flaxley Clo. *B33* —6D **104**
Flaxley Parkway. *B33* —5C **104**
Flaxley Rd. *B33* —5B **104**
Flaxton Gro. *B33* —5E **105**
Flaxton Wlk. *Wolv* —4E **27**
Flecknoe Clo. *B36* —6G **87**
Fledburgh Dri. *S Cold* —1B **70**
Fleet St. *B3* —6E **101** (3B **4**)
Fleet St. *Bils* —6F **45**
Fleetwood Gro. *B26* —2E **121**
Fleming Pl. *Wals* —3G **31**
Fleming Rd. *B32* —6B **114**
Fleming Rd. *Wals* —3G **31**
Flemmynge Clo. *Cod* —3E **13**
Fletcher Gro. *Know* —5C **166**
Fletcher Rd. *W'hall* —6D **18**
Fletcher's La. *W'hall* —1C **46**
Fletcher St. *Stourb* —6B **110**
Fletchers Wlk. *B3*
—1E **117** (4B **4**)
Fletton Gro. *B14* —4A **148**
Flinkford Clo. *Wals* —5H **49**
Flint Grn. Rd. *B27* —2H **135**
Flintham Clo. *B27* —2C **136**
Flint Ho. Wolv —5G 27
(off Lomas St.)
Flintway, The. *B33* —5C **104**
Floodgate St. *B5*
—2H **117** (6H **5**)
Flood St. *Dud* —1F **95**
Flora Rd. *B25* —4H **119**
Florence Av. *S'hll* —5C **118**
Florence Av. *S Cold* —6H **69**
Florence Av. *Wolv* —1B **60**
Florence Bldgs. *B29* —3B **132**
Florence Dri. *S Cold* —6H **69**
Florence Gro. *B18* —5A **100**
Florence Gro. *W Brom* —4C **64**
Florence Rd. *A Grn* —1B **136**
Florence Rd. *Cod* —4A **14**
Florence Rd. *Hand* —1H **99**
Florence Rd. *K Hth* —5H **133**
Florence Rd. *O'bry* —2D **96**
Florence Rd. *Smeth* —5F **99**
Florence Rd. *S Cold* —6H **69**
Florence Rd. *Tip* —6A **62**
Florence Rd. *W Brom* —6C **80**
Florence St. *B1*
—2F **117** (6C **4**)
Florence St. *Wals* —2E **49**
Florian Way. *B'bry* —4E **47**
Florida Way. *K'wfrd* —3E **93**
Flowerdale Clo. *Bils* —5D **60**
Floyds La. *Wals* —3G **33**
Floyer Rd. *B10* —2E **119**
Flyford Cft. *B29* —3D **130**
Foden Rd. *B42* —5C **66**
Foinavon Clo. *Row R* —3H **95**
Fold St. *Wolv*
—2G **43** (4A **170**)
Fold, The. *B38* —6C **146**
Fold, The. *Seis* —3A **56**
Fold, The. *W'bry* —5D **46**
Fold, The. *Wolv* —1D **58**
Foldyard Clo. *S Cold* —5E **71**
Foley Av. *Wolv* —6A **26**
Foley Chu. Clo. *S Cold* —1A **52**
Foley Dri. *Wolv* —6A **26**
Foley Gro. *Wom* —2E **73**
Foley Ho. *O'bry* —3H **113**
Foley Rd. *B8* —4H **103**
Foley Rd. *Stourb* —3F **125**
Foley Rd. E. *S Cold* —2H **51**

Foley Rd. W. *S Cold* —2F **51**
Foley St. *W'bry* —2G **63**
Foley Wood Clo. *S Cold*
—2G **51**
Foliot Fields. *B25* —3B **120**
Folkes Rd. *Stourb* —5C **110**
Folkestone Cft. *B36* —1C **104**
Folliott Rd. *B33* —6E **105**
Follyhouse Clo. *Wals* —4D **48**
Follyhouse La. *Wals* —4D **48**
Fontley Clo. *B26* —2D **120**
Fontwell Rd. *Wolv* —3H **15**
Fordbridge. —6C 106
Fordbridge Rd. *B37* —5B **106**
Ford Brook La. *Wals* —5F **21**
Forder Gro. *B14* —5A **148**
Forde Way Gdns. *B38*
—2A **160**
Fordfield Rd. *B33* —5G **105**
Fordham Gro. *Pend* —4E **15**
Fordhouse Ind. Est. *Wolv*
—1H **27**
Fordhouse La. *B30* —1D **146**
Fordhouse Rd. *Wolv* —6H **15**
Fordhouses. —4F 15
Fordraught La. *Rom* —6B **142**
Fordrift, The. *B37* —5C **122**
Fordrough. *Yard* —4F **119**
Fordrough Av. *B9* —6E **103**
Fordrough La. *B9* —6E **103**
Fordrough, The. *N'fld* —6F **145**
Fordrough, The. *Shir* —1B **162**
Fordrough, The. *S Cold*
—2G **53**
Fords Rd. *Shir* —2E **163**
Ford St. *B18* —4D **100**
Ford St. *Smeth* —3D **98**
Ford St. *Wals* —4A **48**
Fordwater Rd. *S Cold* —5H **51**
Foredraft Clo. *B32* —3A **130**
Foredraft St. *Hale* —6F **111**
Foredrove La. *Sol* —1A **152**
Forest Av. *Wals* —2B **32**
Forest Clo. *Smeth* —2C **98**
Forest Clo. *S Cold* —4G **51**
Forest Ct. *Dorr* —6B **166**
Forest Ct. *W'hall* —1C **30**
Forest Dale. *Redn* —3H **157**
Forest Dri. *B17* —5H **115**
Forest Ga. *W'hall* —1D **30**
Forest Hill Rd. *B26* —6G **121**
Forest La. *Wals* —4B **32**
Forest Pk. *S Cold* —1C **70**
Forest Pl. *Wals* —3C **32**
Fore St. *B2* —1G **117** (4E **5**)
Forest Rd. *Dorr* —6C **166**
Forest Rd. *Dud* —3E **77**
Forest Rd. *Mose* —2A **134**
Forest Rd. *O'bry* —4A **114**
Forest Rd. *Yard* —5A **120**
Forest Way. *H'wd* —3B **162**
Forest Way. *Wals* —4G **7**
Forfar Wlk. *B38* —5H **145**
Forge Clo. *Hamm* —1F **11**
Forge Clo. *Pend* —6C **14**
Forge Cft. *Min* —1F **87**
Forge La. *A'rdge* —4C **34**
Forge La. *Crad H* —3D **110**
Forge La. *Foot & Lit A* —1B **36**
Forge La. *Hale* —6C **112**
Forge La. *K'wfrd* —1G **91**
Forge La. *Min* —1F **87**
(in two parts)
Forge La. *Wals* —2H **35**
Forge La. *W Brom* —6E **65**

Forge Leys. *Wom* —1E **73**
Forge Rd. *Stourb* —5D **108**
Forge Rd. *Wals* —2D **20**
Forge Rd. *W'bry* —5C **46**
Forge Rd. *W'hall* —5C **30**
Forge St. *Wals* —6B **32**
Forge St. *W'bry* —1E **63**
Forge St. *W'hall* —6B **30**
Forge, The. *Hale* —3D **110**
Forge Trad. Est. *Hale* —6C **112**
Forge Valley Way. *Wom*
  —1E **73**
Forge Way. *O'bry* —3E **97**
Forhill. —5C 160
Forman's Rd. *B11* —2D **134**
Formby Av. *Pert* —5D **24**
Formby Way. *Wals* —4G **19**
Forrell Gro. *B31* —2F **159**
Forrest Av. *Ess* —3A **18**
Forrester St. *Wals* —1A **48**
Forrester St. Precinct. *Wals*
  —1A **48**
Forster St. *B4 & B7* —6A **102**
Forster St. *Smeth* —2C **98**
Forsythia Clo. *B31* —5D **130**
Forsythia Gro. *Cod* —4G **13**
Fort Cres. *Wals* —4C **22**
Forth Dri. *B37* —5D **106**
Forth Gro. *B38* —1A **160**
Forth Way. *Hale* —3E **113**
Fort Ind. Est., The. *Cas V*
  —6C **86**
Fortnum Clo. *B33* —1H **121**
Forton Clo. *Wolv* —1H **41**
Fort Parkway. *B24* —1H **103**
Fort Shop. Pk., The. *B24*
  —6H **85**
Forward Rd. *Birm A* —2C **138**
Fosbrooke Rd. *B10* —3G **119**
Fosseway Dri. *B23* —5E **69**
Fossil Dri. *Redn* —2G **157**
Foster Av. *Bils* —4D **60**
Foster Gdns. *B18* —3B **100**
Foster Grn. *Pert* —6E **25**
Foster Pl. *Stourb* —5C **108**
Foster Rd. *Wolv* —3A **28**
Foster St. *Stourb* —6E **109**
Foster St. *Wals* —1B **32**
Foster St. *W'bry* —4D **46**
Foster St. E. *Stourb* —6E **109**
Foster Way. *B5* —6E **117**
  (in two parts)
Fotherley Brook Rd. *Wals*
  —4H **35**
Foundry La. *Smeth* —2G **99**
Foundry La. *Wals* —4C **20**
Foundry Rd. *B18* —4H **99**
Foundry Rd. *K'wfrd* —1H **91**
Foundry St. *Bils* —4E **61**
Foundry St. *K'wfrd* —1H **91**
Foundry St. *Mox* —1A **62**
Foundry St. *Tip* —5G **61**
Fountain Arc. *Dud* —6E **77**
Fountain Clo. *B31* —3C **158**
Fountain Ho. *Hale* —2B **128**
Fountain La. *Bils & Tip* —5F **61**
Fountain La. *O'bry* —6F **79**
Fountain Rd. *B17* —2F **115**
Fountains Rd. *Wals* —5E **19**
Fountains Way. *Wals* —5E **19**
Four Acres. *B32* —1A **130**
Four Ashes Rd. *Dorr & Ben H*
  —6H **165**
Four Crosses Rd. *Wals*
  —6G **21**
Fourlands Av. *S Cold* —6B **70**

Fourlands Rd. *B31* —1C **144**
Four Oaks. —6G 37
Four Oaks Comn. Rd. *S Cold*
  —6E **37**
Four Oaks Park. —3G 53
Four Oaks Rd. *S Cold* —1G **53**
Four Stones Clo. *Sol* —6E **151**
Four Stones Gro. *B5* —5G **117**
Fourth Av. *Bord G* —1F **119**
Fourth Av. *S Oak* —2E **133**
Fourth Av. *Wals* —4C **10**
Fourth Av. *Wolv* —3H **27**
Four Winds Rd. *Dud* —3G **95**
Fowey Clo. *S Cold* —6E **71**
Fowey Rd. *B34* —3D **104**
Fowgay Dri. *Sol* —6D **150**
Fowler Clo. *Pert* —3E **25**
Fowler Clo. *Smeth* —1E **99**
Fowler Rd. *S Cold* —6E **55**
Fowler St. *B7* —4B **102**
Fowler St. *Wolv* —5G **43**
Fowlmere Rd. *B42* —5D **66**
Fox & Goose Shop. Cen. *B8*
  —4A **104**
Foxbury Dri. *Dorr* —6C **166**
Foxcote. —2C 126
Foxcote Av. *B21* —2A **100**
Foxcote Clo. *Shir* —1B **164**
Foxcote Dri. *Shir* —1B **164**
Foxcote La. *Hale* —2D **126**
Fox Covert. *Stourb* —6D **108**
Fox Cres. *B11* —1D **134**
Foxcroft Clo. *Burn* —1C **10**
Foxdale Dri. *Brie H* —6F **93**
Foxdale Gro. *B33* —1G **121**
Foxes Mdw. *S Cold* —5E **71**
Foxes Ridge. *Crad H* —3G **111**
Foxes Way. *Bal C* —3H **169**
Foxfield Dri. *Stourb* —2E **125**
Fox Foot Dri. *Brie H* —5G **93**
Foxford Clo. *B36* —6H **87**
Foxford Clo. *S Cold* —6B **70**
Foxglove Clo. *Wals* —2E **21**
Foxglove Clo. *Wed* —4G **29**
Foxglove Cres. *B37* —6A **106**
Foxglove Rd. *Dud* —3B **76**
Foxglove Way. *Hand* —2H **99**
Fox Grn. Cres. *B27* —4G **135**
Fox Gro. *B27* —3G **135**
Fox Hill. *B29* —5G **131**
Fox Hill Clo. *B29* —5G **131**
Fox Hill Rd. *S Cold* —1C **54**
Foxhills Pk. *Dud* —5E **95**
Foxhills Rd. *Stourb* —2B **108**
Foxhills Rd. *Wolv* —2A **58**
Foxhollies Dri. *Hale* —1G **127**
Fox Hollies Rd. *Hall G & A Grn*
  —6F **135**
Fox Hollies Rd. *S Cold* —5D **70**
  (in two parts)
Fox Hollow. *Wolv* —1A **42**
Foxhope Clo. *B38* —5E **147**
Foxhunt Rd. *Hale* —3G **127**
Foxland Av. *Redn* —2A **158**
Foxland Av. *Wals* —2G **7**
Foxland Clo. *B37* —1F **123**
Foxland Clo. *Shir* —5B **164**
Foxlands Av. *Wolv* —2B **58**
Foxlands Cres. *Wolv* —2A **58**
Foxlands Dri. *Dud* —2H **75**
Foxlands Dri. *S Cold* —6B **70**
Foxlands Dri. *Wolv* —2A **58**
Foxlea Rd. *Hale* —4F **127**
Foxley Dri. *Cath B* —2D **152**
Foxmeadow Clo. *Sed* —6A **60**
Foxoak St. *Crad H* —2E **111**

Fox's La. *Wolv* —5G **27**
Fox St. *B5* —6H **101** (3G **5**)
Fox St. *Dud* —1E **77**
Foxton Rd. *B8* —4F **103**
Fox Wlk. *Wals W* —4D **22**
Foxwell Gro. *B9* —6A **104**
Foxwell Rd. *B9* —6H **103**
Foxwood Av. *B43* —3D **66**
Foxwood Gro. *B37* —4B **106**
Foxyards Rd. *Tip* —2F **77**
Foyle Rd. *B38* —6A **146**
Fozdar Cres. *Bils* —4D **60**
Fradley Clo. *B30* —3H **145**
Framefield Dri. *Sol* —1A **152**
Framlingham Gro. *Pert*
  —6G **25**
Frampton Clo. *B30* —6H **131**
Frampton Clo. *Chel W*
  —6F **107**
Frampton Way. *B43* —1F **67**
Frances Dri. *Wals* —5H **19**
Frances Rd. *Erd* —4D **84**
Frances Rd. *K Nor* —2C **146**
Frances Rd. *Loz* —1E **101**
Franchise Gdns. *W'bry* —6F **47**
Franchise St. *B42* —5G **83**
Franchise St. *W'bry* —6E **47**
Francis Clo. *K'wfrd* —1B **92**
Francis Clo. *S Cold* —3H **51**
Francis Rd. *A Grn* —6B **120**
Francis Rd. *Edg* —2C **116**
Francis Rd. *Smeth* —4B **98**
Francis Rd. *Stech* —1B **120**
Francis Rd. *Stourb* —6A **108**
Francis Rd. *Yard* —5G **119**
Francis Sharp Ho. *Wals*
  —5G **19**
Francis St. *B7* —5A **102**
Francis St. *W Brom* —6B **80**
Francis St. *Wolv* —5G **27**
Francis Wlk. *B31* —2E **159**
Francis Ward Clo. *W Brom*
  —5G **63**
Frankburn Rd. *S Cold* —3G **51**
Frankfort St. *B19* —3F **101**
Frankholmes Dri. *Shir*
  —3D **164**
Frankley. —4G 143
Frankley Av. *Hale* —6F **113**
Frankley Beeches. —3G 143
Frankley Beeches Rd. *B31*
  —5A **144**
Frankley Grn. *B32* —2D **142**
Frankley Grn. La. *B32* —2E **143**
Frankley Hill. —4F 143
Frankley Hill La. *B32* —4F **143**
Frankley Hill Rd. *Redn*
  —4F **143**
Frankley Ind. Pk. *Redn*
  —5H **143**
Frankley La. *Quin & N'fld*
  —1A **144**
Frankley Lodge Rd. *B31*
  —3B **144**
Frankley Rd. *O'bry* —3H **113**
Frankley Ter. *B17* —6F **115**
Franklin Rd. *B30* —2A **146**
Franklin St. *B18* —4A **100**
Franklin Way. *B'ville* —1B **146**
Franklyn Clo. *Wolv* —4E **25**
Frank Rd. *Smeth* —3C **98**
Frank St. *B12* —4H **117**
Franks Way. *B33* —1C **120**
Frank Tommey Clo. *Row R*
  —2C **112**
Frankton Clo. *Sol* —3F **137**

Frankton Gro. *B9* —1H **119**
Fraser Rd. *B11* —6D **118**
Fraser St. *Bils* —6G **45**
  (in two parts)
Frayne Av. *K'wfrd* —2A **92**
Freasley Clo. *Shir* —5B **150**
Freasley Rd. *B34* —4H **105**
Freda Ri. *Tiv* —1D **96**
Freda Rd. *W Brom* —6B **80**
Freda's Gro. *B17* —6E **115**
Frederick Rd. *Aston* —1G **101**
Frederick Rd. *Edg* —3D **116**
Frederick Rd. *Erd* —5E **85**
Frederick Rd. *O'bry* —4B **114**
Frederick Rd. *S Oak* —3H **131**
Frederick Rd. *S'hll* —1C **134**
Frederick Rd. *Stech* —6B **104**
Frederick Rd. *S Cold* —3G **69**
Frederick Rd. *Wolv* —4E **29**
Fredericks Clo. *Stourb*
  —1C **124**
Frederick St. *B1*
  —5E **101** (1A **4**)
Frederick St. *Wals* —1B **48**
Frederick St. *W Brom* —3A **80**
Frederick St. *Wolv*
  —3G **43** (6B **170**)
Frederick William St. *W'hall*
  —1B **46**
Freeland Gro. *K'wfrd* —5D **92**
Freeman Dri. *S Cold* —1D **70**
Freeman Pl. *Bils* —3G **45**
Freeman Rd. *B7* —3B **102**
Freeman Rd. *W'bry* —2A **64**
Freeman St. *B5*
  —1G **117** (4F **5**)
Freeman St. *Wolv* —1B **44**
Freemantle Ho. *B34* —3A **106**
Freemount Sq. *B43* —6A **66**
Freer Rd. *B6* —1F **101**
Freer St. *Wals* —1C **48**
Freeth Rd. *Wals* —4C **10**
Freeth St. *B16* —1B **116**
Freeth St. *O'bry* —1F **97**
Freezeland St. *Bils* —5D **44**
Fremont Dri. *Dud* —4A **76**
French Rd. *Dud* —6G **77**
French Walls. *Smeth* —4G **99**
Frensham Clo. *B37* —1E **123**
Frensham Clo. *Wals* —1E **7**
Frensham Way. *B17* —5G **115**
Frenshaw Gro. *B44* —6H **67**
Freshwater Dri. *Brie H*
  —3F **109**
Friardale Clo. *W'bry* —2B **64**
Friar Park. —3B 64
Friar Pk. Rd. *W'bry* —2A **64**
Friars Clo. *Stourb* —6A **92**
Friars Gorse. *Stourb* —4A **108**
Friar St. *W'bry* —2H **63**
Friars Wlk. *B37* —1F **123**
Friary Av. *Shir* —3E **165**
Friary Clo. *B20* —4B **82**
Friary Cres. *Wals* —3G **33**
Friary Gdns. *B21* —5H **81**
Friary Rd. *B20* —5A **82**
Friday La. *Cath B & Bars*
  —2E **153**
Friesland Dri. *Wolv* —6D **28**
Friezeland Rd. *Wals* —1H **47**
Friezland La. *Wals* —2B **22**
Friezland Way. *Wals* —2C **22**
Frinton Gro. *B21* —2G **99**
Frinton Av. *B16* —2D **116**
Frobisher Clo. *Wals* —4F **7**
Frobisher Way. *Smeth* —2B **98**

Frodesley Rd. *B26* —3F **121**
Froggatt Rd. *Bils* —4F **45**
Froggatts Ride. *S Cold*
—2D **70**
Frog La. *Bal C* —4G **169**
Frogmill Rd. *Redn* —6H **143**
Frogmill Shop. Cen. *Redn*
—5H **143**
Frogmore La. *Ken* —6F **169**
Frome Clo. *Dud* —5H **75**
Frome Dri. *Wolv* —4E **29**
Frome Way. *B14* —1E **147**
Frost St. *Wolv* —5C **44**
Froxmere Clo. *Sol* —1F **165**
Froyle Clo. *Wolv* —4A **26**
Froysell St. *W'hall* —1B **46**
Fryer Rd. *B31* —2F **159**
Fryer's Clo. *Wals* —2H **31**
Fryer's Rd. *Wals* —3G **31**
Fryer St. *Wolv*
—1H **43** (2C **170**)
Fuchsia Dri. *Pend* —4D **14**
Fugelmere Clo. *B17* —4D **114**
Fulbrook Gro. *B29* —5D **130**
Fulbrook Rd. *Dud* —6C **76**
Fulford Dri. *Min* —2F **87**
Fulford Gro. *B26* —5G **121**
Fulford Hall Rd. *Earls & Tid G*
—6D **162**
Fulham Rd. *B11* —6B **118**
Fullbrook. —5D 48
Fullbrook Clo. *Shir* —4E **165**
Fullbrook Rd. *Wals* —6C **48**
Fullelove Rd. *Wals* —6C **10**
Fullerton Clo. *Wolv* —6C **14**
Fullwood Cres. *Dud* —3A **94**
Fullwoods End. *Bils* —4E **61**
Fulmer Wlk. *B18* —6C **100**
Fulwell Gro. *B44* —6A **68**
Fulwood Av. *Hale* —3F **113**
Furber Pl. *K'wfrd* —3D **92**
Furlong La. *Hale* —5E **111**
Furlong Mdw. *B31* —5G **145**
Furlongs Rd. *Dud* —1H **75**
Furlongs, The. *Stourb*
—2F **125**
Furlongs, The. *Wolv* —4D **28**
Furlong, The. *W'bry* —6E **47**
Furlong Wlk. *Dud* —3H **75**
Furnace Clo. *Wom* —2E **73**
Furnace Hill. *Hale* —5B **112**
Furnace La. *Hale* —6B **112**
Furnace Pde. *Tip* —1G **77**
Furnace Rd. *Dud* —1E **95**
Furness Clo. *Wals* —4F **19**
Furst St. *Wals* —5C **10**
Furzebank Way. *W'hall*
—5E **31**
Furze Way. *Wals* —3A **50**

Gables, The. *K'wfrd* —1H **91**
Gaddesby Rd. *B14* —5H **133**
Gadds Dri. *Row R* —5D **96**
Gadsby Av. *Wolv* —2A **30**
Gads Grn. Cres. *Dud* —3G **95**
Gads La. *Dud* —6E **77**
Gads La. *W Brom* —5G **79**
Gadwell Cft. *B23* —4B **84**
Gail Clo. *Wals W* —3D **22**
Gailey Cft. *B44* —2G **67**
Gail Pk. *Wolv* —4B **42**
Gainford Clo. *Pend* —6D **14**
Gainford Rd. *B44* —4C **68**
Gainsborough Cres. *B43*
—1F **67**

Gainsborough Cres. *Know*
—3C **166**
Gainsborough Dri. *Wolv*
—5F **25**
Gainsborough Hill. *Stourb*
—2D **124**
Gainsborough Pl. *Dud* —5A **76**
Gainsborough Rd. *B42*
—1D **82**
Gainsborough Trad. Est.
Stourb —1G **125**
Gainsford Dri. *Hale* —5B **112**
Gains La. *Cann* —3A **8**
Gairloch Rd. *W'hall* —6B **18**
Gaitskell Ter. *Tiv* —5D **78**
Gaitskell Way. *Smeth* —2D **98**
Galahad Way. *W'bry* —3G **63**
Galbraith Clo. *Bils* —5F **61**
Galena Way. *B6* —3G **101**
Gale Wlk. *Row R* —4H **95**
Gallery, The. *Wolv*
—2G **43** (4B **170**)
Galloway Av. *B34* —3D **104**
Galton Clo. *B24* —3D **86**
Galton Clo. *Tip* —1C **78**
Galton Dri. *Dud* —3D **94**
Galton Rd. *Smeth* —1D **114**
Galton Tower. *B1* —4A **4**
Gamesfield Grn. *Wolv* —2D **42**
Gammage St. *Dud* —1D **94**
Gandy Rd. *W'hall* —3A **30**
Gannah's Farm Clo. *S Cold*
—2D **70**
Gannow Green. —6D 142
Gannow Grn. La. *Redn*
—6C **142**
Gannow Mnr. Cres. *Redn*
—5E **143**
Gannow Mnr. Gdns. *Redn*
—6F **143**
Gannow Rd. *Redn* —2E **157**
Gannow Shop. Cen. *Redn*
—6E **143**
Gannow Wlk. *Redn* —2E **157**
Ganton Rd. *Wals* —3G **19**
Ganton Wlk. *Wolv* —1D **26**
Garden Clo. *B8* —4G **103**
Garden Clo. *Know* —3B **166**
Garden Clo. *Redn* —5G **143**
Garden Cres. *Wals* —4D **20**
Garden Cft. *Wals* —2D **34**
Gardeners Wlk. *Sol* —3G **151**
Gardeners Way. *Wom* —3F **73**
Garden Gro. *B20* —1A **82**
Gardens, The. *Erd* —4E **85**
Garden St. *Wals* —6C **32**
Garden Wlk. *Bils* —5H **45**
Garden Wlk. *Dud* —6E **77**
(DY2)
Garden Wlk. *Dud* —5G **75**
(DY3)
Garfield Rd. *B26* —3F **121**
Garland Cres. *Hale* —3E **113**
Garland St. *B9* —6C **102**
Garland Way. *B31* —2F **145**
Garman Clo. *B43* —3A **66**
Garner Clo. *Bils* —2F **61**
Garnet Av. *B43* —1D **66**
Garnet Clo. *Ston* —3G **23**
Garnet Ct. *Sol* —4D **136**
Garnett Dri. *S Cold* —5C **54**
Garrard Gdns. *S Cold* —6H **53**
Garratt Clo. *O'bry* —5A **98**
Garratt's La. *Crad H* —1H **111**
Garratt St. *Brie H* —4A **94**
Garratt St. *W Brom* —2H **79**

Garret Clo. *K'wfrd* —1B **92**
Garrett's Green. —3H 121
Garrett's Grn. Ind. Est. *B33*
—2G **121**
Garretts Grn. La. *B26 & B33*
—4D **120**
Garretts Wlk. *B14* —5G **147**
Garrick Clo. *Dud* —4B **76**
Garrick St. *Wolv*
—2H **43** (4C **170**)
Garrington St. *W'bry* —4C **46**
Garrison Cir. *B9* —1A **118**
Garrison La. *B9* —1B **118**
Garrison St. *B9* —1B **118**
Garston Way. *B43* —5H **65**
Garth, The. *B14* —3D **148**
Garway Gro. *B25* —5H **119**
Garwood Rd. *B26* —1D **120**
Gas St. *B1* —1E **117** (5A **4**)
Gatacre St. *Dud* —4H **75**
Gatcombe Clo. *Wolv* —3B **16**
Gatcombe Rd. *Dud* —5A **76**
Gatehouse Fold. *Dud* —6F **77**
Gatehouse Trad. Est. *Bwnhls*
—4D **10**
Gate La. *H'ley H & Dorr*
—5F **165**
Gate La. *S Cold* —3F **69**
Gateley Rd. *O'bry* —4C **114**
Gate St. *B8* —4D **102**
Gate St. *Dud* —6A **60**
Gate St. *Tip* —5A **78**
Gatis St. *Wolv* —5E **27**
Gatwick Rd. *B35* —3G **87**
Gauden Rd. *Stourb* —4H **125**
Gawne La. *Crad H* —5H **95**
Gaydon Clo. *Wolv* —4E **25**
Gaydon Gro. *B29* —3E **131**
Gaydon Pl. *S Cold* —1H **69**
Gaydon Rd. *Sol* —2H **137**
Gaydon Rd. *Wals* —5C **34**
Gayfield Av. *Brie H* —2H **109**
Gay Hill. —2D 160
Gayhill La. *B38* —6D **146**
Gayhurst Dri. *B25* —3C **120**
Gayle Gro. *B27* —5A **136**
Gayton Rd. *W Brom* —1B **80**
Gaywood Cft. *B15* —3E **117**
Geach St. *B19* —3F **101**
Geach Tower. B19 —4F **101**
(off Uxbridge St.)
Gedney Clo. *Shir* —4C **148**
Geeson Clo. *B35* —3F **87**
Gee St. *B19* —3F **101**
Gem Ho. *B4* —2G **5**
Geneva Rd. *Tip* —2F **77**
Genge Av. *Wolv* —1A **60**
Genners App. *N'fld* —5B **130**
Genners La. *Bart G & B31*
—5A **130**
Genners La. *N'fld* —1C **144**
Genthorn Clo. *Wolv* —1B **60**
Gentian. *S Cold* —5F **37**
Gentian Clo. *B31* —1D **144**
Geoffrey Clo. *S Cold* —6F **71**
Geoffrey Pl. *B11* —2C **134**
Geoffrey Rd. *B11* —2C **134**
Geoffrey Rd. *Shir* —4F **149**
George Arthur Rd. *B8*
—5D **102**
George Av. *Row R* —1D **112**
George Bird Clo. *Smeth*
—3E **99**
George Clo. *Dud* —1G **95**
George Frederick Rd. *S Cold*
—1A **68**

George Henry Rd. *Tip* —6E **63**
George Rd. *Bils* —4F **45**
George Rd. *Edg* —3D **116**
George Rd. *Erd* —3B **84**
George Rd. *Gt Barr* —3B **66**
George Rd. *Hale* —1H **127**
George Rd. *O'bry* —1H **113**
George Rd. *S Oak* —2A **132**
George Rd. *Sol* —4G **151**
George Rd. *S Cold* —4D **68**
George Rd. *Tip* —1F **77**
George Rd. *Wat O* —4E **89**
George Rd. *Yard* —5G **119**
George Rose Gdns. *W'bry*
—5C **46**
George St. *B3* —6E **101** (3A **4**)
George St. *Bal H* —6G **117**
George St. *E'shll* —4C **44**
George St. *Hand* —1G **99**
George St. *Loz* —2D **100**
George St. *Stourb* —2D **108**
George St. *Wals* —2C **48**
George St. *W Brom* —5B **80**
George St. *W'hall* —6A **30**
George St. *Wolv*
—2H **43** (5C **170**)
George St. *Woods* —1D **76**
George St. *W B18* —5C **100**
Georgian Gdns. *W'bry* —2F **63**
Georgina Av. *Bils* —2F **61**
Geraldine Rd. *B25* —4H **119**
Gerald Rd. *Stourb* —4C **108**
Geranium Gro. *B9* —6F **103**
Geranium Rd. *Dud* —1H **95**
Gerardsfield Rd. *B33* —6H **105**
Germander Dri. *Wals* —2F **65**
Gerrard Clo. *B19* —2E **101**
Gerrard Rd. *W'hall* —2G **45**
Gerrard St. *B19* —2E **101**
Gervase Dri. *Dud* —4E **77**
Geston Rd. *Dud* —1B **94**
Gibbet La. *Kinv* —1A **124**
Gibbins Rd. *B29* —4G **131**
Gibbons Gro. *Wolv* —5D **26**
Gibbons Hill Rd. *Dud* —3H **59**
Gibbon's La. *Brie H* —2E **93**
Gibbons Rd. *S Cold* —6H **37**
Gibbons Rd. *Wolv* —5D **26**
Gibbs Hill Rd. *B31* —2F **159**
Gibbs Rd. *Stourb* —6C **110**
Gibbs St. *Wolv* —5E **27**
Gibb St. *B12 & B9*
—2H **117** (6H **5**)
Gib Heath. —3C 100
Gibson Dri. *B20* —6D **82**
Gibson Rd. *B20* —1D **100**
Gibson Rd. *Pert* —6E **25**
Gideon Clo. *B25* —5B **120**
Gideons Clo. *Dud* —2H **75**
Giffard Rd. *Bush* —4A **16**
Giffard Rd. *Stow H* —4D **44**
Gifford Ct. Brie H —1H **109**
(off Hill St.)
Giggetty La. *Wom* —1F **73**
Gigmill Way. *Stourb* —1C **124**
Gilbanks Rd. *Stourb* —4B **108**
Gilberry Clo. *Know* —4C **166**
Gilbert Av. *Tiv* —2B **96**
Gilbert Clo. *Wolv* —3A **30**
Gilbert Ct. Wals —5E 33
(off Lichfield Rd.)
Gilbert Enterprise Pk. *W'hall*
—5B **30**
Gilbert La. *Wom* —6H **57**
Gilbert Rd. *Smeth* —5F **99**
Gilbertstone. —4C 120

Gorsey Way—Greenacres Rd.

Gorsey Way. *Wals* —4A **34**
Gorsly Piece. *B32* —1A **130**
Gorstie Cft. *B43* —5A **66**
Gorsty Av. *Brie H* —6G **93**
Gorsty Clo. *W Brom* —5D **64**
Gorsty Hayes. *Cod* —4F **13**
Gorsty Hill Rd. *Row R*
—3B **112**
Gorsymead Gro. *B31* —5A **144**
Gorsy Rd. *B32* —1B **130**
Gorton Cft. *Bal C* —2H **169**
Gorway Clo. *Wals* —4D **48**
Gorway Gdns. *Wals* —4E **49**
Gorway Rd. *Wals* —4D **48**
Goscote. —5C 20
Goscote Clo. *Wals* —2D **32**
Goscote Ind. Est. *Wals*
—6C **20**
Goscote La. *Wals* —5C **20**
Goscote Lodge Cres. *Wals*
—2D **32**
Goscote Pl. *Wals* —2E **33**
Goscote Rd. *Wals* —6D **20**
Gosford St. *B12* —5H **117**
Gosford Wlk. *Sol* —4E **137**
Gospel End Rd. *Dud* —5E **59**
Gospel End St. *Dud* —6H **59**
Gospel End Village. —5D 58
Gospel Farm Rd. *B27*
—5H **135**
Gospel La. *B27* —6A **136**
Gospel Oak Rd. *Tip* —4B **62**
Gosport Clo. *Wolv* —4D **44**
Goss Cft. *B29* —4H **131**
Gossey La. *B33* —1G **121**
Goss, The. *Brie H* —2H **109**
Gosta Grn. *B4* —5H **101** (1G **5**)
Gotham Rd. *B26* —5C **120**
Gothersley. —6E 91
Gothersley La. *Stourb* —6D **90**
Goths Clo. *Row R* —5C **96**
Gough Av. *Wolv* —1D **28**
Gough Rd. *Bils* —4E **61**
Gough Rd. *Edg* —4E **117**
Gough Rd. *Greet* —6D **118**
Gough St. *B1* —2F **117** (6C **4**)
Gough St. *W'hall* —6C **30**
Gough St. *Wolv* —1A **44**
Gould Firm La. *Wals* —3G **35**
Gowan Rd. *B8* —5E **103**
Gower Av. *K'wfrd* —5D **92**
Gower Rd. *Dud* —5F **59**
Gower Rd. *Hale* —5E **113**
Gower St. *B19* —2F **101**
Gower St. *Wals* —4H **47**
Gower St. *W'hall* —1A **46**
Gower St. *Wolv* —3A **44**
(in two parts)
Gozzard St. *Bils* —6G **45**
Gracechurch Cen. *S Cold*
—6H **53**
Gracemere Cres. *B28* —4E **149**
Grace Rd. *B11* —4C **118**
Grace Rd. *Tip* —6A **62**
Grace Rd. *Tiv* —1C **96**
Gracewell Homes. *B13*
—4D **134**
Gracewell Rd. *B13* —4D **134**
Grafton Dri. *W'hall* —3F **45**
Grafton Gdns. *Dud* —4F **75**
Grafton Gro. *B19* —2E **101**
Grafton Pl. *Bils* —4G **45**
Grafton Rd. *Hand* —6H **81**
Grafton Rd. *O'bry* —2F **113**
Grafton Rd. *Shir* —5C **148**
Grafton Rd. *S'brk* —4B **118**

Grafton Rd. *W Brom* —3B **80**
Graham Clo. *Tip* —4B **62**
Graham Cres. *Redn* —2G **157**
Graham Rd. *B25* —5A **120**
Graham Rd. *Hale* —3C **112**
Graham Rd. *Stourb* —5B **92**
Graham Rd. *W Brom* —3B **80**
Graham St. *B1*
—6E **101** (2A **4**)
Graham St. *Loz* —2E **101**
Grainger Clo. *Tip* —1D **78**
Graingers La. *Crad H* —3E **111**
Grainger St. *Dud* —2F **95**
Graiseley Ct. *Wolv* —5A **170**
Graiseley Hill. *Wolv*
—3G **43** (6A **170**)
Graiseley La. *Wolv* —4D **28**
Graiseley Row. *Wolv*
—3G **43** (6A **170**)
Graiseley St. *Wolv*
—2F **43** (5A **170**)
Graith Clo. *B28* —4E **149**
Grammar School La. *Hale*
—1A **128**
Grampian Rd. *Stourb* —5E **109**
Granada Ind. Est. *O'bry*
—2F **97**
Granary Clo. *K'wfrd* —1G **91**
Granary La. *S Cold* —2D **70**
Granary Rd. *Wolv* —6C **14**
Granary, The. *A'rdge* —2D **34**
Granbourne Rd. *Wals* —5D **30**
Granby Av. *B33 & Kitts G*
—2G **121**
Granby Bus. Pk. *B33* —2G **121**
Granby Clo. *Sol* —6C **136**
Grandborough Dri. *Sol*
—6E **151**
Grand Clo. *Smeth* —6F **99**
Grand Junct. Way. *Wals*
—5B **48**
Grandys Cft. *B37* —6B **106**
Grange Av. *A'rdge* —5C **22**
Grange Av. *S Cold* —6A **38**
Grange Ct. *Stourb* —2G **125**
Grange Ct. *Wals* —1D **46**
Grange Ct. *Wolv* —2F **43**
Grange Cres. *Hale* —2B **128**
Grange Cres. *Redn* —1E **157**
Grange Cres. *Wals* —1F **33**
Grange Estate. —1G 125
Grange Farm Dri. *B38*
—6H **145**
Grangefield Clo. *Wolv* —6D **14**
Grange Hill. *Hale* —3C **128**
Grange Hill Rd. *B38* —6A **146**
Grange La. *K'wfrd* —5D **92**
Grange La. *Stourb* —2G **125**
Grange La. *S Cold* —6A **38**
Granger Clo. *W'bry* —2E **63**
Grange Ri. *B38* —2B **160**
Grange Rd. *Aston* —1G **101**
Grange Rd. *Bal C* —2F **169**
Grange Rd. *Bils* —6D **60**
Grange Rd. *Crad H* —2A **112**
Grange Rd. *Dud* —6D **76**
Grange Rd. *Erd* —2H **85**
Grange Rd. *Hale* —2B **128**
Grange Rd. *H'ley H & Dorr*
—6F **167**
Grange Rd. *K Hth* —5G **133**
Grange Rd. *S Oak* —2B **132**
Grange Rd. *Small H* —2D **118**
Grange Rd. *Smeth* —6E **99**
Grange Rd. *Sol* —6C **136**
Grange Rd. *Stourb* —1G **125**

Grange Rd. *Tett* —4A **26**
Grange Rd. *W Brom* —4H **79**
Grange Rd. *Wolv* —5F **43**
Grange St. *Dud* —6D **76**
Grange St. *Wals* —4D **48**
Grange, The. *Hale* —5F **113**
Grange, The. *Wom* —6G **57**
Grangewood. *S Cold* —6G **69**
Grangewood Ct. *Sol* —6C **136**
Granmore Ho. *Shir* —6C **150**
Granshaw Clo. *B38* —6B **146**
Grant Clo. *K'wfrd* —1B **92**
Grant Clo. *W Brom* —2A **80**
Grant Ct. *K Nor* —2C **146**
Grantham Rd. *B11* —5B **118**
Grantham Rd. *Smeth* —6F **99**
Grantley Cres. *K'wfrd* —3A **92**
Grantley Dri. *B37* —6D **106**
Granton Clo. *B14* —2F **147**
Granton Rd. *B14* —2F **147**
Grantown Rd. *Wals* —3G **19**
Grant St. *B15* —3F **117**
Grant St. *Wals* —1H **31**
Granville Clo. *Wolv*
—3H **43** (6D **170**)
Granville Dri. *K'wfrd* —4D **92**
Granville Rd. *Crad H* —3B **112**
Granville Rd. *Dorr* —6H **167**
Granville Sq. *B15*
—2E **117** (6A **4**)
Granville St. *B1*
—2E **117** (6A **4**)
Granville St. *W'hall* —6A **30**
Granville St. *Wolv*
—3H **43** (6D **170**)
Grasdene Gro. *B17* —1G **131**
Grasmere Av. *Pert* —6F **25**
Grasmere Av. *S Cold* —1A **52**
Grasmere Clo. *B43* —6B **66**
Grasmere Clo. *K'wfrd* —2H **91**
Grasmere Clo. *Tett* —1C **26**
Grasmere Clo. *Wed* —2E **29**
Grasmere Ct. *Wals* —2D **6**
Grasmere Ho. *O'bry* —5D **96**
Grasmere Rd. *B21* —2B **100**
Grassington Dri. *B37* —2B **122**
Grassmere Dri. *Stourb*
—2D **124**
Grassmoor Rd. *B38* —5A **146**
Grassy La. *Wolv* —6D **16**
(in two parts)
Graston Clo. *B16* —1C **116**
Gratham Clo. *Brie H* —4F **109**
Grattidge Rd. *B27* —3B **136**
Gravel Bank. *B32* —2B **130**
Gravel Hill. *Wom* —1H **73**
Gravelly Hill. —5E 85
Gravelly Hill. *B23* —6D **84**
Gravelly Hill N. *B23* —5E **85**
Gravelly Ind. Pk. *B24 & Erd*
(in two parts) —1E **103**
Gravelly La. *B23* —2F **85**
Gravelly La. *Wals* —5G **23**
Graydon Ct. *S Cold* —4H **53**
Grayfield Av. *B13* —2H **133**
Grayland Clo. *B27* —3H **135**
Grayling Clo. *W'bry* —2B **62**
Grayling Rd. *Stourb* —5G **109**
Grayling Wlk. *B37* —6E **107**
Grayshott Clo. *B23* —2E **85**
Grays Rd. *B17* —5H **115**
Gray St. *B9* —1B **118**
Grayswood Pk. Rd. *B32*
—5A **114**
Grayswood Rd. *B31* —2D **158**
Grazebrook Cft. *B32* —5B **130**

Grazebrook Ind. Pk. *Dud*
—3D **94**
Grazebrook Rd. *Dud* —2E **95**
Grazewood Clo. *W'hall*
—1B **30**
Greadier St. *W'hall* —4C **30**
Gt. Arthur St. *Smeth* —2D **98**
Great Barr. —2A 66
Gt. Barr St. *B9* —1A **118**
Gt. Brickkiln St. *Wolv* —2E **43**
Great Bridge. —1D 78
Great Bri. *Tip* —1D **78**
Gt. Bridge Ind. Est. *Tip*
—6C **62**
Gt. Bridge Rd. *Bils* —1A **62**
Gt. Bridge St. *W Brom &*
Swan V —2D **78**
Gt. Bridge W. Ind. Est. *Tip*
—1D **78**
Gt. Brook St. *B7* —5A **102**
Gt. Charles St. *Wals* —5B **10**
Gt. Charles St. Queensway. *B3*
—6F **101** (3C **4**)
Gt. Colmore St. *B15* —3E **117**
Gt. Cornbow. *Hale* —2B **128**
Gt. Croft Ho. W'bry —5D 46
(off Lawrence Way)
Gt. Croft St. W'bry —5D 46
(off Lawrence Way)
Gt. Francis St. *B7* —5B **102**
Gt. Hampton Row. *B19*
—5E **101**
Gt. Hampton St. *B18* —4E **101**
Gt. Hampton St. *Wolv* —6F **27**
(in two parts)
Great Hill. *Dud* —6D **76**
Gt. King St. *B19* —4E **101**
Gt. King St. N. *B19* —3E **101**
Gt. Lister St. *B7* —5H **101**
Gt. Moor Rd. *Patt* —1A **40**
Great Oaks. *B26* —6F **121**
Greatorex Ct. *W Brom* —5H **63**
Gt. Stone Rd. *B31* —4E **145**
Gt. Tindal St. *B16* —1C **116**
Gt. Western Arc. *B2*
—6G **101** (3E **5**)
Gt. Western Clo. *B18* —3A **100**
Gt. Western Dri. *Crad H*
—2A **112**
Gt. Western Ind. Est. *B18*
—3A **100**
Gt. Western St. *W'bry* —3E **63**
Gt. Western St. *Wolv*
—6H **27** (1C **170**)
Gt. Western Way. *Gt Bri*
—1D **78**
Gt. Wood Rd. *B10* —2C **118**
Great Wyrley. —3E 7
Greaves Av. *Wals* —4G **49**
Greaves Clo. *Wals* —3G **49**
Greaves Cres. *W'hall* —1C **30**
Greaves Rd. *Dud* —4F **95**
Greaves Sq. *B38* —6D **146**
Grebe Clo. *B23* —4B **84**
Greenacre Dri. *Cod* —5H **13**
Greenacre Rd. *Tip* —4A **62**
Green Acres. *B27* —3H **135**
Green Acres. *Dud* —4F **59**
Greenacres. *S Cold* —5E **71**
Greenacres. *Wolv* —4H **25**
Green Acres. *Wom* —2F **73**
Greenacres Av. *Wolv* —5D **16**
Greenacres Clo. *A'rdge*
—1G **51**
Greenacres Rd. *B38* —1H **159**

Greenaleigh Rd. *B14* —3D **148**
Green Av. *B28* —4E **135**
Greenaway Clo. *B43* —2E **67**
Grn. Bank Av. *B28* —4E **135**
Greenbank Gdns. *Word*
—1C **108**
Greenbank Rd. *Bal C* —3F **169**
Grn. Barns La. *Lich* —1A **38**
Greenbush Dri. *Hale* —6A **112**
Green Clo. *Wyt* —6A **162**
Greencoat Tower. *B1*
—1E **117** (4A **4**)
Green Ct. *B24* —5E **85**
Green Ct. *Hall G* —5F **135**
Green Cft. *B9* —6G **103**
Green Cft. *Bils* —5F **45**
Greencroft. *K'wfrd* —5B **92**
Green Dri. *B32* —4A **130**
Green Dri. *Wolv* —2G **27**
Greenend Rd. *B13* —3H **133**
Greenfels Ri. *Dud* —1H **95**
Greenfield Av. *Bal C* —2G **169**
Greenfield Av. *Crad H*
—2D **110**
Greenfield Av. *Stourb* —6D **108**
Greenfield Cres. *B15* —3C **116**
Greenfield Cft. *Bils* —3F **61**
Greenfield La. *Wolv* —2H **15**
Greenfield Rd. *Gt Barr* —6G **65**
Greenfield Rd. *Harb* —6G **115**
Greenfield Rd. *Smeth* —5C **98**
Green Fields. *Wals* —2C **34**
Greenfields Rd. *K'wfrd* —4B **92**
Greenfields Rd. *Wals* —5H **21**
Greenfields Rd. *Wom* —2G **73**
Greenfield Vw. *Dud* —6F **59**
Greenfinch Clo. *B36* —2C **106**
Greenfinch Rd. *B36* —2C **106**
Greenfinch Rd. *Stourb*
—2H **125**
Greenford Rd. *B14* —4C **148**
Grn. Gables. *S Cold* —4H **53**
Grn. Gables Dri. *H'wd*
—2A **162**
Greenhill. *Wom* —1H **73**
Grn. Hill Av. *K Hth* —4H **133**
Greenhill Clo. *W'hall* —4B **30**
Greenhill Ct. *Wom* —2H **73**
Greenhill Dri. *B29* —4G **131**
Greenhill Gdns. *B43* —3A **66**
Greenhill Gdns. *Wom* —2H **73**
Greenhill Rd. *Dud* —2A **76**
Greenhill Rd. *Hale* —4D **112**
Greenhill Rd. *Hand* —5H **81**
Greenhill Rd. *Mose* —4H **133**
Greenhill Rd. *S Cold* —5H **69**
Greenhill Wlk. *Wals* —3D **48**
Grn. Hill Way. *Shir* —2H **149**
Greenhill Way. *Wals* —6D **22**
Greenholm Rd. *B44* —6G **67**
Greening Dri. *B15* —4D **116**
Greenland Clo. *K'wfrd* —1C **92**
Greenland Ct. *B8* —3E **103**
Greenland Ri. *Sol* —6H **137**
Greenland Rd. *B29* —4D **132**
Greenlands. *Wom* —6F **57**
Greenlands Ct. *B14* —4G **147**
Greenlands Rd. *B37 & Chel W*
—1D **122**
Green La. *B38* —1A **160**
Green La. *Bal C* —2H **169**
Green La. *Cas B* —1H **105**
Green La. *Chel W* —6E **107**
Green La. *Col* —4H **107**
(in two parts)
Green La. *Dud* —2B **76**

Green La. *Gt Barr* —5H **65**
Green La. *Hale* —2D **112**
Green La. *Hamm* —3C **10**
Green La. *Hand* —1G **99**
Green La. *K'wfrd* —2B **92**
Green La. *Pels* —3E **21**
Green La. *Quin* —5A **114**
Green La. *Shelf* —6G **21**
Green La. *Shir* —6E **149**
Green La. *Small H* —2C **118**
Green La. *Stourb* —6H **109**
Green La. *Wals* —3A **32**
(WS2)
Green La. *Wals* —2A **32**
(WS3)
Green La. *Wals* —4G **35**
(WS9)
Green La. *Wat O* —1D **106**
Green La. *Wolv* —2C **26**
Green La. Ind. Est. *Bord G*
—2E **119**
Green Lanes. —4E 45
Green Lanes. *Bils* —4E **45**
Green Lanes. *S Cold* —6H **69**
Green La. Wlk. *B38* —1B **160**
Greenleas Gdns. *Hale*
—2C **128**
Green Leigh. *B23* —5F **69**
Greenleighs. *Dud* —2H **59**
Greenly Rd. *Wolv* —6H **43**
Grn. Man Entry. *Dud* —6F **77**
Green Mdw. *Stourb* —5F **125**
Green Mdw. *Wed* —4G **29**
Grn. Meadow Clo. *Wom*
—2E **73**
Green Mdw. Rd. *B29* —6D **130**
Green Mdw. Rd. *W'hall*
—2B **30**
Greenoak Cres. *B30* —5E **133**
Greenoak Cres. *Bils* —6C **60**
Grn. Oak Rd. *Cod* —5H **13**
Green Pk. Av. *Bils* —3E **45**
Green Pk. Dri. *Bils* —3E **45**
Green Pk. Rd. *B31* —5C **144**
Green Pk. Rd. *Dud* —1H **95**
Greenridge Rd. *B20* —2A **82**
Green Rd. *Dud* —2F **95**
Green Rd. *Mose & Hall G*
—4D **134**
Grn. Rock La. *Wals* —6B **20**
Greenroyde. *Stourb* —4F **125**
Greensforge. —3D 90
Greensforge La. *Stourb*
—6E **91**
Greenside. *B17* —6G **115**
Greenside. *Shir* —5B **164**
Greenside Gdns. *Wals* —1F **65**
Greenside Rd. *B24* —2A **86**
Greenside Way. *Wals* —1D **64**
Greensill Av. *Tip* —5H **61**
Greenslade Cft. *B31* —5E **145**
Greenslade Rd. *Dud* —3F **59**
Greenslade Rd. *Shir* —5C **148**
Greenslade Rd. *Wals* —4G **49**
Greensleeves. *S Cold* —2F **53**
Greenstead Rd. *B13* —4D **134**
Green St. *B12* —2H **117** (6H **5**)
Green St. *Bils* —5E **61**
Green St. *O'bry* —2G **97**
Green St. *Smeth* —4D **98**
Green St. *Stourb* —6D **108**
Green St. *Wals* —6A **32**
Green St. *W Brom* —6C **80**
Greensway. *Wolv* —1D **28**
Green, The. *A'rdge* —3D **34**
(in two parts)

Green, The. *Blox* —6H **19**
(in two parts)
Green, The. *Cas B* —2F **105**
Green, The. *Darl* —3D **46**
Green, The. *Erd* —2G **85**
Green, The. *K Nor* —5B **146**
Green, The. *O'bry* —1H **113**
Green, The. *Quin* —5G **113**
Green, The. *Sol* —2H **151**
Green, The. *Stourb* —1B **108**
Green, The. *S Cold* —4B **70**
Green, The. *W'bry* —4D **46**
Greenvale. *B31* —2D **144**
Greenvale Av. *B26* —5H **121**
Green Wlk. *B17* —4D **114**
Greenway. *B20* —1B **82**
Greenway. *Dud* —4A **60**
Greenway. *Wals* —5D **22**
Greenway Av. *Stourb* —2C **108**
Greenway Dri. *S Cold* —2C **68**
Greenway Gdns. *B38* —2A **160**
Greenway Gdns. *Dud* —4A **60**
Greenway Rd. *Bils* —1G **61**
Greenways. *Hale* —6E **111**
Greenways. *N'fld* —5D **130**
Greenways. *Stourb* —2A **108**
Greenway St. *B9* —2C **118**
Greenway, The. *B37* —5C **122**
Greenway, The. *S Cold* —2B **68**
Greenway Wlk. *B33* —2A **122**
Greenwood. *B25* —3B **120**
Greenwood Av. *B27* —3G **135**
Greenwood Av. *O'bry* —4H **97**
Greenwood Av. *Row R* —6D **96**
Greenwood Clo. *B14* —2G **147**
Greenwood Cotts. Dud
(off Pine La.) —2C **76**
Greenwood Pk. *Wals* —5E **23**
Greenwood Pl. *B44* —4B **68**
Greenwood Rd. *Wals* —5C **22**
Greenwood Rd. *W Brom*
—5H **63**
Greenwood Rd. *Wolv* —2F **27**
Greenwood Sq. *B37* —1D **122**
Greenwoods, The. *Stourb*
—6C **108**
Greenwood Way. *B37*
—1D **122**
Greet. —6D 118
Greethurst Dri. *B13* —3C **134**
Greets Green. —4E 79
Greets Grn. Ind. Est. *W Brom*
—3F **79**
Greets Grn. Rd. *W Brom*
—4F **79**
Greetville Clo. *B34* —4E **105**
Gregory Av. *B29* —5D **130**
Gregory Clo. *W'bry* —3F **63**
Gregory Ct. *Wolv* —4F **29**
Gregory Dri. *Dud* —5C **76**
Gregory Rd. *Stourb* —6A **108**
Gregston Ind. Est. *O'bry*
—2H **97**
Grendon Dri. *S Cold* —2D **68**
Grendon Gdns. *Wolv* —5B **42**
Grendon Rd. *B14* —4A **148**
Grendon Rd. *Sol* —5C **136**
Grenfell Dri. *B15* —3B **116**
Grenfell Rd. *Wals* —4B **20**
Grenville Clo. *Wals* —6D **30**
Grenville Dri. *B23* —4B **84**
Grenville Dri. *Smeth* —1B **98**
Grenville Pl. *W Brom* —4E **79**
Grenville Rd. *Dud* —6A **76**
Grenville Rd. *Shir* —5H **149**
Gresham Rd. *B28* —1F **149**

Gresham Rd. *O'bry* —3A **98**
Gresley Clo. *S Cold* —5G **37**
Gresley Gro. *B23* —6C **84**
Gressel La. *B33* —6G **105**
Grestone Av. *B20* —3A **82**
Greswolde Dri. *B24* —3H **85**
Greswolde Pk. Rd. *B27*
—1H **135**
Greswolde Rd. *B33* —1C **120**
Greswolde Rd. *B11* —2C **134**
Greswolde Rd. *Sol* —1C **150**
Greswold Gdns. *B34* —4E **105**
Greswold St. *W Brom* —2H **79**
Gretton Cres. *Wals* —4A **34**
Gretton Rd. *B23* —6D **68**
Gretton Rd. *Wals* —4B **34**
Greville Dri. *B15* —5E **117**
Grevis Clo. *B13* —1H **133**
Grevis Rd. *B25* —2C **120**
Greyfort Cres. *Sol* —4D **136**
Greyfriars Clo. *Dud* —4A **76**
Greyfriars Clo. *Sol* —1B **150**
Greyhound La. *Stourb*
—3B **124**
Greyhound La. *Wolv* —6E **41**
Greyhurst Cft. *Sol* —1G **165**
Grey Mill Clo. *Shir* —3D **164**
Greystoke Av. *B36* —2B **104**
Greystoke Dri. *K'wfrd* —3B **92**
Greystone Pas. *Dud* —6D **76**
Greystone St. *Dud* —6E **77**
Greytree Cres. *Dorr* —6A **166**
Grice St. *W Brom* —1A **98**
Griffin Clo. *B31* —1F **145**
Griffin Gdns. *B17* —1H **131**
Griffin Ind. Est. *Row R* —6F **97**
Griffin Rd. *B23* —2C **84**
Griffin's Brook Clo. *B30*
—6H **131**
Griffin's Brook La. *B30*
—1G **145**
Griffin St. *Dud* —5E **95**
Griffin St. *W Brom* —4B **80**
Griffin St. *Wolv* —2B **44**
Griffiths Dri. *Wolv* —1H **29**
Griffiths Dri. *Wom* —2G **73**
Griffiths Rd. *Dud* —1C **76**
Griffiths Rd. *W Brom* —4A **64**
Griffiths Rd. *W'hall* —1D **30**
Griffiths St. *Tip* —2G **77**
Grigg Gro. *B31* —6C **144**
Grimley Rd. *B31* —5H **145**
Grimpits La. *B38* —2C **160**
Grimshaw Rd. *B27* —4G **135**
Grimstone St. *Wolv*
—6H **27** (1D **170**)
Grindleford Rd. *B42* —6F **67**
Gristhorpe Rd. *B29* —4C **132**
Grizedale Clo. *Redn* —5H **143**
Grocott Rd. *W'bry* —1B **62**
Grosmont Av. *B12* —5A **118**
Grosvenor Av. *B20* —5E **83**
Grosvenor Av. *S Cold* —2H **51**
Grosvenor Clo. *S Cold* —2A **54**
Grosvenor Clo. *Wolv* —5H **15**
Grosvenor Ct. *B20* —5E **83**
Grosvenor Ct. *Dud* —5H **75**
Grosvenor Ct. Stourb —4F **125**
(off Redlake Rd.)
Grosvenor Ct. *Wolv* —5A **170**
(WV3)
Grosvenor Ct. *Wolv* —4F **29**
(WV11)
Grosvenor Cres. *Wolv* —5H **15**
Grosvenor Rd. *B20 & Hand*
—5E **83**

Grosvenor Rd. *Aston* —1B **102**
Grosvenor Rd. *Bush* —5H **75**
Grosvenor Rd. *Dud* —5H **75**
Grosvenor Rd. *E'shll P* —2A **60**
Grosvenor Rd. *Harb* —5E **115**
Grosvenor Rd. *O'bry* —6G **97**
Grosvenor Rd. *Sol* —6D **150**
Grosvenor Rd. S. *Dud* —5H **75**
Grosvenor Shop. Cen. *N'fld*
—3E **145**
Grosvenor Sq. *B28* —2F **149**
Grosvenor St. *B5*
—6H **101** (3G **5**)
Grosvenor St. *Wolv* —6B **28**
Grosvenor St. W. *B16*
—2D **116**
Grosvenor Ter. *B16* —2D **116**
Grosvenor Way. *Brie H*
—4H **109**
Grotto La. *Wolv* —4C **26**
Groucutt St. *Bils* —5E **61**
Grounds Dri. *S Cold* —6F **37**
Grounds Rd. *S Cold* —6F **37**
Grout St. *W Brom* —3E **79**
Grove Av. *B29* —4A **132**
Grove Av. *B27* —2H **135**
Grove Av. *Hale* —2H **127**
Grove Av. *Hand* —1B **100**
Grove Av. *Mose* —3A **134**
Grove Av. *Sol* —2G **151**
Gro. Cottage Rd. *B9* —2D **118**
Grove Cotts. *Wals* —1H **31**
Grove Ct. *B42* —1B **82**
Grove Cres. *Brie H* —4G **93**
Grove Cres. *Wals* —4D **20**
Grove Cres. *W Brom* —6C **80**
Gro. Farm Dri. *S Cold* —6D **54**
Grove Gdns. *B20* —5B **82**
Grove Hill. *Wals* —3A **50**
Gro. Hill Rd. *B21* —6B **82**
Groveland Rd. *Tip* —4A **78**
Grovelands Cres. *Wolv*
—4H **15**
Grove La. *Hand* —5B **82**
(B20)
Grove La. *Hand* —1B **100**
(B21)
Grove La. *Harb* —1G **131**
Grove La. *Pels* —4C **8**
Grove La. *Smeth* —4G **99**
(in two parts)
Grove La. *Wolv* —1H **41**
Groveley La. *Redn & B31*
—5A **158**
Grovely Fall Rd. *B31* —2F **159**
Grove M. *N'fld* —1F **159**
Grove Pk. *K'wfrd* —1A **92**
Grove Rd. *K Hth* —6F **133**
Grove Rd. *Know* —5C **166**
Grove Rd. *O'bry* —2B **114**
Grove Rd. *Sol* —2G **151**
Grove Rd. *S'hll* —2C **134**
Grove Rd. *Stourb* —1B **126**
Groveside Way. *Wals* —2E **21**
Grove St. *Dud* —1G **95**
Grove St. *Hth T* —6B **28**
Grove St. *Smeth* —5H **99**
Grove St. *Wolv*
—3H **43** (6C **170**)
Grove Ter. *Wals* —2D **48**
Grove, The. *Brie H* —3G **109**
Grove, The. *Col* —5H **107**
Grove, The. *Gt Barr* —1A **66**
Grove, The. *H Ard* —4A **140**
Grove, The. *Lane* —4A **44**
Grove, The. *N'fld* —1F **159**

Grove, The. *Redn* —5B **158**
Grove, The. *Row R* —1C **112**
Grove, The. *Salt* —5C **102**
Grove, The. *S Cold* —4D **36**
Grove, The. *Wals* —2F **65**
Grove, The. *Wed* —3D **28**
Grove Vale. —4G 65
Grove Va. Av. *B43* —4G **65**
Grove Vs. *Crad H* —4F **111**
Grove Way. *S Cold* —4H **51**
Grovewood Dri. *B38* —6A **146**
Guardian Ct. *Sol* —4H **151**
Guardian Ho. *O'bry* —4A **114**
Guardians Way. *B31* —5C **130**
Guernsey Dri. *B36* —3D **106**
Guest Av. *Wolv* —1E **29**
Guest Gro. *B19* —3E **101**
Guild Av. *Wals* —2B **32**
Guild Clo. *B16* —1C **116**
Guild Cft. *B19* —3F **101**
Guildford Cft. *B37* —3B **122**
Guildford Dri. *B19* —3F **101**
Guildford St. *B19* —2F **101**
Guildhall M., The. Wals
(off Goodall St.) —2D **48**
Guillemard Ct. *B37* —2D **122**
Guiting Rd. *B29* —6E **131**
Gullane Clo. *B38* —6H **145**
Gullswood Clo. *B14* —5F **147**
Gumbleberrys Clo. *B8*
—5A **104**
Gun Barrel Ind. Est. *Crad H*
—5H **111**
Gunmakers Wlk. *B19* —2F **101**
Gunner La. *Redn* —2D **156**
Gunns Way. *Sol* —6B **136**
Guns La. *W Brom* —3H **79**
Gunstock Clo. *S Cold* —4G **51**
Gunstone. —1G 13
Gunstone La. *Cod* —2F **13**
(in three parts)
Guns Village. —3H 79
Gunter Rd. *B24* —4C **86**
Gurnard Clo. *W'hall* —6B **18**
Gurney Pl. *Wals* —4G **31**
Gurney Rd. *Wals* —4G **31**
Guthrie Clo. *B19* —3F **101**
Guthrum Clo. *Wolv* —4F **25**
Guy Av. *Wolv* —3H **27**
Guys Cliffe Av. *S Cold* —4D **70**
Guy's La. *Dud* —5F **75**
Gwalia Gro. *Erd* —3F **85**
Gwendoline Way. *Wals W*
—3D **22**
GWS Ind. Est. *W'bry* —4D **62**
Gypsy La. *Wat O* —5F **89**

Habberley Cft. *Sol* —6F **151**
Habberley Rd. *Row R*
—1D **112**
Habitat Ct. *S Cold* —2D **70**
Hackett Clo. *Bils* —4B **60**
Hackett Ct. O'bry —2G **97**
(off Canal St.)
Hackett Dri. *Smeth* —2B **98**
Hackett Rd. *Row R* —6E **97**
Hackett St. *Tip* —6C **62**
Hackford Rd. *Wolv* —1B **60**
Hack St. *B9* —2A **118**
Hackwood Ho. *O'bry* —4D **96**
Hackwood Rd. *W'bry* —3H **63**
Hadcroft Grange. *Stourb*
—1H **125**
Hadcroft Rd. *Stourb* —1G **125**
Haddock Rd. *Bils* —4E **45**

Haddon Cres. *W'hall* —2C **30**
Haddon Cft. *Hale* —4E **127**
Haddon Rd. *B42* —1F **83**
Haden Clo. *Crad H* —4A **112**
Haden Clo. *Stourb* —1B **108**
Haden Cres. *Wolv* —3A **30**
Haden Cross Dri. *Crad H*
—4A **112**
Haden Dale. *Crad H* —4A **112**
Haden Hill. *Wolv* —1E **43**
Haden Hill House. —3H 111
Haden Hill Rd. *Hale* —5A **112**
Haden Pk. Rd. *Crad H*
—4G **111**
Haden Rd. *Crad H* —1G **111**
Haden Rd. *Tip* —4A **62**
Haden St. *B12* —5H **117**
Haden Wlk. *Row R* —6C **96**
Haden Way. *B12* —5H **117**
Hadfield Clo. *B24* —4B **86**
Hadfield Cft. *B19* —4E **101**
Hadfield Way. *F'bri* —5C **106**
Hadland Rd. *B33* —2F **121**
Hadleigh Cft. *Min* —1E **87**
Hadley Clo. *Wyt* —4A **162**
Hadley Cft. *Smeth* —2E **99**
Hadley Pl. *Bils* —4E **45**
Hadley Rd. *Bils* —4E **45**
Hadley Rd. *Wals* —3F **31**
Hadleys Clo. *Dud* —5G **95**
Hadley St. *O'bry* —5G **97**
Hadley Way. *Wals* —3F **31**
Hadlow Cft. *B33* —4H **121**
Hadrian Dri. *Col* —6H **89**
Hadyn Gro. *B26* —5F **121**
Hadzor Rd. *O'bry* —3B **114**
Hafren Clo. *Redn* —5H **143**
Hafton Gro. *B9* —2D **118**
Haggar St. *Wolv* —5G **43**
Hagley. —6H 125
Hagley Causeway. *Hag*
—6B **126**
Hagley Hill. *Hag* —6A **126**
Hagley Mall. *Hale* —2B **128**
Hagley Pk. Dri. *Redn* —3G **157**
Hagley Rd. *B17 & Edg*
—2F **115**
Hagley Rd. *Hale & Hay G*
—5E **127**
Hagley Rd. *Stourb* —1E **125**
Hagley Rd. W. *B32 & B17*
—5G **113**
Hagley Rd. W. *Hale & O'bry*
—5G **113**
Hagley St. *Hale* —2B **128**
Hagley Vw. Rd. *Dud* —1E **95**
Hagley Wood La. *Hag & Rom*
—5D **126**
Haig Clo. *S Cold* —4A **54**
Haig Pl. *B13* —6A **134**
Haig Rd. *Dud* —6H **77**
Haig St. *W Brom* —2A **80**
Hailes Pk. Clo. *Wolv* —5A **44**
Hailsham Rd. *B23* —2F **85**
Hailstone Clo. *Row R* —4A **96**
Haines Clo. *Tip* —3B **78**
Haines St. *W Brom* —5B **80**
Hainfield Dri. *Sol* —2A **152**
Hainge Rd. *Tiv* —5C **78**
Hainult Clo. *Stourb* —5B **92**
Halberton St. *Smeth* —5H **99**
Haldon Gro. *B31* —2C **158**
Halecroft Av. *Wolv* —4F **29**
Hale Gro. *B24* —3B **86**
Halesbury Ct. Hale —3H 127
(off Ombersley Rd.)

Hales Cres. *Smeth* —6C **98**
Halescroft Sq. *B31* —1C **144**
Hales Gdns. *B23* —5C **68**
Hales La. *Smeth* —5C **98**
Halesmere Way. *Hale*
—2C **128**
Halesowen. —1B 128
Halesowen Abbey. —3D 128
Halesowen By-Pass. *Hale*
—4H **127**
Halesowen Ind. Pk. *Hale*
(in two parts) —5B **112**
Halesowen Rd. *Crad H*
—1G **111**
Halesowen Rd. *Dud* —4E **95**
Halesowen Rd. *Hale* —5E **113**
Halesowen Rd. *L Ash*
—6C **156**
Halesowen St. *O'bry* —2F **97**
Halesowen St. *Row R*
—2C **112**
Hales Rd. *Hale* —2A **128**
(in two parts)
Hales Rd. *W'bry* —1G **63**
Hales Way. *O'bry* —2F **97**
Halesworth Rd. *Wolv* —6D **14**
Hale, The. *Tip* —2B **78**
Halewood Gro. *B28* —6G **135**
Haley St. *W'hall* —4C **30**
Halfcot Av. *Stourb* —2G **125**
Halford Cres. *Wals* —4D **32**
Halford Gro. *B24* —3C **86**
Halford Rd. *Sol* —1C **150**
Halford's La. *Smeth & W Brom*
—2E **99**
Halford's La. Ind. Est. *Smeth*
—1E **99**
Halfpenny Fld. Wlk. *B35*
—5E **87**
Halfway Clo. *B44* —1G **83**
Halifax Rd. *Shir* —4H **149**
Haliscombe Gro. *Aston*
—1G **101**
Halkett Glade. *B33* —6B **104**
Halladale. *B38* —6B **146**
Hallam Clo. *W Brom* —2C **80**
Hallam Ct. *W Brom* —2B **80**
Hallam Cres. *Wolv* —3A **28**
Hallam St. *B12* —6G **117**
Hallam St. *W Brom* —3B **80**
Hallbridge Clo. *Wals* —5D **20**
Hallbridge Way. *Tiv* —5B **78**
Hallchurch Rd. *Dud* —2B **94**
Hall Cres. *W Brom* —1A **80**
Hallcroft Clo. *S Cold* —6A **70**
Hallcroft Way. *Know* —3C **166**
Hallcroft Way. *Wals* —4E **35**
Hall Dale Clo. *B28* —2F **149**
Hall Dri. *B37* —4C **122**
Hall End. —1B 80
Hall End. *W'bry* —2F **63**
Hallens Dri. *W'bry* —2D **62**
Hallett Dri. *Wolv*
—2F **43** (5A **170**)
Hallewell Rd. *B16* —6H **99**
Hall Green. —5F 135
(Acock's Green)
Hall Green. —3G 61
(Coseley)
Hall Green. —4A 64
(Wednesbury)
Hall Grn. Rd. *W Brom* —4A **64**
Hall Grn. St. *Bils* —2G **61**
Hall Gro. *Bils* —5E **61**
Hall Hays Rd. *B34* —2A **106**
Hall La. *Bils* —4B **60**

Hall La. *Dud* —3E **95**
Hall La. *Gt Wyr* —1F **7**
Hall La. *Hag* —6H **125**
Hall La. *Hamm* —1F **11**
Hall La. *Hamm & Lich* —3H **11**
Hall La. *Pels* —4D **20**
Hall La. *Tip* —5B **62**
Hall La. *Wals W* —3A **22**
Hall Mdw. *Hag* —6H **125**
Hallmoor Rd. *B33* —6F **105**
Hallot Clo. *B23* —5D **68**
Halloughton Rd. *S Cold*
—4G **53**
Hallow Ho. *B31* —5H **145**
Hall Pk. St. *Bils* —5D **44**
Hall Rd. *Cas B* —1E **105**
Hall Rd. *Hand* —1C **100**
Hall Rd. *Salt* —5D **102**
Hall Rd. *Smeth* —5C **98**
Hall Rd. Av. *Hand* —1C **100**
Hallstead Rd. *B13* —2B **148**
Hall St. *B18* —5E **101** (1B **4**)
Hall St. *Bils* —6G **45**
Hall St. *Brie H* —1H **109**
Hall St. *Crad H* —1H **111**
Hall St. *Dud* —6F **77**
Hall St. *O'bry* —4H **97**
Hall St. *Sed* —5H **59**
Hall St. *Stourb* —2E **125**
Hall St. *Tip* —2G **77**
Hall St. *Wals* —6B **32**
Hall St. *W'bry* —4B **46**
Hall St. *W Brom* —5A **80**
Hall St. *W'hall* —2B **46**
Hall St. *Wolv* —4E **29**
Hall St. E. *W'bry* —4C **46**
Hall St. S. *W Brom* —1B **98**
Hallswelle Gro. *B43* —1G **67**
Hall Wlk. *Col* —4G **107**
(in two parts)
Halsbury Gro. *B44* —5B **68**
Halstead Gro. *Sol* —1E **165**
Halton Rd. *S Cold* —2D **68**
Halton St. *Dud* —4E **95**
Hamar Way. *B37* —2C **122**
Hamberley Ct. *B18* —5H **99**
Hamble Clo. *Brie H* —3E **93**
Hambledon Clo. *Wolv* —5E **15**
Hamble Gro. *Pert* —6E **25**
Hamble Rd. *B43 & B42*
—4B **66**
Hamble Rd. *Wolv* —5A **42**
Hambleton Rd. *Hale* —3F **127**
Hambletts Rd. *W Brom*
—4G **79**
Hambrook Clo. *Wolv* —4E **27**
Hambury Dri. *B14* —6F **133**
Hamilton Av. *B17* —3E **115**
Hamilton Av. *Hale* —2C **128**
Hamilton Av. *Stourb* —5B **108**
Hamilton Clo. *Dud* —6G **59**
Hamilton Clo. *Stourb* —1A **108**
Hamilton Ct. *B30* —3A **146**
Hamilton Dri. *S Oak* —5H **131**
Hamilton Dri. *Stourb* —1A **108**
Hamilton Dri. *Tiv* —5C **78**
Hamilton Gdns. *Wolv* —4A **16**
Hamilton Ho. *Smeth* —5G **99**
Hamilton Ho. *Wals* —6A **20**
Hamilton Rd. *B21* —1H **99**
Hamilton Rd. *Smeth* —1C **114**
Hamilton Rd. *Tip* —1C **78**
Hamilton St. *Wals* —6A **20**
Ham La. *K'wfrd* —6C **74**
Ham La. *Stourb* —4G **125**
Hamlet Gdns. *B28* —5F **135**

Hamlet Rd. *B28* —5F **135**
Hamlet, The. *Cann* —1C **8**
Hammer Bank. *Brie H*
—3C **110**
Hammersley Clo. *Hale*
—4E **111**
Hammerwich. —2F 11
Hammond Av. *Wolv* —1A **28**
Hammond Dri. *B23* —2F **85**
Hammond Way. *Stourb*
—4E **109**
Hampden Clo. *Brie H*
—3C **110**
Hampden Ct. *O'bry* —1D **96**
Hampden Retreat. *B12*
—5G **117**
Hampshire Dri. *B15* —3A **116**
Hampshire Rd. *W Brom*
—5G **63**
Hampson Clo. *B11* —5B **118**
Hampstead. —6A 66
Hampstead Glade. *Hale*
—3C **128**
Hampton Clo. *S Cold* —3C **68**
Hampton Ct. Rd. *B17*
—5D **114**
Hampton Dri. *S Cold* —3H **53**
Hampton Gro. *Wals* —3D **20**
Hampton in Arden. —6A 140
Hampton La. *Mer* —5E **141**
Hampton La. *Sol & Cath B*
(in two parts) —3H **151**
Hampton Pl. *W'bry* —3C **46**
Hampton Rd. *Aston* —6F **83**
Hampton Rd. *Erd* —3D **84**
Hampton Rd. *Know* —2E **167**
Hampton Rd. *Wolv* —6F **15**
Hampton St. *B19*
—5F **101** (1C **4**)
Hampton St. *Cose* —5D **60**
Hampton St. *Dud* —4E **95**
Hampton Vw. *Wolv* —5B **28**
Hams La. *Col & Lea M*
—2F **89**
Hams Rd. *B8* —5D **102**
Hamstead. —5B 66
Hamstead Clo. *Wolv* —3F **29**
Hamstead Hall Av. *B20*
—2A **82**
Hamstead Hall Rd. *B20*
—3A **82**
Hamstead Hill. *B20* —4B **82**
Hamstead Ho. *B43* —6B **66**
Hamstead Ind. Est. *Hamp I*
—2C **82**
Hamstead Rd. *Gt Barr* —5G **65**
Hamstead Rd. *Hand & Hock*
—6D **82**
Hamstead Ter. *W'bry* —3G **63**
Hanam Clo. *S Cold* —5D **54**
Hanbury Clo. *Hale* —3H **127**
Hanbury Ct. Stourb —1E 125
(off College Rd.)
Hanbury Cres. *Wolv* —5C **42**
Hanbury Cft. *B27* —2C **136**
Hanbury Hill. *Stourb* —1E **125**
Hanbury Pas. *Stourb* —1E **125**
Hanbury Rd. *Dorr* —5B **166**
Hanbury Rd. *Wals* —3A **10**
Hanbury Rd. *W Brom* —4G **79**
Hanch Pl. *Wals* —3D **48**
Hancock Rd. *B8* —5D **102**
Hancox St. *O'bry* —1H **113**
Handley Gro. *B31* —5A **144**
Handley St. *W'bry* —1G **63**
Handsworth. —6H 81

Handsworth Clo. *B21* —2H **99**
Handsworth Dri. *B43* —2C **66**
(in two parts)
Handsworth New Rd. *B18*
—3A **100**
Handsworth Wood. —5C 82
Handsworth Wood Rd. *B20 &*
Hand —4B **82**
Hanger Rd. *Birm A* —2C **138**
Hanging La. *B31* —5C **144**
Hangleton Dri. *B11* —5D **118**
Hanley Clo. *Hale* —1G **127**
Hanley St. *B19*
—5G **101** (1E **5**)
Hannafore Rd. *B16* —6H **99**
Hannah Rd. *Bils* —2A **62**
Hanney Hay Rd. *Burn* —1C **10**
Hannon Rd. *B14* —2G **147**
Hanover Clo. *B6* —2G **101**
Hanover Ct. *Wals* —2E **47**
Hanover Ct. *Wolv* —5A **26**
Hanover Dri. *Erd* —1F **103**
Hanover Rd. *Row R* —5C **96**
Hansell Dri. *Dorr* —6F **167**
Hansom Rd. *B32* —6A **114**
Hanson Gro. *Sol* —6D **120**
Hansons Bri. Rd. *B24* —2D **86**
Hanwell Clo. *S Cold* —6F **71**
Hanwood Clo. *B12* —3H **117**
Harald Clo. *Wolv* —4E **25**
Harbeck Av. *B44* —5H **67**
Harbet Dri. *B40* —1G **139**
Harbinger Rd. *B38* —5D **146**
Harborne. —5E 115
Harborne La. *Harb & S Oak*
—2H **131**
Harborne Pk. Rd. *B17*
—6G **115**
Harborne Rd. *B15* —5A **116**
Harborne Rd. *O'bry* —2B **114**
Harborough Ct. *S Cold*
—1G **53**
Harborough Dri. *B36* —6H **87**
Harborough Dri. *Wals* —4C **34**
Harborough Wlk. *Stourb*
—3G **125**
Harbours Hill. *Belb & Wild*
—4A **156**
Harbour Ter. *Wolv* —2E **43**
Harbury Clo. *Min* —1F **87**
Harbury Rd. *B12* —6F **117**
Harcourt Dri. *Dud* —5H **75**
Harcourt Dri. *S Cold* —5F **37**
Harcourt Rd. *B23* —1E **85**
Harcourt Rd. *Crad H* —3H **111**
Harcourt Rd. *W'bry* —1F **63**
Harden. —2D 32
Harden Clo. *Wals* —2C **32**
Harden Ct. *N'fld* —6C **144**
Harden Gro. *Wals* —2C **32**
Harden Mnr. Ct. *Hale* —2C **128**
Harden Rd. *Wals* —2B **32**
Harden Va. *Hale* —6G **111**
Harding St. *Bils* —3F **61**
Hardon Rd. *Wolv* —6B **44**
Hardware St. *W Brom* —3B **80**
Hardwick. —1G 51
Hardwick Dri. *Hale* —4A **112**
Hardwicke Wlk. *B14* —5F **147**
Hardwicke Way. *Stourb*
—6H **109**
Hardwick Fld. *Dud* —3H **59**
Hardwick Rd. *Sol* —1C **136**
Hardwick Rd. *S Cold* —1H **51**
Hardy Rd. *Wals* —1C **32**
Hardy Rd. *W'bry* —2G **63**

Hardy Sq. *Wolv* —5B **44**
Harebell Clo. *Wals* —2E **65**
Harebell Cres. *Dud* —3C **76**
Harebell Gdns. *B38* —1B **160**
Harebell Wlk. *B37* —1F **123**
Hare Gro. *B31* —4B **144**
Hare St. *Bils* —6H **45**
(in two parts)
Harewell Dri. *S Cold* —2A **54**
Harewood Av. *B43* —3G **65**
Harewood Av. *W'bry* —2A **64**
Harewood Clo. *B28* —2E **149**
Harford St. *B19* —5E **101**
Hargate La. *W Brom* —3A **80**
Hargrave Clo. *Wat O* —4D **88**
Hargrave Rd. *Shir* —5C **148**
Hargreave Clo. *S Cold* —6D **70**
Hargreaves St. *Wolv* —4C **44**
Harland Rd. *S Cold* —6G **37**
Harlech Clo. *B32* —6G **129**
Harlech Clo. *Tiv* —6A **78**
Harlech Ho. Wals —3A 32
(off Providence Clo.)
Harlech Rd. *W'hall* —3C **30**
Harlech Tower. *B23* —1G **85**
Harlech Way. *Dud* —5B **76**
Harleston Rd. *B44* —5H **67**
Harley Clo. *Wals* —1C **22**
Harley Dri. *Bils* —1D **60**
Harlow Gro. *B28* —1G **149**
Harlstones Clo. *Stourb*
—4E **109**
Harlyn Clo. *Bils* —3A **62**
Harman Rd. *S Cold* —6H **69**
Harmer St. *B18* —4C **100**
Harmon Rd. *Stourb* —6A **108**
Harnall Clo. *Shir* —2C **164**
Harness Clo. *Wals* —1D **64**
Harold Rd. *B16* —2B **116**
Harold Rd. *Smeth* —6C **98**
Harper Av. *Wolv* —2E **29**
Harper Rd. *Bils* —5F **45**
Harpers Bldgs. *B12* —6A **118**
Harpers Rd. *May* —6A **148**
Harpers Rd. *N'fld* —5E **145**
Harper St. *W'hall* —1A **46**
Harpur Clo. *Wals* —5E **33**
Harpur Rd. *Wals* —5E **33**
Harrier Rd. *B27* —3B **136**
Harrier Way. *P Barr* —4F **83**
Harriet Clo. *Brie H* —4F **93**
Harrietts Hayes Rd. *Cod W*
—1A **12**
Harringay Dri. *Stourb* —2C **124**
Harringay Rd. *B44* —3A **68**
Harringworth Ct. *Shelf* —1G **33**
Harris Ct. *Hock* —3C **100**
Harris Dri. *B42* —5C **66**
Harris Dri. *Smeth* —6F **99**
Harrison Clo. *Wals* —6A **20**
Harrison Ct. *Brie H* —2E **109**
Harrison Ct. *Wom* —2F **73**
Harrison Rd. *B23 & B24*
—3F **85**
Harrison Rd. *Stourb* —2E **109**
Harrison Rd. *S Cold* —4E **37**
Harrison Rd. *Wals* —5G **21**
Harrison's Fold. *Dud* —4E **95**
Harrisons Grn. *B15* —5A **116**
Harrisons Pleck. *B13* —2H **133**
Harrison's Rd. *B15* —5A **116**
Harrison St. *Wals* —6H **19**
Harrold Av. *Row R* —6E **97**
Harrold Rd. *Row R* —6E **97**
Harrold St. *Tip* —6C **62**
Harrop Way. *Stourb* —3C **108**

Harrowby Dri.—Hay Grn. Clo.

Harrowby Dri. *Tip* —3A **78**
Harrowby Pl. *Bils* —1A **62**
Harrowby Pl. *W'hall* —2D **46**
Harrowby Rd. *Bils* —1A **62**
Harrowby Rd. *Wolv* —4F **15**
Harrow Clo. *Hag* —6E **125**
Harrowfield Rd. *B33* —5C **104**
Harrow Rd. *B29* —2B **132**
Harrow Rd. *K'wfrd* —6B **74**
Harrow St. *Wolv* —5F **27**
Harry Perks St. *W'hall* —6A **30**
Harry Price Ho. *O'bry* —4D **96**
Hart Dri. *S Cold* —5G **69**
Hartfield Cres. *B27* —3G **135**
Hartfields Way. *Row R* —4H **95**
Hartford Clo. *B17* —4E **115**
Hartill Rd. *Wolv* —2B **58**
Hartill St. *W'hall* —3B **46**
Hartington Clo. *Dorr* —6A **166**
Hartington Rd. *B19* —1F **101**
Hartland Av. *Bils* —5C **60**
Hartland Rd. *B31* —3C **158**
Hartland Rd. *Tip* —2F **77**
Hartland Rd. *W Brom* —5D **64**
Hartland St. *Brie H* —2H **93**
Hartlebury Clo. *Dorr* —6B **166**
Hartlebury Rd. *Hale* —3H **127**
Hartlebury Rd. *O'bry* —4D **96**
Hartledon Rd. *B17* —6F **115**
Hartley Dri. *Wals* —5D **34**
Hartley Gro. *B44* —2B **68**
Hartley Pl. *Edg* —3B **116**
Hartley Rd. *B44* —2B **68**
Hartley St. *Wolv* —1E **43**
Harton Way. *B14* —2E **147**
Hartopp Rd. *B8* —5E **103**
Hartopp Rd. *S Cold* —2F **53**
Hart Rd. *B24* —2G **85**
Hart Rd. *Wolv* —5F **29**
Hartsbourne Dri. *Hale*
　　　　　　　　　　—1D **128**
Harts Clo. *B17* —5H **115**
Harts Green. —6E 115
Harts Grn. Rd. *B17* —6E **115**
Hart's Hill. —4A 94
Hartshill Rd. *A Grn* —3B **136**
Hartshill Rd. *S End* —3E **105**
Hartshorn St. *Bils* —6F **45**
Hartside Clo. *Hale* —3F **127**
Harts Rd. *B8* —4E **103**
Hart St. *Wals* —3C **48**
Hartswell Dri. *B13* —1H **147**
Hartwell Clo. *Sol* —6F **151**
Hartwell La. *Wals* —2G **7**
Hartwell Rd. *B24* —5H **85**
Harvard Clo. *Dud* —3B **76**
Harvard Rd. *Sol* —1E **137**
Harvest Clo. *B30* —1D **146**
Harvest Clo. *Dud* —2A **76**
Harvest Ct. *Row R* —5A **96**
Harvesters Clo. *A'rdge* —1G **51**
Harvesters Rd. *W'hall* —4D **30**
Harvesters Wlk. *Pend* —6C **14**
Harvesters Way. *W'hall*
　　　　　　　　　　—4D **30**
Harvester Way. *K'wfrd* —1G **91**
Harvest Gdns. *O'bry* —5G **97**
Harvest Rd. *Row R* —5A **96**
Harvest Rd. *Smeth* —6B **98**
Harvest Wlk. *Row R* —5A **96**
Harvey Ct. *B33* —6H **105**
Harvey Ct. *B30* —6A **132**
Harvey Dri. *S Cold* —1A **54**
Harvey M. *B30* —6A **132**
Harvey Rd. *B26* —4B **120**
Harvey Rd. *Wals* —4H **31**

Harvey's Ter. *Dud* —5F **95**
Harvills Hawthorn. —6F 63
Harvills Hawthorn. *W Brom*
　　　　　　　　　　—6F **63**
Harvine Wlk. *Stourb* —2C **124**
Harvington Dri. *Shir* —3F **165**
Harvington Rd. *B29* —5E **131**
Harvington Rd. *Bils* —5D **60**
Harvington Rd. *Hale* —3H **127**
Harvington Rd. *O'bry* —4G **113**
Harvington Wlk. *Row R*
　　　　　　　　　　—6C **96**
Harvington Way. *S Cold*
　　　　　　　　　　—5E **71**
Harwin Clo. *Wolv* —2D **26**
Harwood Gro. *Shir* —1A **164**
Harwood St. *W Brom* —4H **79**
Hasbury. —3G 127
Hasbury Clo. *Hale* —3G **127**
Hasbury Rd. *B32* —5G **129**
Haseley Rd. *B21* —2A **100**
Haseley Rd. *Sol* —1C **150**
Haselor Rd. *S Cold* —4E **69**
Haselour Rd. *B37* —4B **106**
Haskell St. *Wals* —4D **48**
Haslucks Clo. *Shir* —2E **163**
Haslucks Cft. *Shir* —4G **149**
Haslucks Green. —5F 149
Haslucks Grn. Rd. *Shir*
　　　　　　　　　　—2E **163**
Hassop Rd. *B42* —6F **67**
Hastings Ct. *Dud* —5A **76**
Hastings Rd. *B23* —6B **68**
(in two parts)
Haswell Rd. *Hale* —2F **127**
Hatcham Rd. *B44* —3C **68**
Hatchett St. *B19* —4G **101**
Hatchford Av. *Sol* —2G **137**
Hatchford Brook Rd. *Sol*
　　　　　　　　　　—2G **137**
Hatchford Ct. *Sol* —2G **137**
Hatchford Wlk. *B37* —2D **122**
Hatch Heath Clo. *Wom* —6F **57**
Hateley Dri. *Wolv* —1A **60**
Hateley Heath. —5A 64
Hatfield Clo. *B23* —6D **68**
Hatfield Rd. *B19* —1F **101**
Hatfield Rd. *Stourb* —1G **125**
Hathaway Clo. *Bal C* —2H **169**
Hathaway Clo. *W'hall* —3H **45**
Hathaway Gro. *Tys* —6H **119**
Hathaway M. *Stourb* —6H **91**
Hathaway Rd. *Shir* —6H **149**
Hathaway Rd. *S Cold* —5G **37**
Hatherden Dri. *S Cold* —3E **71**
Hathersage Rd. *B42* —6F **67**
Hatherton Gdns. *Wolv* —5A **16**
Hatherton Gro. *B29* —4D **130**
Hatherton Pl. *Wals* —2C **34**
Hatherton Rd. *Bils* —5H **45**
Hatherton Rd. *Wals* —1C **48**
Hatherton St. *C Hay* —3C **6**
Hatherton St. *Wals* —1C **48**
Hattersley Gro. *B11* —2G **135**
Hatton Cres. *Wolv* —2C **28**
Hatton Gdns. *B42* —6D **66**
Hatton Rd. *Wolv* —6D **26**
Hattons Gro. *Cod* —5H **13**
Hatton St. *Bils* —1G **61**
Haughton Rd. *B20* —6F **83**
Haunch La. *B13* —1H **147**
Haunchwood Dri. *S Cold*
　　　　　　　　　　—6D **70**
Havacre La. *Bils* —3E **61**
Havelock Clo. *Wolv* —3C **42**
Havelock Rd. *Greet* —1E **135**

Havelock Rd. *Hand* —6E **83**
Havelock Rd. *Salt* —4D **102**
Havelock Ter. *Hand* —2A **100**
Haven Cft. *B43* —5H **65**
Haven Dri. *B27* —2H **135**
Haven, The. *B14* —3D **148**
Haven, The. *Stourb* —1B **108**
Haven, The. *Wolv* —3G **43**
Haverford Dri. *Redn* —3H **157**
Havergal Wlk. *Hale* —1D **126**
Haverhill Clo. *Wals* —4G **19**
Hawbridge Clo. *Shir* —3F **165**
Hawbush. —1E 109
Hawbush Gdns. *Brie H*
　　　　　　　　　　—2E **109**
Hawbush Rd. *Brie H* —2E **109**
Hawbush Rd. *Wals* —3B **32**
Hawcroft Gro. *B34* —3G **105**
Hawes Clo. *Wals* —5D **48**
Hawes La. *Row R* —5B **96**
Hawes Rd. *Wals* —5D **48**
Haweswater Dri. *K'wfrd*
　　　　　　　　　　—3B **92**
Hawfield Clo. *Tiv* —2C **96**
Hawfield Gro. *S Cold* —6A **70**
Hawfield Rd. *Tiv* —2C **96**
Hawker Dri. *B35* —5D **86**
Hawkesbury Rd. *Shir* —6F **149**
Hawkes Clo. *B30* —5C **132**
Hawkesford Clo. *B36* —1E **105**
Hawkesford Clo. *S Cold*
　　　　　　　　　　—2H **53**
Hawkesford Rd. *B33* —6H **105**
Hawkes La. *W Brom* —6G **63**
Hawkesley. —1A 160
Hawkesley Cres. *B31* —6D **144**
Hawkesley Dri. *B31* —1D **158**
Hawkesley End. *B38* —1A **160**
Hawkesley Mill La. *B31*
　　　　　　　　　　—5D **144**
Hawkesley Rd. *Dud* —1B **94**
Hawkesley Sq. *B38* —2A **160**
Hawkes St. *B10* —3D **118**
Hawkestone Cres. *W Brom*
　　　　　　　　　　—1F **79**
Hawkestone Rd. *B29* —6E **131**
Hawkeswell Clo. *Sol* —4C **136**
Hawkesyard Rd. *B24* —6E **85**
Hawkhurst Rd. *B14* —5H **147**
Hawkinge Dri. *B35* —4E **87**
Hawkins Clo. *B5* —5G **117**
Hawkins Cft. *Tip* —4A **78**
Hawkins Dri. *Cann* —1C **6**
Hawkins Pl. *Bils* —2H **61**
Hawkins St. *W Brom* —5G **63**
Hawkley Clo. *Wolv* —1D **44**
Hawkley Rd. *Wolv* —1D **44**
Hawkmoor Gdns. *B38*
　　　　　　　　　　—1C **160**
Hawks Clo. *Wals* —3D **6**
Hawksford Cres. *Wolv* —2H **27**
Hawkshead Dri. *Know*
　　　　　　　　　　—3B **166**
Hawksmoor Dri. *Pert* —6D **24**
Hawkstone Ct. *Pert* —4D **24**
Hawkswell Av. *Wom* —2G **73**
Hawkswell Dri. *W'hall* —2H **45**
Hawkswood Dri. *Bal C*
　　　　　　　　　　—2H **169**
Hawkswood Dri. *W'bry*
　　　　　　　　　　—2B **62**
Hawkswood Gro. *B14*
　　　　　　　　　　—4B **148**
Hawnby Gro. *S Cold* —3E **71**
Hawne. —5H 111
Hawne Clo. *Hale* —5G **111**

Hawnelands, The. *Hale*
　　　　　　　　　　—6H **111**
Hawne La. *Hale* —5G **111**
Hawthorn Av. *Wals* —4G **7**
Hawthorn Brook Way. *B23*
　　　　　　　　　　—5E **69**
Hawthorn Clo. *B9* —2B **118**
Hawthorn Clo. *B23* —6F **69**
Hawthorn Coppice. *B30*
　　　　　　　　　　—3A **146**
Hawthorn Cft. *O'bry* —4B **114**
Hawthornden Ct. *S Cold*
　　　　　　　　　　—6B **70**
Hawthorn Dri. *H'wd* —3B **162**
Hawthorne Gro. *Dud* —5H **75**
Hawthorne Ho. *Wolv* —6B **28**
Hawthorne La. *Cod* —5F **13**
Hawthorne Rd. *Cas B* —2A **106**
Hawthorne Rd. *C Hay* —1E **7**
Hawthorne Rd. *Dud* —3E **77**
Hawthorne Rd. *Edg* —4A **116**
Hawthorne Rd. *Hale* —3G **127**
Hawthorne Rd. *K Nor*
　　　　　　　　　　—3H **145**
Hawthorne Rd. *Wals* —6D **48**
Hawthorne Rd. *Wed* —4H **29**
Hawthorne Rd. *W'hall* —2D **30**
Hawthorne Rd. *Wolv* —5H **43**
Hawthorn Gro. *B19* —1E **101**
Hawthorn Pk. *B20* —4A **82**
Hawthorn Pk. Dri. *B20* —4B **82**
Hawthorn Pl. *Wals* —6E **31**
Hawthorn Rd. *B44* —5H **67**
Hawthorn Rd. *Brie H* —3A **110**
Hawthorn Rd. *Ess* —4A **18**
Hawthorn Rd. *Shelf* —6F **21**
Hawthorn Rd. *Stow H* —3D **44**
Hawthorn Rd. *S'tly* —2A **52**
Hawthorn Rd. *Tip* —5A **62**
Hawthorn Rd. *W'bry* —1F **63**
Hawthorn Rd. *W Grn* —4A **70**
Hawthorns Ind. Est. *Hand*
　　　　　　　　　　—6F **81**
Hawthorn Ter. *W'bry* —1F **63**
Haxby Av. *B34* —3E **105**
Haybarn, The. *S Cold* —5E **71**
Haybrook Dri. *B11* —1F **135**
Haycock Pl. *W'bry* —4C **46**
Haycroft Av. *B8* —4E **103**
Haycroft Dri. *S Cold* —5G **37**
Haydn Sanders Sq. *Wals*
　　　　　　　　　　—3C **48**
Haydock Clo. *B36* —1A **104**
Haydock Clo. *Wolv* —3F **27**
Haydon Clo. *Dorr* —6G **167**
Haydon Cft. *B33* —6E **105**
Hayehouse Gro. *B36* —2C **104**
Hayes Cres. *O'bry* —4B **98**
Hayes Cft. *B38* —2A **160**
Hayes Gro. *B24* —1B **86**
Hayes La. *Stourb* —5C **110**
Hayes Mdw. *S Cold* —6B **70**
Hayes Rd. *O'bry* —4B **98**
Hayes St. *W Brom* —3G **79**
Hayes, The. —5C 110
Hayes, The. *B31* —2G **159**
Hayes, The. *Lye & Stourb*
　　　　　　　　　　—6B **110**
Hayes, The. *W'hall* —3B **30**
Hayes Vw. Dri. *Wals* —1E **7**
Hayfield Ct. *B13* —3B **134**
Hayfield Gdns. *B13* —3C **134**
Hayfield Rd. *B13* —3B **134**
Hay Green. —6H 109
Hay Grn. *Stourb* —6H **109**
Hay Grn. Clo. *B30* —1H **145**

Henne Dri. *Bils* —4E **61**
Henn St. *Tip* —5A **62**
Henrietta St. *B19*
　　　　—5F **101** (1C **4**)
Henry Rd. *B25* —4A **120**
Henry St. *Wals* —2B **48**
Hensborough. *Shir* —4G **163**
Hensel Dri. *Wolv* —3A **42**
Henshaw Gro. *B25* —4A **120**
Henshaw Rd. *B10* —3D **118**
Henstead St. *B5* —3F **117**
Henwood Clo. *Wolv* —6A **26**
Henwood Cft. *B29* —3D **130**
Henwood La. *Cath B* —2D **152**
Henwood Rd. *Wolv* —1A **42**
Henwood Wharf. *Sol* —5D **152**
Hepburn Clo. *Wals* —5C **34**
Hepburn Edge. *B24* —3H **85**
Hepworth Clo. *Wolv* —5F **25**
Herald Ct. *Dud* —6E **77**
Herbert Rd. *B10 & Small H*
　　　　—2C **118**
Herbert Rd. *Hand* —6B **82**
Herbert Rd. *Smeth* —2E **115**
Herbert Rd. *Sol* —4F **151**
Herbert Rd. *Wals* —6C **22**
Herberts Pk. Rd. *W'bry*
　　　　—5B **46**
Herbert St. *Bils* —5D **44**
Herbert St. *W Brom* —4B **80**
Herbert St. *Wolv*
　　　　—6H **27** (1C **170**)
Herbhill Clo. *Wolv* —1H **59**
Hereford Av. *S'brk* —5A **118**
Hereford Clo. *Redn* —5G **143**
Hereford Clo. *Wals* —1C **34**
Hereford Ho. Wolv —5G **27**
　　(off Lomas St.)
Hereford Pl. *W Brom* —6H **63**
Hereford Rd. *Dud* —6G **95**
Hereford Rd. *O'bry* —4H **113**
Hereford Sq. *Salt* —4D **102**
Hereford St. *Wals* —5C **32**
Hereford Wlk. *B37* —2B **122**
Hereward Ri. *Hale* —6B **112**
Heritage Clo. *O'bry* —5A **98**
Heritage, The. Wals —3C **48**
　　(off Sister Dora Gdns.)
Heritage Way. *B33* —6H **105**
Hermes Ct. *S Cold* —6F **37**
Hermes Ho. *B35* —3E **87**
Hermitage Dri. *S Cold* —1E **71**
Hermitage Rd. *Edg* —3G **115**
Hermitage Rd. *Erd* —4D **84**
Hermitage Rd. *Sol* —2G **151**
Hermitage, The. *Sol* —1G **151**
Hermit St. *Dud* —2H **75**
Hermon Row. *B11* —6D **118**
Hernall Cft. *B26* —4E **121**
Herne Clo. *B18* —5C **100**
Hernefield Rd. *B34* —2E **105**
Hernehurst. *B32* —6H **113**
Hern Rd. *Brie H* —5G **109**
Heron Clo. *Shir* —5B **164**
Heron Ct. S Cold —6H **69**
　　(off Florence Av.)
Herondale Cres. *Stourb*
　　　　—1A **124**
Herondale Rd. *B26* —5D **120**
Heronfield Dri. *B31* —3D **158**
Heronfield Way. *Sol* —2A **152**
Heron Mill. *Pels* —4C **20**
Heron Rd. *O'bry* —1G **113**
Heronry, The. *Wolv* —1F **41**
Heronsdale Rd. *Stourb*
　　　　—2A **124**

Herons Way. *B29* —2G **131**
Heronswood Dri. *Brie H*
　　　　—2H **109**
Heronswood Rd. *Redn*
　　　　—3H **157**
Heronville Dri. *W Brom*
　　　　—6G **63**
Heronville Ho. *Tip* —4B **78**
Heronville Rd. *W Brom*
　　　　—1F **79**
Heron Way. *Redn* —2F **157**
Herrick Rd. *B8* —4E **103**
Herrick St. *Wolv* —2F **43**
Herringshaw Cft. *S Cold*
　　　　—2C **70**
Hertford St. *B12* —6A **118**
Hertford Ter. *B12* —6A **118**
Hertford Way. *Know* —5D **166**
Hervey Gro. *B24* —1B **86**
Hesketh Cres. *B23* —2C **84**
Heskett Av. *O'bry* —2A **114**
Hessian Clo. *Bils* —3D **60**
Hestia Dri. *B29* —5A **132**
Heston Av. *B42* —5C **66**
Hever Av. *B44* —4A **68**
Hever Clo. *Dud* —4A **76**
Hewell Clo. *B31* —2D **158**
Hewell Clo. *K'wfrd* —6B **74**
Hewitson Gdns. *Smeth*
　　　　—1D **114**
Hewitt St. *W'bry* —5C **46**
Hexham Cft. *B36* —1A **104**
Hexham Way. *Dud* —5B **76**
Hexton Clo. *Shir* —5D **148**
Heybarnes Cir. *Small H*
　　　　—4F **119**
Heybarnes Rd. *B10* —4F **119**
Heycott Gro. *B38* —5E **147**
Heydon Rd. *Brie H* —4F **93**
Heyford Gro. *Sol* —1G **165**
Heyford Way. *B35* —2F **87**
Heygate Way. *Wals* —5D **22**
Heynesfield Rd. *B33* —6G **105**
Heythrop Gro. *B13* —5D **134**
Hickman Av. *Wolv* —2C **44**
Hickman Gdns. *B16* —2B **116**
Hickman Pl. *Bils* —5E **45**
Hickman Rd. *B11* —5B **118**
Hickman Rd. *Bils* —6E **45**
Hickman Rd. *Brie H* —5G **93**
Hickman Rd. *Tip* —5H **61**
Hickman's Av. *Crad H*
　　　　—1G **111**
Hickmans Clo. *Hale* —5G **113**
Hickman St. *Stourb* —5G **109**
Hickmerelands La. *Dud*
　　　　—5H **59**
Hickory Dri. *B17* —1F **115**
Hidcote Av. *S Cold* —5E **71**
Hidcote Gro. *Kitts G* —3G **121**
Hidcote Gro. *Mars G* —4C **122**
Hidson Rd. *B23* —2C **84**
Higgins Av. *Bils* —3F **61**
Higgins La. *B32* —6A **114**
Higgins Wlk. *Smeth* —3F **99**
Higgs Fld. Cres. *Crad H*
　　　　—2A **112**
Higgs Rd. *Wolv* —6A **18**
Highams Clo. *Row R* —6B **96**
Higham Way. *Wolv* —3A **28**
High Arcal Dri. *Dud* —6B **60**
High Arcal Rd. *Dud* —4H **75**
High Av. *Crad H* —3H **111**
High Beeches. *B43* —4H **65**
Highbridge. —1E 21
Highbridge Rd. *Dud* —6C **94**

Highbridge Rd. *S Cold* —4G **69**
High Brink Rd. *Col* —2H **107**
Highbrook Clo. *Wolv* —5E **15**
High Brow. *B17* —4F **115**
High Bullen. *W'bry* —2F **63**
Highbury Av. *Hand* —1B **100**
Highbury Av. *Row R* —6D **96**
Highbury Clo. *Row R* —6D **96**
Highbury Rd. *B14* —5F **133**
Highbury Rd. *O'bry* —4H **97**
Highbury Rd. *Smeth* —2B **98**
Highbury Rd. *S Cold* —6C **36**
Highclere. *Crad H* —4A **112**
Highcrest Clo. *B31* —2E **159**
High Cft. *B43* —4G **65**
Highcroft. *A'rdge* —5D **22**
High Cft. *Pels* —2F **21**
Highcroft Av. *Stourb* —6A **92**
Highcroft Clo. *Sol* —3G **137**
Highcroft Dri. *S Cold* —6E **37**
Highcroft Rd. *B23* —4E **85**
Highdown Cres. *Shir* —3E **165**
High Ercal. —1G 109
High Ercal Av. *Brie H* —1G **109**
High Farm Rd. *Hasb* —2G **127**
High Farm Rd. *H Grn* —3F **113**
Highfield. *Mer* —4H **141**
Highfield Av. *Shelf* —1G **33**
Highfield Av. *Wolv* —5C **16**
Highfield Clo. *B28* —2D **148**
Highfield Ct. *S Cold* —4H **69**
Highfield Ct. *Wolv* —5A **42**
Highfield Cres. *Hale* —5F **111**
Highfield Cres. *Row R*
　　　　—3B **112**
Highfield Cres. *Wolv* —3D **28**
Highfield Dri. *S Cold* —6F **69**
Highfield La. *B32* —6H **113**
Highfield La. *Hale* —1H **127**
Highfield Pas. *Wals* —3C **48**
Highfield Pl. *B14* —2D **148**
Highfield Rd. *B15 & Edg*
　　　　—3C **116**
Highfield Rd. *Dud* —6G **77**
Highfield Rd. *Gt Barr* —6G **65**
Highfield Rd. *Hale* —6F **111**
Highfield Rd. *Mose* —2B **134**
Highfield Rd. *Pels* —3E **21**
Highfield Rd. *Row R* —2B **112**
Highfield Rd. *Salt* —5E **103**
Highfield Rd. *Sed* —4H **59**
Highfield Rd. *Smeth* —4D **98**
Highfield Rd. *Stourb* —1E **109**
Highfield Rd. *Tip* —6A **62**
Highfield Rd. *Yard W & Hall G*
　　　　—2D **148**
Highfield Rd. N. *Pels* —2D **20**
Highfields. —1B 10
Highfields Av. *Bils* —1G **61**
Highfields Dri. *Bils* —2F **61**
Highfields Dri. *Wom* —2G **73**
Highfields Rd. *Bils* —2E **61**
Highfields Rd. *Chase* —1B **10**
Highfields, The. *Wolv* —1G **41**
Highfield Ter. *Wash H* —4E **103**
Highfield Way. *Wals* —5D **22**
Highgate. —4H 117
Highgate. *Dud* —2A **76**
Highgate. *S Cold* —2A **52**
Highgate Av. *Wals* —3D **48**
Highgate Av. *Wolv* —5B **42**
Highgate Clo. *B12* —4H **117**
Highgate Clo. *Wals* —4D **48**
Highgate Common Country
　　　　Pk. —1A 90
Highgate Dri. *Wals* —4D **48**

Highgate Ho. B5 —3G **117**
　　(off Southacre Av.)
Highgate Middleway. *B12*
　　　　—4H **117**
Highgate Pl. *B12* —4A **118**
Highgate Rd. *B12* —5A **118**
Highgate Rd. *Dud* —3B **94**
Highgate Rd. *Wals* —3D **48**
Highgate Sq. *B12* —4H **117**
Highgate St. *B12* —4H **117**
Highgate St. *Crad H* —1H **111**
　　(in two parts)
Highgate Trad. Est. *B12*
　　　　—4A **118**
Highgrove. *Tett* —6A **26**
Highgrove Clo. *W'hall* —2B **30**
Highgrove Pl. *Dud* —5B **76**
High Haden Cres. *Crad H*
　　　　—3A **112**
High Haden Rd. *Crad H*
　　　　—3A **112**
High Harcourt. *Crad H*
　　　　—3H **111**
High Heath. —5G 21
　(Bloxwich)
High Heath. —3F 55
　(Sutton Coldfield)
High Heath Clo. *B30* —2H **145**
High Hill. *Ess* —5A **18**
High Holborn. *Dud* —6H **59**
High Ho. Dri. *Redn* —6F **157**
Highland M. *Bils* —4F **61**
Highland Ridge. *Hale* —6E **113**
Highland Rd. *Crad H* —1G **111**
Highland Rd. *Dud* —4C **76**
Highland Rd. *Erd* —2F **85**
Highland Rd. *Gt Barr* —2A **66**
Highland Rd. *Wals W* —4D **22**
Highlands Ct. *Shir* —1C **164**
Highlands Rd. *Shir* —1C **164**
Highlands Rd. *Wolv* —3B **42**
High Leasowes. *Hale* —1A **128**
High Mdw. Rd. *B38* —5C **146**
High Meadows. *Wolv* —6A **26**
High Meadows. *Wom* —1G **73**
Highmoor Clo. *Bils* —2F **61**
Highmoor Clo. *W'hall* —2B **30**
Highmoor Rd. *Row R* —6B **96**
Highmore Dri. *B32* —5A **130**
High Oak. *Brie H* —2G **93**
Highpark Av. *Stourb* —6B **108**
High Pk. Clo. *Dud* —4H **59**
High Pk. Clo. *Smeth* —4F **99**
High Pk. Cres. *Dud* —4H **59**
High Park Estate. —6A 108
High Pk. Rd. *Hale* —6E **111**
High Point. *B15* —5A **116**
High Ridge. *Wals* —4B **34**
High Ridge Clo. *A'rdge* —4A **34**
High Ridge Clo. *W'bry* —1A **62**
High Rd. *W'hall* —4C **30**
High St. *B4 & B2*
　　　　—1G **117** (4E **5**)
High St. *A'rdge* —3D **34**
　　(in two parts)
High St. *Amb* —3D **108**
High St. *Aston* —2G **101**
High St. *Bils* —6F **45**
High St. *Blox* —1H **31**
High St. *Bord* —2A **118**
High St. *Brie H* —1H **109**
High St. *Brock* —5F **93**
High St. *Bwnhls* —6B **10**
High St. *Cann* —1F **9**
High St. *Chase* —1B **10**
　　(in two parts)

Hob Grn. Rd.—Holt St.

Hob Grn. Rd. *Stourb* —3A **126**
Hobhouse Clo. *B42* —6B **66**
Hob La. *Bars* —3A **168**
Hobley St. *W'hall* —1C **46**
Hobmoor Cft. *B25* —4B **120**
Hob Moor Rd. *Small H & Yard*
   —2F **119**
Hobnock Rd. *Ess* —3A **18**
Hobs Hole La. *Wals* —2D **34**
Hob's Mdw. *Sol* —3E **137**
Hobs Moat Rd. *Sol* —3F **137**
Hobson Clo. *B18* —4C **100**
Hobson Rd. *B29* —4D **132**
Hobs Rd. *W'bry* —1G **63**
Hockley. —4D **100**
Hockley Brook Clo. *B18*
   —4C **100**
Hockley Brook Trad. Est. *B18*
   —3C **100**
Hockley Cen. *B18*
   —5E **101** (1A **4**)
Hockley Cir. *B19* —3D **100**
Hockley Clo. *B19* —3F **101**
Hockley Flyover. *B19* —3D **100**
Hockley Hill. *B18* —4E **101**
Hockley Hill Ind. Est. *B18*
   —4D **100**
Hockley Ind. Est. *B18*
   —4D **100**
Hockley La. *Dud* —6D **94**
Hockley Pool Clo. *B18*
   —4D **100**
Hockley Port Bus. Cen. *B18*
   —4C **100**
Hockley Rd. *B23* —3D **84**
Hockley Rd. *Bils* —6C **60**
Hockley St. *B18 & B19*
   —5E **101**
Hodgehill. —3B **104**
Hodge Hill Av. *Stourb*
   —2A **126**
Hodge Hill Comn. *B36*
   —2C **104**
Hodgehill Ct. *B36* —2C **104**
Hodge Hill Rd. *B34* —3C **104**
Hodgetts Clo. *Smeth* —6B **98**
Hodgetts Dri. *Hale* —5F **127**
Hodgkins Clo. *Wals* —1C **22**
Hodnell Clo. *B36* —6G **87**
Hodnet Clo. *Bils* —6D **44**
Hodnet Dri. *Pens* —3G **93**
Hodnet Gro. *B5* —3G **117**
Hodson Av. *W'hall* —2C **46**
Hodson Clo. *Wolv* —1H **29**
Hoff Beck Ct. *B9* —1B **118**
Hogarth Clo. *B43* —6F **51**
Hogarth Clo. *W'hall* —1G **45**
Hogg's La. *B31* —3C **144**
Holbeache. —6A **74**
Holbeache La. *K'wfrd* —6A **74**
Holbeache Rd. *K'wfrd* —1A **92**
Holbeach Rd. *B33* —1F **121**
Holbeche Rd. *Know* —2C **166**
Holbeche Rd. *S Cold* —6F **55**
Holberg Gro. *Wolv* —4H **29**
Holborn Hill. *B6 & B7*
   —1B **102**
Holbrook Tower. *B36* —1A **104**
Holbury Clo. *Wolv* —5E **15**
Holcombe Rd. *B11* —1G **135**
Holcroft Rd. *Hale* —6E **111**
Holcroft Rd. *K'wfrd* —6A **74**
Holcroft Rd. *Stourb* —1G **125**
Holcroft St. *Tip* —5A **78**
Holcroft St. *Wolv* —4C **44**
Holden Clo. *B23* —5E **85**

Holden Cres. *Wals* —4C **32**
Holden Cft. *Tip* —4A **78**
Holden Pl. *Wals* —5C **32**
Holden Rd. *W'bry* —3G **63**
Holden Rd. *Wolv* —2B **58**
Holdens, The. *B28* —1E **149**
Holder Rd. *S'brk* —5C **118**
Holder Rd. *Yard* —4A **120**
Holders Gdns. *B13* —3E **133**
Holders La. *B13* —3E **133**
Holdford Rd. *B6 & Witt*
   —5H **83**
Holdgate Rd. *B29* —6G **131**
Hole Farm Rd. *B31* —3G **145**
Hole Farm Way. *B38* —2B **160**
Hole La. *B31* —1G **145**
Holford Av. *Wals* —5A **48**
Holford Dri. *P Barr & Holf*
   —3G **83**
Holford Way. *Holf* —3H **83**
Holifast Rd. *S Cold* —6H **69**
Holland Av. *Know* —1D **166**
Holland Av. *O'bry* —5B **98**
Holland Ho. *B19* —4F **101**
  (off Gt. Hampton Row)
Holland Ind. Pk. *W'bry*
   —3D **63**
Holland Rd. *Bils* —4G **45**
Holland Rd. *Gt Barr* —6H **65**
Holland Rd. *S Cold* —2H **69**
Holland Rd. E. *Aston* —3A **102**
Holland Rd. W. *Aston*
   —3H **101**
Hollands Pl. *Wals* —6B **20**
Hollands Rd. *Wals* —6B **20**
Holland St. *B3* —6E **101** (3A **4**)
Holland St. *Dud* —1D **94**
Holland St. *S Cold* —1H **69**
Holland St. *Tip* —6C **62**
Hollands Way. *Wals* —3D **20**
Hollemeadow Av. *Wals* —2B **32**
Holliars Gro. *B37* —4B **106**
Holliday Pas. *B1*
   —2E **117** (6B **4**)
Holliday Rd. *Erd* —3G **85**
Holliday Rd. *Hand* —2B **100**
Holliday St. *B1*
   —2E **117** (6A **4**)
Holliday Wharf. *B1*
   —2E **117** (6B **4**)
Hollie Lucas Rd. *B13* —6H **133**
Hollies Cft. *B5* —6E **117**
Hollies Dri. *Hale* —5D **112**
Hollies Dri. *W'bry* —2F **63**
Hollies Ind. Est., The. *Wolv*
   —3G **43** (6A **170**)
Hollies La. *Patt* —5A **24**
Hollies Ri. *Crad H* —3H **111**
Hollies Rd. *Tiv* —1A **96**
Hollies St. *Brie H* —2H **93**
Hollies, The. *B16* —6B **100**
Hollies, The. *B6* —1B **102**
Hollies, The. *Smeth* —5G **99**
Hollies, The. *Wolv*
   —3G **43** (6A **170**)
Hollies, The. *Wom* —6H **57**
Hollin Brow Clo. *Know*
   —6D **166**
Hollingbury La. *S Cold*
   —2D **70**
Hollings Gro. *Sol* —1F **165**
Hollington Cres. *B33* —5E **105**
Hollington Rd. *Wolv* —3D **44**
Hollington Way. *Shir* —2G **165**
Hollinwell Clo. *Wals* —4G **19**
Hollister Dri. *B32* —2D **130**

Holloway. *B31* —1C **144**
Holloway Bank. *W'bry &*
   W Brom —4F **63**
Holloway Cir. Queensway. *B1*
   —2F **117** (6D **4**)
Holloway Ct. *Hale* —6F **111**
Holloway Dri. *Wom* —2E **73**
Holloway End. —5F **109**
Holloway Head. *B1*
   —2F **117** (6C **4**)
Holloway St. *Dud* —3H **75**
Holloway St. *Wolv* —4C **44**
Holloway St. W. *Dud* —2H **75**
Holloway, The. *Stourb*
   —4D **108**
Holloway, The. *Swind* —6D **72**
Holloway, The. *Wolv* —1A **42**
Hollow Cft. *B31* —4F **145**
Hollowcroft Rd. *W'hall* —1B **30**
Hollowmeadow Ho. *B36*
   —1B **104**
Hollow, The. *B13* —1G **133**
Holly Acre. *Erd* —3A **86**
Holly Av. *B12* —6A **118**
Holly Av. *S Oak* —4D **132**
Holly Bank. —4D **22**
Holly Bank Av. *Ess* —4A **18**
Hollybank Clo. *B13* —1A **148**
Hollybank Clo. *Wals* —5G **19**
Hollybank Gro. *Hale* —4F **127**
Hollybank Rd. *B13* —6A **134**
Hollyberry Av. *Sol* —1E **165**
Hollyberry Cft. *B34* —3G **105**
Hollybrow. *B29* —6E **131**
Hollybush Gro. *B32* —4B **114**
Hollybush La. *Cod* —5D **12**
Holly Bush La. *Share* —5A **6**
  (in two parts)
Hollybush La. *Stourb* —4D **108**
Hollybush La. *Wolv* —1B **58**
Holly Bush Wlk. *Crad H*
   —2F **111**
Holly Clo. *S Cold* —3D **70**
Holly Clo. *W'hall* —3C **30**
Hollycot Gdns. *B12* —5H **117**
Holly Ct. *B23* —2G **85**
Holly Ct. *Bal C* —6H **169**
Hollycroft Rd. *B21* —6H **81**
Hollydale Rd. *B24* —4A **86**
Hollydale Rd. *Row R* —6D **96**
Holly Dell. *B38* —5D **146**
Holly Dri. *B27* —3H **135**
Holly Dri. *H'wd* —2B **162**
Hollyfaste Rd. *B33* —2F **121**
Hollyfield Av. *Sol* —4C **150**
Hollyfield Ct. *S Cold* —6C **54**
Hollyfield Cres. *S Cold* —1C **70**
Hollyfield Dri. *S Cold* —6C **54**
Hollyfield Rd. *S Cold* —6C **54**
Hollyfield Rd. S. *S Cold*
   —1D **70**
Holly Gro. *B29* —3B **132**
  (in two parts)
Holly Gro. *B30* —5B **132**
Holly Gro. *Hand* —1D **100**
Holly Gro. *Stourb* —6D **108**
Holly Gro. *Wolv* —4D **42**
Holly Hall Rd. *Dud* —2C **94**
  (in two parts)
Hollyhedge Clo. *B31* —1B **144**
Hollyhedge Clo. *Wals* —1A **48**
Hollyhedge La. *Wals* —6A **32**
Hollyhedge Rd. *W Brom*
   —6C **64**
Holly Hill. *Redn* —6F **143**
Holly Hill Rd. *Redn* —5G **143**

Holly Hill Shop. Cen. *Redn*
   —6G **143**
Hollyhock Rd. *B27* —4F **135**
Hollyhock Rd. *Dud* —6H **77**
Hollyhurst. *Wat O* —4E **89**
Hollyhurst Dri. *Stourb* —6B **92**
Hollyhurst Gro. *B26* —5C **120**
Hollyhurst Gro. *Shir* —1H **163**
Hollyhurst Rd. *S Cold* —2B **68**
Holly La. *Bal C* —6H **169**
Holly La. *Erd* —2H **85**
Holly La. *Gt Wyr* —5E **7**
Holly La. *Mars G* —3B **122**
Holly La. *Smeth* —4B **98**
Holly La. *S Cold* —6G **37**
Holly La. *Wals W* —1H **35**
  (Back La.)
Holly La. *Wals W* —3C **22**
  (Wolverson Rd., in two parts)
Holly La. *Wis* —2H **71**
Holly Lodge Wlk. *B37*
   —1B **122**
Hollymoor Way. *B31* —6H **143**
Hollymount. *Hale* —4G **113**
Hollyoak Cft. *N'fld* —1F **159**
Hollyoake Clo. *O'bry* —1G **113**
Hollyoak Gro. *Sol* —6E **151**
Hollyoak Rd. *S Cold* —5H **51**
Hollyoak St. *W Brom* —3B **80**
Holly Pk. Dri. *B24* —4H **85**
Holly Pl. *Aston* —1F **101**
Holly Pl. *S Oak* —3D **132**
Holly Rd. *Dud* —4G **76**
Holly Rd. *Edg* —2H **115**
Holly Rd. *Hand* —1B **100**
Holly Rd. *K Nor* —3C **146**
Holly Rd. *O'bry* —3A **114**
Holly Rd. *Row R* —2B **112**
Holly Rd. *W'bry* —6F **47**
Holly Rd. *W Brom* —5C **64**
Holly St. *Dud* —3A **94**
Holly St. *Smeth* —4D **98**
Holly Vw. *Ess* —4A **18**
Hollywell Rd. *B26* —5F **121**
Hollywell Rd. *Know* —4C **166**
Hollywell St. *Bils* —4C **60**
Hollywood. —1A **162**
Holly Wood. *B43* —4C **66**
Hollywood By-Pass. *K Nor*
   —3G **161**
Hollywood Cft. *B42* —5B **66**
Hollywood Gdns. *H'wd*
   —1A **162**
Hollywood La. *H'wd* —1A **162**
Holman Clo. *W'hall* —1G **45**
Holman Rd. *W'hall* —1F **45**
Holman Way. *W'hall* —1G **45**
Holme Mill. *Wolv* —3H **15**
Holmes Clo. *B43* —6A **66**
Holmes Dri. *Redn* —3F **157**
Holmesfield Rd. *B42* —6E **67**
Holmes Rd. *W'hall* —2D **30**
Holmes, The. *Wolv* —4H **15**
Holme Way. *Wals* —2F **33**
Holmwood Rd. *B10* —2D **118**
Holt Ct. N. *B7*
   —5H **101** (1H **5**)
Holt Ct. S. *B7*
   —5H **101** (1H **5**)
Holte Dri. *S Cold* —1B **54**
Holte Rd. *B11* —6D **118**
Holte Rd. *Aston* —6A **84**
Holtes Wlk. *B6* —1B **102**
Holt Rd. *Hale* —2E **113**
Holtshill La. *Wals* —1D **48**
Holt St. *B7* —5H **101** (1G **5**)

Holyhead Rd. *B21* —6F **81**
Holyhead Rd. *Cod* —5B **12**
Holyhead Rd. *W'bry* —1C **62**
(Heath Acres)
Holyhead Rd. *W'bry* —2D **62**
(Portway Rd.)
Holyhead Rd. Ind. Est. *W'bry*
—2D **62**
Holyhead Way. *B21* —1H **99**
Holyoak Rd. *Aston* —6H **83**
Holyrood Gro. *Aston* —1G **101**
Holy Well Clo. *B16* —1C **116**
Holywell La. *Redn* —3D **156**
Home Clo. *B28* —1F **149**
Homecroft Rd. *B25* —3C **120**
Homedene Rd. *B31* —6C **130**
Homefield Rd. *Cod* —4H **13**
Homelands. *B42* —6D **66**
Homelea Rd. *B25* —3B **120**
Homemead Gro. *Redn*
—2F **157**
Homer Hill. *Hale* —4D **110**
Homer Hill Rd. *Hale* —4E **111**
Homer Rd. *Sol* —4F **151**
Homer Rd. *S Cold* —1A **54**
Homers Fold. *Bils* —6F **45**
Homer St. *B12* —6H **117**
Homerton Rd. *B44* —4B **68**
Homestead Clo. *Dud* —2A **76**
Homestead Dri. *S Cold*
—6A **38**
Homestead Rd. *B33* —2F **121**
Home Tower. *B7* —4B **102**
Homewood Clo. *S Cold*
—2C **70**
Honesty Clo. *Clay* —1H **21**
Honeswode Clo. *B20* —1C **100**
Honeyborne Rd. *S Cold*
—4B **54**
Honeybourne Clo. *Hale*
—2A **128**
Honeybourne Cres. *Wom*
—2F **73**
Honeybourne Rd. *B33*
—3G **121**
Honeybourne Rd. *Hale*
—2C **128**
Honeybourne Way. *W'hall*
—1C **46**
Honeysuckle Av. *K'wfrd*
—2C **92**
Honeysuckle Clo. *B32*
—6H **113**
Honeysuckle Dri. *Wals* —2E **65**
Honeysuckle Gro. *B27*
—6A **120**
Honeytree Clo. *K'wfrd* —6D **92**
Honiley Dri. *S Cold* —3C **68**
Honiley Rd. *B33* —1E **121**
Honister Clo. *Brie H* —2B **110**
Honiton Clo. *B31* —3C **144**
Honiton Cres. *B31* —3C **144**
Honiton Wlk. *Smeth* —4F **99**
Honiton Way. *Wals* —4B **34**
Honor Av. *Wolv* —6G **43**
Hood Gro. *B30* —3H **145**
Hook Dri. *S Cold* —6F **37**
Hooper St. *B18* —5B **100**
Hoosen Clo. *Hale* —5G **113**
Hopedale Rd. *B32* —6A **114**
Hope Pl. *B29* —3B **132**
Hope Rd. *Tip* —1C **78**
Hope St. *B5* —3G **117**
Hope St. *Dud* —1E **95**
Hope St. *Hale* —3D **112**
Hope St. *Stourb* —6B **92**

Hope St. *Wals* —3C **48**
Hope St. *W Brom* —5C **80**
Hope Ter. *Dud* —4E **95**
Hope Ter. *W'bry* —1D **62**
Hopkins Ct. *W'bry* —2G **63**
Hopkins Dri. *W Brom* —6C **64**
Hopkins St. *Tip* —5A **78**
Hopstone Gdns. *Wolv* —6D **42**
Hopstone Rd. *B29* —4E **131**
Hopton Clo. *Pert* —6F **25**
Hopton Clo. *Tip* —3C **62**
Hopton Cres. *Wolv* —3G **29**
Hopton Gdns. *Dud* —4C **76**
Hopton Gro. *B13* —2C **148**
Hopwas Gro. *B37* —4B **106**
Hopwood. —6G 159
Hopwood Clo. *Hale* —3A **128**
Hopwood Gro. *B31* —3G **158**
Hopyard Clo. *Dud* —4F **75**
Hopyard Gdns. *Bils* —2D **60**
Hopyard La. *Dud* —5F **75**
Hopyard Rd. *Wals* —1E **47**
Horace Partridge Rd. *W'bry*
—6A **46**
Horace St. *Bils* —5C **60**
Horatio Dri. *Mose* —1H **133**
Hordern Clo. *Wolv* —4D **26**
Hordern Cres. *Brie H*
—3H **109**
Hordern Gro. *Wolv* —4D **26**
Hordern Mobile Home Pk.
Cov H —1G **15**
Hordern Rd. *Wolv* —4D **26**
Hornbeam Clo. *B29* —6F **131**
Hornbeam Wlk. *Wolv* —2E **43**
Hornbrook Gro. *Sol* —6A **152**
Hornby Gro. *B14* —3D **148**
Hornby Rd. *Wolv* —1G **59**
Horner Way. *Row R* —2C **112**
Horne Way. *B34* —4A **106**
Horning Dri. *Bils* —2E **61**
Hornsey Gro. *B44* —3A **68**
Hornsey Rd. *B44* —3A **68**
Hornton Clo. *S Cold* —4D **36**
Horrell Rd. *B26* —4E **121**
Horrell Rd. *Shir* —5F **149**
Horsecroft Dri. W Brom
(off Tompstone Rd.) —5E 65
Horse Fair. *B5 & B1*
—2F **117** (6D **4**)
Horsehills Dri. *Wolv* —1C **42**
Horselea Cft. *B8* —5A **104**
Horseley Fields. *Wolv*
—1H **43** (3D **170**)
Horseley Heath. —1C 78
Horseley Heath. *Tip* —3B **78**
Horseley Rd. *Tip* —1C **78**
Horseshoe Clo. Wals —4H 47
(off Wellington St.)
Horse Shoes La. *B26* —6F **121**
Horseshoe, The. *O'bry*
—1A **114**
Horseshoe Wlk. Tip —2G 77
(off Owen St.)
Horsfall Rd. *S Cold* —6E **55**
Horsham Av. *Stourb* —6A **92**
Horsley Rd. *B43* —1F **67**
Horsley Rd. *S Cold* —1B **52**
Horton Clo. *Dud* —5G **59**
Horton Clo. *W'bry* —4D **46**
Horton Gro. *Shir* —4E **165**
Horton Pl. *Darl* —4D **46**
Horton Sq. *B12* —4G **117**
Horton St. *Tip* —2D **78**
Horton St. *W'bry* —4D **46**
Horton St. *W Brom* —5A **80**

Hospital Dri. *Edg* —1A **132**
Hospital La. *Bils* —6D **60**
(in two parts)
Hospital La. *Tiv* —5B **78**
Hospital Rd. *Burn* —1C **10**
Hospital St. *B19*
—4F **101** (1D **4**)
(in two parts)
Hospital St. *Wals* —5B **32**
Hospital St. *Wolv*
—2H **43** (5D **170**)
Hothersall Dri. *S Cold* —5F **69**
Hotspur Rd. *B44* —4H **67**
Hough Pl. *Wals* —4H **47**
Hough Rd. *B14* —1F **147**
Hough Rd. *Wals* —4G **47**
Houghton Ct. *Hall G* —3D **148**
Houghton St. *O'bry* —3F **97**
Houghton St. *W Brom*
—1B **98**
Houldey Rd. *B31* —6F **145**
Houliston Clo. *W'bry* —6H **47**
Houndsfield Clo. *H'wd*
—3C **162**
Houndsfield Ct. *Wyt* —4A **162**
Houndsfield Gro. *Wyt*
(in two parts) —4A **162**
Houndsfield La. *H'wd & Wyt*
—4A **162**
Houndsfield La. *Shir* —3D **162**
Houndsfield M. *Wyt* —4B **162**
Houx, The. *Stourb* —3C **108**
Hove Rd. *B27* —4A **136**
Howard Rd. *Bils* —2H **61**
Howard Rd. *Gt Barr* —5G **65**
Howard Rd. *Hand* —5D **82**
Howard Rd. *K Hth* —6F **133**
Howard Rd. *Sol* —2C **136**
Howard Rd. *Wolv* —1H **29**
Howard Rd. *Yard* —4A **120**
Howard Rd. E. *B13* —6H **133**
Howard St. *B19*
—5F **101** (1C **4**)
Howard St. *Tip* —2B **78**
Howard St. *W Brom* —6F **63**
Howard St. *Wolv*
—3H **43** (6C **170**)
Howarth Way. *B6* —2A **102**
Howden Pl. *B33* —4E **105**
Howdle's La. *Wals* —3B **10**
Howe Cres. *W'hall* —3C **30**
Howell Rd. *Wolv* —4A **44**
Howes Cft. *B35* —5E **87**
Howe St. *B4* —6H **101** (2H **5**)
Howford Gro. *B7* —5B **102**
Howland Clo. *Wolv* —5D **14**
Howley Av. *B44* —4G **67**
Howley Grange Rd. *Hale*
—6F **113**
Howl Pl. *Tip* —2H **77**
Hoylake Clo. *Wals* —4H **19**
Hoylake Dri. *Tiv* —2A **96**
Hoylake Rd. *Pert* —4D **24**
Hoyland Way. *B30* —5A **132**
Hubert Cft. *B29* —3B **132**
Hubert Rd. *B29* —3B **132**
Hubert St. *B6* —4H **101**
Hucker Clo. *Wals* —4G **47**
Hucker Rd. *Wals* —4G **47**
Huddlestone Clo. *F'stne*
—1D **16**
Huddleston Way. *B29*
—4G **131**
Huddocks Vw. *Wals* —2D **20**
Hudson Av. *Col* —3H **107**
Hudson Gro. *Wolv* —4E **25**

Hudson Rd. *B20* —3B **82**
Hudson Rd. *Tip* —3C **78**
Hudson's Dri. *B30* —3C **146**
Hudswell Dri. *Brie H* —3H **109**
Hughes Av. *Wolv* —3D **42**
Hughes Pl. *Bils* —4F **45**
Hughes Rd. *Bils* —4F **45**
Hughes Rd. *W'bry* —6A **46**
Hugh Rd. *B10* —2E **119**
Hugh Rd. *Smeth* —4B **98**
Hulbert Dri. *Dud* —3D **94**
Hulborn Shop. Cen., The. *Dud*
—6H **59**
Hulland Pl. *Brie H* —6G **93**
Hullbrook Rd. *B13* —2C **148**
Humber Av. *S Cold* —6E **71**
Humber Gro. *B36* —6B **88**
Humber Rd. *Wolv* —2E **43**
Humberstone Rd. *B24* —3C **86**
Humber Tower. *B7* —5A **102**
Hume St. *Smeth* —5F **99**
Humpage Rd. *B9* —1E **119**
Humphrey Middlemore Dri.
B17 —1H **131**
Humphrey's Rd. *Wolv* —2H **27**
Humphrey St. *Dud* —4H **75**
Humphries Cres. *Bils* —4H **61**
Humphries Ho. *Wals* —6B **10**
Hundred Acre Rd. *S Cold*
—4H **51**
Hungary Clo. *Stourb* —6G **109**
Hungary Hill. *Stourb* —6G **109**
Hungerfield Rd. *B36* —6G **87**
Hungerford Rd. *Stourb*
—3C **124**
Hunningham Gro. *Sol*
—1F **165**
Hunnington. —6B 128
Hunnington Clo. *B32* —4G **129**
Hunnington Cres. *Hale*
—3B **128**
Hunscote Clo. *Shir* —6F **149**
Hunslet Rd. *B32* —1D **130**
Hunstanton Av. *B17* —4D **114**
Hunstanton Clo. *Brie H*
—4G **109**
Hunter Ct. *B5* —6F **117**
Hunter Cres. *Wals* —3D **32**
Hunters Clo. *Bils* —4A **46**
Hunter's Heath. —5A 148
Hunters Ride. *Stourb* —6H **91**
Hunters Ri. *Hale* —4F **127**
Hunter's Rd. *B19* —2D **100**
Hunter St. *Wolv* —5E **27**
Hunter's Va. *B19* —3E **101**
Hunters Wlk. *B23* —5C **68**
Huntingdon Gdns. *Hale*
—4E **111**
Huntingdon Rd. *W Brom*
—1H **79**
Huntington Rd. *W'hall* —2D **30**
Huntingtree Rd. *Hale* —1G **127**
Huntlands Rd. *Hale* —3G **127**
Huntley Dri. *Sol* —5F **151**
Huntly Rd. *B16* —2C **116**
Hunton Ct. B23 —5E 85
(off Gravelly Hill N.)
Hunton Hill. *B23* —4D **84**
Hunton Rd. *B23* —4E **85**
Hunts La. *W'hall* —3D **30**
Hunts Mill Dri. *Brie H* —6G **75**
Hunt's Rd. *B30* —6C **132**
Hurdis Rd. *Shir* —4G **149**
Hurdlow Av. *B18* —4D **100**
Hurley Clo. *S Cold* —3A **70**
Hurley Clo. *Wals* —5H **49**

Hurley Gro. *B37* —4B **106**
Hurley's Fold. *Dud* —4D **94**
Hurlingham Rd. *B44* —3A **68**
Hursey Dri. *Tip* —2A **78**
Hurstbourne Cres. *Wolv*
    —2D **44**
Hurst Clo. *B36* —2A **106**
Hurstcroft Rd. *B33* —6F **105**
Hurst Dri. *Stourb* —2D **108**
Hurst Grn. Rd. *Ben H* —5B **166**
Hurst Grn. Rd. *Hale* —4C **113**
Hurst Grn. Rd. *Min* —1H **87**
Hurst Hill. —4C 60
Hurst La. *B34* —3H **105**
Hurst La. *Brie H* —6B **94**
Hurst La. *Tip* —2F **77**
Hurst La. N. *B36* —2A **106**
Hurst Rd. *Bils* —4C **60**
Hurst Rd. *Smeth* —6B **98**
Hurst St. *B5* —2G **117** (6E **5**)
    (in two parts)
Hurst, The. *H'wd* —3A **162**
Hurst, The. *Mose* —6C **134**
Hurstway, The. *B23* —5C **68**
Hurstwood Rd. *B23* —5C **68**
Husphins La. *Cod W* —2A **12**
Hussey Rd. *Wals* —5A **10**
Hut Hill La. *Wals* —1G **7**
Hutton Av. *B8* —4D **102**
Hutton Rd. *Hand* —6D **82**
Hutton Rd. *Salt* —4D **102**
Huxbey Dri. *Sol* —5B **138**
Huxley Clo. *Pend* —4E **15**
Hyatt Sq. *Brie H* —4G **109**
Hyatts Wlk. *Row R* —4H **95**
Hyde Rd. *B16* —1B **116**
Hyde Rd. *Wolv* —3F **29**
Hydes Rd. *W'bry* —2G **63**
Hydes Rd. *W Brom* —4A **64**
Hyde, The. *Stourb* —3H **125**
Hyett Way. *Bils* —3B **62**
Hylda Rd. *B20* —6D **82**
Hylstone Cres. *Wolv* —3F **29**
Hylton St. *B18* —4E **101**
Hyperion Dri. *Wolv* —2E **59**
Hyperion Rd. *B36* —6C **86**
Hyperion Rd. *Stourb* —4A **108**
Hyron Hall Rd. *B27* —3A **136**
Hyssop Clo. *B7* —4A **102**
Hytall Rd. *Shir* —5C **148**
Hythe Gro. *B25* —3B **120**

Ibberton Rd. *B14* —4B **148**
Ibis Gdns. *K'wfrd* —3E **93**
Ibstock Dri. *Stourb* —1E **125**
Icknield Clo. *S Cold* —2A **52**
Icknield Port Rd. *B16* —5A **100**
Icknield Sq. *B16* —6C **100**
Icknield St. *Hock* —5D **100**
    (in two parts)
Icknield St. *K Nor & A'chu*
    —1C **160**
Ida Rd. *Wals* —2H **47**
Ida Rd. *W Brom* —6B **80**
Idbury Rd. *B44* —6A **68**
Idmiston Cft. *B14* —5H **147**
Idonia Rd. *Wolv* —4E **25**
Ikon Gallery. —1E 117
Ilford Rd. *B23* —1D **84**
Iliffe Way. *B17* —1H **131**
Ilkley Gro. *B37* —1B **122**
Illey. —5E 129
Illeybrook Sq. *B32* —3B **130**
Illey Clo. *B31* —6H **143**
Illey La. *Hale & B32* —4C **128**

Illshaw. *Wolv* —4F **15**
Illshaw Heath Rd. *H'ley H*
    —6B **164**
Ilmington Dri. *S Cold* —2C **68**
Ilmington Rd. *B29* —4D **130**
Ilsham Gro. *B31* —3C **158**
Ilsley Rd. *B23* —3E **85**
Imex Bus. Pk. *B9* —1D **118**
Imex Bus. Pk. *Wolv* —4G **43**
Imperial Ri. *Col* —5G **89**
Imperial Rd. *B9* —1E **119**
Impsley Clo. *B36* —1F **105**
Ince Rd. *W'bry* —4C **46**
Inchcape Av. *B20* —4C **82**
Inchford Rd. *Sol* —6A **138**
Inchlaggan Rd. *Wolv* —3B **28**
Ingatestone Dri. *Stourb*
    —6A **92**
Ingestre Clo. *Wals* —4F **19**
Ingestre Dri. *B43* —4H **65**
Inge St. *B5* —2G **117** (6D **4**)
Ingestre Rd. *B28* —6F **135**
Ingestre Rd. *Wolv* —6G **15**
Ingham Way. *B17* —3E **115**
Ingleby Gdns. *Wolv* —4D **26**
Ingledew Clo. *Wals* —6D **30**
Inglefield Rd. *B33* —6D **104**
Inglemere Gro. *B29* —6D **130**
Inglenook Dri. *B20* —5D **82**
Ingleton Rd. *B8* —2G **103**
Inglewood Av. *Wolv* —3D **42**
Inglewood Clo. *K'wfrd* —4B **92**
Inglewood Gro. *S Cold*
    —1H **51**
Inglewood Rd. *B11* —6C **118**
Ingoldsby Rd. *B31* —3G **145**
Ingot Clo. *Wals* —3H **31**
Ingram Gro. *B27* —3G **135**
Ingram Pl. *Wals* —6B **20**
Ingram Rd. *Wals* —6A **20**
Inhedge St. *Dud* —2A **76**
Inhedge, The. *Dud* —6E **77**
Inkberrow Rd. *Hale* —3H **127**
Inkerman Gro. *Wolv* —1B **44**
Inkerman St. *B7* —6B **102**
    (in two parts)
Inkerman St. *Wolv* —6B **28**
Inland Rd. *B24* —5H **85**
Innage Rd. *B31* —3F **145**
Innage, The. *H'wd* —4A **162**
Innsworth Dri. *B35* —3E **87**
Inshaw Clo. *B33* —6C **104**
Institute Rd. *B14* —5H **133**
Instone Rd. *Hale* —2H **127**
Instow Clo. *W'hall* —1B **30**
Insull Av. *B14* —6B **148**
Intended St. *Hale* —4E **111**
International Dri. *Birm A*
    —1E **139**
International Ho. *B37* —6F **123**
Intown. *Wals* —1D **48**
Intown Row. *Wals* —1D **48**
Inverclyde Rd. *B20* —4C **82**
Inverness Ho. Wolv —5G 27
    (off Lomas St.)
Inverness Rd. *B31* —4C **144**
Inworth. *Wolv* —4F **15**
Ipsley Gro. *B23* —2A **84**
Ipstones Av. *B33* —5D **104**
Ipswich Cres. *B42* —6D **66**
Ipswich Wlk. *B37* —1D **122**
Ireland Grn. Rd. *W Brom*
    —5H **79**
Ireton Rd. *B20* —3C **82**
Ireton Rd. *Wolv* —4A **16**
Iris Clo. *B29* —5F **131**

Iris Clo. *Dud* —6H **77**
Iris Dri. *B14* —3F **147**
Irnham Rd. *S Cold* —1G **53**
Iron Bri. Wlk. *Stourb* —5F **125**
Iron La. *B33* —5B **104**
Irvan Av. *W Brom* —2F **79**
Irvine Clo. *Wals* —2H **31**
Irvine Rd. *Wals* —1H **31**
Irving Clo. *Dud* —3E **75**
Irving Rd. *Sol* —1A **138**
Irving Rd. *Tip* —4A **62**
Irving St. *B1* —2F **117**
Irwin Av. *Redn* —3A **158**
Isaac Walton Pl. *W Brom*
    —6E **63**
Isbourne Way. *B9* —1B **118**
Isis Gro. *B36* —1B **106**
Isis Gro. *W'hall* —1C **46**
Island Rd. *B21* —6G **81**
Islington. *Hale* —1A **128**
Islington Row Middleway. *B15*
    —2D **116**
Ismere Rd. *B24* —5H **85**
Itchen Gro. *Wolv* —6E **25**
Ithon Gro. *B38* —1A **160**
Ivanhoe Rd. *B43* —2D **66**
Ivanhoe Rd. *Wolv* —5C **44**
Ivanhoe St. *Dud* —2C **94**
Ivatt Clo. *Wals* —2F **33**
Iverley. —5B 124
Iverley Rd. *Hale* —1C **128**
Iverley Wlk. *Stourb* —3F **125**
Ivor Rd. *B11* —1B **134**
Ivy Av. *B12* —6B **118**
    (Chesterton Rd.)
Ivy Av. *B12* —6A **118**
    (Runcorn Rd.)
Ivybridge Gro. *B42* —4E **83**
Ivy Cft. *Pend* —4D **14**
Ivydale Av. *B26* —6G **121**
Ivyfield Rd. *B23* —2B **84**
Ivy Gro. *B18* —5A **100**
Ivyhouse La. *Bils* —5D **60**
Ivyhouse Rd. *B38* —1G **159**
Ivy Ho. Rd. *O'bry* —3D **96**
Ivy La. *B9* —1A **118**
Ivy Lodge Clo. *Mars G*
    —4C **122**
Ivy Pl. *B29* —3B **132**
Ivy Rd. *Dud* —3C **76**
Ivy Rd. *Hand* —2C **100**
Ivy Rd. *Stir* —1C **146**
Ivy Rd. *S Cold* —3F **69**
Ivy Rd. *Tip* —6H **61**
Ivy Wlk. *Shir* —3G **163**
Izons La. *W Brom* —6F **79**
Izons La. Ind. Est. *W Brom*
    —6F **79**
Izons Rd. *W Brom* —4A **80**

Jacey Rd. *B16* —1H **115**
Jacey Rd. *Shir* —3H **149**
Jack David Ho. *Tip* —2D **78**
Jackdaw Clo. *Dud* —3G **59**
Jackdaw Dri. *B36* —1C **106**
Jack Holden Av. *Bils* —3C **60**
Jack Newell Ct. Cose —5E 61
    (off Castle St.)
Jack O Watton Ind. Est. *Wat O*
    —4F **89**
Jackson Av. *B8* —5F **103**
Jackson Clo. *Cann* —1C **8**
Jackson Clo. *F'stne* —1C **16**
Jackson Clo. *O'bry* —4H **97**
Jackson Clo. *Tip* —4B **62**

Jackson Ct. *Brie H* —2B **110**
Jackson Dri. *Smeth* —4B **98**
Jackson Ho. *O'bry* —2G **97**
Jackson Rd. *B8* —5F **103**
Jackson St. *O'bry* —5H **97**
Jackson St. *Stourb* —5A **110**
Jackson St. *Wolv* —5F **27**
Jackson Way. *B32* —6G **113**
Jacmar Cres. *Smeth* —3C **98**
Jacobean La. *Know* —6C **152**
Jacob's Hall La. *Wals* —4G **7**
Jacoby Pl. *B5* —6D **116**
Jaffray Cres. *B24* —4F **85**
Jaffray Rd. *B24* —4F **85**
Jakeman Rd. *B12* —6G **117**
James Bri. Clo. *Wals* —4H **47**
James Brindley Wlk. *B1*
    —1E **117** (4A **4**)
James Clift Ho. *O'bry* —4D **96**
James Clo. *Smeth* —4E **99**
James Clo. *W'bry* —6D **47**
James Dee Clo. *Brie H*
    —2C **110**
James Eaton Clo. *W Brom*
    —2A **80**
James Ho. B19 —3E 101
    (off Newtown Dri.)
James Memorial Homes. B7
    (off Stuart St.) —2C **102**
Jameson Rd. *B6* —1C **102**
Jameson St. *Wolv* —5F **27**
James Rd. *Col* —1H **107**
James Rd. *Gt Barr* —6A **66**
James Rd. *Tys* —5F **119**
James Scott Rd. *Hale*
    —5C **110**
James St. *B3* —6E **101** (2B **4**)
James St. *Bils* —5G **45**
James St. *W'hall* —6A **30**
James Turner St. *B18*
    —3A **100**
James Watt Dri. *B19* —1D **100**
James Watt Ho. *Smeth*
    —4F **99**
James Watt Point. *B6*
    —1B **102**
James Watt Queensway. *B4*
    —6G **101** (2F **5**)
James Watt St. *B4*
    —6G **101** (3F **5**)
James Watt St. *W Brom*
    (in two parts) —5H **63**
Jane La. Clo. *Wals* —5F **31**
Janice Gro. *B14* —3B **148**
Janine Av. *Wolv* —2G **29**
Jaques Clo. *Wat O* —5D **88**
Jardine Rd. *B6* —6H **83**
Jarvis Cres. *O'bry* —5F **97**
Jarvis Rd. *B23* —1F **85**
Jarvis Way. *B24* —1E **103**
J A S Ind. Pk. *Row R* —5E **97**
Jasmin Cft. *B14* —3G **147**
Jasmine Clo. *Pend* —4D **14**
Jasmine Gro. *Cod* —4H **13**
Jasmine Rd. *Dud* —6H **77**
Jasmine Way. *Darl* —4D **46**
Jason Rd. *Stourb* —1B **126**
Jayne Clo. *W Brom* —4C **64**
Jayne Clo. *Wolv* —2F **29**
Jay Rd. *K'wfrd* —1B **92**
Jay's Av. *Tip* —3B **78**
Jayshaw Av. *B43* —5A **66**
Jeal Clo. *Wyt* —6G **161**
Jean Dri. *Tip* —1D **78**
Jeavons Pl. *Bils* —6E **45**

Jedburgh Av. *Wolv* —5E **25**
Jeddo St. *Wolv*
—3G **43** (6A **170**)
Jeffcock Rd. *Wolv* —3D **42**
Jefferson Clo. *W Brom*
—5H **63**
Jeffrey Av. *Wolv* —6B **44**
Jeffrey Rd. *Row R* —6E **97**
Jeffries Ho. *O'bry* —2G **97**
Jeffs Av. *Wolv*
—3H **43** (6D **170**)
Jenkins Clo. *Bils* —6E **45**
Jenkinson Rd. *W'bry* —4D **62**
Jenkins St. *B10* —3C **118**
Jenks Av. *Wolv* —1A **28**
Jenks Rd. *Wom* —2F **73**
Jennens Rd. *B4 & B7*
—6H **101** (3G **5**)
Jenner Clo. *Wals* —3G **31**
Jenner Ho. *Wals* —3F **31**
Jenner Rd. *Wals* —3F **31**
Jenner St. *Wolv* —2A **44**
Jennifer Wlk. *B25* —3C **120**
Jennings St. *Crad H* —1H **111**
Jenny Clo. *Bils* —4G **61**
Jennyns Ct. *W'bry* —2F **63**
Jenny Walkers La. *Wolv*
—3D **40**
Jephcott Gro. *B8* —5G **103**
Jephcott Rd. *B8* —5G **103**
Jephson Dri. *B26* —4D **120**
Jeremy Gro. *Sol* —1F **137**
Jeremy Rd. *Wolv* —6G **43**
Jerome Ct. *S Cold* —2H **51**
Jerome K Jerome Birthplace
Mus. —1D **48**

(Central Library)
Jerome Rd. *S Cold* —1B **70**
Jerome Rd. *Wals* —2H **47**
Jerrard Ct. *S Cold* —6A **54**
Jerrard Dri. *S Cold* —6A **54**
Jerry's La. *B23* —6D **68**
Jersey Cft. *B36* —3D **106**
Jersey Rd. *B8* —5D **102**
Jervis Clo. *Brie H* —2G **93**
Jervis Ct. Wals —1D **48**
(off Dog Kennel La.)
Jervis Cres. *S Cold* —6D **36**
Jervoise Dri. *B31* —2F **145**
Jervoise La. *W Brom* —4C **64**
Jervoise Rd. *B29* —4D **130**
Jervoise St. *W Brom* —3G **79**
Jesmond Gro. *B24* —3C **86**
Jessel Rd. *Wals* —1A **48**
Jessie Rd. *Wals* —6C **22**
Jesson Clo. *Wals* —4E **49**
Jesson Ct. *Wals* —3E **49**
Jesson Rd. *Dud* —1C **76**
Jesson Rd. *S Cold* —6E **55**
Jesson Rd. *Wals* —3D **48**
Jesson St. *W Brom* —5C **80**
Jevons Rd. *S Cold* —2C **68**
Jevon St. *Bils* —5D **60**
(in two parts)
Jewellery Quarter. —5D 100
Jewellery Quarter Discovery
Cen. —4E **101**
Jew's La. *Dud* —3A **76**
Jiggin's La. *B32* —5A **130**
Jill Av. *B43* —5G **65**
Jillcot Rd. *Sol* —2F **137**
Jinnah Clo. *B12* —3H **117**
Joan St. *Wolv* —5A **44**
Jockey Fld. *Dud* —1A **76**
Jockey La. *W'bry* —1G **63**
Jockey Rd. *S Cold* —3D **68**

Joe Jones Ct. *Dud* —4H **59**
Joey's La. *Cod* —3A **14**
John Bright Clo. *Tip* —5H **61**
John Bright St. *B1*
—1F **117** (5D **4**)
John Feeney Tower. *B31*
—6D **130**
John F Kennedy Wlk. *Tip*
—5A **62**
John Fletcher Clo. *W'bry*
—1H **63**
John Harper St. *W'hall* —1B **46**
John Howell Dri. *Tip* —2A **78**
John Kempe Way. *B12*
—4A **118**
John Riley Dri. *W'hall* —1C **30**
John Rd. *Hale* —2F **129**
Johns Gro. *B43* —5G **65**
John's La. *Tip* —3H **59**
John's La. *Tiv* —4C **78**
Johns La. *Wals* —2F **7**
John Smith Ho. *B1*
—6E **101** (3A **4**)
Johnson Av. *Wolv* —2H **29**
Johnson Clo. *S'hll* —6C **118**
Johnson Clo. *W End* —3A **104**
Johnson Clo. *W'bry* —6D **46**
Johnson Dri. *B35* —4D **86**
Johnson Pl. *Bils* —4H **45**
Johnson Rd. *B23* —2F **85**
Johnson Rd. *W'bry* —6D **46**
(Lodge Rd.)
Johnson Rd. *W'bry* —3A **64**
(Walton Rd.)
Johnson Rd. *W'hall* —2D **30**
Johnson Row. *Bils* —4B **60**
Johnsons Bri. Rd. *W Brom*
—1A **80**
Johnsons Gro. *O'bry* —3A **114**
Johnson St. *B7* —3C **102**
Johnson St. *Bils* —4B **60**
Johnson St. *Wolv* —4H **43**
Johnstone St. *B19* —1F **101**
Johnston St. *W Brom* —6B **80**
John St. *B19* —2D **100**
John St. *Brie H* —5H **93**
John St. *O'bry* —2G **97**
John St. *Row R* —2C **112**
John St. *Stourb* —2D **108**
John St. *Swan V* —2F **79**
John St. *Wals* —6C **32**
John St. *W Brom* —3H **79**
John St. *W'hall* —2B **46**
John St. *Wolv* —5C **44**
John St. N. *W Brom* —2H **79**
John Wooton Ho. W'bry
(off Lawrence Way) —5D **46**
Joiners Cft. *Sol* —5A **138**
Joinings Bank. *O'bry* —5H **97**
Jones Fld. Cres. *Wolv* —1C **44**
Jones Ho. *Wals* —6B **32**
Jones Rd. *W'hall* —6D **18**
Jones Rd. *Wolv* —3G **27**
Jones's La. *Wals* —4G **7**
Jones Wood Clo. *S Cold*
—6D **70**
Jordan Clo. *Smeth* —4F **99**
Jordan Clo. *S Cold* —2H **53**
Jordan Ho. *B36* —1C **104**
Jordan Leys. *Tip* —2B **78**
Jordan Pl. *Bils* —2G **61**
Jordan Rd. *S Cold* —2H **53**
Jordan Way. *Wals* —6D **22**
Joseph St. *O'bry* —3F **97**
Josiah Rd. *B31* —5B **144**
Jowett's La. *W Brom* —5H **63**

Joyberry Dri. *Stourb* —2D **124**
Joynson St. *W'bry* —6E **47**
Jubilee Av. *W Brom* —6H **63**
Jubilee Clo. *Gt Wyr* —3F **7**
Jubilee Clo. *Wals* —3C **32**
Jubilee Rd. *Bils* —1A **62**
Jubilee Rd. *Redn* —5E **143**
Jubilee Rd. *Tip* —6A **62**
Jubilee St. *W Brom* —6B **64**
Jubilee Ter. *Dud* —3E **95**
Judge Clo. *O'bry* —2G **97**
Judge Rd. *Brie H* —4B **110**
Julia Av. *B24* —3D **86**
Julia Gdns. *W Brom* —5D **64**
Julian Clo. *Wals* —2G **7**
Julian Clo. *Wolv* —1D **44**
Julian Rd. *Wolv* —1D **44**
Julie Cft. *Bils* —4G **61**
Juliet Rd. *Hale* —2F **129**
Julius Dri. *Col* —6H **89**
Junction Rd. *B21* —1G **99**
Junction Rd. *Stourb* —3C **108**
(Camp Hill)
Junction Rd. *Stourb* —1F **125**
(Church St.)
Junction Rd. *Wolv* —4D **44**
Junction St. *Dud* —1D **94**
Junction St. *O'bry* —6E **79**
Junction St. *Wals* —3B **48**
Junction St. S. *O'bry* —4G **97**
Junction, The. *Stourb*
—3C **108**
June Cft. *B26* —6H **121**
Juniper Clo. *B27* —6H **119**
Juniper Clo. *S Cold* —2D **70**
Juniper Dri. *S Cold* —6E **71**
Juniper Dri. *Wals* —1F **65**
Juniper Ho. *B20* —4B **82**
Juniper Ho. *B36* —2D **104**
Juniper Ri. *Hale* —6E **111**
Jury Rd. *Brie H* —4B **110**
Jutland Rd. *B13* —6B **134**

Karen Way. *Brie H* —3H **109**
Kate's Hill. —6G 77
Katherine Rd. *Smeth*
—1D **114**
Kathleen Rd. *B25* —4A **120**
Kathleen Rd. *S Cold* —1A **70**
Katie Rd. *B29* —4A **132**
Kayne Clo. *K'wfrd* —3A **92**
Keanscott Dri. *O'bry* —5A **98**
Keasden Gro. *W'hall* —6C **30**
Keating Gdns. *S Cold* —5G **37**
Keatley Av. *B33* —1A **122**
Keats Av. *B10* —4D **118**
Keats Clo. *Dud* —2E **75**
Keats Clo. *Stourb* —3E **109**
Keats Clo. *S Cold* —3F **37**
Keats Dri. *Bils* —3F **61**
Keats Gro. *B27* —4H **135**
Keats Gro. *Wolv* —1C **28**
Keats Ho. *O'bry* —5A **98**
Keats Rd. *Wals* —2C **32**
Keats Rd. *W'hall* —2E **31**
Keats Rd. *Wolv* —5C **16**
Keble Gro. *B26* —5F **121**
Keble Gro. *Wals* —4E **49**
Keble Ho. *B37* —1C **122**
Kedleston Clo. *Wals* —4G **19**
Kedleston Ct. *B28* —3F **149**
Kedleston Rd. *B28* —1F **149**
Keegan Wlk. *Wals* —5F **31**
Keel Dri. *B13* —4D **134**
Keele Ho. *B37* —5D **106**

Keeley St. *B9* —1B **118**
Keelinge St. *Tip* —2B **78**
Keen St. *Smeth* —5H **99**
Keepers Clo. *Col* —5H **107**
Keepers Clo. *K'wfrd* —1H **91**
Keepers Clo. *Wals W* —4B **22**
Keepers Ga. Clo. *S Cold*
—4A **54**
Keepers La. *Cod & Wolv*
—5G **13**
Keepers Rd. *S Cold* —4C **36**
Keer Ct. *B9* —1B **118**
Kegworth Rd. *B23* —5C **84**
Keir Hardie Wlk. *Tiv* —5D **78**
Keir Pl. *Stourb* —3C **108**
Keir Rd. *W'bry* —3A **64**
Kelby Clo. *B31* —3D **144**
Kelby Rd. *B31* —3D **144**
Keldy Clo. *Wolv* —4D **26**
Kelfield Av. *B17* —1F **131**
Kelham Pl. *Sol* —4F **137**
Kelia Dri. *Smeth* —3D **98**
Kellett Rd. *B7* —5A **102**
Kelling Clo. *Brie H* —3G **109**
Kellington Clo. *B8* —5F **103**
Kelmarsh Dri. *Sol* —6F **151**
Kelmscott Rd. *B17* —4F **115**
Kelsall Clo. *Wolv* —1D **44**
Kelsall Cft. *B1* —6D **100**
Kelsey Clo. *B7* —5B **102**
Kelso Gdns. *Wolv* —5D **24**
Kelsull Cft. *B37* —1C **122**
Kelton Ct. *B15* —4C **116**
Kelvedon Gro. *Sol* —2G **151**
Kelverdale Gro. *B14* —3E **147**
Kelverley Gro. *W Brom*
—4E **65**
Kelvin Pl. *Wals* —3H **31**
Kelvin Rd. *B31* —6E **145**
Kelvin Rd. *Wals* —3G **31**
Kelvin Way. *W Brom* —6H **79**
Kelvin Way Ind. Est. *W Brom*
—1H **97**
Kelway Av. *B43* —2D **66**
Kelwood Dri. *Hale* —6A **112**
Kelynmead Rd. *B33* —1E **121**
Kemberton Clo. *Wolv* —2A **42**
Kemberton Rd. *B29* —3E **131**
Kemberton Rd. *Wolv* —2A **42**
Kemble Clo. *W'hall* —6D **30**
Kemble Cft. *B5* —4G **117**
Kemble Dri. *B35* —4E **87**
Kemble Tower. *B35* —4E **87**
Kemelstowe Cres. *Hale*
—5E **127**
Kemerton Way. *Shir* —4D **164**
Kempe Rd. *B33* —5E **105**
Kempsey Clo. *Hale* —1G **127**
Kempsey Clo. *O'bry* —5E **97**
Kempsey Clo. *Sol* —2E **137**
Kempsey Covert. *B38*
—2A **160**
Kempsey Ho. *B32* —5G **129**
Kemps Grn. Rd. *Bal C*
—3H **169**
Kempson Av. *S Cold* —4A **70**
Kempson Av. *W Brom* —2H **79**
Kempson Rd. *B36* —1C **104**
Kempsons Gro. *Bils* —2D **60**
Kempthorne Av. *Wolv* —6A **16**
Kempthorne Gdns. *Wals*
—5G **19**
Kempthorne Rd. *Bils* —5H **45**
Kempton Dri. *Wals* —3F **7**
Kempton Pk. Rd. *B36*
—1B **104**

Kempton Way—Kingsford Nouveau

Kempton Way. *Stourb*
—2C **124**
Kemsey Dri. *Bils* —2H **61**
Kemshead Av. *B31* —1C **158**
Kemsley Rd. *B14* —5H **147**
Kenchester Ho. *B16* —1C **116**
(off Shyltons Cft.)
Kendal Av. *Col* —2H **107**
Kendal Av. *Redn* —2H **157**
Kendal Clo. *Wolv* —3D **26**
Kendal Ct. *B23* —4B **84**
Kendal Ct. *Wals W* —3B **22**
Kendal Gro. *Sol* —5B **138**
Kendal Ho. *O'bry* —5D **96**
Kendall Ri. *K'wfrd* —4D **92**
Kendal Ri. *O'bry* —6H **97**
Kendal Ri. *Wolv* —3D **26**
Kendal Ri. Rd. *Redn* —2H **157**
Kendal Rd. *B11* —4B **118**
Kendal Tower. *B17* —6H **115**
Kendrick Av. *B34* —4A **106**
Kendrick Clo. *Sol* —1B **152**
Kendrick Pl. *Bils* —1A **62**
Kendrick Rd. *Bils* —1A **62**
Kendrick Rd. *S Cold* —2D **86**
Kendrick Rd. *Wolv* —3A **28**
Kendricks Rd. *W'bry* —4F **47**
Kendrick St. *W'bry* —2G **63**
Keneggy M. *B29* —3B **132**
Kenelm Rd. *B10* —3E **119**
Kenelm Rd. *Bils* —4E **61**
Kenelm Rd. *O'bry* —6G **97**
Kenelm Rd. *S Cold* —1H **69**
Kenelm's Ct. *Rom* —3A **142**
Kenilworth Clo. *Stourb*
—1B **108**
Kenilworth Clo. *S Cold* —3G **53**
Kenilworth Clo. *Tip* —3F **77**
Kenilworth Ct. *B16* —3B **116**
Kenilworth Ct. *B24* —5E **85**
Kenilworth Ct. *Dud* —1B **94**
Kenilworth Cres. *Wals* —5G **31**
Kenilworth Cres. *Wolv* —1A **60**
Kenilworth Ho. *Wals* —3A **32**
(off Providence La.)
Kenilworth Rd. *B20* —6G **83**
Kenilworth Rd. *Bal C & Ken*
—6G **155**
Kenilworth Rd. *Col* —2H **123**
Kenilworth Rd. *H Ard*
—1D **154**
Kenilworth Rd. *Know* —3F **167**
Kenilworth Rd. *Mer* —3C **140**
Kenilworth Rd. *O'bry* —3B **114**
Kenilworth Rd. *Pert* —5F **25**
Kenley Gro. *B30* —4D **146**
Kenley Way. *Sol* —3B **150**
Kenmare Way. *Wolv* —5E **29**
Kenmure Rd. *B33* —4G **121**
Kennedy Clo. *S Cold* —1A **70**
Kennedy Cres. *Dud* —3H **75**
Kennedy Cres. *W'bry* —4C **46**
Kennedy Cft. *B26* —4E **121**
Kennedy Gro. *B30* —1D **146**
Kennedy Ho. *O'bry* —3H **113**
Kennedy Rd. *Wolv*
—6H **27** (1D **170**)
Kennedy Tower. *B4* —2D **4**
Kennerley Rd. *B25* —5B **120**
Kennet Clo. *Wals* —3G **9**
Kennet Gro. *B36* —1B **106**
Kenneth Gro. *B23* —2A **84**
Kennford Clo. *Row R* —3C **96**
Kennington Rd. *Wolv* —4B **28**
Kenrick Cft. *B35* —5E **87**
Kenrick Ho. *W Brom* —6C **80**

Kenrick Way. *W Brom* —1B **98**
(B70)
Kenrick Way. *W Brom* —6D **80**
(B71)
Kensington Av. *B12* —1A **134**
Kensington Dri. *S Cold*
—4F **37**
Kensington Gdns. *Stourb*
—2A **108**
Kensington Rd. *B29* —3C **132**
Kensington Rd. *W'hall* —2B **30**
Kensington St. *B19* —3F **101**
Kenstone Cft. *B12* —4H **117**
Kenswick Dri. *Hale* —3A **128**
Kent Av. *Wals* —6H **31**
Kent Clo. *A'rdge* —6D **22**
Kent Clo. *Wals* —4C **32**
Kent Clo. *W Brom* —6H **63**
Kentish Rd. *B21 & Midd I*
—1G **99**
Kentmere Tower. *B23* —1H **85**
Kenton Av. *Wolv* —5D **26**
Kenton Wlk. *B29* —3B **132**
Kent Pl. *Dud* —3C **94**
Kent Rd. *Hale* —5E **113**
Kent Rd. *Redn* —6F **143**
Kent Rd. *Stourb* —4B **108**
Kent Rd. *Wals* —6F **31**
Kent Rd. *W'bry* —1A **64**
Kent Rd. *Wolv* —4A **44**
Kents Clo. *Sol* —2D **136**
Kent St. *B5* —3G **117**
Kent St. *Dud* —2A **76**
Kent St. *Wals* —4C **32**
Kent St. N. *B18* —4B **100**
Kenward Cft. *B17* —4D **114**
Kenway. *H'wd* —2A **162**
Kenwick Rd. *B17* —1F **131**
Kenwood Rd. *B9* —6H **103**
Kenyon Clo. *Stourb* —4E **109**
Kenyon St. *B18*
—5E **101** (1B **4**)
Kerby Rd. *B23* —3C **84**
Keresley Clo. *Sol* —2G **151**
Keresley Gro. *B29* —3D **130**
Kernthorpe Rd. *B14* —3F **147**
Kerr Dri. *Tip* —5G **61**
Kerria Ct. *B15* —3F **117**
Kerridge Clo. *Wolv* —5E **15**
Kerry Clo. *B31* —1D **144**
Kerry Clo. *Brie H* —5G **93**
Kerry Ct. *Wals* —3E **49**
Kersley Gdns. *Wolv* —4H **29**
Kerswell Dri. *Shir* —4D **164**
Kesterton Rd. *S Cold* —4E **37**
Kesterton Tower. *B23* —2B **84**
Kesteven Clo. *B15* —5D **116**
Kesteven Rd. *W Brom* —6A **64**
Keston Rd. *B44* —1H **67**
Kestrel Av. *B25* —3H **119**
Kestrel Clo. *B23* —1D **84**
Kestrel Dri. *S Cold* —4F **37**
Kestrel Gro. *B30* —5H **131**
Kestrel Gro. *W'hall* —1C **30**
Kestrel Ri. *Wolv* —2D **26**
Kestrel Rd. *Dud* —1B **94**
Kestrel Rd. *Hale* —4D **110**
Kestrel Rd. *O'bry* —1F **113**
Kestrel Way. *Wals* —3C **6**
Keswick Dri. *K'wfrd* —3B **92**
Keswick Gro. *S Cold* —1H **51**
Keswick Ho. *O'bry* —5D **96**
Keswick Rd. *Sol* —1D **136**
Ketley Cft. *B12* —4H **117**
Ketley Fields. *K'wfrd* —4E **93**
Ketley Hill Rd. *Dud* —1B **94**

Ketley Rd. *K'wfrd* —3D **92**
(in two parts)
Kettlebrook Rd. *Shir* —3F **165**
Kettlehouse Rd. *B44* —2H **67**
Kettles Bank Rd. *Dud* —5F **75**
Kettles Wood Dri. *B32*
—3H **129**
Kettlewell Way. *B37* —1B **122**
Ketton Gro. *B33* —4H **121**
Kew Clo. *B37* —6B **106**
Kew Dri. *Dud* —5C **76**
Kew Gdns. *B33* —2B **120**
Kewstoke Clo. *W'hall* —6B **18**
Kewstoke Cft. *B31* —1C **144**
Kewstoke Rd. *W'hall* —6B **18**
Keyes Dri. *K'wfrd* —6B **74**
Key Hill. *B18* —4D **100**
Key Hill Dri. *B18* —4D **100**
Key Ind. Est. *W'hall* —6F **29**
Keynell Covert. *B30* —4E **147**
Keynes Dri. *Bils* —5G **45**
Keys Cres. *W Brom* —1A **80**
Keyse Rd. *S Cold* —4D **54**
Keyte Clo. *Tip* —2A **78**
Keyway. *W'hall* —3A **46**
Keyway Junct. *W'hall* —3B **46**
Keyway, The. *W'hall* —2H **45**
Keyworth Clo. *Tip* —2A **78**
Khyser Clo. *W'bry* —4C **46**
Kidd Cft. *Tip* —3C **62**
Kidderminster Rd. *Hag*
—6G **125**
Kidderminster Rd. *Ism & I'ley*
—6A **124**
Kidderminster Rd. *K'wfrd*
—6G **91**
Kielder Clo. *Wals* —2G **65**
Kielder Gdns. *Stourb* —4F **125**
Kier's Bri. Clo. *Tip* —4A **78**
Kilburn Dri. *K'wfrd* —6C **74**
Kilburn Gro. *B44* —2H **67**
Kilburn Pl. *Dud* —3F **95**
Kilburn Rd. *B44* —2H **67**
Kilby Av. *B16* —1C **116**
(in two parts)
Kilbys Gro. *B20* —5B **82**
Kilcote Rd. *Shir* —5C **148**
Kilmet Wlk. *Smeth* —4E **99**
Kilmore Cft. *B36* —6C **86**
Kilmorie Rd. *B27* —6A **120**
Kiln Cft. *Row R* —5A **96**
Kiln La. *B25* —5H **119**
Kiln La. *Shir* —4G **163**
Kilsby Gro. *Sol* —1G **165**
Kilvert Rd. *W'bry* —3H **63**
Kimbells Wlk. *Know* —3E **167**
Kimberley Av. *B8* —4E **103**
Kimberley Clo. *S Cold* —6A **36**
Kimberley Pl. *Cose* —6D **60**
Kimberley Rd. *Smeth* —2E **99**
Kimberley Rd. *Sol* —3E **137**
Kimberley St. *Wolv* —2E **43**
Kimberley Wlk. *Min* —1H **87**
Kimble Gro. *B24* —4B **86**
Kimpton Clo. *B14* —5G **147**
Kimsan Cft. *S Cold* —4A **52**
Kinchford Clo. *Sol* —1G **165**
Kineton Cft. *B32* —5B **130**
Kineton Grn. Rd. *Sol*
—5B **136**
Kineton Ri. *Dud* —3G **59**
Kineton Rd. *Redn* —2E **157**
Kineton Rd. *S Cold* —4E **69**
Kinfare Dri. *Wolv* —5H **25**
Kinfare Ri. *Dud* —3A **76**

King Alfreds Pl. *B1*
—1E **117** (4A **4**)
King Charles Av. *Wals* —1E **47**
King Charles Ct. *K'sdng*
—3B **68**
King Charles Rd. *Hale*
—1F **129**
King Edmund St. *Dud* —5D **76**
(in two parts)
King Edward Rd. *B13*
—2H **133**
King Edwards Clo. *B20*
—1D **100**
King Edwards Gdns. *B20*
—2D **100**
King Edwards Rd. *B1*
—1D **116** (4A **4**)
(Edward St.)
King Edwards Rd. *B1* —6C **100**
(Ladywood Middleway)
King Edward's Row. *Wolv*
—3G **43**
King Edwards Sq. *S Cold*
—5A **54**
King Edward St. *W'bry*
—5D **46**
Kingfield Rd. *Shir* —5C **148**
Kingfisher Clo. *B26* —5E **121**
Kingfisher Clo. *Dud* —3G **59**
Kingfisher Dri. *B36* —1C **106**
Kingfisher Dri. *Stourb*
—2A **124**
Kingfisher Gro. *W'hall* —1B **30**
Kingfisher Vw. *B34* —4E **105**
Kingfisher Way. *B30* —5H **131**
King George Cres. *Wals*
—3F **33**
King George Pl. *Wals* —3F **33**
King George VI Av. *Wals*
—3G **49**
Kingham Clo. *Dud* —5G **75**
Kingham Covert. *B14* —5F **147**
Kings Av. *Tiv* —5B **78**
Kingsbridge Rd. *B32* —4B **130**
Kingsbridge Wlk. *Smeth*
—4F **99**
Kingsbrook Dri. *Sol* —1F **165**
Kingsbury Av. *B24* —4B **86**
Kingsbury Clo. *Min* —2H **87**
Kingsbury Clo. *Wals* —5F **33**
Kingsbury Ind. Pk. *Min*
—1A **88**
Kingsbury Rd. *B24 & Erd*
—5E **85**
Kingsbury Rd. *Cas V* —4D **86**
Kingsbury Rd. *Min* —2G **87**
Kingsbury Rd. *Tip* —5A **62**
Kings Bus. Pk. *Gt Barr* —2G **67**
Kingsclere Wlk. *Wolv* —5A **42**
Kingscliff Rd. *B10* —3G **119**
King's Clo. *B14* —1E **147**
Kingscote Rd. *B15* —5H **115**
Kingscote Rd. *Dorr* —6F **167**
Kings Ct. *S Cold* —6H **37**
Kings Ct. *W'bry* —2E **63**
Kings Cft. *B26* —6E **121**
Kings Cft. *Cas B* —2B **106**
Kingscroft Clo. *S Cold* —4A **52**
Kingscroft Rd. *S Cold* —3A **52**
Kingsdene Av. *K'wfrd* —5A **92**
Kingsdown Av. *B42* —1B **82**
Kingsdown Rd. *B31* —4D **130**
Kingsfield Rd. *B14* —5G **133**
Kingsford Clo. *B36* —6H **87**
Kingsford Nouveau. *K'wfrd*
—4E **93**

Kings Gdns. *B30* —3A **146**
Kingsgate Ho. *B37* —1C **122**
Kings Grn. Av. *B38* —5B **146**
Kingshayes Rd. *Wals* —5D **22**
King's Heath. —6A 134
King's Hill. —6E 47
Kings Hill Bus. Pk. *W'bry*
—1E **63**
Kings Hill Clo. *W'bry* —6E **47**
(in two parts)
Kingshill Dri. *B38* —5B **146**
Kings Hill Fld. *W'bry* —6E **47**
Kings Hill M. *W'bry* —6D **46**
Kingshurst. —4C 106
Kingshurst Ho. *B37* —4B **106**
Kingshurst Rd. *B31* —4E **145**
Kingshurst Rd. *Shir* —6F **149**
Kingshurst Way. *B37* —5B **106**
Kingsland Dri. *Dorr* —6A **166**
Kingsland Rd. *B44* —1G **67**
Kingsland Rd. *Wolv* —6F **27**
Kingslea Rd. *Sol* —5C **150**
Kingsleigh Dri. *B36* —1E **105**
Kingsleigh Rd. *B20* —5D **82**
Kingsley Av. *Wolv* —5H **25**
Kingsley Ct. *Yard* —3C **120**
Kingsley Gdns. *Cod* —4E **13**
Kingsley Gro. *Dud* —2E **75**
Kingsley Rd. *Bal H* —5A **118**
Kingsley Rd. *K Nor* —3H **145**
Kingsley Rd. *K'wfrd* —4H **91**
Kingsley St. *Dud* —4E **95**
Kingsley St. *Wals* —4H **47**
Kingslow Av. *Wolv* —5B **42**
Kingsmere Clo. *B24* —5E **85**
King's Norton. —4A 146
King's Norton Bus. Cen. *B30*
—3C **146**
Kings Pde. *B4* —4F **5**
Kings Rd. *Dud* —5A **60**
King's Rd. *K Hth* —1E **147**
King's Rd. *S Cold* —3C **68**
Kings Rd. *Tys & Yard*
—6G **119**
Kings Rd. *Wals* —2G **33**
Kings Sq. *Bils* —5C **60**
Kings Sq. *W Brom* —4B **80**
Kingstanding. —1H 67
Kingstanding Cen., The. *B44*
—2H **67**
Kingstanding Rd. *B44 &*
Gt Barr —1H **83**
King's Ter. *K Hth* —1F **147**
Kingsthorpe Rd. *B14* —4A **148**
Kingston Ct. *S Cold* —4H **53**
Kingston Rd. *B9* —2B **118**
Kingston Row. *B1*
—1E **117** (4A 4)
Kingston Way. *K'wfrd* —2A **92**
King St. *B11* —4A **118**
King St. *Bils* —2G **61**
King St. *Brad* —5C **60**
King St. *Brie H* —3C **110**
King St. *Burn* —1B **10**
King St. *Crad H* —2H **111**
King St. *Dud* —1E **95**
King St. *Hale* —1A **128**
King St. *Lye* —1B **126**
King St. *Smeth* —2F **99**
King St. *Stourb* —5C **108**
King St. *Wals* —4B **48**
King St. *Wals W* —5B **22**
King St. *W'bry* —2E **63**
King St. *W'hall* —1B **46**

King St. *Wolv*
—1G **43** (3B 170)
King St. Pas. *Brie H* —3C **110**
King St. Pas. *Dud* —6E **77**
King St. Precinct. *W'bry*
—5D **46**
Kingsway. *Ess* —3A **18**
Kingsway. *O'bry* —4G **113**
Kingsway. *Stourb* —3B **108**
Kingsway. *Wolv* —3C **28**
Kingsway Av. *Tip* —5A **62**
Kingsway Dri. *B38* —5B **146**
Kingsway Rd. *Wolv* —3C **28**
Kingswear Av. *Wolv* —6F **25**
Kingswinford. —3C 92
Kingswinford Rd. *Dud* —2A **94**
Kingswood. —5A 12
(Codsall)
King's Wood. —1G 161
(Yardley Wood)
Kingswood Clo. *Shir* —6B **150**
Kingswood Common. —5A 12
Kingswood Cft. *B7* —2C **102**
Kingswood Dri. *S Cold*
—1H **67**
Kingswood Dri. *Wals* —1G **7**
Kingswood Gdns. *Wolv*
—5D **42**
Kingswood Ho. *B14* —5G **147**
Kingswood Rd. *K'wfrd* —5A **92**
Kingswood Rd. *Mose* —1A **134**
Kingswood Rd. *N'fld* —3D **158**
Kington Clo. *W'hall* —1B **30**
Kington Gdns. *B37* —2B **122**
Kington Way. *B33* —1B **120**
King William St. *Stourb*
—3D **108**
Kiniths Cres. *W Brom* —2C **80**
Kiniths Way. *Hale* —2E **113**
Kiniths Way. *W Brom* —3C **80**
Kinlet Clo. *Wolv* —3G **41**
Kinlet Gro. *B31* —5G **145**
Kinloch Dri. *Dud* —4B **76**
Kinnerley St. *Wals* —2E **49**
Kinnersley Cres. *O'bry* —4D **96**
Kinnerton Cres. *B29* —3D **130**
Kinross Cres. *B43* —1D **66**
Kinsey Gro. *B14* —3H **147**
Kinsham Dri. *Sol* —1F **165**
Kinswinford Railway Walk
Vis. Cen. —5G 57
Kintore Cft. *B32* —6H **129**
Kintyre Clo. *Redn* —6E **143**
Kinver Av. *W'hall* —4B **30**
Kinver Cres. *Wals* —6E **23**
Kinver Cft. *B12* —4G **117**
Kinver Cft. *S Cold* —5E **71**
Kinver Dri. *Hag* —6G **125**
Kinver Dri. *Wolv* —6A **42**
Kinver Rd. *B31* —5H **145**
Kinver St. *Stourb* —2B **108**
Kinver Ter. *Dud* —3A **94**
Kinwarton Clo. *B25* —5B **120**
Kipling Av. *Bils* —4D **60**
Kipling Clo. *Tip* —5A **62**
Kipling Ho. *Hale* —6D **110**
Kipling Rd. *B30* —3G **145**
Kipling Rd. *Dud* —2E **75**
Kipling Rd. *W'hall* —2E **31**
Kipling Rd. *Wolv* —5H **15**
Kirby Clo. *Bils* —2G **61**
Kirby Dri. *Dud* —4A **76**
Kirby Rd. *B18* —3A **100**
Kirkby Grn. *S Cold* —2H **69**
Kirkham Gdns. *Pens* —3G **93**
Kirkham Gro. *B33* —5D **104**

Kirkham Way. *Tip* —2A **78**
Kirkside Gro. *Bwnhls* —6B **10**
Kirkside M. *Bwnhls* —6B **10**
Kirkstall Clo. *Wals* —5F **19**
Kirkstall Cres. *Wals* —5F **19**
Kirkstone Ct. *Brie H* —4F **109**
Kirkstone Cres. *B43* —1B **82**
Kirkstone Cres. *Wom* —1F **73**
Kirkstone Way. *Brie H*
—4F **109**
Kirkwall Rd. *B32* —4B **130**
Kirkwood Av. *B23* —6F **69**
Kirmond Wlk. *Wolv* —4F **27**
Kirstead Gdns. *Wolv* —6H **25**
Kirton Gro. *B33* —5E **105**
Kirton Gro. *Sol* —6E **151**
Kirton Gro. *Wolv* —4A **26**
Kitchener Rd. *B29* —4D **132**
Kitchener Rd. *Dud* —6H **77**
Kitchener St. *Smeth* —3H **99**
Kitchen La. *Ess & Wed*
—6G **17**
Kitebrook Clo. *Shir* —2E **165**
Kitsland Rd. *B34* —3A **106**
Kitswell Gdns. *B32* —5G **129**
Kittermaster Rd. *Mer* —4H **141**
Kittiwake Dri. *Brie H* —4G **109**
Kittoe Rd. *S Cold* —6F **37**
Kitt's Green. —6F 105
Kitts Grn. *B33* —6F **105**
Kitts Grn. Rd. *B33 & Kitts G*
—5E **105**
Kitwell La. *B32* —5G **129**
(in two parts)
Kitwood Dri. *Sol* —6H **137**
Kixley La. *Know* —3E **167**
Knarsdale Clo. *Brie H* —3G **109**
Knaves Castle Av. *Wals*
—3B **10**
Knebworth Clo. *B44* —5G **67**
Knightcote Dri. *Sol* —1F **165**
Knight Ct. *S Cold* —6G **55**
Knightley Rd. *Sol* —5D **150**
Knightlow Rd. *B17* —3E **115**
Knighton Clo. *S Cold* —6F **37**
Knighton Dri. *S Cold* —1F **53**
Knighton Rd. *B31* —3G **145**
Knighton Rd. *Dud* —5F **95**
Knighton Rd. *S Cold* —4D **36**
Knights Av. *Wolv* —3B **26**
Knightsbridge Clo. *S Cold*
—5F **37**
Knightsbridge La. *W'hall*
—3C **30**
Knightsbridge Rd. *Sol*
—4D **136**
Knights Clo. *B23* —5E **85**
Knights Ct. *Cann* —1E **9**
Knights Cres. *Wolv* —2C **26**
Knights Hill. *Wals* —6D **34**
Knight's Rd. *B11* —1G **135**
Knightstowe Av. *B18* —5C **100**
Knightswood Clo. *S Cold*
—4B **54**
Knightwick Cres. *B23* —2C **84**
Knipersley Rd. *S Cold* —1G **85**
Knoll Clo. *Burn* —1C **10**
Knollcroft. *B16* —1C **116**
Knoll Cft. *Shir* —4B **164**
Knoll Cft. *Wals* —6E **23**
Knoll, The. *B32* —4A **130**
Knoll, The. *K'wfrd* —4C **92**
Knott Ct. *Brie H* —1H **109**
Knottsall La. *O'bry* —6H **97**
Knotts Farm Rd. *K'wfrd*
—5E **93**

Knowlands Rd. *Shir* —2E **165**
Knowle. —3E 167
Knowle Clo. *Redn* —2B **158**
Knowle Grove. —6D 166
Knowle Hill Rd. *Dud* —5D **94**
Knowle Rd. *B11* —2D **134**
Knowle Rd. *Row R* —5H **95**
Knowles Dri. *S Cold* —4G **53**
Knowles Rd. *Wolv* —2B **44**
Knowles St. *W'bry* —2G **63**
Knowle Wood Rd. *Dorr*
—6D **166**
Knox Rd. *Wolv* —5H **43**
Knutsford St. *B12* —5H **117**
Knutswood Clo. *B13* —6D **134**
Kohima Dri. *Stourb* —6C **108**
Kossuth Rd. *Bils* —4C **60**
Kyle Clo. *Wolv* —6F **15**
Kyles Way. *B32* —6H **129**
Kynaston Cres. *Cod* —5H **13**
Kyngsford Rd. *B33* —6H **105**
Kyotts Lake Rd. *B11* —4A **118**
Kyrwicks La. *B11 & B12*
—5A **118**
Kyter La. *B36* —1F **105**

Laburnum Av. *B37* —3B **106**
Laburnum Av. *B12* —6A **118**
Laburnum Av. *Smeth* —5C **98**
Laburnum Clo. *B37* —3B **106**
Laburnum Clo. *H'wd* —4A **162**
Laburnum Clo. *Stourb*
—4C **108**
Laburnum Clo. *Wals* —5E **21**
Laburnum Cotts. *Hand*
—1A **100**
Laburnum Cft. *Tiv* —5B **78**
Laburnum Dri. *S Cold* —2E **71**
Laburnum Gro. *B13* —2H **133**
Laburnum Gro. *Wals* —6F **31**
Laburnum Ho. *B30* —6B **132**
Laburnum Rd. *B30* —5B **132**
Laburnum Rd. *Dud* —3D **76**
Laburnum Rd. *K'wfrd* —3C **92**
Laburnum Rd. *Lane* —2A **60**
Laburnum Rd. *Stow H* —3D **44**
Laburnum Rd. *Tip* —6H **61**
Laburnum Rd. *Wals* —1G **65**
Laburnum Rd. *Wals W*
—4C **22**
Laburnum Rd. *W'bry* —1H **63**
Laburnum St. *Stourb* —4B **108**
Laburnum St. *Wolv* —2E **43**
Laburnum Trees. H'wd
(off May Farm Clo.) —3A 162
Laburnum Vs. *S'hll* —6C **118**
Laburnum Way. *B31* —6E **145**
Laceby Gro. *B13* —4D **134**
Ladbroke Dri. *S Cold* —3D **70**
Ladbroke Gro. *B27* —5A **136**
Ladbrook Gro. *Dud* —4E **75**
Ladbrook Rd. *Sol* —4G **151**
Ladbury Gro. *Wals* —1D **64**
Ladbury Rd. *Wals* —1E **65**
Ladeler Gro. *B33* —1A **122**
Ladies Wlk. *Dud* —5H **59**
Lady Bank. *B32* —6H **129**
Lady Bracknell M. *N'fld*
—3G **145**
Lady Byron La. *Know* —2B **166**
Ladycroft. *B16* —1C **116**
Lady Grey's Wlk. *Stourb*
—1B **124**

Lady La.—Lavender Gro.

Lady La. *Earls & Shir*
—6G **163**
Ladymoor Rd. *Bils* —2E **61**
Ladypool Av. *B11* —5B **118**
Ladypool Clo. *Hale* —1C **128**
Ladypool Clo. *Wals* —4E **33**
Ladypool Rd. *B12 & B11*
—1A **134**
Ladysmith Rd. *Hale* —5E **111**
Ladywell Clo. *Wom* —5G **57**
Ladywell Wlk. *B5*
—2G **117** (6E **5**)
Ladywood. —1D **116**
Ladywood Clo. *Brie H*
—2B **110**
Ladywood Middleway.
B16 & B1 —6C **100**
Ladywood Rd. *B16* —2C **116**
Ladywood Rd. *S Cold* —4G **53**
Laing Ho. *O'bry* —4D **96**
Lake Av. *Wals* —4F **49**
Lake Clo. *Wals* —4G **49**
Lakedown Clo. *B14* —6G **147**
Lakefield Clo. *B28* —5H **135**
Lakefield Rd. *Wolv* —4G **29**
Lakehouse Ct. *B23* —5E **69**
Lakehouse Gro. *B38* —4H **145**
Lakehouse Rd. *S Cold* —5E **69**
Laker Clo. *Stourb* —4E **109**
Lakeside. *S Cold* —4B **36**
Lakeside Clo. *W'hall* —6G **29**
Lakeside Ct. *Brie H* —3F **109**
Lakeside Dri. *Shir* —2D **164**
Lakeside Rd. *W Brom* —1G **79**
Lakeside Wlk. *B23* —4B **84**
Lakes Rd. *B23* —2A **84**
Lake St. *Dud* —4H **75**
Lakey La. *B28* —5G **135**
Lambah Clo. *Bils* —4H **45**
Lamb Clo. *B34* —4A **106**
Lamb Cres. *Wom* —1F **73**
(in two parts)
Lambert Clo. *B23* —1D **84**
Lambert Ct. *K'wfrd* —1B **92**
Lambert End. *W Brom* —4H **79**
Lambert Fold. *Dud* —1G **95**
Lambert Rd. *Wolv* —3B **28**
Lambert's End. —4G **79**
Lambert St. *W Brom* —4H **79**
Lambeth Clo. *B37* —5D **106**
Lambeth Rd. *B44* —2G **67**
Lambeth Rd. *Bils* —4D **44**
Lambourn Clo. *Wals* —5A **20**
Lambourne Clo. *Gt Wyr* —2F **7**
Lambourne Gro. *B37* —1A **122**
Lambourne Way. *Brie H*
—3F **109**
Lambourn Rd. *B23* —3D **84**
Lambourn Rd. *W'hall* —3B **30**
Lambscote Clo. *Shir* —5C **148**
Lammas Clo. *Sol* —4G **137**
Lammas Rd. *Stourb* —6A **92**
Lammermoor Av. *B43* —3B **66**
Lamont Av. *B32* —2D **130**
Lanark Clo. *K'wfrd* —4D **92**
Lanark Cft. *B35* —4D **86**
Lancaster Av. *Redn* —1G **157**
Lancaster Av. *Wals* —1D **34**
Lancaster Av. *W'bry* —2A **64**
Lancaster Cen. *B36* —6A **88**
Lancaster Cir. Queensway. *B4*
—5G **101** (1F **5**)
Lancaster Clo. *B30* —1C **146**
Lancaster Dri. *B35* —5F **87**
Lancaster Gdns. *Wolv* —6C **42**
Lancaster Ho. *Row R* —5E **97**

Lancaster Pl. *Wals* —5A **20**
Lancaster Rd. *Brie H* —1G **109**
Lancaster St. *B4*
—5G **101** (1F **5**)
Lancelot Clo. *B8* —6E **103**
Lancelot Pl. *W Brom* —3E **79**
Lanchester Rd. *B38* —6C **146**
Lanchester Way. *B36* —6A **88**
Lander Clo. *Redn* —3G **157**
Landgate Rd. *B21* —5G **81**
Land La. *B37* —4C **122**
Landor Rd. *Know* —3C **166**
Landor St. *B8* —6B **102**
Landport Rd. *Wolv* —3B **44**
Landrail Wlk. *B36* —1C **106**
(in two parts)
Landrake Rd. *K'wfrd* —4D **92**
Landsdale Av. *Sol* —5B **138**
Landsdowne Clo. *Dud* —3H **95**
Landseer Gro. *B43* —1F **67**
Landsgate. *Stourb* —4E **125**
Landswood Clo. *B44* —4A **68**
Landswood Rd. *O'bry* —5A **98**
Landywood. —3G **7**
Landywood Enterprise Pk.
Gt Wyr —5F **7**
Landywood La. *Gt Wyr* —3D **6**
Lane Av. *Wals* —6H **31**
Lane Clo. *Wals* —6H **31**
Lane Ct. Wolv —5G 27
(off Boscobel Cres.)
Lane Cft. *S Cold* —5E **71**
Lane End. —4A 14
Lane Grn. Av. *Cod* —6A **14**
Lane Grn. Ct. *Cod* —4H **13**
Lane Grn. Rd. *Cod* —4H **13**
Lane Head. —4C 30
Lane Rd. *Wolv* —2C **60**
Lanes Clo. *Wom* —2E **73**
Lanesfield. —1C 60
Lanesfield Dri. *Wolv* —1C **60**
Lanesfield Ind. Est. *Wolv*
—1C **60**
Laneside Av. *S Cold* —4H **51**
Laneside Gdns. *Wals* —1H **47**
Lanes Shop. Cen., The. *S Cold*
—6H **69**
Lane St. *Bils* —2F **61**
Laney Green. —3A 6
Langcomb Rd. *Shir* —1G **163**
Langdale Clo. *Clay* —1A **22**
Langdale Cft. *B21* —2A **100**
Langdale Dri. *Bils* —4F **45**
Langdale Rd. *B43* —6B **66**
Langdale Way. *Stourb*
—1H **125**
Langdon St. *B9* —1B **118**
Langdon Wlk. *B26* —1C **136**
Langfield Rd. *Know* —2C **166**
Langford Av. *B43* —5A **66**
Langford Clo. *Wals* —2E **49**
Langford Cft. *Sol* —5G **151**
Langford Gro. *B17* —2G **131**
Langham Clo. *B26* —4E **121**
Langham Grn. *S Cold* —2H **51**
Langholme Dri. *B44* —4D **68**
Langland Dri. *Dud* —5G **59**
Langley. —4G 97
Langley Av. *Bils* —5E **61**
Langley Ct. *O'bry* —4G **97**
Langley Ct. *Wolv* —5B **42**
Langley Cres. *O'bry* —5H **97**
Langley Dri. *B35* —6E **87**
Langley Gdns. *O'bry* —5H **97**
Langley Gdns. *Wolv* —4B **42**
Langley Green. —5H 97

Langley Grn. Rd. *O'bry*
—5G **97**
Langley Gro. *B10* —3D **118**
Langley Hall Dri. *S Cold*
—6F **55**
Langley Hall Rd. *Sol* —6A **136**
Langley Hall Rd. *S Cold*
—6F **55**
Langley Heath Dri. *S Cold*
—2D **70**
Langley High St. *O'bry*
—4G **97**
Langley Ri. *Sol* —2A **138**
Langley Rd. *B10* —3D **118**
Langley Rd. *O'bry* —5H **97**
Langley Rd. *Wolv* —6E **41**
Langleys Rd. *B29* —4A **132**
Langmead Clo. *Wals* —6D **30**
Langsett Rd. *Wolv* —5A **28**
Langstone Rd. *B14* —5B **148**
Langstone Rd. *Dud* —6A **76**
Langton Clo. *B36* —3D **106**
Langton Pl. *Bils* —5A **46**
Langton Rd. *B8* —5E **103**
Langtree Av. *Sol* —6F **151**
Langwood Ct. *B36* —1F **105**
Langworth Av. *B27* —6A **120**
Lannacombe Rd. *B31*
—3C **158**
Lansbury Av. *W'bry* —1C **62**
Lansbury Grn. *Crad H*
—3B **112**
Lansbury Rd. *Crad H* —3B **112**
Lansbury Wlk. *Tip* —5A **62**
Lansdowne Av. *Cod* —5E **13**
Lansdowne Clo. *Cose* —6C **60**
Lansdowne Ct. *Stourb*
—4F **125**
Lansdowne Ho. *B15* —3F **117**
Lansdowne Rd. *Bils* —4G **45**
Lansdowne Rd. *Erd* —4F **85**
Lansdowne Rd. *Hand* —2C **100**
Lansdowne Rd. *Hay G*
—3F **127**
Lansdowne Rd. *H Grn*
—3F **113**
Lansdowne Rd. *Wolv*
—6F **27** (1A **170**)
Lansdowne St. *B18* —5B **100**
(in two parts)
Lansdown Pl. *B18* —4B **100**
Lantern Rd. *Dud* —1E **111**
Lapal. —2F 129
Lapal La. *B32* —3G **129**
Lapal La. N. *Hale* —2E **129**
Lapal La. S. *Hale* —2E **129**
Lapley Clo. *Wolv* —1D **44**
Lapper Av. *Wolv* —2B **60**
Lapwing Clo. *Wals* —4C **6**
Lapwing Dri. *H Ard* —6B **140**
Lapwood Av. *K'wfrd* —3D **92**
Lapworth Dri. *S Cold* —2C **68**
Lapworth Gro. *B12* —5H **117**
Lapworth Mus. —2B 132
Lara Clo. *Harb* —3F **115**
Lara Gro. *Tip* —5A **78**
Larch Av. *B21* —5H **81**
Larch Cft. *B37* —1D **122**
Larch Cft. *Tiv* —5B **78**
Larches La. *Wolv* —1E **43**
Larches Pas. *B12* —5A **118**
Larches St. *B11* —5A **118**
Larchfield Clo. *B20* —4D **82**
Larch Gro. *Dud* —6A **60**
Larch Ho. *B36* —1D **104**
Larch Ho. *B20* —4B **82**

Larchmere Dri. *B28* —5F **135**
Larchmere Dri. *Ess* —4B **18**
Larch Rd. *K'wfrd* —3C **92**
Larch Wlk. *B25* —3H **119**
Larchwood Cres. *S Cold*
—3G **51**
Larchwood Grn. *Wals* —1F **65**
Larchwood Rd. *Wals* —1E **65**
Larcombe Dri. *Wolv* —6H **43**
Large Av. *W'bry* —1C **62**
Lark Clo. *B14* —5A **148**
Larkfield Av. *B36* —1F **105**
Larkhill Rd. *Stourb* —1A **124**
Larkhill Wlk. *B14* —6F **147**
Larkin Clo. *Wolv* —6C **16**
Lark Mdw. Dri. *B37* —6A **106**
Larksfield M. Brie H —4G 109
(off Hillfields Rd.)
Larks Mill. *Pels* —3C **20**
Larkspur Av. *Burn* —1C **10**
Larkspur Cft. *B36* —1B **104**
Larkspur Rd. *Dud* —1H **95**
Larkspur Way. *Clay* —1H **8**
Larkswood Dri. *Dud* —6H **59**
Larkswood Dri. *Wolv* —2A **58**
Larne Rd. *B26* —4E **121**
Lashbrooke Ho. *Redn* —2F **157**
Latches Clo. *Darl* —5E **47**
Latelow Rd. *B33* —1E **121**
Latham Av. *B43* —6A **66**
Latham Cres. *Tip* —4A **78**
Lath La. *Smeth* —1B **98**
Lathom Gro. *B33* —4D **104**
Latimer Gdns. *B15* —4F **117**
Latimer Pl. *B18* —3A **100**
Latimer St. *W'hall* —6B **30**
Latymer Clo. *S Cold* —6E **71**
Lauder Clo. *Dud* —4G **59**
Lauder Clo. *W'hall* —2F **45**
Lauderdale Clo. *Clay* —1A **22**
Lauderdale Gdns. *Wolv*
—4A **16**
Launceston Clo. *Wals* —4H **49**
Launceston Rd. *Wals* —4H **49**
Launde, The. *B28* —4E **149**
Laundry Rd. *Smeth* —6G **99**
Laureates Wlk. *S Cold* —2G **53**
Laurel Av. *B12* —6A **118**
Laurel Clo. *Dud* —4C **76**
Laurel Ct. *Mose* —3H **133**
Laurel Dri. *Smeth* —1E **99**
Laurel Dri. *S Cold* —3G **51**
Laurel Gdns. *B21* —6A **82**
Laurel Gdns. *A Grn* —6A **120**
Laurel Gro. *B30* —1A **146**
Laurel Gro. *Bils* —1A **62**
Laurel Gro. *Wolv* —4B **42**
Laurel La. *Hale* —2B **128**
Laurel Rd. *Dud* —3B **76**
Laurel Rd. *Hand* —6A **82**
Laurel Rd. *K Nor* —3C **146**
Laurel Rd. *Tip* —6H **61**
Laurel Rd. *Wals* —1F **65**
Laurels Cres. *Bal C* —3H **169**
Laurels, The. *B26* —6G **121**
Laurels, The. B16 —6B 100
(off Marroway St.)
Laurels, The. *Smeth* —5G **99**
Laurel Ter. *Aston* —6H **83**
Laurence Ct. *B31* —2F **145**
Laurence Gro. *Wolv* —2C **26**
Lauriston Clo. *Dud* —4B **76**
Lavender Clo. *Pend* —4D **14**
Lavender Ct. W Brom —6A 64
(off Sussex Av.)
Lavender Gro. *Bils* —5H **45**

Lavender Hall La. *Berk*
—1H **169**
Lavender La. *Stourb* —2B **124**
Lavender Rd. *Dud* —4D **76**
Lavendon Rd. *B42* —2D **82**
Lavinia Rd. *Hale* —2E **129**
Law Cliff Rd. *B42* —1D **82**
Law Clo. *Tiv* —5D **78**
Lawden Rd. *B10* —3B **118**
Lawford Clo. *B7* —6A **102**
Lawford Gro. *B5* —3G **117**
Lawford Gro. *Shir* —5D **148**
Lawfred Av. *Wolv* —4F **29**
Lawley Clo. *Wals* —6F **21**
Lawley Middleway. *B4*
—5A **102** (1H **5**)
Lawley Rd. *Bils* —5D **44**
Lawley St. *Dud* —6C **76**
Lawley St. *W Brom* —4F **79**
Lawley, The. *Hale* —4F **127**
Lawn Av. *Stourb* —1C **124**
Lawn La. *Coven* —2D **14**
Lawn Oaks Clo. *Wals* —3H **9**
Lawn Rd. *Wolv* —5B **44**
Lawnsdale Clo. *Col* —2H **107**
Lawnsdown Rd. *Brie H*
—4B **110**
Lawnsfield Gro. *B23* —1D **84**
Lawnside Grn. *Bils* —3F **45**
Lawn St. *Stourb* —1C **124**
Lawnswood. *Stourb* —5G **91**
Lawnswood. *S Cold* —5E **71**
Lawnswood Av. *Burn* —1B **10**
Lawnswood Av. *P'flds* —1A **60**
Lawnswood Av. *Shir* —4B **150**
Lawnswood Av. *Stourb*
—5A **92**
Lawnswood Av. *Tett* —1C **26**
Lawnswood Dri. *Stourb*
—6G **91**
Lawnswood Dri. *Wals* —4C **22**
Lawnswood Gro. *B21* —6G **81**
Lawnswood Ri. *Wolv* —1D **26**
Lawnswood Rd. *Dud* —2H **75**
Lawnswood Rd. *Stourb*
—6A **92**
Lawnwood Rd. *Dud* —1D **110**
Lawrence Av. *Hth T* —5C **28**
Lawrence Av. *Wed* —3H **29**
Lawrence Ct. *O'bry* —3H **113**
Lawrence Dri. *Min* —1H **87**
Lawrence La. *Crad H* —2G **111**
Lawrence St. *Stourb* —5G **109**
Lawrence St. *W'hall* —6A **30**
Lawrence Tower. *B4* —2F **5**
Lawrence Wlk. *B43* —1F **67**
Lawson Clo. *Wals* —5D **34**
Lawson St. *B4* —5G **101** (1F **5**)
Law St. *W Brom* —2A **80**
Lawton Av. *B29* —3D **132**
Lawton Clo. *Row R* —3D **96**
Lawyers Wlk. *Wals* —2D **48**
Laxey Rd. *B16* —6H **99**
Laxford Clo. *B12* —5G **117**
Laxton Clo. *K'wfrd* —4E **93**
Laxton Gro. *B25* —2B **120**
Lazy Hill. *B38* —5D **146**
Lazy Hill. *Ston* —5E **23**
Lazy Hill Rd. *A'rdge* —1D **34**
Lea Av. *W'bry* —4D **62**
Lea Bank. *Wolv* —1A **42**
Lea Bank Rd. *Dud* —6D **94**
Leabon Gro. *B17* —1G **131**
Leabrook. *B26* —3D **120**
Leabrook Rd. *Tip & W'bry*
—4C **62**

Leabrook Rd. N. *W'bry*
—4D **62**
Leach Grn. La. *Redn* —2G **157**
Leach Heath La. *Redn*
—2F **157**
Leacliffe Way. *Wals* —6H **35**
Leacote Dri. *Wolv* —5A **26**
Leacroft. *W'hall* —2C **30**
Leacroft Av. *Wolv* —1A **28**
Leacroft Clo. *Wals* —6D **22**
Leacroft Gro. *W Brom* —5H **63**
Lea Cft. La. *C'bri* —1F **7**
Leacroft Rd. *K'wfrd* —1C **92**
Leadbeater Ho. *Wals* —1H **31**
(off Somerfield Rd.)
Lea Dri. *B26* —5E **121**
Lea End. —6B 160
Lea End La. *A'chu & B38*
—5G **159**
Leafield Cres. *B33* —4E **105**
Leafield Gdns. *Hale* —3D **112**
Leafield Rd. *Sol* —4F **137**
Lea Ford Rd. *B33* —5G **105**
Leaford Way. *K'wfrd* —4D **92**
Leafy Glade. *S Cold* —6A **36**
Leafy Ri. *Dud* —3H **75**
Lea Gdns. *Wolv* —3F **43**
Lea Grn. Av. *Tip* —2E **77**
Lea Grn. La. *Wyt* —3C **162**
Lea Hall Rd. *B33* —6E **105**
Leahill Cft. *B37* —1B **122**
Lea Hill Rd. *B20* —5E **83**
Leaholme Gdns. *Stourb*
—3F **125**
Leahouse Gdns. *O'bry* —6G **97**
Lea Ho. Rd. *B30* —6C **132**
Leahouse Rd. *O'bry* —6G **97**
Leahurst Cres. *B17* —1G **131**
Lea La. *Wals* —2G **7**
Lea Mnr. Dri. *Wolv* —2C **58**
Leam Cres. *Sol* —4F **137**
Leamington Rd. *Bal H*
—6B **118**
Leamore. —4H 31
Leamore Clo. *Wals* —2G **31**
Leamore Enterprise Pk. *Wals*
(in two parts) —2G **31**
Leamore Ind. Est. *Wals*
—3H **31**
Leamore La. *Wals* —2G **31**
Leamount Dri. *B44* —3C **68**
Leander Clo. *Wals* —4F **7**
Leander Gdns. *B14* —2H **147**
Leander Rd. *Stourb* —1B **126**
Leandor Dri. *S Cold* —4A **52**
Lea Rd. *B11* —1D **134**
Lea Rd. *Wolv*
—4E **43** (6A **170**)
Lear Rd. *Wom* —5H **57**
Leason La. *Wolv* —1C **28**
Leasow Dri. *B17 & B15*
—2H **131**
Leasowe Dri. *Pert* —5D **24**
Leasowe Rd. *Redn* —1F **157**
Leasowe Rd. *Tip* —5G **77**
Leasowes Country Pk., The.
—1D 128
Leasowes Dri. *Wolv* —5B **42**
Leasowes La. *Hale* —6D **112**
(in two parts)
Leasowes Rd. *B14* —4H **133**
Leasow, The. *Wals* —4A **34**
Lea, The. *B33* —1E **121**
Leatherhead Clo. *B6* —3H **101**
Lea Va. Rd. *Stourb* —3D **124**
Leavesden Gro. *B26* —6E **121**

Lea Vw. *Wals* —4A **34**
Lea Vw. *W'hall* —4A **30**
Lea Wlk. *Redn* —1F **157**
Lea Yield Clo. *B30* —6C **132**
Lechlade Rd. *B43* —5A **66**
Leckie Rd. *Wals* —5C **32**
Ledbury Clo. *B16* —1C **116**
Ledbury Clo. *Wals* —6E **23**
Ledbury Dri. *Wolv* —2D **44**
Ledbury Ho. *B33* —1A **122**
Ledbury Way. *S Cold* —5E **71**
Ledsam Gro. *B32* —5D **114**
Ledsam St. *B16* —1C **116**
Lee Bank. —3E 117
Lee Bank Middleway. *B15*
—3E **117**
Leebank Rd. *Hale* —3G **127**
Leech St. *Tip* —2C **78**
Lee Ct. *Wals* —4B **22**
Lee Cres. *B15* —3E **117**
Lee Gdns. *Smeth* —4C **98**
Lee Rd. *Crad H* —3H **111**
Lee Rd. *H'wd* —2A **162**
Leeson Wlk. *B17* —1H **131**
Lees Rd. *Bils* —2H **61**
Lees St. *B18* —4B **100**
Lees Ter. *Bils* —2H **61**
Lee St. *W Brom* —5G **63**
Legge La. *B1* —6D **100** (2A **4**)
Legge La. *Bils* —3F **61**
Legge St. *B4* —5H **101**
Legge St. *W Brom* —4B **80**
Legge St. *Wolv* —5A **44**
Legion Rd. *Redn* —2E **157**
Legs La. *Wolv* —3A **16**
Leicester Clo. *Smeth* —2C **114**
Leicester Pl. *W Brom* —6A **64**
Leicester Sq. *Wolv* —6E **27**
Leicester St. *Wals* —1C **48**
Leicester St. *Wolv* —5F **27**
Leigham Dri. *B17* —4E **115**
Leigh Clo. *Wals* —5E **33**
Leigh Ct. Wals —6E 33
(off Leigh Rd.)
Leigh Rd. *B8* —3E **103**
Leigh Rd. *S Cold* —5F **55**
Leigh Rd. *Wals* —6E **33**
Leighs Clo. *Pels* —6G **21**
Leighs Rd. *Pels* —6F **21**
Leighswood. —1C 34
Leighswood Av. *Wals* —2C **34**
Leighswood Ct. *Wals* —3D **34**
Leighswood Gro. *Wals*
—2C **34**
Leighswood Ind. Est. *Wals*
(Brickyard Rd.) —6B **22**
Leighswood Ind. Est. *Wals*
(Vigo Pl.) —2C **34**
Leighswood Rd. *Wals* —2C **34**
Leighton Clo. *B43* —2E **67**
Leighton Clo. *Dud* —5A **76**
Leighton Rd. *B13* —3H **133**
Leighton Rd. *Bils* —1A **62**
Leighton Rd. *Wolv* —5D **42**
Leith Gro. *B38* —1A **160**
Lelant Gro. *B17* —6E **115**
Lellow St. *W Brom* —5H **63**
Le More. *S Cold* —1G **53**
Lemox Rd. *W Brom* —5G **63**
Lench Clo. *B13* —3H **133**
Lench Clo. *Hale* —2C **112**
Lenchs Grn. *B5* —4G **117**
Lench St. *B4* —5G **101** (1F **5**)
Lenchs Trust. *B32* —5B **114**
Lench's Trust Houses. *B12*
(Conybere St.) —4H **117**

Lench's Trust Houses. *B12*
(Ravenhurst St.) —3A **118**
Len Davis Rd. *W'hall* —2B **30**
Lennard Gdns. *Smeth* —3H **99**
Lennox Gdns. *Wolv* —3E **43**
Lennox Gro. *S Cold* —6G **69**
Lennox St. *B19* —3F **101**
Lenton Cft. *B26* —1C **136**
Lenwade Rd. *O'bry* —3B **114**
Leominster Ho. *B33* —1A **122**
Leominster Rd. *B11* —2E **135**
Leominster Wlk. *Redn*
—1F **157**
Leonard Av. *B19* —1F **101**
Leonard Gro. *B19* —1F **101**
Leonard Rd. *B19* —1E **101**
Leonard Rd. *Stourb* —6A **108**
Leopold Av. *B20* —2A **82**
Leopold St. *B12* —3H **117**
Lepid Gro. *B29* —3H **131**
Lerryn Clo. *K'wfrd* —4D **92**
Lerwick Clo. *K'wfrd* —4D **92**
Lesley Dri. *K'wfrd* —5C **92**
Leslie Bentley Ho. *B1* —3A **4**
Leslie Dri. *Tip* —4A **62**
Leslie Ri. *Tiv* —1C **96**
Leslie Rd. *Edg* —1B **116**
Leslie Rd. *Hand* —5F **83**
Leslie Rd. *S Cold* —1B **52**
Leslie Rd. *Wolv* —4B **28**
Lesscroft Clo. *Wolv* —4E **15**
Lester Gro. *Wals* —1G **51**
Lester St. *Bils* —6H **45**
Levante Gdns. *B33* —1B **120**
Leve La. *W'hall* —1B **46**
Level St. *Brie H* —6H **93**
Leven Cft. *S Cold* —6E **71**
Leven Dri. *W'hall* —6B **18**
Levenwick Way. *K'wfrd*
—4E **93**
Leveretts, The. *B21* —5G **81**
Lever St. *Wolv*
—3H **43** (6C **170**)
Leverton Ri. *Wolv* —3G **27**
Leveson Av. *Wals* —3E **7**
Leveson Clo. *Dud* —1G **95**
Leveson Ct. *W'hall* —1A **46**
Leveson Cres. *Bal C* —3H **169**
Leveson Dri. *Tip* —2G **77**
Leveson Rd. *Wolv* —1H **29**
Leveson St. *W'hall* —1A **46**
Leveson Wlk. *Dud* —1G **95**
Levington Clo. *Wolv* —5F **25**
Lewis Av. *Wolv* —6D **28**
Lewis Clo. *W'hall* —4D **30**
Lewis Gro. *Wolv* —3F **29**
Lewisham Ind. Est. *Smeth*
—2F **99**
Lewisham Rd. *Smeth* —2E **99**
Lewisham Rd. *Wolv* —5F **15**
Lewisham St. *W Brom*
—3B **80**
Lewis Rd. *B30* —6E **133**
Lewis Rd. *O'bry* —4H **113**
Lewis Rd. *Stourb* —6H **109**
Lewis St. *Bils* —5G **45**
Lewis St. *Tip* —2D **78**
Lewis St. *Wals* —5B **32**
Lewthorn Ri. *Wolv* —1H **59**
Lexington Grn. *Brie H*
—4G **109**
Leybourne Cres. *Wolv* —5D **14**
Leybourne Gro. *B25* —5H **119**
Leybrook Rd. *Redn* —1H **157**
Leyburn Clo. *Wals* —5D **30**
Leyburn Rd. *B16* —2C **116**

Longmeadow Rd. *Wals*
—3A **50**
Long Mill Av. *Wolv* —2D **28**
Long Mill N. *Wolv* —2D **28**
Long Mill S. *Wolv* —2D **28**
Longmoor Clo. *Wolv* —4H **29**
Longmoor Rd. *Hale* —2G **127**
Longmoor Rd. *S Cold* —2B **68**
Longmore Av. *Wals* —2F **47**
Longmore Rd. *Shir* —5A **150**
Longmore St. *B12* —4G **117**
Longmore St. *W'bry* —2F **63**
Long Mynd. *Hale* —4F **127**
Long Mynd Clo. *W'hall*
—6B **18**
Long Mynd Rd. *B31* —1C **144**
Long Nuke Rd. *B31* —6C **130**
Longshaw Gro. *B34* —3H **105**
Longstone Clo. *Shir* —3F **165**
Longstone Rd. *B42* —6E **67**
Long St. *B11* —5A **118**
Long St. *Prem B* —2B **48**
Long St. *Wolv*
—1H **43** (2C **170**)
Long Wood. *B30* —2A **146**
Longwood La. *Wals* —1A **50**
Longwood Pathway. *B34*
—4G **105**
Longwood Ri. *W'hall* —4D **30**
Longwood Rd. *Redn*
—2G **157**
Longwood Rd. *Wals* —6D **34**
Lonicera Clo. *Wals* —2F **65**
Lonsdale Clo. *B33* —1B **120**
Lonsdale Clo. *W'hall* —4B **30**
Lonsdale Rd. *B17* —5H **115**
Lonsdale Rd. *Bils* —5H **45**
Lonsdale Rd. *Smeth* —2B **98**
Lonsdale Rd. *Wals* —5G **49**
Lonsdale Rd. *Wolv* —4F **43**
Lords Dri. *Wals* —6C **32**
Lordsmore Clo. *Cose* —4G **61**
Lord St. *B7* —5H **101**
Lord St. *Bils* —2G **61**
Lord St. *Wals* —4B **48**
Lord St. *Wolv* —1F **43**
(in two parts)
Lord St. W. *Bils* —2G **61**
Lordswood Rd. *B17* —3E **115**
Lordswood Sq. *B17* —4F **115**
Lorimer Way. *B43* —6F **51**
Lorne St. *Tip* —5H **61**
Lorrainer Av. *Brie H* —3E **109**
Lothians Rd. *Wals* —2E **21**
Lothians Rd. *Wolv* —3C **26**
Lottie Rd. *B29* —4A **132**
Lotus Ct. *B16* —2A **116**
Lotus Cft. *Smeth* —5D **98**
Lotus Dri. *Crad H* —1H **111**
Lotus Way. *B36* —6B **88**
Lotus Way. *Row R* —5H **95**
Loughton Gro. *Hale* —1H **127**
Louisa Pl. *B18* —4C **100**
Louisa St. *B1* —6E **101** (3A **4**)
Louis Ct. *Smeth* —4D **98**
Louise Ct. *Sol* —6C **150**
Louise Cft. *B14* —5G **147**
Louise Lorne Rd. *B13*
—1H **133**
Louise Rd. *B21* —2B **100**
Louise St. *Dud* —4F **75**
Lount Wlk. *B19* —4G **101**
Lovatt Clo. *Tip* —4C **62**
Lovatt St. *Wolv* —1F **43**
(in two parts)
Loveday Ho. *W Brom* —4B **80**

Loveday St. *B4*
—5G **101** (1E **5**)
(in two parts)
Lovelace Av. *Sol* —1H **165**
Love La. *B7* —5H **101**
Love La. *Gt Wyr* —2G **7**
Love La. *H'wd* —2G **161**
Love La. *Lye* —6B **110**
Love La. *Stourb* —2E **125**
Love La. *Tiv* —6A **78**
Love La. *Wals* —4C **48**
Love La. *Wolv* —3B **26**
Lovell Clo. *B29* —1E **145**
Loveridge Clo. *Cod* —4F **13**
Lovers Wlk. *Aston* —1B **102**
Lovers Wlk. *W'bry* —2F **63**
Lovett Av. *O'bry* —4D **96**
Low Av. *B43* —3B **66**
Lowbridge Clo. *W'hall* —4C **30**
Lowbrook La. *Tid G* —5D **162**
Lowcroft Gdns. *Wolv* —1A **28**
Lowden Cft. *B26* —1C **136**
Lowe Av. *W'bry* —4B **46**
Lowe Dri. *K'wfrd* —5C **92**
Lowe Dri. *S Cold* —2D **68**
Lwr. Beeches Rd. *B31*
—5A **144**
Lower Bradley. —2A 62
Lwr. Chapel St. *Tiv* —5C **78**
Lwr. Church La. *Tip* —2B **78**
Lwr. City Rd. *Tiv* —6C **78**
Lowercroft Way. *S Cold*
—4E **37**
Lwr. Dartmouth St. *B9*
—1B **118**
Lwr. Darwin St. *B12* —3H **117**
Lwr. Derry St. *Brie H* —1H **109**
Lwr. Eldon St. *W'bry* —4D **46**
Lwr. Essex St. *B5* —2G **117**
Lwr. Forster St. *Wals* —1D **48**
Lower Gornal. —4H 75
Lower Grn. *Tip* —2G **77**
Lower Grn. *W'bry* —3D **46**
Lower Grn. *Wolv* —4C **26**
Lwr. Ground Clo. B6 —6H **83**
(off Emscote Rd.)
Lwr. Hall La. *Wals* —2C **48**
Lwr. Hall St. W'hall —2B **46**
(off Walsall St.)
Lwr. High St. *Crad H* —3E **111**
Lwr. High St. *Stourb* —5D **108**
Lwr. High St. *W'bry* —3F **63**
Lwr. Higley Clo. *B32* —1C **130**
Lwr. Horseley Fld. *Wolv*
—1B **44**
Lwr. Lichfield St. *W'hall*
—1A **46**
Lwr. Loveday St. *B19 & B4*
—5F **101** (1D **4**)
Lower Moor. *B30* —5A **132**
Lwr. North St. *Wals* —6D **32**
Lower Pde. *S Cold* —6A **54**
Lower Penn. —1G 57
Lwr. Prestwood Rd. *Wolv*
—2E **29**
Lwr. Queen St. *S Cold* —1A **70**
Lwr. Reddicroft. *S Cold*
—6A **54**
Lwr. Rushall St. *Wals* —1D **48**
Lwr. Severn St. *B1*
—1F **117** (5D **4**)
Lowerstack Cft. *B37* —6B **106**
Lower Stonnall. —3H 23
Lower St. *Wolv* —4C **26**
Lwr. Temple St. *B2*
—1F **117** (4D **4**)

Lwr. Tower St. *B19* —4G **101**
Lwr. Trinity St. *B9*
—2A **118** (6H **5**)
Lwr. Valley Rd. *Brie H*
—1E **109**
Lwr. Vauxhall. *Wolv* —1E **43**
Lwr. Villiers St. *Wolv* —4G **43**
Lwr. Walsall St. *Wolv* —2A **44**
Lwr. White Rd. *B32* —6B **114**
Lowesmoor Rd. *B26* —4G **121**
Lowe St. *B12* —3A **118**
Lowe St. *Wolv* —5E **27**
Lowfield Clo. *Hale* —2G **129**
Low Hill. —2A 28
Low Hill Cres. *Wolv* —1A **28**
Lowhill La. *Redn* —3A **158**
Lowland Clo. *Crad H* —2H **111**
Lowlands Av. *S Cold* —3F **51**
Lowlands Av. *Wolv* —3C **26**
Lowndes Rd. *Stourb*
—5C **108**
Lowry Clo. *Smeth* —3D **98**
Lowry Clo. *W'hall* —1F **45**
Lowry Clo. *Wolv* —5F **25**
Low St. *Wals* —2D **6**
Low Thatch. *B38* —2A **160**
Lowther Ct. *Brie H* —1H **109**
Low Town. *O'bry* —2G **97**
Low Wood Rd. *B23* —2D **84**
Loxdale Sidings. *Bils* —1H **61**
Loxdale St. *Bils* —1H **61**
Loxdale St. *W'bry* —3F **63**
Loxley Av. *B14* —4C **148**
Loxley Av. *Shir* —6F **149**
Loxley Clo. *B31* —5C **130**
Loxley Rd. *Smeth* —2D **114**
Loxley Rd. *S Cold* —5B **38**
Loxton Clo. *Lit A* —4D **36**
Loynells Rd. *Redn* —2H **157**
Loyns Clo. *B37* —6B **106**
Lozells. —2D 100
Lozells Rd. *B19* —2D **100**
Lozells St. *B19* —2E **101**
Lozells Wood Clo. *B19*
—2D **100**
Lucas Way. *Shir* —2A **164**
Luce Clo. *B35* —3F **87**
Luce Rd. *Wolv* —3A **28**
Lucknow Rd. *W'hall* —5B **30**
Luddington Rd. *Sol* —5A **138**
Ludford Clo. *S Cold* —4C **54**
Ludford Rd. *B32* —4G **129**
Ludgate Clo. *Wat O* —4C **88**
Ludgate Ct. *Wals* —4H **49**
Ludgate Ct. *Wat O* —4C **88**
Ludgate Hill. *B3*
—6F **101** (2C **4**)
Ludgate St. *Dud* —6D **76**
Ludlow Clo. *B37* —1E **123**
Ludlow Ho. *W'hall* —3B **30**
Ludlow Ho. Wals —3A **32**
(off Providence La.)
Ludlow La. *Wals* —5G **31**
Ludlow Rd. *B8* —6F **103**
Ludlow Way. *Dud* —5A **74**
Ludmer Way. *B20* —5E **83**
Ludstone Av. *Wolv* —6B **42**
Ludstone Rd. *B29* —4D **130**
Lugtrout La. *Sol & Cath B*
—1A **152**
Lulworth Clo. *Hale* —5E **111**
Lulworth Rd. *B28* —5G **135**
Lulworth Wlk. *Wolv* —5A **42**
Lumley Gro. *B37* —1F **123**
Lumley Rd. *Wals* —2E **49**

Lundy Vw. *B36* —4D **106**
Lunt Gro. *B32* —6B **114**
Lunt Pl. *Bils* —5A **46**
Lunt Rd. *Bils* —5H **45**
Lunt, The. —4A 46
Lupin Gro. *B9* —6F **103**
Lupin Rd. *Dud* —6H **77**
Lusbridge Clo. *Hale* —1D **126**
Lutley. —3D 126
Lutley Av. *Hale* —1G **127**
Lutley Clo. *Wolv* —4C **42**
Lutley Dri. *Stourb* —2G **125**
Lutley Gro. *B32* —4H **129**
Lutley La. *Hay G* —2D **126**
(in two parts)
Lutley Mill Rd. *Hale* —1G **127**
Luton Rd. *B29* —2B **132**
Luttrell Rd. *S Cold* —3F **53**
Lyall Gdns. *Redn* —6E **143**
Lyall Gro. *B27* —3G **135**
Lychgate Av. *Stourb* —4G **125**
Lydate Rd. *Hale* —1F **129**
Lydbrook Covert. *B38*
—1A **160**
Lydbury Gro. *B33* —5E **105**
Lyd Clo. *Wolv* —4D **28**
Lydd Cft. *B35* —3F **87**
Lyddington Dri. *Hale* —4B **112**
Lyde Grn. *Hale* —4D **110**
Lydford Gro. *B24* —5G **85**
Lydford Rd. *Wals* —4H **19**
Lydgate Rd. *K'wfrd* —3D **92**
Lydget Gro. *B23* —6D **68**
Lydham Clo. *B44* —1A **84**
Lydham Clo. *Bils* —1D **60**
Lydia Cft. *S Cold* —3E **37**
Lydian Clo. *Wolv* —5F **27**
Lydiate Ash. —6C 156
Lydiate Ash Rd. *L Ash*
—6B **156**
Lydiate Av. *B31* —6B **144**
Lydiates Clo. *Dud* —6F **59**
Lydney Clo. *W'hall* —6D **30**
Lydney Gro. *B31* —4D **144**
Lye. —5B 110
Lye Av. *B32* —3G **129**
Lye Clo. *B32* —3F **129**
Lye Clo. La. *Hale & B32*
(in two parts) —3F **129**
Lyecroft Av. *B37* —1F **123**
Lye Cross Rd. *Tiv* —2B **96**
Lye Valley Ind. Est. *Stourb*
—5B **110**
Lygon Ct. *Hale* —5B **112**
Lygon Gro. *B32* —1C **130**
Lymedene Rd. *B42* —2D **82**
Lyme Grn. Rd. *B33* —5D **104**
Lymer Rd. *Wolv* —6G **15**
Lymington Rd. *W'hall* —1D **46**
Lymsey Cft. *Stourb* —6A **92**
Lynbrook Clo. *Dud* —3F **95**
Lynbrook Clo. *H'wd* —2A **162**
Lyncourt Gro. *B32* —5H **113**
Lyncroft Rd. *B11* —3F **135**
Lyndale Dri. *Wolv* —3G **29**
Lyndale Rd. *Dud* —3G **95**
Lyndale Rd. *Sed* —3F **59**
Lyndhurst Dri. *Stourb*
—2D **108**
Lyndhurst Rd. *B24* —5F **85**
Lyndhurst Rd. *W Brom*
—6C **64**
Lyndhurst Rd. *Wolv* —4E **43**
Lyndon. —3B 80
Lyndon. *W Brom* —2B **80**
Lyndon Clo. *Cas B* —1G **105**

Lyndon Clo. *Dud* —4A **60**
Lyndon Clo. *Hale* —1G **127**
Lyndon Clo. *Hand* —5E **83**
Lyndon Cft. *B37* —4D **122**
Lyndon Green. —4E 121
Lyndon Gro. *K'wfrd* —1H **91**
Lyndon Gro. *W Brom* —3B **80**
Lyndon Ho. *W Brom* —2B **80**
Lyndon Rd. *Redn* —2E **157**
Lyndon Rd. *Sol* —3D **136**
Lyndon Rd. *Stech* —6C **104**
Lyndon Rd. *S Cold* —6H **53**
Lyndworth Rd. *B30* —6E **133**
Lyneham Gdns. *Min* —1E **87**
Lyneham Way. *B35* —4D **86**
Lynfield Clo. *B38* —2B **160**
Lyng La. *W Brom* —4A **80**
(in two parts)
Lynmouth Clo. *Wals* —4C **34**
Lynn. —2H 23
Lynn Gro. *B29* —2G **131**
Lynn La. *Lynn* —2H **23**
Lynton Av. *Smeth* —3E **99**
Lynton Av. *W Brom* —6A **64**
Lynton Av. *Wolv* —2C **26**
Lynton Ho. *O'bry* —6E **79**
Lynton Rd. *Aston* —2A **102**
Lynval Rd. *Brie H* —4B **110**
Lynwood Av. *K'wfrd* —2H **91**
Lynwood Clo. *W'hall* —1E **31**
Lynwood Wlk. *B17* —1H **131**
Lyon Ct. S Cold —6A *54*
(off Midland Dri.)
Lyons Gro. *B11* —2C **134**
Lysander Rd. *Redn* —5G **143**
Lysways St. *Wals* —3D **48**
Lytham Clo. *Min* —1F **87**
Lytham Clo. *Stourb* —3E **125**
Lytham Cft. *B15* —3F **117**
Lytham Gro. *Wals* —3G **19**
Lytham Rd. *Pert* —5D **24**
Lythwood Dri. *Brie H* —3G **109**
Lyttelton Rd. *Edg* —2H **115**
Lyttelton Rd. *Stourb* —6B **108**
Lyttleton Av. *Hale* —4E **113**
Lyttleton Av. *W Brom* —5H **79**
Lyttleton Clo. *Dud* —5E **95**
Lyttleton Rd. *Stech* —1B **120**
Lyttleton St. *W Brom* —5A **80**
Lytton Av. *Wolv* —1B **58**
Lytton Gro. *B27* —4H **135**
Lytton La. *B32* —2D **130**

Maas Rd. *B31* —4E **145**
Macarthur Rd. *Crad H*
—3E **111**
Macaulay Ho. *W Brom* —6B **80**
McBean Rd. *Wolv* —5D **26**
Macdonald Clo. *Tiv* —5D **78**
Macdonald St. *B5* —3G **117**
McDougall Rd. *W'bry* —2A **64**
Mace St. *Crad H* —2G **111**
McGregor Clo. *B6* —6H **83**
Machin Rd. *B23* —3F **85**
Mackadown La. *B33* —1H **121**
Mackay Rd. *Wals* —5B **20**
McKean Rd. *O'bry* —6G **79**
McKen Ct. *W Brom* —5A **80**
Mackenzie Ct. *B31* —5C **130**
Mackenzie Rd. *B11* —3C **134**
Mackmillan Rd. *Row R*
—1B **132**
McLean Rd. *Wolv* —5G **15**
Macmillan Clo. *Tiv* —5C **78**
Macrome Rd. *Wolv* —2C **26**

Madams Hill Rd. *Shir*
—2B **164**
Maddocks Hill. *S Cold* —3A **70**
Madehurst Rd. *B23* —1E **85**
Madeira Av. *Cod* —5G **13**
Madeley Rd. *B11* —6C **118**
Madeley Rd. *K'wfrd* —5D **92**
Madin Rd. *Tip* —3G **77**
Madison Av. *B36* —3B **104**
Madison Av. *Wals* —1H **47**
Madley Clo. *Redn* —1E **157**
Madresfield Dri. *Hale* —3B **128**
Maer Clo. *Row R* —5C **96**
Mafeking Rd. *Smeth* —2E **99**
Magdala St. *B18* —4A **100**
Magdalen Clo. *Dud* —5C **76**
Magdalene Rd. *Wals* —4E **49**
Magna Clo. *Wals* —2E **7**
Magness Cres. *W'hall* —4C **30**
Magnet Wlk. *B23* —4C **84**
Magnolia Clo. *B29* —6E **131**
Magnolia Gro. *Cod* —4G **13**
Magnolia Way. *Stourb*
—3D **108**
Magnum Clo. *S Cold* —4H **51**
Magpie Clo. *Dud* —6G **95**
Magpie La. *Bal C* —2E **169**
Maidendale Rd. *K'wfrd*
—2H **91**
Maidensbridge Dri. *K'wfrd*
—1A **92**
Maidensbridge Gdns. *K'wfrd*
—6H **73**
Maidensbridge Rd. *K'wfrd*
—6H **73**
Maidstone Dri. *Stourb* —6C **92**
Maidstone Rd. *B20* —6G **83**
Maidwell Dri. *Shir* —1C **164**
Main Av. *Birm A* —1E **139**
Main Rd. *Birm A* —2B **138**
Main Rd. *Mer* —4H **141**
Mainstream 47 Ind. Pk. *B7*
—4C **102**
Mainstream Way. *B7* —5C **102**
Main St. *B11* —4A **118**
Main St. *Ston* —4F **23**
Main Ter. *B11* —4A **118**
Mainwaring Dri. *S Cold*
—1C **54**
Maitland Ho. *B34* —3A **106**
Maitland Rd. *B8* —5F **103**
Maitland Rd. *Dud* —6A **76**
Majestic Way. *Row R* —5C **96**
Major St. *Wolv* —3A **44**
Majuba Rd. *B16* —5G **99**
Malcolm Av. *B24* —2A **86**
Malcolm Ct. *Sheld* —6E **121**
Malcolm Ct. *Wolv* —6E **27**
Malcolm Gro. *Redn* —2G **157**
Malcolm Rd. *Shir* —6H **149**
Malcolmson Clo. *B15* —3B **116**
Malfield Dri. *B27* —2C **136**
Malins Rd. *B17* —6H **115**
Malins Rd. *Wolv* —6A **44**
Malkit Clo. *Wals* —5F **31**
Mallaby Clo. *Shir* —1G **163**
Mallard Clo. *B27* —2A **136**
Mallard Clo. *Brie H* —4G **109**
Mallard Clo. *Wals* —1E **21**
Mallard Dri. *B23* —4B **84**
Mallard Dri. *O'bry* —5F **97**
Mallards Reach. *Sol* —5C **136**
Mallender Dri. *Know* —3B **166**
Mallin Gdns. *Dud* —1A **94**
Mallin St. *Smeth* —2B **98**
Mallory Cres. *Wals* —5B **20**

Mallory Ri. *B13* —4C **134**
Mallory Rd. *Pert* —6E **25**
Mallow Clo. *Wals* —2E **65**
Malmesbury Pk. *B15 & Edg*
—4A **116**
Malmesbury Rd. *B10*
—5E **119**
Malpas Dri. *B32* —5A **130**
Malpass Gdns. *Cod* —3E **13**
Malpass Rd. *Brie H* —4B **110**
Malpas Wlk. *Wolv* —4C **28**
Malt Clo. *B17* —5H **115**
Malthouse. *Smeth* —2C **98**
Malthouse Cft. *B6* —1G **101**
Malthouse Gdns. *B19* —2F **101**
Malthouse Gro. *B25* —2C **120**
Malthouse La. *Chad* —4B **156**
(in three parts)
Malthouse La. *Gt Barr* —5F **67**
Malthouse La. *Wash H*
—3E **103**
Malt Ho. La. *W'hall* —1A **46**
Malthouse La. *Wolv* —3C **26**
Malthouse Rd. *Tip* —2G **77**
Malt Ho. Row. *Mars G*
—3C **122**
Maltings, The. *Wals* —3E **35**
Maltings, The. *Wolv*
—6H **27** (1C **170**)
Maltings, The. *Wom* —1G **73**
Malt Mill La. *Hale* —3C **112**
Malton Av. *O'bry* —3D **96**
Malton Gro. *B13* —6B **134**
Malton Ho. O'bry —3D *96*
(off Malton Av.)
Malvern Av. *Stourb* —6G **109**
Malvern Clo. *Edg* —3G **115**
Malvern Clo. *W'hall* —5B **30**
Malvern Ct. *A Grn* —1A **136**
Malvern Ct. *Wolv* —1H **27**
Malvern Cres. *Dud* —3B **94**
Malvern Dri. *S Cold* —5E **71**
Malvern Dri. *Wals* —6E **23**
Malvern Dri. *Wolv* —2D **44**
Malvern Hill Rd. *B7* —2C **102**
Malvern Pk. Av. *Sol* —4H **151**
Malvern Rd. *A Grn* —1A **136**
Malvern Rd. *Hand* —6G **81**
Malvern Rd. *O'bry* —3H **113**
Malvern Rd. *Redn* —6G **157**
Malvern St. *S'brk* —6A **118**
Malvern Vw. Rd. *Dud* —3H **75**
Mamble Rd. *Stourb* —6C **108**
Manby Clo. *Wolv* —5F **27**
Manby Rd. *B35* —3E **87**
Manby St. *Tip* —5H **61**
Mancetter Rd. *Shir* —4A **150**
Manchester St. *B6* —4G **101**
Manchester St. *O'bry* —2H **97**
Mancroft Clo. *K'wfrd* —2H **91**
Mancroft Gdns. *Wolv* —4A **26**
Mancroft Rd. *Wolv* —4A **26**
Mandale Rd. *Wolv* —3B **28**
Mander Cen. *Wolv*
—1G **43** (3B **170**)
Manderley Clo. *Dud* —3G **59**
Mander Sq. *Wolv* —4B **170**
Mander St. *Wolv*
—3F **43** (6A **170**)
Manderville Gdns. *K'wfrd*
—3A **92**
Manderville Ho. *B31* —1D **158**
Mandeville Gdns. *Wals*
—3D **48**
Maney. —1A 70

Maney Corner. *S Cold* —1H **69**
Maney Hill Rd. *S Cold* —2H **69**
Manfield Rd. *W'hall* —6E **29**
Manilla Rd. *B29* —4D **132**
Manitoba Cft. *B38* —1B **160**
Manley Clo. *W Brom* —4H **79**
Manlove St. *Wolv* —3E **43**
Manningford Ct. *B14* —5H **147**
Manningford Rd. *B14*
—5G **147**
Mnr. Abbey Rd. *Hale* —2E **129**
Manor Av. *Wals* —1G **7**
Manor Clo. *Cod* —3H **13**
Manor Clo. *W'hall* —6A **30**
Manor Clo. *Wolv* —1D **58**
Manor Ct. *Dorr* —6G **167**
Manor Ct. *Dud* —4E **95**
Manor Ct. *Wals* —1A **48**
Manor Dri. *Dud* —4F **75**
Manor Dri. *S Cold* —1H **69**
Manor Dri. *Swind* —5E **73**
Mnr. Farm Dri. *W'hall* —4D **30**
Mnr. Farm Rd. *B11* —1E **135**
Manor Fold. *Oaken* —5D **12**
Manorford Av. *W Brom*
—4E **65**
Manor Gdns. *B33* —1B **120**
Manor Gdns. *W'bry* —1F **63**
Manor Gdns. *Wom* —6H **57**
Manor Hill. *S Cold* —1H **69**
Manor Ho. Clo. *B29* —4D **130**
Manor Ho. Dri. *B31* —6F **131**
Manor Ho. La. *B26* —5D **120**
Manor Ho. La. *Wat O* —4D **88**
Manor Ho. Pk. *Cod* —3H **13**
Manor Ho. Rd. *W'bry* —2F **63**
Manor Ind. Est. *Wals* —2A **48**
Manor La. *Chad* —4C **156**
Manor La. *Hale* —2D **128**
Manor La. *Stourb* —2B **124**
Manor Pk. *K'wfrd* —3B **92**
Manor Pk. Gro. *B31* —6A **144**
Manor Pk. Rd. *B36* —2H **105**
Manor Rd. *Aston* —6H **83**
Manor Rd. *Dorr* —6A **166**
Manor Rd. *Edg* —2H **115**
Manor Rd. *E'shll* —6C **44**
Manor Rd. *Oxl* —2G **27**
Manor Rd. *Penn* —1D **58**
Manor Rd. *Smeth* —4B **98**
Manor Rd. *Sol* —2F **151**
Manor Rd. *Stech* —6C **104**
Manor Rd. *Stourb* —1C **108**
Manor Rd. *S'tly* —2A **52**
Manor Rd. *S Cold* —6H **53**
Manor Rd. *Tip* —3H **77**
Manor Rd. *Wals* —1A **48**
Manor Rd. *W'bry* —3B **64**
Manor Rd. *Wyt* —6A **162**
Manor Rd. N. *B16* —2H **115**
Manor Rd. Precinct. *Wals*
—1A **48**
Manor St. *Wolv* —4A **26**
Manor Wlk. *Sol* —4G **151**
Manor Way. *Hale* —4F **127**
Manor Way. *S Cold* —1H **69**
Mansard Clo. *B'mre* —3D **42**
Mansard Clo. *Wed* —1C **28**
Mansard Ct. *Col* —2H **107**
Mansell Clo. *Hale* —4D **110**
Mansell Rd. *Tip* —5A **62**
Mansel Rd. *B10* —4E **119**
Mansfield Ho. *B37* —6E **107**
Mansfield Rd. *Aston* —1F **101**
Mansfield Rd. *Yard* —6A **120**
Mansion Clo. *Dud* —4B **76**

Mansion Cres.—Mason Rd.

Mason Rd. *Wals* —4H **31**
Mason's Clo. *Hale* —5E **111**
Masons Cotts. *B24* —2H **85**
Mason St. *Bils* —6D **60**
Mason St. *W Brom* —3H **79**
Mason St. *Wolv* —4G **43**
Masons Way. *Sol* —3C **136**
Massbrook Gro. *Wolv* —3B **28**
Massbrook Rd. *Wolv* —3B **28**
Masshouse Cir. Queensway.
   B4 —6G **101** (3F **5**)
Masshouse La. *B5*
   —6H **101** (3G **5**)
Masshouse La. *K Nor*
   —6B **146**
Masters La. *Hale* —2E **113**
Matchlock Clo. *S Cold* —4G **51**
Matfen Av. *S Cold* —3F **69**
Math Mdw. *B32* —6D **114**
Matlock Clo. *Dud* —6F **95**
Matlock Clo. *Wals* —4A **20**
Matlock Rd. *B11* —2F **135**
Matlock Rd. *Wals* —4A **20**
Matthew Dri. *Hand* —3A **100**
Matthews Clo. *Row R*
   —2B **112**
Mattox Rd. *Wolv* —3F **29**
Matty Rd. *O'bry* —5H **97**
Maud Rd. *Wat O* —4F **89**
Maud Rd. *W Brom* —6A **80**
Maughan St. *Brie H* —3B **110**
Maughan St. *Dud* —6C **76**
Maurice Gro. *Wolv* —3C **28**
Maurice Rd. *B14* —2G **147**
Maurice Rd. *Smeth* —1C **114**
Mavis Gdns. *O'bry* —3H **113**
Mavis Rd. *B31* —6C **144**
Maw St. *Wals* —5D **48**
Maxholm Rd. *S Cold* —3G **51**
Max Rd. *B32* —6B **114**
Maxstoke Clo. *B32* —6G **129**
Maxstoke Clo. *Mer* —4H **141**
Maxstoke Clo. *Wals* —4G **19**
Maxstoke Cft. *Shir* —1A **164**
Maxstoke La. *Mer* —2H **141**
Maxstoke Rd. *S Cold* —3E **69**
Maxstoke St. *B9* —1B **118**
Maxted Rd. *B23* —5C **68**
Maxwell Av. *B20* —6D **82**
Maxwell Rd. *Wolv*
   —3H **43** (6D **170**)
Mayall Dri. *S Cold* —5A **38**
May Av. *B12* —6A **118**
Maybank. *B9* —6F **103**
Maybank Pl. *B44* —1G **83**
Maybank Rd. *Dud* —6E **95**
Mayberry Clo. *B14* —5B **148**
Maybridge Dri. *Sol* —1F **165**
Maybrook Ho. *Hale* —1A **128**
Maybrook Ind. Est. *Wals*
  (in two parts) —2B **22**
Maybrook Rd. *Min* —2E **87**
Maybrook Rd. *Wals* —3B **22**
Maybury Clo. *Cod* —3E **13**
Maybush Gdns. *Wolv* —6G **15**
Maydene Cft. *B12* —5H **117**
Mayers Green. —3C 80
Mayfair. *Stourb* —3H **125**
Mayfair Clo. *B44* —6B **68**
Mayfair Clo. *Dud* —5C **76**
Mayfair Dri. *K'wfrd* —2A **92**
Mayfair Gdns. *Tip* —3A **78**
Mayfair Gdns. *Wolv* —1B **42**
Mayfair Pde. *B44* —6B **68**
May Farm Clo. *H'wd* —3A **162**

Mayfield Av. *B29* —3D **132**
Mayfield Clo. *Sol* —6G **151**
Mayfield Cres. *Row R* —6A **96**
Mayfield Rd. *A Grn* —2G **135**
Mayfield Rd. *Dud* —2E **77**
Mayfield Rd. *Hand* —1E **101**
Mayfield Rd. *Hasb* —3F **127**
Mayfield Rd. *H Grn* —2F **113**
Mayfield Rd. *Mose* —3A **134**
Mayfield Rd. *Stir* —1C **146**
Mayfield Rd. *S'tly* —3H **51**
Mayfield Rd. *B11 & A Grn*
   —1G **135**
Mayfield Rd. *Wolv* —2D **44**
Mayfield Rd. *W Grn* —3G **69**
Mayfields Dri. *Bwnhls* —3F **9**
Mayflower Clo. *B19* —3F **101**
Mayflower Dri. *Brie H* —2E **93**
Mayford Gro. *B13* —1B **148**
Maygrove Rd. *K'wfrd* —2A **92**
Mayhurst Clo. *H'wd* —2C **162**
Mayhurst Clo. *Tip* —5A **62**
Mayhurst Rd. *H'wd* —2B **162**
Mayland Dri. *S Cold* —6H **51**
Mayland Rd. *B16* —1G **115**
May La. *B14* —2H **147**
May La. *H'wd* —2A **162**
Maynard Av. *Stourb* —2B **124**
Maypole Clo. *Crad H* —3D **110**
Maypole Dri. *Stourb* —6C **108**
Maypole Fields. *Hale* —4C **110**
Maypole Gro. *B14* —5B **148**
Maypole Hill. *Hale* —3C **110**
Maypole La. *B14* —5H **147**
Maypole Rd. *O'bry* —2H **113**
Maypole St. *Wom* —6H **57**
May St. *Wals* —3A **32**
Mayswood Dri. *Wolv* —2F **41**
Mayswood Gro. *B32* —1B **130**
Mayswood Rd. *Sol* —3G **137**
Maythorn Av. *S Cold* —1E **87**
Maythorn Gdns. *Wolv* —6A **26**
Maythorn Gro. *Sol* —1F **165**
Maytree Clo. *B37* —1C **122**
May Tree Gro. *B20* —4B **82**
May Trees. *H'wd* —3H **161**
Maywell Dri. *Sol* —5B **138**
Maywood Clo. *K'wfrd* —3A **92**
Meaburn Clo. *B29* —6E **131**
Mead Clo. *Wals* —3D **34**
Mead Cres. *B9* —6H **103**
Meadfoot Av. *B14* —4H **147**
Meadfoot Dri. *K'wfrd* —2H **91**
Meadlands, The. *Wom* —1E **73**
Meadow Av. *W Brom* —4D **64**
Mdw. Brook Rd. *B31* —2D **144**
Meadowbrook Rd. *Hale*
   —2F **127**
Meadow Clo. *B17* —2F **115**
Meadow Clo. *Shir* —1B **164**
Meadow Clo. *S Cold* —1H **51**
Meadow Clo. *Wals* —1G **33**
Meadow Clo. *W'hall* —1C **30**
Meadow Cft. *Pert* —6D **24**
Meadow Cft. *Wyt* —6A **162**
Meadow Dri. *H Ard* —6B **140**
Meadowfield Rd. *Redn*
   —2G **157**
Meadowfields Clo. *Stourb*
   —1C **108**
Mdw. Grange Dri. *W'hall*
   —2B **30**
Meadow Gro. *Gt Wyr* —3G **7**
Meadow Gro. *Sol* —4B **136**
Mdw. Hill Dri. *Stourb*
   —1C **108**

Mdw. Hill Rd. *B38* —5A **146**
Meadowlands Dri. *Shelf*
   —1H **33**
Meadow La. *Bils* —3D **60**
  (in two parts)
Meadow La. *Cov H* —1G **15**
Meadow La. *W'hall* —4A **30**
Meadow La. *Wom* —5G **57**
Mdw. Park Rd. *Stourb*
   —3B **108**
Meadow Ri. *B30* —6H **131**
Meadow Rd. *Dud* —3C **76**
Meadow Rd. *Hale* —3C **112**
Meadow Rd. *Harb* —2F **115**
Meadow Rd. *O'bry* —1H **113**
Meadow Rd. *Quin* —5G **113**
Meadow Rd. *Smeth* —5E **99**
Meadow Rd. *Wals* —5C **34**
Meadow Rd. *Wolv* —3A **42**
Meadow Rd. *Wyt* —6A **162**
Meadowside Clo. *B43* —4A **66**
Meadowside Rd. *S Cold*
   —5F **37**
Meadows, The. *Stourb*
   —5F **125**
Meadows, The. *Wals* —4A **34**
Meadow St. *Crad H* —3H **111**
Meadow St. *Wals* —3B **48**
Meadow St. *Wolv* —1F **43**
Meadowsweet Av. *B38*
   —6B **146**
Meadowsweet Way. *K'wfrd*
   —3E **93**
Meadow Va. *Cod* —5H **13**
Meadow Vw. *B13* —5C **134**
Meadow Vw. *Dud* —4G **59**
Mdw. View Ter. *Wolv* —5C **26**
  (in two parts)
Meadow Wlk. *B14* —6G **147**
Meadow Wlk. *Crad H* —3F **111**
Meadow Way. *Cod* —5E **13**
Meadow Way. *Stourb* —1A **108**
Mead Ri. *B15* —5B **116**
Mead, The. *Dud* —5F **59**
Meadthorpe Rd. *B44* —5F **67**
Meadvale Rd. *Redn* —3H **157**
Meadway. *B33* —1D **120**
Meadway, The. *Wolv* —4G **25**
Meadwood Ind. Est. *Bils*
   —6G **45**
Mears Clo. *B23* —5D **68**
Mears Coppice. *Brie H*
   —5A **110**
Mears Dri. *B33* —5B **104**
Mearse Clo. *B18* —4C **100**
Mease Cft. *B9* —1B **118**
Measham Gro. *B26* —6C **120**
Measham Way. *Wolv* —2G **29**
Meaton Gro. *B32* —5H **129**
Medcroft Av. *B20* —3A **82**
Medina Clo. *Wolv* —3B **16**
Medina Rd. *B11* —1E **135**
Medina Way. *K'wfrd* —3A **92**
Medley Gdns. *Tip* —3D **78**
Medley Rd. *B11* —6D **118**
Medlicott Rd. *B11* —5C **118**
Medway Clo. *Brie H* —3E **93**
Medway Cft. *B36* —2B **106**
Medway Gro. *B38* —1A **160**
Medway Rd. *Wals* —3G **9**
Medway Tower. *B7* —4B **102**
Medway Wlk. *Wals* —3G **9**
Medwin Gro. *B23* —6D **68**
Meerash La. *Hamm* —2D **10**
Meer End. *B38* —2A **160**
Meerhill Av. *Shir* —3E **165**

Meetinghouse La. *B31*
   —3E **145**
Meeting Ho. La. *Bal C*
   —2H **169**
Meeting La. *Brie H* —2F **109**
  (in two parts)
Meeting La. Ind. Est. *Brie H*
   —2F **109**
Meeting St. *Dud* —4E **95**
Meeting St. *Tip* —1D **78**
Meeting St. *W'bry* —2E **63**
Melbourne Av. *B19* —3E **101**
Melbourne Av. *Smeth* —2F **99**
Melbourne Clo. *K'wfrd* —5C **92**
Melbourne Clo. *W Brom*
   —6G **63**
Melbourne Gdns. *Wals* —5F **49**
Melbourne Ho. *B34* —3A **106**
Melbourne Rd. *Hale* —6B **112**
Melbourne Rd. *Smeth* —2E **99**
Melbourne St. *Wolv*
   —2H **43** (5C **170**)
Melbury Clo. *Wolv* —2E **43**
Melbury Gro. *B14* —2G **147**
Melchett Rd. *B30* —4B **146**
Melcote Gro. *B44* —5G **67**
Meldon Dri. *Bils* —3A **62**
Melford Clo. *Dud* —3G **59**
Melford Hall Rd. *Sol* —6D **136**
Melfort Gro. *B14* —4A **148**
Melksham Sq. *B35* —4E **87**
Mellis Gro. *B23* —2A **84**
Mellish Ct. Wals —6E 33
  (off Mellish Rd.)
Mellish Dri. *Wals* —6F **33**
Mellish Rd. *Wals* —6E **33**
Mellor Dri. *S Cold* —6E **37**
Mellors Clo. *B17* —2F **131**
Mellowdew Rd. *Stourb*
   —6A **92**
Mell Sq. *Sol* —3G **151**
Melplash Av. *Sol* —3E **151**
Melrose Av. *B11* —5B **118**
  (in two parts)
Melrose Av. *S'brk* —5A **118**
Melrose Av. *Stourb* —3D **124**
Melrose Av. *S Cold* —3E **69**
Melrose Av. *W Brom* —5B **64**
Melrose Clo. *B38* —6B **146**
Melrose Cotts. *Lich* —4H **11**
Melrose Dri. *Wolv* —5D **24**
Melrose Gro. *Loz* —2D **100**
Melrose Pl. *Smeth* —1B **98**
Melrose Rd. *B20* —6G **83**
Melstock Clo. *Tip* —2F **77**
Melstock Rd. *B14* —6F **133**
Melton Av. *Sol* —1E **137**
Melton Dri. *B15* —4E **117**
Melton Rd. *B14* —5H **133**
Melverley Gro. *B44* —5H **67**
Melverton Av. *Wolv* —1H **27**
Melville Hall. *Edg* —2H **115**
Melville Rd. *B16* —2G **115**
Melvina Rd. *B7* —5B **102**
Membury Rd. *B8* —3D **102**
Memorial Clo. *W'hall* —1A **46**
Memory La. *Darl* —3D **46**
Memory La. *Wolv* —4D **28**
Menai Clo. *W'hall* —3C **30**
Menai Wlk. *B37* —5D **106**
Mendip Av. *B8* —4E **103**
Mendip Clo. *Dud* —4H **75**
Mendip Clo. *Hale* —4F **127**
Mendip Clo. *Wolv* —5B **44**
Mendip Rd. *B8* —4E **103**
Mendip Rd. *Hale* —4E **127**

Mendip Rd. *Stourb* —5F **109**
Menin Cres. *B13* —6B **134**
Menin Pas. *B13* —5B **134**
Menin Rd. *B13* —5B **134**
Menin Rd. *Tip* —2F **77**
Mentone Ct. *B20* —4A **82**
Meon Gro. *B33* —3F **121**
Meon Gro. *Pert* —5F **25**
Meon Ri. *Stourb* —2G **125**
Meon Way. *Wolv* —2H **29**
Meranti Clo. *W'hall* —1C **30**
Mercer Av. *Wat O* —4C **88**
Mercer Gro. *Wolv* —2G **29**
Merchants Way. *Wals* —2C **34**
Mercia Dri. *Wolv* —4E **25**
Mercote Hall La. *Mer* —2G **155**
Mere Av. *B35* —4E **87**
Mere Clo. *W'hall* —4A **30**
Merecote Rd. *Sol* —6B **136**
Meredith Pool Clo. *B18*
—3B **100**
Meredith Rd. *Dud* —2E **75**
Meredith Rd. *Wolv* —1E **29**
Meredith St. *Crad H* —2F **111**
Mere Dri. *S Cold* —1H **53**
Mere Green. —6H 37
Mere Grn. Clo. *S Cold* —1A **54**
Mere Grn. Rd. *S Cold* —1H **53**
Mere Oak Rd. *Wolv* —4E **25**
Mere Pool Rd. *S Cold* —1B **54**
Mere Rd. *B23* —4C **84**
Mere Rd. *Stourb* —2C **124**
Mereside Way. *Sol* —5C **136**
Meres Rd. *Hale* —6E **111**
Merevale Rd. *Sol* —3F **137**
Mere Vw. *Wals* —1G **33**
Meriden. —4H 141
Meriden Av. *Stourb* —5B **108**
Meriden Clo. *B25* —4H **119**
Meriden Clo. *Stourb* —5B **108**
Meriden Cross. —4H 141
Meriden Dri. *B37* —3C **106**
Meriden Hall Mobile Home Pk.
Mer —5H **141**
Meriden Ri. *Sol* —2H **137**
Meriden Rd. *H Ard* —6B **140**
Meriden Rd. *Wolv* —1E **27**
Meriden St. *B5*
—1H **117** (6G **5**)
Merino Av. *B31* —1E **159**
Merlin Clo. *Dud* —1B **94**
Merlin Gro. *B26* —6F **121**
Merrick Clo. *Hale* —3F **127**
Merrick Rd. *Wolv* —3A **30**
Merridale. —2D 42
Merridale Av. *Wolv* —2D **42**
Merridale Cemetery Nature
Reserve. —3E 43
Merridale Ct. *Wolv* —2D **42**
Merridale Cres. *Wolv* —1E **43**
Merridale Gdns. *Wolv* —2E **43**
Merridale Gro. *Wolv* —2C **42**
Merridale La. *Wolv* —1E **43**
Merridale Rd. *Wolv* —2D **42**
Merridale St. *Wolv*
—2F **43** (5A **170**)
Merridale St. W. *Wolv* —3E **43**
Merrill Clo. *Wals* —3E **7**
Merrill's Hall La. *Wolv* —5G **29**
Merrington Clo. *Sol* —1G **165**
Merrions Clo. *B43* —1A **66**
Merrishaw Rd. *B31* —1E **159**
Merritts Brook Clo. *B29*
—2E **145**
Merritt's Brook La. *B31*
—3C **144**

Merritt's Hill. *B31 & N'fld*
—1B **144**
Merrivale Rd. *Hale* —3F **113**
Merrivale Rd. *Smeth* —1E **115**
Merryfield Clo. *Sol* —6H **137**
Merryfield Gro. *B17* —1G **131**
Merryfield Rd. *Dud* —1H **93**
Merry Hill. —2B 110
(Brierley Hill)
Merry Hill. —4B 42
(Wolverhampton)
Merry Hill. *Brie H* —2B **110**
Merry Hill Cen. *Brie H* —6B **94**
Merry Hill Ct. *Smeth* —3H **99**
Merryhill Dri. *B18* —3B **100**
Mersey Gro. *B38* —1A **160**
Mersey Pl. *Wals* —6C **20**
Mersey Rd. *Wals* —6C **20**
Merstal Dri. *Sol* —6B **138**
Merstone Clo. *Bils* —5E **45**
Merstowe Clo. *B27* —2H **135**
Merton Clo. *O'bry* —1H **113**
Merton Ho. *B37* —1B **122**
Merton Rd. *B13* —2B **134**
Mervyn Pl. *Bils* —2H **61**
Mervyn Rd. *B21* —6A **82**
Mervyn Rd. *Bils* —2H **61**
Meryhurst Rd. *W'bry* —6G **47**
Messenger La. *W Brom*
—4B **80**
Messenger Rd. *Smeth* —3F **99**
Mesty Croft. —2H 63
Metchley Ct. *B17* —1H **131**
Metchley Cft. *Shir* —3D **164**
Metchley Dri. *B17* —6G **115**
Metchley Ho. *B17* —6H **115**
Metchley La. *B17* —1H **131**
Metchley Pk. Rd. *B15*
—1H **131**
Meteor Ho. *B35* —3E **87**
Metfield Cft. *B17* —1H **131**
Metfield Cft. *K'wfrd* —3D **92**
Metlin Gro. *B33* —6A **106**
Metric Wlk. *Smeth* —4E **99**
Metro Triangle. *B7* —2D **102**
Metro Way. *Smeth* —2G **99**
Mews, The. *B44* —6B **68**
Mews, The. *A Grn* —2A **136**
Mews, The. *Row R* —1B **112**
Meynell Ho. *B20* —4B **82**
Meyrick Rd. *W Brom* —1G **79**
Meyrick Wlk. *B16* —2B **116**
Miall Pk. Rd. *Sol* —2C **150**
Miall Rd. *B28* —5G **135**
Michael Blanning Gdns. *Dorr*
—6A **166**
Michael Dri. *B15* —4E **117**
Michael Rd. *Smeth* —3C **98**
Michael Rd. *W'bry* —4B **46**
Micklehill Dri. *Shir* —1H **163**
Mickle Mdw. *Wat O* —4D **88**
Mickleover Rd. *B8* —4A **104**
Mickleton Av. *B33* —3G **121**
Mickleton Rd. *Sol* —5B **136**
Mickley Av. *Wolv* —4A **28**
Midacre. *W'hall* —2A **46**
Middle Acre Rd. *B32* —3C **130**
Middle Av. *W'hall* —3G **45**
Middle Bickenhill La. *H Ard*
—1A **140**
Middle Cres. *Wals* —2E **33**
Middle Cross. *Wolv* —2H **43**
Middle Cross St. Wolv —2A 44
(off Warwick St.)
Middle Dri. *Redn* —5B **158**
Middlefield. *Wolv* —5C **14**

Middlefield Av. *Hale* —3F **113**
Middlefield Av. *Know* —6D **166**
Middlefield Clo. *Hale* —2F **113**
Middlefield Gdns. Hale
(off Hurst Grn. Rd.) —3F 113
Middle Fld. Rd. *B31* —5G **145**
Middlefield Rd. *Tiv* —1A **96**
Middle Gdns. *W'hall* —1B **46**
Middlehill Ri. *B32* —3B **130**
Middle La. *Coven* —3D **14**
(in two parts)
Middle La. *K Nor & Wyt*
—3E **161**
Middle La. *Oaken* —5C **12**
Middle Leaford. *B34* —4E **105**
Middle Leasowe. *B32* —1A **130**
Middle Mdw. Av. *B32* —6A **114**
Middlemist Gro. *B43* —1B **82**
Middlemore Bus. Pk. *Wals*
—4H **33**
Middlemore Ind. Est. *Hand*
—1F **99**
Middlemore La. *A'rdge* —3B **34**
Middlemore La. W. *Wals*
—3H **33**
Middlemore Rd. *N'fld* —5F **145**
Middlemore Rd. *Smeth &*
Hand —2F **99**
Middle Pk. Clo. *B29* —5F **131**
Middle Pk. Rd. *B29* —5F **131**
Middlepark Rd. *Dud* —1A **94**
Middle Rd. *Wild* —5A **156**
Middle Roundhay. *B33*
—6E **105**
Middleton Clo. *Wals* —6D **48**
(in two parts)
Middleton Gdns. *B30* —3H **145**
Middleton Grange. *B31*
—3G **145**
Middleton Hall Rd. *B30*
—3H **145**
Middleton Rd. *B14* —6G **133**
Middleton Rd. *Shir* —5G **149**
Middleton Rd. *S Cold* —2A **52**
Middleton Rd. *Wals* —4C **10**
Middletree Rd. *Hale* —4E **111**
Middle Vauxhall. *Wolv* —1E **43**
Middleway Av. *Stourb* —6A **92**
Middleway Grn. *Bils* —3E **45**
Middleway Rd. *Bils* —3E **45**
Middleway Vw. *B18* —6C **100**
Midford Gro. *B15* —3E **117**
Midgley Dri. *S Cold* —1G **53**
Midhill Dri. *Row R* —3C **96**
Midhurst Gro. *Wolv* —4A **26**
Midhurst Rd. *B30* —4D **146**
Midland Clo. *B21* —2C **100**
Midland Ct. *B3* —1C **4**
Midland Cft. *B33* —6H **105**
Midland Dri. *S Cold* —6A **54**
Midland Rd. *S Cold* —4G **53**
Midland Rd. *Wals* —2B **48**
Midland Rd. *W'bry* —3C **46**
Midland St. *B8 & B9* —6C **102**
Midpoint Boulevd. *Min*
—2G **87**
Midvale Dri. *B14* —5F **147**
Milburn Rd. *B44* —2A **68**
Milcote Dri. *S Cold* —2C **68**
Milcote Dri. *W'hall* —2F **45**
Milcote Rd. *B29* —5E **131**
Milcote Rd. *Smeth* —1D **114**
Milcote Rd. *Sol* —3F **151**
Milcote Way. *K'wfrd* —2H **91**
Mildenhall Rd. *B42* —4C **66**

Mildred Rd. *Crad H* —1G **111**
Mildred Way. *Row R* —3C **96**
Milebrook Gro. *B32* —5H **129**
Mile Flat. *K'wfrd* —3E **91**
Mile Oak Ct. *Smeth* —3F **99**
Milesbush Av. *B36* —6H **87**
Miles Gro. *Dud* —2H **95**
Miles Mdw. Clo. *W'hall*
—1C **30**
Milestone Ct. *Wolv* —6G **25**
Milestone La. *Hand* —1H **99**
Milestone Way. *W'hall* —1B **30**
Milford Av. *B12* —5A **118**
Milford Av. *W'hall* —4C **30**
Milford Clo. *Stourb* —6C **92**
Milford Cft. *B19* —4F **101**
Milford Cft. *Row R* —3H **95**
Milford Gro. *Shir* —2G **165**
Milford Pl. *K Hth* —5G **133**
Milford Rd. *B17* —6F **115**
Milford Rd. *Wolv* —4G **43**
Milholme Grn. *Sol* —5H **137**
Milking Bank. *Dud* —5E **75**
Milk St. *B5* —2H **117** (6H **5**)
Millard Rd. *Bils* —4D **60**
Millards Ind. Est. *W Brom*
—6G **79**
Mill Bank. *Dud* —5H **59**
Millbank Gro. *B23* —1B **84**
(in two parts)
Millbank St. *Wolv* —6H **17**
Mill Brook Dri. *B31* —1C **158**
Millbrook Rd. *B14* —1E **147**
Millbrook Way. *Brie H*
—3F **109**
Mill Burn Way. *B9* —1B **118**
Mill Clo. *H'wd* —2A **162**
Mill Cft. *Bils* —5G **45**
Millcroft Clo. *B32* —3C **130**
Millcroft Rd. *S Cold* —3A **52**
Milldale Cres. *Wolv* —3H **15**
Milldale Rd. *Wolv* —3H **15**
Mill Dri. *Smeth* —4F **99**
Millennium Clo. *Wals* —4E **21**
Millennium Point. *B4*
—6H **101** (3H **5**)
Miller Cres. *Bils* —4C **60**
Millers Clo. *Wals* —2F **47**
Millers Ct. Smeth —4F 99
(off Corbett St.)
Millersdale Dri. *W Brom*
—3D **64**
Millers Grn. Dri. *K'wfrd*
—1G **91**
Miller St. *B6* —4G **101**
Millers Va. *Wom* —2D **72**
Millers Wlk. *Pels* —4C **20**
Mill Farm Rd. *B17* —2G **131**
Millfield. *N'fld* —3E **145**
Millfield Av. *Pels* —6F **21**
Millfield Av. *Wals* —5B **20**
Millfield Ct. Dud —5C 76
(off Eve Hill)
Millfield Rd. *B20* —2A **82**
Millfield Rd. *Wals* —6C **10**
Millfields. *B33* —6H **105**
(in two parts)
Millfields Clo. *W Brom* —4H **63**
Millfields Rd. *W Brom* —4H **63**
Millfields Rd. *Wolv* —6G **44**
Millfields Way. *Wom* —1E **73**
Millfield Vw. *Hale* —1G **127**
Millford Clo. *B28* —2G **149**
Mill Gdns. *B14* —2D **148**
Mill Gdns. *Smeth* —6D **98**
Mill Green. —2H 35

Mill Grn. *Wolv* —3H **15**
Mill Gro. *Cod* —4A **14**
Millhaven Av. *B30* —1D **146**
Mill Hill. *Smeth* —6D **98**
Millhouse Rd. *B25* —3H **119**
Millicent Pl. *B12* —5A **118**
Milichip Rd. *W'hall* —2G **45**
Millington Rd. *B36* —1C **104**
Millington Rd. *Tip* —4H **61**
Millington Rd. *Wolv* —3A **28**
Millison Gro. *Shir* —2E **165**
Mill La. *B5* —2H **117** (6G **5**)
Mill La. *A'rdge* —2H **35**
Mill La. *Cod* —1E **13**
Mill La. *Dorr & Ben H*
—5A **166**
Mill La. *Env* —6A **90**
Mill La. *Hale* —1C **128**
Mill La. *Hamm* —2F **11**
Mill La. *N'fld* —6D **144**
Mill La. *O'bry* —5G **97**
Mill La. *Quin* —3B **130**
Mill La. *Sol* —4G **151**
Mill La. *Ston* —3H **23**
Mill La. *Swind* —4D **72**
Mill La. *Tett W* —6G **25**
Mill La. *Wals* —5D **32**
Mill La. *Wed* —2C **28**
Mill La. *Wild* —6A **156**
Mill La. *W'hall* —4B **30**
Mill La. *Wom* —6H **57**
Millmead Lodge. *B13* —5D **134**
Millmead Rd. *B32* —3C **130**
Mill Pl. *Wals* —5C **32**
Mill Pool Clo. *Wom* —2D **72**
Millpool Gdns. *B14* —4H **147**
Millpool Hill. *B14* —3H **147**
Millpool, The. *Seis* —3A **56**
Millpool Way. *Smeth* —5E **99**
Mill Race La. *Stourb* —5E **109**
Mill Rd. *Bwnhls* —6C **10**
Mill Rd. *Crad H* —4G **111**
Mill Rd. *Pels* —6F **21**
Mill Rd. *Yard* —5F **119**
Mills Av. *S Cold* —1C **70**
Mills Clo. *Wolv* —1D **28**
Mills Cres. *Wolv* —3A **44**
Millside. *B28* —4E **149**
Mill Side. *Wom* —2E **73**
Mills Rd. *Wolv* —3A **44**
Millstream Clo. *Cod* —3H **13**
Mill St. *B6* —4H **101**
Mill St. *Bils* —6E **45**
Mill St. *Brie H* —1H **109**
Mill St. *Darl* —5C **46**
Mill St. *Hale* —4E **111**
Mill St. *S Cold* —6A **54**
Mill St. *Tip* —2D **78**
Mill St. *Wals* —6C **32**
Mill St. *W Brom* —3A **80**
Mill St. *W'hall* —1C **46**
Mill St. *Word* —1C **108**
Millsum Ho. Wals —2D **48**
(off Paddock La.)
Mills Wlk. *Tip* —6H **61**
Millthorpe Clo. *B8* —4F **103**
Mill Vw. *B33* —5G **105**
Millwalk Dri. *Wolv* —4E **15**
Mill Wlk., The. *B31* —6D **144**
Millward St. *B9* —2C **118**
Millward St. *W Brom* —4G **79**
Millwright Clo. *Tip* —2B **78**
Milner Rd. *B29* —4C **132**
Milner Way. *B13* —5D **134**
Milnes Walker Ct. *B44* —4G **67**
Milsom Gro. *B34* —3H **105**

Milstead Rd. *B26* —2E **121**
Milston Clo. *B14* —6G **147**
Milton Av. *B12* —5A **118**
Milton Clo. *Ben H* —5B **166**
Milton Clo. *Stourb* —4E **109**
Milton Clo. *Wals* —5B **48**
Milton Clo. *W'hall* —2E **31**
Milton Ct. *Pert* —5E **25**
Milton Ct. *Smeth* —2E **115**
Milton Cres. *B25* —4B **120**
Milton Cres. *Dud* —2E **75**
Milton Dri. *Hag* —6G **125**
Milton Gro. *S Oak* —2B **132**
Milton Pl. *Wals* —5B **48**
Milton Rd. *Ben H* —5B **166**
Milton Rd. *Bils* —5F **61**
Milton Rd. *Smeth* —4B **98**
Milton Rd. *Wolv* —4C **28**
Milton St. *B19* —3G **101**
Milton St. *Brie H* —3H **93**
Milton St. *Wals* —3B **48**
Milton St. *W Brom* —2H **79**
Milverton Clo. *Hale* —5A **112**
Milverton Clo. *S Cold* —6D **70**
Milverton Rd. *B23* —3E **85**
Milverton Rd. *Know* —4E **167**
Mimosa Clo. *B29* —5F **131**
Mimosa Wlk. *K'wfrd* —1C **92**
Mincing La. *Row R* —6D **96**
Mindelsohn Way. *Edg*
—1H **131**
Minden Gro. *B29* —4F **131**
Minehead Rd. *Dud* —1H **93**
Minehead Rd. *Wolv* —5F **15**
Miner St. *Wals* —6A **32**
Minerva Clo. *W'hall* —5E **31**
Minerva La. *Wolv* —2A **44**
Minewood Clo. *Wals* —4F **19**
Minith Rd. *Bils* —5F **61**
Miniva Dri. *S Cold* —4E **71**
Minivet Dri. *B12* —5G **117**
Minley Av. *B17* —4D **114**
Minories. *B4* —6G **101** (3C **5**)
Minories, The. *Dud* —6E **77**
Minstead Rd. *B24* —6D **84**
Minster Clo. *Know* —1D **166**
Minster Clo. *Row R* —6E **97**
Minster Ct. *Mose* —1A **134**
Minster Dri. *B10* —4D **118**
Minsterley Clo. *Wolv* —3C **42**
Minster, The. *Wolv* —4D **42**
Mintern Rd. *B25* —3A **120**
Minton Clo. *Wolv* —2C **44**
Minton Rd. *B32* —1D **130**
Minworth. —2H 87
Minworth Ind. Est. *Min*
—1E **87**
Minworth Ind. Pk. *Min*
—1G **87**
Minworth Rd. *Wat O* —4C **88**
Miranda Clo. *Redn* —4G **143**
Mirfield Clo. *Pend* —4E **15**
Mirfield Rd. *B33* —1F **121**
Mirfield Rd. *Sol* —1E **151**
Mission Clo. *Crad H* —2A **112**
Mission Dri. *Tip* —4A **78**
Mistletoe Dri. *Wals* —2F **65**
Mitcham Gro. *B44* —4B **68**
Mitcheldean Covert. *B14*
—5F **147**
Mitchell Av. *Bils* —4D **60**
Mitchel Rd. *K'wfrd* —5D **92**
Mitford Dri. *Sol* —6H **137**
Mitre Clo. *Ess* —4A **18**
Mitre Clo. *W'hall* —2D **30**
Mitre Ct. *S Cold* —5A **54**

Mitre Fold. *Wolv*
—1G **43** (2A **170**)
Mitre Rd. *Stourb* —6A **110**
Mitre Rd. *Wals* —3C **6**
Mitten Av. *Redn* —6F **143**
Mitton Rd. *B20* —5A **82**
Moatbrook Av. *Cod* —3E **13**
Moatbrook La. *Cod* —2C **12**
Moat Coppice. *W'gte*
—4H **129**
Moat Cft. *B37* —1C **122**
Moat Cft. *S Cold* —6F **71**
Moat Dri. *Hale* —2E **113**
Moat Farm Dri. *B32* —4G **129**
Moat Farm Way. *Wals* —2E **21**
Moatfield Ter. *W'bry* —2G **63**
Moat Grn. Av. *Wolv* —2G **29**
Moat Ho. La. E. *Wolv* —2F **29**
Moat Ho. La. W. *Wolv* —2F **29**
Moat Ho. Rd. *B8* —5G **103**
Moat La. *B5* —2G **117** (6F **5**)
Moat La. *Sol* —1G **151**
Moat La. *Wals* —3G **7**
Moat La. *Yard* —4C **120**
Moat Meadows. *B32* —1C **130**
Moatmead Wlk. *B36* —1C **104**
Moat Rd. *O'bry* —1H **113**
Moat Rd. *Tip* —6A **62**
Moat Rd. *Wals* —1H **47**
Moatside Clo. *Wals* —2E **21**
Moat St. *W'hall* —1A **46**
Moatway, The. *B38* —2A **160**
Mobberley Rd. *Bils* —4C **60**
Mob La. *Wals* —5G **21**
Mockleywood Rd. *Know*
—2D **166**
Modbury Av. *B32* —4B **130**
Moden Clo. *Dud* —2H **75**
Moden Hill. *Dud* —1G **75**
Mogul La. *Hale* —4C **110**
Moilliett Ct. *Smeth* —3G **99**
Moilliett St. *B18* —5H **99**
Moira Cres. *B14* —3C **148**
Moises Hall Rd. *Wom* —6H **57**
Moland St. *B4* —5G **101**
Mole St. *B12 & B11* —5B **118**
Molineux All. *Wolv*
—6G **27** (1A **170**)
Molineux Fold. *Wolv*
—6G **27** (1B **170**)
Molineux St. *Wolv*
—6G **27** (1B **170**)
Molineux Way. *Wolv*
—6G **27** (1B **170**)
Mollington Cres. *Shir* —4A **150**
Molyneux Rd. *Dud* —1G **111**
Monaco Ho. *B5* —3F **117**
Monarch Dri. *Tip* —1C **78**
Monarch's Way. *Hag* —6F **125**
Monarch's Way. *Wolv* —6E **41**
Monarch Way. *Dud* —5E **95**
Mona Rd. *Erd* —2F **85**
Monastery Dri. *Sol* —1B **150**
Monckton Rd. *O'bry* —4G **113**
Moncrieffe Clo. *Dud* —1G **95**
Moncrieffe St. *Wals* —2E **49**
Money La. *Chad* —4A **156**
Monica Rd. *B10* —4F **119**
Monins Av. *Tip* —4A **78**
Monk Clo. *Tip* —4B **78**
Monk Rd. *B8* —4H **103**
Monks Clo. *Wom* —1E **73**
Monkseaton Rd. *S Cold*
—3H **69**
Monksfield Av. *B43* —4H **65**

Monkshood M. *Erd* —6B **68**
Monkshood Retreat. *B38*
—1B **160**
Monks Kirby Rd. *S Cold*
—1D **70**
Monkspath. *S Cold* —4D **70**
Monkspath Bus. Pk. *Shir*
—2D **164**
Monkspath Clo. *Shir* —2B **164**
Monkspath Hall Rd. *Shir &
Sol* —3D **164**
Monkspath Street. —4F 165
Monksway. *B38* —6D **146**
Monkswell Clo. *B10* —4D **118**
Monkswell Clo. *Brie H*
—2H **109**
Monkswood Rd. *B31* —5G **145**
Monkton Rd. *B29* —2E **131**
Monmar Ct. *W'hall* —4B **30**
Monmer Clo. *W'hall* —6B **30**
Monmer La. *W'hall* —5B **30**
Monmore Green. —3A 44
Monmore Pk. Ind. Est. *Wolv*
—4B **44**
Monmore Rd. *Wolv* —3C **44**
Monmouth Dri. *S Cold* —2C **68**
Monmouth Dri. *W Brom*
—6H **63**
Monmouth Ho. *B33* —1A **122**
Monmouth Rd. *B32* —5B **130**
Monmouth Rd. *Smeth*
—3C **114**
Monmouth Rd. *Wals* —6E **31**
Monsal Av. *Wolv* —5A **28**
Monsaldale Clo. *Clay* —1H **21**
Monsal Rd. *B42* —6E **67**
Mons Rd. *Dud* —6G **77**
Montague Rd. *Edg* —2A **116**
Montague Rd. *Erd* —6G **85**
Montague Rd. *Hand* —1B **100**
Montague Rd. *Smeth* —6F **99**
Montague St. *Aston* —1B **102**
Montague St. *Bord* —1A **118**
Montana Av. *B42* —2C **82**
Monteagle Dri. *K'wfrd* —6B **74**
Montford Gro. *Dud* —6H **59**
Montfort Rd. *Col* —4H **107**
Montfort Rd. *Wals* —5H **47**
Montfort Wlk. *B32* —3G **129**
Montgomery Cres. *Brie H*
—4B **110**
Montgomery Cft. *B11*
—4C **118**
Montgomery Rd. *Wals* —1E **47**
Montgomery St. *B11* —4B **118**
Montgomery Wlk. *W Brom*
—3B **80**
Montgomery Way. *B8*
—5G **103**
Montpelier Rd. *B24* —6G **85**
Montpellier Gdns. *Dud* —5A **76**
Montpellier St. *B12* —5A **118**
Montrose Dri. *B35* —4E **87**
Montrose Dri. *Dud* —1C **94**
Montsford Clo. *Know* —3B **166**
Monument Av. *Stourb*
—1A **126**
Monument La. *Dud* —4A **60**
Monument La. *Hag* —6H **125**
Monument La. *Redn* —5F **157**
Monument Rd. *B16* —2B **116**
(in two parts)
*Monway Ind. Est. W'bry
(off Monway Ter.)* —2E **63**
Monway Ter. *W'bry* —2E **63**
Monwood Gro. *Sol* —5D **150**

Murdock Rd. *B21* —1A **100**
Murdock Rd. *Smeth* —3H **99**
Murdock Way. *Wals* —3F **31**
(in two parts)
Murray Ct. *S Cold* —2G **69**
Murrell Clo. *B5* —4F **117**
Musborough Clo. *B36* —6G **87**
Muscott Gro. *B17* —6F **115**
Muscovy Rd. *B23* —4C **84**
Musgrave Clo. *S Cold* —2C **70**
Musgrave Rd. *B18* —3B **100**
Mushroom Green. —1D 110
Mushroom Grn. *Dud* —2D **110**
Mushroom Hall Rd. *O'bry*
—4H **97**
Musk La. *Dud* —4F **75**
Musk La. W. *Dud* —4F **75**
Muswell Clo. *Sol* —2H **151**
Muxloe Clo. *Wals* —4G **19**
Myatt Av. *A'rdge* —4B **34**
Myatt Av. *Wolv* —5A **44**
Myatt Clo. *Wolv* —5A **44**
Myatt Way. *Wals* —4B **34**
Myddleton St. *B18* —5C **100**
Myles Ct. *Brie H* —5H **93**
Mynors Cres. *H'wd* —4A **162**
Myring Dri. *S Cold* —5D **54**
Myrtle Av. *B12* —6A **118**
Myrtle Av. *K Hth* —5H **147**
Myrtle Clo. *W'hall* —2E **31**
Myrtle Gro. *B19* —1E **101**
Myrtle Gro. *Wolv* —5C **42**
Myrtle Pl. *S Oak* —3D **132**
Myrtle Rd. *Dud* —4D **76**
Myrtle St. *Wolv* —5B **44**
Myrtle Ter. *Tip* —3B **62**
Myton Dri. *Shir* —5D **148**
Mytton Clo. *Dud* —6G **77**
Mytton Gro. *Tip* —2G **77**
Mytton Rd. *B30* —2G **145**
Mytton Rd. *Wat O* —4C **88**
Myvod Rd. *W'bry* —6G **47**

Naden Rd. *B19* —3D **100**
Nadin Rd. *S Cold* —5G **69**
Nafford Gro. *B14* —5H **147**
Nagersfield Rd. *Brie H* —6E **93**
Nailers Clo. *B32* —3F **129**
Nailors Fold. *Cose* —3F **61**
Nailstone Cres. *B27* —5A **136**
Nairn Clo. *B28* —2F **149**
Nairn Rd. *Wals* —3G **19**
Nally Dri. *Bils* —3C **60**
Nanaimo Way. *K'wfrd* —5E **93**
Nansen Rd. *Salt* —4E **103**
Nansen Rd. *S'hll* —2C **134**
Nantmel Gro. *B32* —5A **130**
Naomi Way. *Wals W* —3D **22**
Napier Dri. *Tip* —1C **78**
Napier Rd. *Wals* —4G **31**
Napier Rd. *Wolv* —4H **43**
Napton Gro. *B29* —3D **130**
Narraway Gro. *Tip* —5D **62**
Narrowboat Way. *Dud* —4C **94**
Narrowboat Way. *Hurst B*
—5C **94**
Narrow La. *Bwnhls* —5B **10**
Narrow La. *Hale* —3E **113**
Narrow La. *Wals* —4H **47**
Naseby Dri. *Hale* —3F **127**
Naseby Rd. *B8* —4F **103**
Naseby Rd. *Sol* —1F **151**
Naseby Rd. *Wolv* —6F **25**
Nash Av. *Wolv* —6E **25**
Nash Clo. *Row R* —2C **112**

Nash Ho. *B15* —3F **117**
Nash Sq. *B42* —3F **83**
Nash Wlk. Smeth —4G **99**
(off Poplar St.)
Nately Gro. *B29* —3G **131**
Nathan Clo. *S Cold* —3H **53**
National Distribution Pk. *Col*
—2H **89**
National Motorcycle Mus.
—3H **139**
National Sea Life Cen.
—1D **116**
Naunton Clo. *B29* —6E **131**
Naunton Rd. *Wals* —6G **31**
Navenby Clo. *Shir* —4C **148**
Navigation Dri. *Hurst B*
—5C **94**
Navigation La. *W'bry* —3D **64**
Navigation Roundabout. *Tip*
—1E **79**
Navigation St. *B2 & B5*
—1F **117** (5C **4**)
Navigation St. *Wals* —1B **48**
Navigation St. *Wolv* —2A **44**
Navigation Way. *W Brom*
—5F **79**
Nayland Cft. *B28* —2G **149**
Naylors Gro. *Dud* —3A **76**
Neachell. —1F 45
Neachells La. *Wolv & W'hall*
—4F **29**
Neachless Av. *Wom* —2G **73**
Neachley Gro. *B33* —5D **104**
Neale Ho. *W Brom* —6B **80**
Neale St. *Wals* —1A **48**
Nearhill Rd. *B38* —1G **159**
Near Lands Clo. *B32* —1H **129**
Nearmoor Rd. *B34* —3H **105**
Neasden Gro. *B44* —5B **68**
Neath Rd. *Wals* —5F **19**
Neath Way. *Dud* —1C **76**
Neath Way. *Wals* —5F **19**
Nebsworth Clo. *Shir* —2B **150**
Nechells. —2D 102
Nechells Pk. Rd. *B7* —3B **102**
Nechell's Parkway. *B7*
—5A **102**
Nechells Pl. *B7* —3B **102**
NEC Ho. *B37* —6F **123**
(in two parts)
Needham St. *B7* —2C **102**
Needhill Clo. *Know* —3B **166**
Needlers End. —3H 169
Needlers End La. *Bal C*
—3F **169**
Needless All. *B2*
—1F **117** (4D **4**)
Needwood Clo. *Wolv* —5F **43**
Needwood Dri. *Wolv* —1B **60**
Needwood Gro. *W Brom*
—4C **64**
Nelson Av. *Bils* —4E **45**
Nelson Building. *B4* —1G **5**
Nelson Ho. *Tip* —6A **62**
Nelson Rd. *B6* —6H **83**
Nelson Rd. *Dud* —6D **76**
Nelson St. *B1* —6D **100**
Nelson St. *O'bry* —3H **97**
Nelson St. *W Brom* —2A **80**
Nelson St. *W'hall* —6B **30**
Nelson St. *Wolv*
—3G **43** (6B **170**)
Nene Clo. *Stourb* —1E **125**
Nene Way. *B36* —1B **106**
Neptune Ind. Est. *W'hall*
—3B **46**

Neptune St. *Tip* —2G **77**
Nesbit Gro. *B9* —6H **103**
Nesfield Clo. *B38* —6G **145**
Nesfield Gro. *H Ard* —6B **140**
Nesscliffe Gro. *B23* —6D **68**
Nest Comn. *Wals* —2D **20**
(in three parts)
Neston Gro. *B33* —1A **120**
Netheravon Clo. *B14* —5F **147**
Netherby Rd. *Dud* —5G **59**
Nethercote Gdns. *Shir*
—4E **149**
Netherdale Clo. *S Cold* —6A **70**
Netherdale Rd. *B14* —6A **148**
Netherend. —4C 110
Netherend Clo. *Hale* —4C **110**
Netherend La. *Hale* —4D **110**
Netherend Sq. *Hale* —4C **110**
Netherfield Gdns. *B27*
—2H **135**
Nethergate. *Dud* —2B **76**
Netherstone Gro. *S Cold*
—4F **37**
Netherton. —4D 94
Netherton Bus. Pk. *Dud*
—5F **95**
Netherton Gro. *B33* —6H **105**
Netherton Hill. *Dud* —4E **95**
Netherton Lodge. *Dud* —4E **95**
Netherton Tunnel. —2H 95
Netherwood Clo. *Sol* —1C **150**
Nethy Dri. *Wolv* —4H **25**
Netley Gro. *B11* —2F **135**
Netley Rd. *Wals* —5E **19**
Netley Way. *Wals* —5E **19**
Nevada Way. *B37* —2E **123**
Neve Av. *Wolv* —6B **16**
Neve's Opening. *Wolv* —1B **44**
Neville Av. *Wolv* —6H **43**
Neville Rd. *Cas B* —6A **88**
Neville Rd. *Erd* —4C **84**
Neville Rd. *Shir* —6F **149**
Nevin Gro. *B42* —2E **83**
Nevis Ct. *Wolv* —1C **42**
Nevis Gro. *W'hall* —6B **18**
Nevison Gro. *B43* —1D **66**
Newark Cft. *B26* —5F **121**
Newark Rd. *Dud* —1F **111**
Newark Rd. *W'hall* —2C **30**
New Bank Gro. *B9* —6G **103**
New Bartholomew St. *B5*
—1H **117** (4G **5**)
New Birmingham Rd. *Tiv*
—5H **77**
Newbold Clo. *Ben H* —4B **166**
Newbold Cft. *B7* —4B **102**
Newbolds. —3C 28
Newbolds Rd. *Wolv* —3C **28**
Newbolt Rd. *Bils* —5G **45**
Newbolt St. *Wals* —6C **48**
New Bond St. *B9* —2B **118**
New Bond St. *Dud* —1F **95**
Newborough Gro. *B28*
—3F **149**
Newborough Rd. *Hall G & Shir*
—3F **149**
Newbridge. —6C 26
Newbridge Av. *Wolv* —6C **26**
Newbridge Cres. *Wolv* —5C **26**
Newbridge Dri. *Wolv* —5C **26**
Newbridge Gdns. *Wolv*
—5C **26**
Newbridge M. *Wolv* —5D **26**
Newbridge Rd. *B9* —3H **119**
Newbridge Rd. *K'wfrd* —1A **92**

Newbridge St. *Wolv* —5D **26**
Newburn Cft. *B32* —6H **113**
Newbury Clo. *Hale* —2D **128**
Newbury Clo. *Wals* —2F **7**
Newbury Ho. *O'bry* —4D **96**
Newbury La. *O'bry* —3C **96**
Newbury Rd. *B19* —2G **101**
Newbury Rd. *Stourb* —1A **108**
Newbury Rd. *Wolv* —5G **15**
Newbury Wlk. *Row R* —3C **96**
Newby Gro. *B37* —4D **106**
New Canal St. *B5*
—1H **117** (5G **5**)
New Cannon Pas. *B2*
—1G **117** (4E **5**)
Newcastle Cft. *B35* —4G **87**
Newchurch Gdns. *B24* —5E **85**
New Chu. Rd. *S Cold* —5G **69**
New Cole Hall La. *B34*
—4F **105**
New College Clo. *Wals* —4E **49**
Newcombe Rd. *B21* —5H **81**
Newcomen Ct. *Wals* —2F **33**
Newcomen Dri. *Tip* —4H **77**
Newcott Clo. *Wolv* —5D **14**
New Ct. Brie H —1H **109**
(off Promenade, The)
New Coventry Rd. *B26*
—6D **120**
New Cft. *B19* —2G **101**
Newcroft Gro. *B26* —4C **120**
New Cross. —4D 28
New Cross Ind. Est. *Wolv*
—6C **28**
New Cross St. *Tip* —2G **77**
New Cross St. *W'bry* —6D **46**
Newdigate Rd. *S Cold* —6E **55**
New Dudley Rd. *K'wfrd*
—1A **92**
Newells Dri. *Tip* —6D **62**
Newells Rd. *B26* —3E **121**
New England. *Hale* —4E **113**
New England Clo. *O'bry*
—6E **79**
Newent Clo. *W'hall* —6D **30**
New Enterprise Workshops.
B7 —3C **102**
Newent Rd. *B31* —3G **145**
Newey Clo. *Redn* —3G **157**
Newey Rd. *B28* —1F **149**
Newey Rd. *Wolv* —1A **30**
Newey St. *Dud* —5C **76**
New Farm Rd. *Stourb*
—1G **125**
Newfield Clo. *Sol* —1H **151**
Newfield Clo. *Wals* —3A **32**
Newfield Cres. *Hale* —6A **112**
Newfield Dri. *K'wfrd* —5C **92**
Newfield La. *Hale* —6A **112**
Newfield Rd. *O'bry* —1F **97**
New Forest Rd. *Wals* —4C **32**
New Gas St. *W Brom* —2G **79**
(in two parts)
New Hall Dri. *S Cold* —1B **70**
(in two parts)
Newhall Farm Clo. *S Cold*
—1B **70**
Newhall Hill. *B1*
—6E **101** (2A **4**)
Newhall Ho. Wals —3C **48**
(off Newhall St.)
Newhall Pl. *B1* —6E **101** (2A **4**)
New Hall Pl. *W'bry* —2G **63**
Newhall Rd. *Row R* —6C **96**
Newhall St. *B3*
—6E **101** (2B **4**)

Newhall St.—Northcote St.

Newhall St. *Tip* —5G **61**
Newhall St. *Wals* —3C **48**
Newhall St. *W Brom* —5A **80**
Newhall St. *W'hall* —1A **46**
Newhall Wlk. *S Cold* —1A **70**
New Hampton Rd. E. *Wolv*
—6F **27** (1A **170**)
New Hampton Rd. W. *Wolv*
—5D **26**
Newhaven Clo. *B7* —5A **102**
Newhay Cft. *B19* —2E **101**
New Heath Clo. *Wolv* —4D **28**
New Henry St. *O'bry* —5G **97**
Newholme Gdns. *Sol* —4H **151**
Newhope Clo. *B15* —3F **117**
New Hope Rd. *Smeth* —5G **99**
New Horse Rd. *Wals* —2E **7**
New Ho. Cres. *Bal C* —3H **169**
Newhouse Farm Clo. *S Cold*
—2D **70**
Newick Av. *S Cold* —6B **36**
Newick Gro. *B14* —2E **147**
Newick St. *Dud* —5E **95**
Newington Rd. *B37* —3D **122**
New Inn Rd. *B19* —6F **83**
New Inns Clo. *B21* —1H **99**
New Inns La. *Redn* —6E **143**
New Invention. —2D 30
New John St. *B6* —4G **101**
New John St. *Hale* —2C **112**
New John St. W. *B19* —3E **101**
New King St. *Dud* —6E **77**
Newland Clo. *Wals* —5G **21**
Newland Ct. *B23* —5C **84**
Newland Gdns. *Crad H*
—4G **111**
Newland Gro. *Dud* —2B **94**
Newland Rd. *B9* —2F **119**
Newlands Clo. *W'hall* —2A **46**
Newlands Dri. *Hale* —4E **113**
Newlands Grn. *Smeth* —5E **99**
Newlands La. *B37* —5C **122**
Newlands Rd. *B30* —6D **132**
Newlands Rd. *Ben H* —5B **166**
Newlands, The. *B34* —2G **105**
Newlands Wlk. O'bry —5H 97
(off Jackson St.)
New Landywood La. *Ess*
—1E **19**
New Leasow. *S Cold* —6E **71**
Newlyn Rd. *B31* —4D **144**
Newlyn Rd. *Crad H* —3F **111**
Newman Av. *Wolv* —1B **60**
Newman College Clo. *B32*
—5A **130**
Newman Ct. *Hand* —6A **82**
Newman Pl. *Bils* —4H **45**
Newman Rd. *B23 & B24*
—3F **85**
Newman Rd. *Tip* —4C **62**
Newman Rd. *Wolv* —6C **16**
Newmans Clo. *Smeth* —5G **99**
Newman Way. *Redn* —2G **157**
Newmarket Clo. *Wolv* —4E **27**
New Mkt. St. *B3*
—6F **101** (3C **4**)
Newmarket Way. *B36*
—1H **103**
Newmarsh Rd. *Min* —1E **87**
New Mdw. Clo. *B31* —5F **145**
New Meeting St. *B4*
—1G **117** (4F **5**)
New Meeting St. *O'bry* —1G **97**
New Mills St. *Wals* —4B **48**
New Mill St. *Dud* —6E **77**
Newmore Gdns. *Wals* —6G **49**

New Moseley Rd. *B12*
—3A **118**
Newnham Gro. *B23* —1E **85**
Newnham Ho. *B36* —4D **106**
Newnham Ri. *Shir* —4B **150**
Newnham Rd. *B16* —1G **115**
New Oscott. —4C 68
New Pool Rd. *Crad H*
—3D **110**
Newport Rd. *B36* —1D **104**
Newport Rd. *Bal H* —1A **134**
Newport St. *Wals* —2C **48**
Newport St. *Wolv* —5A **28**
Newquay Clo. *Wals* —4A **50**
Newquay Rd. *Wals* —4H **49**
New Railway St. *W'hall*
—1B **46**
New Rd. *A'rdge* —4C **34**
New Rd. *Bwnhls* —6B **10**
New Rd. *Dud* —3E **95**
New Rd. *Hale* —1B **128**
New Rd. *H'wd* —1H **161**
New Rd. *N'bri* —5C **26**
New Rd. *Redn* —2F **157**
New Rd. *Sol* —4G **151**
New Rd. *Stourb* —6E **109**
New Rd. *Swind* —4A **72**
New Rd. *Tip* —1D **78**
New Rd. *Wat O* —4D **88**
New Rd. *W'bry* —5D **46**
New Rd. *Wed* —1D **28**
New Rd. *W'hall* —2A **46**
New Rowley Rd. *Dud* —2G **95**
New Spring St. *B18* —5C **100**
New Spring St. N. *B18*
—4C **100**
Newstead Rd. *B44* —2B **68**
New St. *B2* —1F **117** (4C **4**)
New St. *Blox* —6H **19**
New St. *Cas B* —1F **105**
New St. *Dud* —6E **77**
New St. *Erd* —2F **85**
New St. *Ess* —4A **18**
New St. *E'shll* —5C **44**
New St. *Gorn W* —4G **75**
New St. *Gt Wyr* —3G **7**
New St. *Hill T* —6G **63**
New St. *K'wfrd* —1A **92**
New St. *Mer H* —5B **42**
New St. *P'flds* —6A **44**
New St. *Quar B* —3C **110**
New St. *Redn* —5F **143**
New St. *Rus* —2F **33**
New St. *Shelf* —6H **21**
New St. *Smeth* —3E **99**
New St. *Tip* —2H **77**
New St. *Wals* —2D **48**
New St. *W'bry* —4F **63**
(Potter's La.)
New St. *W'bry* —5D **46**
(St Lawrence Way)
New St. *W Brom* —4B **80**
(in two parts)
New St. *W'hall* —2G **45**
New St. *Word* —6D **108**
(Bath Rd.)
New St. *Word* —1B **108**
(Ryder St.)
New St. N. *W Brom* —4B **80**
New Summer St. *B19* —5F **101**
New Swan La. *W Brom*
—2G **79**
Newton. —5G 65
Newton Clo. *B43* —4G **65**
Newton Gdns. *B43* —5F **65**
Newton Gro. *B29* —3B **132**

Newton Ho. *W'hall* —2B **46**
Newton Mnr. Clo. *B43* —5H **65**
Newton Pl. *B18* —2B **100**
Newton Pl. *Wals* —3H **31**
Newton Rd. *Know* —2D **166**
Newton Rd. *S'hll* —6B **118**
Newton Rd. *Wals* —4H **31**
Newton Rd. *W Brom & Gt Barr*
—1C **80**
Newton Sq. *B43* —4A **66**
Newton St. *B4* —6G **101** (2F **5**)
Newton St. *W Brom* —6C **64**
Newtown. —3F 101
(Birmingham)
Newtown. —2G 19
(Bloxwich)
New Town. —3B 10
(Brownhills)
Newtown. —1E 111
(Netherton)
New Town. —3D 78
(West Bromwich)
New Town. *Brie H* —5G **93**
(in two parts)
Newtown. *Dud* —2F **111**
Newtown Dri. *B19* —3E **101**
Newtown La. *Crad H* —2F **111**
Newtown La. *Rom* —6C **142**
Newtown Middleway. *B6*
—4G **101**
New Town Row. —3G 101
New Town Row. *B6* —3G **101**
Newtown Shop. Cen. *B19*
—3G **101**
Newtown St. *Crad H* —1F **111**
New Village. *Dud* —2E **111**
New Wood. —3A 108
New Wood Clo. *Stourb*
—3A **108**
New Wood Gro. *Wals* —4C **22**
Ney Ct. *Tip* —5H **77**
Niall Clo. *B15* —3A **116**
Nicholas Rd. *S Cold* —3G **51**
Nicholds Clo. *Bils* —4D **60**
Nicholls Fold. *Wolv* —4F **29**
Nicholls Rd. *Tip* —4G **61**
Nicholls St. *W Brom* —5C **80**
Nichols Clo. *Sol* —6B **138**
Nigel Av. *B31* —2E **145**
Nigel Rd. *B8* —3E **103**
Nigel Rd. *Dud* —5C **76**
Nightingale Av. *B36* —1C **106**
Nightingale Cres. *Brie H*
—4H **109**
Nightingale Cres. *W'hall*
—1B **30**
Nightingale Dri. *Tip* —2C **78**
Nightingale Pl. *Bils* —5F **45**
Nightingale Wlk. *B15* —4E **117**
Nightjar Gro. *B23* —1C **84**
Nighwood Dri. *S Cold* —4H **51**
Nijon Clo. *B21* —6G **81**
Nimmings Clo. *B31* —3D **158**
Nimmings Rd. *Hale* —3D **112**
Nineacres Dri. *B37* —1C **122**
Nine Elms La. *Wolv* —4A **28**
Nine Leasowes. *Smeth*
—2C **98**
Nine Locks Ridge. *Brie H*
—1H **109**
Nine Pails Wlk. *W Brom*
—6B **80**
Nineveh Av. *B21* —2B **100**
Nineveh Rd. *B21* —2A **100**
Ninfield Rd. *B27* —2G **135**
Nith Pl. *Dud* —5D **76**

Noakes Ct. *W'bry* —4F **47**
Nocke Rd. *Wolv* —6H **17**
Nock St. *Tip* —6C **62**
Noddy Pk. *Wals* —2D **34**
Noddy Pk. Rd. *Wals* —2D **34**
Noel Av. *B12* —5A **118**
Noel Rd. *B16* —2B **116**
Nolton Clo. *B43* —5H **65**
Nooklands Cft. *B33* —1E **121**
Nook, The. *Brie H* —4F **93**
Nook, The. *Wals* —4C **6**
Noose Cres. *W'hall* —1G **45**
Noose La. *W'hall* —1G **45**
Nora Rd. *B11* —2C **134**
Norbiton Rd. *B44* —5A **68**
Norbreck Clo. *B43* —4A **66**
Norbury Av. *Wals* —4D **20**
Norbury Cres. *Wolv* —1B **60**
Norbury Dri. *Brie H* —2H **109**
Norbury Gro. *Sol* —2E **137**
Norbury Rd. *B44* —2H **67**
Norbury Rd. *Bils* —5H **45**
Norbury Rd. *W Brom* —6G **63**
Norbury Rd. *Wolv* —3B **28**
Norcombe Gro. *Shir* —4E **165**
Nordley Rd. *Wolv* —3E **29**
Nordley Wlk. *Wolv* —3E **29**
Norfolk Av. *W Brom* —6B **64**
Norfolk Clo. *B30* —1D **146**
Norfolk Cres. *Wals* —1D **34**
Norfolk Dri. *W'bry* —1B **64**
Norfolk Gdns. *S Cold* —3H **53**
Norfolk Gro. *Wals* —4F **7**
Norfolk New Rd. *Wals* —5G **31**
Norfolk Pl. *Wals* —4B **32**
Norfolk Rd. *Dud* —2C **94**
Norfolk Rd. *Edg* —4H **115**
Norfolk Rd. *Erd* —2F **85**
Norfolk Rd. *O'bry* —4H **113**
Norfolk Rd. *Redn* —5F **143**
Norfolk Rd. *Stourb* —3B **108**
Norfolk Rd. *S Cold* —4H **53**
Norfolk Rd. *Wolv* —3E **43**
Norfolk Tower. *Hock* —4D **100**
Norgrave Rd. *Sol* —3G **137**
Norlan Dri. *B14* —4H **147**
Norland Rd. *B27* —4A **136**
Norley Gro. *B13* —6C **134**
Norley Trad. Est. *B33*
—3G **121**
Norman Av. *B32* —4C **114**
Normandy Rd. *B20* —6G **83**
Norman Rd. *N'fld* —4F **145**
Norman Rd. *Smeth* —2B **114**
Norman Rd. *Wals* —3G **49**
Norman St. *B18* —4A **100**
Norman St. *Dud* —1F **95**
Norman Ter. *Row R* —5C **96**
Normanton Av. *B26* —6H **121**
Normanton Tower. *B23*
—1G **85**
Norrington Gro. *B31* —4A **144**
Norrington Rd. *B31* —4A **144**
Norris Dri. *B33* —6D **104**
Norris Rd. *B6* —6H **83**
Norris Way. *S Cold* —6B **54**
Northampton St. *B18* —5B **100**
Northam Wlk. *Wolv* —5F **27**
Northanger Rd. *B27* —3H **135**
North Av. *B40* —6G **123**
North Av. *Wolv* —3E **29**
Northbrook Ct. *Shir* —2A **150**
Northbrook Rd. *Shir* —2A **150**
Northbrook St. *B16* —5B **100**
Northcote Rd. *B33* —5B **104**
Northcote St. *Wals* —5B **32**

Olorenshaw Rd. *B26* —6H **121**
Olton. —4B 136
Olton Boulevd. E. *B27*
—3G **135**
Olton Boulevd. W. *B11*
—2F **135**
Olton Cft. *B27* —2B **136**
Olton Mere. *Sol* —4C **136**
Olton Rd. *Shir* —3H **149**
Olton Wharf. *Sol* —3C **136**
Olympus Dri. *Gt Bri* —1D **78**
Ombersley Clo. *O'bry* —4D **96**
Ombersley Ho. *B31* —5H **145**
Ombersley Rd. *B12* —5A **118**
Ombersley Rd. *Hale* —3H **127**
One Stop Shop. Cen. *P Barr*
—4F **83**
Onibury Rd. *B21* —6H **81**
Onslow Cres. *Sol* —4E **137**
Onslow Rd. *B11* —1G **135**
Ontario Clo. *B38* —1C **160**
Oozells Pl. *B1* —5A **4**
Oozells Sq. *B1* —5A **4**
Oozells St. *B1* —1E **117** (5A **4**)
Oozells St. N. *B1*
—1E **117** (5A **4**)
Open Fld. Clo. *B31* —5F **145**
Openfield Cft. *Wat O* —5E **89**
Orchard Av. *Sol* —2H **151**
Orchard Blythe. *Col* —3H **107**
Orchard Clo. *C Hay* —2E **7**
Orchard Clo. *Col* —2H **107**
Orchard Clo. *Curd* —1D **88**
Orchard Clo. *Hale* —5E **111**
Orchard Clo. *Hand* —5B **82**
Orchard Clo. *Row R* —6B **96**
Orchard Clo. *Rus* —4G **33**
Orchard Clo. *S Cold* —5G **69**
Orchard Clo. *W'hall* —2B **46**
Orchard Clo. *Wolv* —4H **41**
Orchard Ct. *Erd* —3B **84**
Orchard Ct. *K'wfrd* —3B **92**
Orchard Ct. *Row R* —6B **96**
Orchard Cres. *Wolv* —4H **41**
Orchard Dri. *B31* —2D **158**
Orchard Gro. *Dud* —4F **75**
Orchard Gro. *S Cold* —6F **37**
Orchard Gro. *Wals* —5D **34**
Orchard Gro. *Wolv* —1E **59**
Orchard La. *Cod* —4H **13**
Orchard La. *Stourb* —5A **110**
Orchard Mdw. Wlk. *B35*
—4F **87**
Orchard Ri. *B26* —4D **120**
Orchard Rd. *B24* —2G **85**
Orchard Rd. *Bal H* —5H **117**
Orchard Rd. *Dud* —1E **111**
Orchard Rd. *Wals* —2F **65**
Orchard Rd. *W'hall* —2B **46**
Orchard Rd. *Wolv* —2E **29**
Orchards, The. *Four O* —3G **53**
Orchards, The. *H'wd* —2A **162**
Orchards, The. *Shir* —5B **164**
Orchard St. *Brie H* —5G **93**
Orchard St. *Tip* —5H **77**
Orchards Way. *B12* —5G **117**
Orchard, The. *B37* —3B **122**
Orchard, The. *Bils* —6G **45**
Orchard, The. *Blox* —5B **20**
Orchard, The. *O'bry* —5A **98**
Orchard, The. *Wolv* —3C **26**
Orchard Tower. *B31* —6D **130**
Orchard Way. *B27* —1H **135**
Orchard Way. *Crad H* —2H **111**
Orchard Way. *Gt Barr* —4B **66**
Orchard Way. *H'wd* —1A **162**

Orcheston Wlk. *B14* —6F **147**
Orchid Clo. *Smeth* —2B **98**
Orchid Dri. *Hock* —3F **101**
Oregon Clo. *K'wfrd* —3D **92**
Oregon Dri. *W'hall* —2E **31**
Orford Gro. *B21* —1G **99**
Oriel Clo. *Dud* —5A **76**
Oriel Dri. *Wolv* —4H **15**
Oriel Ho. *B37* —6C **106**
Orion Clo. *B8* —5H **103**
Orion Clo. *Wals* —4F **7**
Orkney Av. *B34* —3D **104**
Orkney Cft. *B36* —2D **106**
Orlando Clo. *Wals* —3C **48**
*Orlando Ho. Wals —3D 48
(off Barleyfield Row)*
Orme Clo. *Brie H* —3E **109**
Ormes La. *Wolv* —6A **26**
Ormonde Clo. *Hale* —4D **110**
Ormond Pl. *Bils* —5H **45**
Ormond Rd. *Redn* —6E **143**
Ormsby Ct. *B15* —4B **116**
Ormsby Gro. *B27* —6H **135**
Ormscliffe Rd. *Redn* —3H **157**
Orphanage Rd. *B24 & Erd*
—2G **85**
Orphanage Rd. *S Cold* —1A **86**
Orpington Rd. *B44* —2G **67**
Orpwood Rd. *B33* —1E **121**
Orslow Wlk. *Wolv* —4C **28**
Orton Av. *S Cold* —1D **86**
Orton Clo. *Wat O* —4C **88**
Orton Gro. *Wolv* —1B **58**
Orton La. *Wolv* —2F **57**
Orton Way. *B35* —6E **87**
Orwell Clo. *Stourb* —1A **124**
Orwell Clo. *Wolv* —4H **29**
Orwell Dri. *B38* —1F **159**
Orwell Dri. *W Brom* —1B **80**
Orwell Pas. *B5*
—1G **117** (5F **5**)
Orwell Rd. *Wals* —3F **49**
Osberton Dri. *Dud* —5B **76**
Osborne Dri. *Darl* —3D **46**
Osborne Gro. *B19* —2E **101**
Osborne Rd. *Erd* —2F **85**
Osborne Rd. *Hand* —1B **100**
Osborne Rd. *W Brom* —4A **80**
Osborne Rd. *Wolv* —6D **42**
Osborne Rd. S. *B23* —3F **85**
Osborn Rd. *B11* —5C **118**
Osbourne Clo. *B6* —2A **102**
Osbourne Clo. *Brie H* —3B **110**
Osbourne Cft. *Shir* —4B **164**
Oscott Ct. *B23* —5E **69**
Oscott Gdns. *P Barr* —4G **83**
Oscott Rd. *P Barr & Holf*
—4G **83**
Oscott School La. *B44* —3G **67**
Osier Gro. *B23* —1B **84**
Osier Pl. *Wolv* —1B **44**
Osier St. *Wolv* —1B **44**
Osler St. *B16* —1B **116**
Osmaston Rd. *B17* —2E **131**
Osmaston Rd. *Stourb*
—3C **124**
Osmington Gro. *Hale* —5F **111**
Osprey Dri. *Dud* —6B **76**
Osprey Rd. *B27* —3B **136**
Osprey Rd. *Erd* —1C **84**
Ostler Clo. *K'wfrd* —2G **91**
Oswin Pl. *Wals* —4D **32**
Oswin Rd. *Wals* —4D **32**
Other Rd. *Redn* —4A **158**
Otley Gro. *B9* —6A **104**
Otter Cft. *B34* —4H **105**

Otterstone Clo. *Dud* —3G **59**
Oughton Rd. *B12* —4A **118**
Oundle Rd. *B44* —6H **67**
Ounsdale. —1F 73
Ounsdale Cres. *Wom* —6G **57**
Ounsdale Dri. *Dud* —6E **95**
Ounsdale Rd. *Wom* —6E **57**
Ounty John La. *Stourb*
—5D **124**
Outmore Rd. *B33* —2F **121**
Oval Rd. *B24* —6E **85**
Oval Rd. *Tip* —1H **77**
Oval, The. *Dud* —1A **94**
Oval, The. *Smeth* —6B **98**
Oval, The. *W'bry* —1F **63**
Overbrook Clo. *Dud* —5G **75**
Over Brunton Clo. *B31*
—5F **145**
Overbury Clo. *B31* —4G **145**
Overbury Clo. *Hale* —3B **128**
Overbury Rd. *B31* —3G **145**
Overdale Av. *S Cold* —2D **86**
Overdale Clo. *Wals* —6C **30**
Overdale Dri. *Wals* —6C **30**
Overdale Rd. *B32* —1C **130**
Overend Rd. *Hale & Crad H*
—4F **111**
Overend St. *W Brom* —4B **80**
Overfield Dri. *Bils* —2C **60**
Overfield Rd. *B32* —4C **130**
Overfield Rd. *Dud* —1A **94**
Over Grn. Dri. *B37* —3B **106**
Overhill Rd. *Burn* —1C **10**
Overlea Av. *B27* —2H **135**
Over Mill Dri. *B29* —3D **132**
Over Moor Clo. *B19* —2E **101**
Over Pool Rd. *B8* —3G **103**
Overseal Rd. *Wolv* —1G **29**
Overslade Rd. *Sol* —6D **150**
Oversley Rd. *Min* —1E **87**
Overstrand. *Wolv* —4D **14**
Overton Clo. *B28* —1G **149**
Overton Dri. *Wat O* —4E **89**
Overton Gro. *B27* —5A **136**
Overton La. *Hamm* —1E **11**
Overton Pl. *B7* —6A **102**
Overton Pl. *W Brom* —1B **80**
Overton Rd. *B27* —5H **135**
Overton Wlk. *Wolv* —5A **42**
Over Wood Cft. *B8* —6E **103**
Owen Pl. *Bils* —5F **45**
Owen Rd. *Bils* —5F **45**
Owen Rd. *W'hall* —2B **46**
Owen Rd. *Wolv* —2E **43**
Owen Rd. Ind. Est. *W'hall*
—2C **46**
Owens Cft. *B38* —6C **146**
Owen St. *Dud* —1G **95**
Owen St. *Tip* —2G **77**
Owen St. *W'bry* —4D **46**
Owens Way. *Crad H* —2A **112**
Ownall Rd. *B34* —3G **105**
Oxbarn Av. *Wolv* —4C **42**
Oxenton Cft. *Hale* —3F **127**
Oxford Clo. *B8* —4H **103**
Oxford Clo. *Wals* —2F **7**
Oxford Dri. *B27* —1B **136**
Oxford Dri. *Stourb* —1D **124**
Oxford Pas. *Dud* —6D **76**
Oxford Rd. *A Grn* —2A **136**
Oxford Rd. *Erd* —3F **85**
Oxford Rd. *Mose* —3H **133**
Oxford Rd. *Smeth* —1E **99**
(in two parts)
Oxford Rd. *W Brom* —4H **79**
Oxford St. *B5* —2H **117** (6G **5**)

Oxford St. *Bils* —6G **45**
Oxford St. *Dud* —6D **76**
Oxford St. *Stir* —6C **132**
Oxford St. *Wals* —4A **48**
Oxford St. *W'bry* —2H **63**
Oxford St. *Wolv* —2A **44**
Oxford St. Ind. Pk. *Bils*
—6H **45**
Oxford Ter. *W'bry* —3H **63**
Oxhill Rd. *B21* —5G **81**
Oxhill Rd. *Shir* —5C **148**
Ox Leasow. *B32* —3A **130**
Oxley. —6F 15
Oxley Av. *Wolv* —3G **27**
Oxley Clo. *Dud* —1D **110**
Oxley Clo. *Wals* —4F **7**
Oxley Gro. *B29* —5E **131**
Oxley La. *Wolv* —6G **27**
Oxley Links Rd. *Wolv* —1F **27**
Oxley Moor Rd. *Wolv* —1D **26**
Ox Leys Rd. *S Cold & Wis*
—1F **71**
Oxley St. *Wolv* —5G **27**
Oxlip Clo. *Wals* —2E **65**
Oxpiece Dri. *B36* —1B **104**
Oxstall Clo. *Min* —1H **87**
Ox St. *Dud* —2H **75**
Oxted Clo. *Wolv* —4H **29**
Oxted Cft. *B23* —4E **85**
Oxwood La. *Rom & Quin*
—3D **142**
Oxygen St. *B7* —5H **101**

Pace Cres. *Bils* —3A **62**
Pacific Av. *W'bry* —4D **62**
Packhorse La. *K Nor & H'wd*
—3F **161**
Packington Av. *B34* —4G **105**
Packington Ct. *S Cold* —5E **37**
Packington La. *Col* —5H **107**
Packington La. *Col & Mer*
—5H **107**
Packwood Clo. *B20* —5C **82**
Packwood Clo. *Ben H*
—5A **166**
Packwood Clo. *W'hall* —3H **45**
Packwood Ct. *Sol* —2G **151**
Packwood Dri. *B43* —4H **65**
Packwood Gullet. —6F 167
*Packwood Ho. B15 —3E 117
(off Gaywood Cft.)*
Packwood Rd. *B26* —3F **121**
Packwood Rd. *Tiv* —6A **78**
Padarn Clo. *Dud* —4G **59**
Padbury. *Wolv* —4F **15**
Paddington Rd. *B21* —6G **81**
Paddington Wlk. *Wals* —5F **31**
Paddock Dri. *B26* —5E **121**
Paddock Dri. *Dorr* —6H **167**
Paddock La. *A'rdge* —4C **34**
Paddock La. *Gt Wyr* —2G **7**
Paddock La. *Wals* —2D **48**
(in two parts)
Paddocks Dri. *H'wd* —3H **161**
Paddocks Grn. *B18* —4C **100**
Paddocks Rd. *H'wd* —3A **162**
Paddocks, The. *Edg* —3D **116**
Paddock, The. *B31* —3G **145**
Paddock, The. *Bils* —4F **61**
Paddock, The. *Cod* —5F **13**
Paddock, The. *Dud* —2A **76**
Paddock, The. *Pert* —5D **24**
Paddock, The. *Stourb*
—4F **125**
Paddock, The. *Wolv* —5F **43**

Powick Rd.—Quarry Rd.

Powick Rd. *B23* —6D **84**
Powis Av. *Tip* —1A **78**
Powke Ind. Est. *Row R*
—1A **112**
Powke La. *Crad H* —6H **95**
Powke La. *Row R* —1A **112**
Powlers Clo. *Stourb* —3A **126**
Powlett St. *Wolv*
—2H **43** (5D **170**)
Poxon Rd. *Wals* —3C **22**
Poynings, The. *Wolv* —4A **26**
Precinct, The. *W'hall* —4B **30**
Premier Bus. Pk. *Prem B*
—2B **48**
Premier Ct. *B30* —4E **147**
Premier Partnership Ind. Est.
K'wfrd —6F **93**
Premier St. *B7* —1D **102**
Premier Trad. Est. *B7* —4H **101**
Premier Way. *S Cold* —3D **68**
Prescot Rd. *Stourb* —1G **125**
Prescott St. *Hock* —5D **100**
Presidential Pk. *S Cold* —3F **53**
Prestbury Rd. *B6* —1G **101**
Presthope Rd. *B29* —6F **131**
Preston Av. *S Cold* —2C **70**
Preston Ho. Wals —2D *48*
(off Paddock La.)
Preston Rd. *Hock* —3A **100**
Preston Rd. *Yard* —5B **120**
Prestons Row. *Bils* —2C **60**
Prestwick Clo. *S Cold* —3A **54**
Prestwick Rd. *B35* —3F **87**
Prestwick Rd. *K'wfrd* —3A **92**
Prestwood Av. *Wolv* —2F **29**
Prestwood Rd. *B29* —5F **131**
Prestwood Rd. *Wolv* —4C **28**
Prestwood Rd. W. *Wolv*
—3C **28**
Pretoria Rd. *B9* —6E **103**
Priam Gro. *Pels* —1F **21**
Price Cres. *Bils* —4F **45**
Price Rd. *W'bry* —2A **64**
Prices Rd. *Dud* —4G **75**
Price St. *B4* —5G **101** (1E **5**)
Price St. *Bils* —6H **45**
Price St. *Dud* —6G **77**
Price St. *Smeth* —4F **99**
Price St. *W Brom* —4A **80**
Priestfield. —5D 44
Priestfield Clo. *B44* —3E **67**
Priestfield St. *Bils* —5D **44**
Priestland Rd. *B34* —2F **105**
Priestley Clo. *B20* —6C **82**
Priestley Clo. *Hale* —5D **110**
Priestley Point. *B6* —1B **102**
Priestley Rd. *B11* —4A **118**
Priestley Rd. *Wals* —4G **31**
Priest St. *Crad H* —2H **111**
Primley Av. *B36* —2B **104**
Primley Av. *Wals* —2H **47**
Primley Clo. *Wals* —1H **47**
Primrose Av. *S'hll* —5C **118**
Primrose Av. *Tip* —5C **62**
Primrose Av. *Wolv* —4H **15**
Primrose Bank. *O'bry* —5H **97**
Primrose Clo. *Crad H*
—3D **110**
Primrose Clo. *Wals* —2E **21**
Primrose Cres. *Dud* —3E **77**
Primrose Cft. *B28* —2F **149**
Primrose Gdns. *B38* —1H **163**
Primrose Gdns. *Cod* —4G **13**
Primrose Hill. —5F 95
Primrose Hill. *B38* —6B **146**
(in two parts)

Primrose Hill. *Smeth* —5B **98**
Primrose Hill. *Stourb* —1C **108**
Primrose Hill Trad. Est. *Dud*
—5F **95**
Primrose La. *B28* —2F **149**
Primrose La. *Shir* —4G **163**
Primrose La. *Wolv* —1B **28**
Primrose Pk. *Brie H* —2G **93**
Primrose Rd. *Dud* —5E **95**
Primrose Woods. *B32*
—3H **129**
Primsland Clo. *Shir* —2G **165**
Prince Albert St. *B9* —2D **118**
(in two parts)
Prince Andrew Cres. *Redn*
—5E **143**
Prince Charles Clo. *Redn*
—5E **143**
Prince Charles Rd. *Bils*
—2H **61**
Prince Edward Dri. *Redn*
—5E **143**
Prince George Rd. *W'bry*
—6G **47**
Prince of Wales Clo. *Dud*
—5C **76**
Prince of Wales La. *B14*
—5C **148**
Prince of Wales Way. *Smeth*
—4G **99**
Princep Clo. *B43* —1F **67**
Prince Philip Clo. *Redn*
—5E **143**
Prince Rd. *B30* —4C **146**
Princes Av. *Wals* —3E **49**
Princes Dri. *Cod* —4G **13**
Princes End. —5G 61
Princes End Ind. Est. *Tip*
—4G **61**
Princes Gdns. *Cod* —4F **13**
Princes Ga. *Sol* —3F **151**
Princes Rd. *Stourb* —3B **124**
Princes Rd. *Tiv* —5A **78**
Princess Alice Dri. *S Cold*
—3D **68**
Princess All. *Wolv*
—1H **43** (3C **170**)
Princess Anne Dri. *Redn*
—5E **143**
Princess Anne Rd. *Bils*
—2H **61**
Princess Anne Rd. *Wals*
—6F **31**
Princess Ct. *Wolv* —3C **28**
Princess Cres. *Hale* —5G **111**
Princess Diana Way. *Redn*
—5E **143**
Princess Gro. *W Brom* —5B **64**
Princess Pde. *W Brom* —4B **80**
Princes Sq. *Wolv*
—1H **43** (2C **170**)
Princess Rd. *B5* —5G **117**
Princess Rd. *O'bry* —1B **114**
Princess Sq. *Bils* —2H **61**
Princess St. *Wolv*
—1H **43** (3C **170**)
Princess Way. *Darl* —3C **46**
Prince St. *Crad H* —3F **111**
Prince St. *Dud* —3E **95**
Prince St. *Wals* —3A **48**
Prince St. *Wals W* —5B **22**
Prince's Way. *Sol* —3F **151**
Princethorpe Clo. *B34*
—2H **105**
Princethorpe Clo. *Shir*
—5G **149**

Princethorpe Rd. *B29* —4E **131**
Princeton Gdns. *Wolv* —5D **14**
Prince William Clo. *B23*
—5D **84**
Princip St. *B4* —5G **101** (1E **5**)
Printing Ho. St. *B4*
—6G **101** (2E **5**)
Priors Clo. *Bal C* —3H **169**
Priors Mill. *Dud* —2A **76**
Priors Way. *B23* —5D **68**
Priory Av. *Hand* —6A **82**
Priory Av. *S Oak* —3D **132**
Priory Clo. *Col* —4H **107**
Priory Clo. *Dud* —5D **76**
Priory Clo. *Smeth* —5G **99**
Priory Clo. *Stourb* —2F **125**
Priory Clo. *W Brom* —5D **80**
Priory Ct. *Dud* —6E **77**
Priory Ct. *Shir* —2F **165**
Priory Ct. *Stourb* —2F **125**
Priory Ct. *Wals W* —3C **22**
Priory Dri. *O'bry* —4A **98**
Priory Fld. Clo. *Bils* —4B **60**
Priory Fields Nature Reserve.
—4D 148
Priory Ga. Way. *B9* —1E **119**
Priory Ho. Ind. Est. *B18*
—4C **100**
Priory La. *Dud* —6H **59**
Priory New Way Ind. Est. *B6*
—4H **101**
Priory Queensway, The. *B4*
—6G **101** (3E **5**)
Priory Rd. *Aston* —1B **102**
Priory Rd. *Dud* —3E **77**
Priory Rd. *Edg* —5D **116**
Priory Rd. *Hale* —1E **129**
Priory Rd. *Hall G* —2D **148**
Priory Rd. *K Hth* —6E **133**
Priory Rd. *Stourb* —2F **125**
Priory Sq. Shop. Cen. *B4*
—3F **5**
Priory St. *Dud* —6E **77**
Priory, The. *Dud* —5H **59**
Priory Wlk. *B4* —6G **101** (3F **5**)
Priory Wlk. *S Cold* —6A **70**
Pritchard Av. *Wolv* —3G **29**
Pritchard Clo. *Smeth* —4F **99**
Pritchard St. *Brie H* —6F **93**
Pritchard St. *W'bry* —2G **63**
Pritchatts Rd. *B15* —6A **116**
Pritchett Av. *Wolv* —2B **60**
Pritchett Rd. *B31* —2F **159**
Pritchett St. *B6* —4G **101**
Private Way. *Redn* —5A **158**
Privet Clo. *Gt Barr* —2G **67**
Probert Rd. *Wolv* —1E **27**
Proctor St. *B7* —4A **102**
Proffitt Clo. *Bwnhls* —2C **22**
Proffitt Clo. *Wals* —5C **32**
Proffitt St. *Wals* —5C **32**
Prole St. *Wolv* —5A **28**
Promenade, The. *Brie H*
—1H **109**
Prospect Gdns. *Stourb*
—1E **125**
Prospect Hill. *Stourb* —1E **125**
Prospect La. *Sol* —2B **150**
Prospect Pl. *B12* —6H **117**
Prospect Rd. *B13* —4H **133**
Prospect Rd. *Dud* —5F **75**
Prospect Rd. *Hale* —6C **112**
Prospect Row. *Dud* —2F **95**
Prospect Row. *Stourb*
—2E **125**
Prospect St. *Bils* —5G **45**

Prospect St. *Tip* —4C **62**
Prospect Trad. Est. *B1* —3A **4**
Prosper Mdw. *K'wfrd* —2C **92**
Prospero Clo. *Redn* —5G **143**
Prosser St. *Bils* —6F **45**
Prosser St. *Wolv* —4A **28**
Prossers Wlk. *Col* —2H **107**
Prouds La. *Bils* —3F **45**
Provence Clo. *Wolv* —5B **28**
Providence Clo. *Wals* —2A **32**
(in two parts)
Providence Dri. *Stourb*
—5B **110**
Providence La. *Wals* —2A **32**
Providence Row. *Bils* —5D **60**
Providence St. *Crad H*
—2F **111**
Providence St. *Stourb*
—5A **110**
Providence St. *Tip* —2C **78**
Pruden Av. *Wolv* —2B **60**
Pryor Rd. *O'bry* —6A **98**
Pudsey Dri. *S Cold* —6A **38**
Pugh Cres. *Wals* —1E **47**
Pugh Rd. *B6* —2A **102**
Pugh Rd. *Bils* —3B **60**
Pugh Rd. *Woodc* —2G **61**
Pugin Clo. *Wolv* —6D **24**
Pugin Gdns. *B23* —5D **68**
Pump St. *Wolv* —4C **44**
Puppy Grn. *Tip* —2A **78**
Purbeck Clo. *Hale* —4F **127**
Purbeck Cft. *B32* —6D **114**
Purbrook Rd. *Wolv* —3C **44**
Purcel Rd. *Wolv* —1H **27**
Purdy Rd. *Bils* —3G **61**
Purefoy Rd. *B13* —2C **148**
Purley Gro. *B23* —2A **84**
Purnells Way. *Know* —4C **166**
Purslet Rd. *Wolv* —2C **44**
Purslow Gro. *B31* —5E **145**
Putney Av. *B20* —6E **83**
Putney La. *Rom* —5A **142**
Putney Rd. *B20* —6D **82**
Putney Wlk. *B37* —6D **106**
Pype Hayes Rd. *B24* —4B **86**
Pytchley Ho. *B20* —4B **82**
Pytman Dri. *S Cold* —6E **71**

Quadrangle, The. *B30*
—1B **146**
Quadrangle, The. *Shir*
—1C **164**
Quadrant, The. *Dud* —4H **59**
Quadrille Lawns. *Wolv* —5D **14**
Quail Grn. *Wolv* —1F **41**
Qualcast Rd. *Wolv* —1B **44**
Quantock Clo. *Hale* —3F **127**
Quantock Clo. *Redn* —5H **143**
Quantock Rd. *Stourb* —5F **109**
Quantry La. *Belb* —1A **156**
Quarrington Gro. *B14*
—4A **148**
Quarry Bank. —2C 110
Quarry Brow. *Dud* —2A **76**
Quarry Clo. *Wals* —2E **7**
Quarry Hill. *Hale* —3H **127**
Quarry Ho. *Redn* —1F **157**
Quarry Ho. Clo. *Redn* —6F **143**
Quarry La. *B31* —4D **144**
Quarry La. *Hale* —3H **127**
Quarry Pk. Rd. *Stourb*
—5E **125**
Quarry Ri. *Tiv* —1B **96**
Quarry Rd. *B29* —4D **130**

Ravensdale Clo. *Wals* —4F **49**
Ravensdale Gdns. *Wals*
　　　　　—5F **49**
Ravensdale Rd. *B10* —4F **119**
Ravenshaw. *Sol* —5D **152**
Ravenshaw La. *Sol* —3C **152**
Ravenshaw Rd. *B16* —1G **115**
Ravenshaw Way. *Sol* —5C **152**
Ravenshill Rd. *B14* —3C **148**
Ravensholme. *Wolv* —1F **41**
Ravenside Retail Pk. *Erd*
　　　　　—4C **86**
Ravensitch Wlk. *Brie H*
　　　　　—2A **110**
Ravenswood. *B15* —3A **116**
Ravenswood Clo. *S Cold*
　　　　　—3H **53**
Ravenswood Dri. *Sol* —6D **150**
Ravenswood Dri. S. *Sol*
　　　　　—6C **150**
Ravenswood Hill. *Col* —2H **107**
Raven Wlk. *B15* —4F **117**
Rawdon Gro. *B44* —5B **68**
Rawlings Rd. *Smeth* —1D **114**
Rawlins Cft. *B35* —4G **87**
Rawlins St. *B16* —2C **116**
Raybon Cft. *Redn* —3G **157**
Rayboulds Bri. Rd. *Wals*
　　　　　—5A **32**
Raybould's Fold. *Dud* —4E **95**
Rayford Dri. *W Brom* —3D **64**
Ray Hall La. *B43* —4E **65**
Rayleigh Rd. *Wolv* —3E **43**
Raymond Av. *B42* —1D **82**
Raymond Clo. *Wals* —4B **32**
Raymond Gdns. *Wolv* —4G **29**
Raymond Rd. *B8* —5E **103**
Raymont Gro. *B43* —1D **66**
Rayners Cft. *B26* —2D **120**
Raynor Rd. *Wolv* —3B **28**
Rea Av. *Redn* —1E **157**
Reabrook Rd. *B31* —1C **158**
Rea Clo. *B31* —2E **159**
Readers Wlk. *B43* —4B **66**
Rea Fordway. *Redn* —6F **143**
Reansway Sq. *Wolv* —5E **27**
Reapers Clo. *W'hall* —4D **30**
Reapers Wlk. *Pend* —6D **14**
Reaside Cres. *B14* —2D **146**
Reaside Cft. *B12* —5G **117**
Rea St. *B5* —2H **117** (6G **5**)
Rea St. S. *B5* —3G **117**
Rea Ter. *B5* —1H **117** (5H **5**)
Rea Tower. B19 —4F **101**
(off Mosborough Cres.)
Rea Valley Dri. *B31* —5F **145**
Reaview Dri. *S Oak* —3D **132**
Reaymer Clo. *Wals* —3H **31**
Reay Nadin Dri. *S Cold*
　　　　　—1B **68**
Rebecca Dri. *B29* —3A **132**
Rebecca Gdns. *Penn* —1D **58**
Recreation St. *Dud* —4F **95**
Rectory Av. *W'bry* —5D **46**
Rectory Clo. *Stourb* —2F **125**
Rectory Fields. *Stourb*
　　　　　—1C **108**
Rectory Gdns. *B36* —1E **105**
Rectory Gdns. *O'bry* —4H **97**
Rectory Gdns. *Sol* —4G **151**
Rectory Gdns. *Stourb* —2F **125**
Rectory Gro. *B18* —3A **100**
Rectory La. *B36* —1E **105**
Rectory Pk. Av. *S Cold* —1C **70**
Rectory Pk. Clo. *S Cold*
　　　　　—1C **70**

Rectory Pk. Rd. *B26* —6F **121**
Rectory Rd. *B31* —4F **145**
Rectory Rd. *Sol* —4G **151**
Rectory Rd. *Stourb* —2F **125**
Rectory Rd. *S Cold* —6A **54**
Rectory St. *Stourb* —6B **92**
Redacre Rd. *S Cold* —3F **69**
Redacres. *Wolv* —3C **26**
Redbank Av. *B23* —4C **84**
Redbourn Rd. *Wals* —3G **19**
Red Brick Clo. *Crad H*
　　　　　—4F **111**
Redbrook Covert. *B38*
　　　　　—1A **160**
Red Brook Rd. *Wals* —4G **31**
Redbrooks Clo. *Sol* —6E **151**
Redburn Dri. *B14* —5F **147**
Redcar Cft. *B36* —1A **104**
Redcar Rd. *Wolv* —3H **15**
Redcliffe Dri. *Wom* —1H **73**
Redcott's Clo. *Wolv* —1C **28**
Redcroft Dri. *B24* —2A **86**
Redcroft Rd. *Dud* —3G **95**
Reddal Hill Rd. *Crad H*
　　　　　—2G **111**
Reddicap Heath. —1C 70
Reddicap Heath Rd. *S Cold*
　　　　　—1D **70**
Reddicap Hill. *S Cold* —1C **70**
Reddicap Trad. Est. *S Cold*
　　　　　—6B **54**
Reddicroft. *S Cold* —6A **54**
Reddings La. *Hall G & Tys*
　　　　　—3E **135**
Reddings Rd. *B13* —3F **133**
Reddings, The. *H'wd* —4A **162**
Redditch Ho. *B33* —1A **122**
Redditch Rd. *B31 & B38*
　　　　　—2G **159**
Redditch Rd. *A'chu* —6G **159**
Redfern Clo. *Sol* —4F **137**
Redfern Dri. *Burn* —1D **10**
Redfern Pk. Way. *B11*
　　　　　—6G **119**
Redfern Rd. *B11* —6F **119**
Redfly La. *Brie H* —3G **93**
Redford Clo. *B13* —3B **134**
Redgate Clo. *B38* —5H **145**
Redhall Rd. *B32* —4C **114**
Redhall Rd. *Dud* —5G **75**
Redhill. *Dud* —1F **95**
Red Hill. *Stourb* —1F **125**
Redhill Av. *Wom* —1G **73**
Red Hill Clo. *Stourb* —1F **125**
Red Hill Gro. *B38* —2B **160**
Redhill La. *Chad & Redn*
　　　　　—4C **156**
Redhill Pl. *Hunn* —6A **128**
Redhill Rd. *N'fld & K Nor*
　　　　　—1F **159**
Redhill Rd. *Yard* —5G **119**
Red Hill St. *Wolv* —6G **27**
Redhill Ter. *Yard* —5H **119**
Redholme Ct. *Stourb* —1E **125**
Red Ho. Av. *W'bry* —2H **63**
Redhouse Clo. *Ben H*
　　　　　—4A **166**
Redhouse Glassworks Mus.
　　　　　—2C 108
Redhouse Ind. Est. *A'rdge*
　　　　　—3H **33**
Redhouse La. *Wals* —4A **34**
Red Ho. Pk. Rd. *B43* —3A **66**
Redhouse Rd. *B33* —6C **104**
Redhouse Rd. *Wolv* —4G **25**
Redhouse St. *Wals* —4C **48**

Redhurst Dri. *Wolv* —4F **15**
Redlake Dri. *Stourb* —4F **125**
Redlake Rd. *Stourb* —4F **125**
Redlands Clo. *Sol* —2H **151**
Redlands Rd. *Sol* —2G **151**
Redlands Way. *S Cold* —2A **52**
Red La. *Dud* —5F **59**
Red Leasowes Rd. *Hale*
　　　　　—2H **127**
Redliff Av. *B36* —6H **87**
Red Lion Av. *Cann* —1E **9**
Red Lion Clo. *Tiv* —1A **96**
Red Lion La. *Cann* —1E **9**
Red Lion Cres. *Cann* —1E **9**
Red Lion St. *Wals* —6C **32**
Red Lion St. *Wolv*
　　　　　—1G **43** (2A **170**)
Redmead Clo. *B30* —3G **145**
Redmoor Gdns. *Wolv* —6E **43**
Redmoor Way. *Min* —1G **87**
Rednal. —3A 158
Rednal Hill La. *Redn* —3F **157**
Rednall Dri. *S Cold* —6A **38**
Rednal Mill Dri. *Redn*
　　　　　—2B **158**
Rednal Rd. *B38* —1G **159**
Redoak Ho. *Wolv* —6B **28**
Redpine Crest. *W'hall* —5D **30**
Red River Rd. *Wals* —4G **31**
Red Rock Dri. *Cod* —5F **13**
Redruth Clo. *K'wfrd* —1B **92**
Redruth Clo. *Wals* —4H **49**
Redruth Rd. *Wals* —4H **49**
Redstone Dri. *Wolv* —4H **29**
Redstone Farm Rd. *B28*
　　　　　—1H **149**
Redthorn Gro. *B33* —6B **104**
Redvers Rd. *B9* —2E **119**
Redway Ct. *S Cold* —1C **70**
Redwing Clo. *Hamm* —1F **11**
Redwing Gro. *Erd* —6B **68**
Red Wing Wlk. *B36* —1C **106**
Redwood Av. *Dud* —2B **76**
Redwood Clo. *B30* —3A **146**
Redwood Clo. *S Cold* —1H **51**
Redwood Cft. *B14* —6G **133**
Redwood Dri. *Tiv* —5B **78**
Redwood Gdns. *B27* —6H **119**
Redwood Ho. *B37* —4C **106**
Redwood Rd. *B30* —3A **146**
Redwood Rd. *Bils* —3F **61**
Redwood Rd. *Wals* —1F **65**
Redwood Way. *W'hall* —1B **30**
Redworth Ho. Redn —1F 157
(off Deelands Rd.)
Reedham Gdns. *Wolv* —6B **42**
Reedly Rd. *W'hall* —6C **18**
Reedmace Clo. *B38* —1B **160**
Reed Sq. *B35* —3F **87**
Reedswood Clo. *Wals* —6A **32**
Reedswood Gdns. *Wals*
　　　　　—6A **32**
Reedswood La. *Wals* —6A **32**
Reedswood Way. *Wals*
　　　　　—5G **31**
Rees Dri. *Wom* —6H **57**
Reeves Gdns. *Cod* —3G **13**
Reeves Rd. *B14* —1E **147**
Reeves St. *Wals* —1H **31**
Reflex Ind. Pk. *W'hall* —6H **29**
Reform St. *W Brom* —4B **80**
Regal Cft. *B36* —1H **103**
Regal Dri. *Wals* —3A **48**
Regan Av. *Shir* —6G **149**
Regan Ct. *S Cold* —6G **55**
Regan Cres. *B23* —1E **85**

Regency Clo. *B9* —2D **118**
Regency Ct. *Wolv*
　　　　　—6G **27** (1A **170**)
Regency Dri. *B38* —5B **146**
Regency Gdns. *B14* —4C **148**
Regency Wlk. *S Cold* —4D **36**
Regent Av. *Tiv* —6A **78**
Regent Clo. *B5* —5F **117**
Regent Clo. *Hale* —1A **128**
Regent Clo. *K'wfrd* —3B **92**
Regent Clo. *Tiv* —1A **96**
Regent Ct. *Smeth* —4E **99**
Regent Dri. *Tiv* —6A **78**
Regent Ho. Wals —6B 32
(off Green La.)
Regent Pde. *B1*
　　　　　—5E **101** (1A **4**)
Regent Pk. Rd. *B10* —2C **118**
Regent Pl. *B1* —5E **101** (1A **4**)
Regent Pl. *Tiv* —5B **78**
Regent Rd. *Hand* —1H **99**
Regent Rd. *Harb* —5H **115**
Regent Rd. *Tiv* —1A **96**
Regent Rd. *Wolv* —6C **42**
Regent Row. *B1*
　　　　　—5E **101** (1A **4**)
Regents, The. *Edg* —3H **115**
Regent St. *B1* —5E **101** (1A **4**)
Regent St. *Bils* —5F **45**
Regent St. *Crad H* —1H **111**
Regent St. *Dud* —1E **77**
Regent St. *Smeth* —3E **99**
Regent St. *Stir* —6G **137**
Regent St. *Tip* —5G **61**
Regent St. *W'hall* —6A **30**
Regent Wlk. *B8* —2H **103**
Regina Av. *B44* —5G **67**
Regina Clo. *Redn* —5E **143**
Regina Cres. *Wolv* —5H **25**
Regina Dri. *B42* —4E **83**
Regina Dri. *Wals* —5E **33**
Reginald Rd. *B8* —5D **102**
Reginald Rd. *Smeth* —1D **114**
Regis Beeches. *Wolv* —4A **26**
Regis Gdns. *Row R* —1C **112**
Regis Heath Rd. *Row R*
　　　　　—1D **112**
Regis Ho. *O'bry* —1A **114**
Regis Rd. *Row R* —2C **112**
Regis Rd. *Wolv* —4H **25**
Reid Av. *W'hall* —3D **30**
Reid Rd. *O'bry* —2A **114**
Reigate Av. *B8* —5H **103**
Reliance Trad. Est. *Bils*
　　　　　—6D **44**
Relko Dri. *B36* —2A **104**
Remembrance Rd. *W'bry*
　　　　　—2A **64**
Remington Pl. *Wals* —4A **32**
Remington Rd. *Wals* —3H **31**
Renfrew Clo. *Stourb* —6A **92**
Renfrew Sq. *B35* —3F **87**
Rennie Gro. *B32* —6B **114**
Rennison Dri. *Wom* —1G **73**
Renown Clo. *Brie H* —1F **93**
Renton Gro. *Wolv* —6E **15**
Renton Rd. *Wolv* —6E **15**
Repington Way. *S Cold*
　　　　　—5F **55**
Repton Av. *Wolv* —6E **25**
Repton Gdns. *B9* —6H **103**
Repton Ho. *B23* —1F **85**
Repton Rd. *B9* —6H **103**
Reservoir Clo. *Wals* —3H **47**
Reservoir Pas. *W'bry* —2F **63**
Reservoir Pl. *Wals* —3H **47**

Reservoir Retreat. *B16*
—2B **116**
Reservoir Rd. *Edg* —1B **116**
Reservoir Rd. *Erd* —3D **84**
Reservoir Rd. *O'bry* —5A **98**
Reservoir Rd. *Redn* —6A **158**
Reservoir Rd. *Row R* —6C **96**
Reservoir Rd. *S Oak* —2F **131**
Reservoir Rd. *Sol* —5D **136**
Reservoir St. *Wals* —3H **47**
Retallack Clo. *Smeth* —1F **99**
Retford Dri. *S Cold* —1C **70**
Retford Gro. *B25* —1A **120**
Retreat Gdns. *Dud* —6A **60**
Retreat St. *Wolv*
—3F **43** (6A **170**)
Retreat, The. *Crad H* —4G **111**
Revesby Wlk. *B7* —5A **102**
Revival St. *Wals* —6H **19**
Reynards Clo. *Dud* —6C **60**
Reynolds Clo. *Swind* —5E **73**
Reynolds Ct. *O'bry* —4H **113**
Reynolds Gro. *Wolv* —4F **25**
Reynolds Rd. *B21* —2A **100**
Reynoldstown Rd. *B36*
—1A **104**
Reynolds Wlk. *Wolv* —1B **30**
Rhayader Rd. *B31* —2C **144**
Rhodes Clo. *Dud* —3E **75**
Rhone Clo. *B11* —2C **134**
Rhoose Cft. *B35* —5F **87**
Rhys Thomas Clo. *W'hall*
—5D **30**
Ribbesford Av. *Wolv* —1F **27**
Ribbesford Clo. *Hale* —6F **111**
Ribbesford Cres. *Bils* —4F **61**
Ribblesdale Rd. *B30* —6C **132**
Ribble Wlk. *B36* —1B **106**
Richard Lighton Ho. *B1* —3A **4**
Richard Pl. *Wals* —3G **49**
Richard Rd. *Wals* —3G **49**
Richards Clo. *B31* —3D **158**
Richards Clo. *Row R* —5E **97**
Richards Ho. *O'bry* —5E **97**
Richards Ho. Wals —*6B 32*
(off Burrowes St.)
Richardson Dri. *Stourb*
—3C **108**
Richards Rd. *Tip* —4H **61**
Richards St. *W'bry* —3D **46**
Richard St. *B7* —4H **101**
Richard St. *W Brom* —4H **79**
Richard St. S. *W Brom*
—5A **80**
Richard St. W. *W Brom*
—5H **79**
Richard Williams Rd. *W'bry*
—3H **63**
Richborough Dri. *Dud* —4A **76**
Riches St. *Wolv* —6D **26**
Richford Gro. *B33* —1H **121**
Richmere Ct. *Wolv* —6H **25**
Richmond Ashton Dri. *Tip*
—2A **78**
Richmond Av. *B12* —6H **117**
Richmond Av. *Wolv* —2D **42**
Richmond Clo. *B20* —4C **82**
Richmond Clo. *H'wd* —2B **162**
Richmond Ct. *Hale* —2G **127**
Richmond Ct. *O'bry* —4A **98**
Richmond Ct. Stourb —*4F 125*
(off Redlake Rd.)
Richmond Ct. *S Cold* —6H **69**
Richmond Cft. *B42* —1B **82**
Richmond Dri. *Pert* —5F **25**
Richmond Dri. *Wolv* —2C **42**

Richmond Gdns. *Amb*
—4D **108**
Richmond Gdns. *Wom*
—2G **73**
Richmond Gro. *Stourb*
—3C **108**
Richmond Hill. *O'bry* —4A **98**
Richmond Hill Gdns. *B15*
—4A **116**
Richmond Hill Rd. *B15*
—5A **116**
Richmond Ho. *B37* —2E **123**
Richmond Pk. *K'wfrd* —1A **92**
Richmond Pl. *B14* —5H **133**
Richmond Rd. *Dud* —1E **95**
Richmond Rd. *Hock* —3D **100**
Richmond Rd. *Redn* —2E **157**
Richmond Rd. *Sed* —6A **60**
Richmond Rd. *Smeth* —1E **115**
Richmond Rd. *Sol* —4C **136**
Richmond Rd. *Stech* —1B **120**
Richmond Rd. *S Cold* —5H **53**
Richmond Rd. *Wolv* —1C **42**
Richmond St. *Hale* —1A **128**
Richmond St. *Wals* —2D **48**
Richmond St. *W Brom* —1F **79**
Richmond St. S. *W Brom*
—2E **79**
Richmond Way. *B37* —6E **107**
Rickard Clo. *Know* —4A **166**
Rickman Dri. *B15* —3F **117**
Rickyard Clo. *S Oak* —1E **145**
Rickyard Clo. *Yard* —2B **120**
Rickyard Piece. *B32* —1C **130**
Riddfield Rd. *B36* —1C **104**
Ridding La. *W'bry* —3F **63**
Riddings Cres. *Wals* —3D **20**
Riddings, The. *B33* —5C **104**
Riddings, The. *Stourb*
—3H **125**
Riddings, The. *S Cold* —5F **71**
Riddings, The. *Wolv* —2C **28**
Ridgacre. —5B 114
Ridgacre Enterprise Pk.
W Brom —1H **79**
Ridgacre La. *B32* —5H **113**
Ridgacre Rd. *B32* —5H **113**
Ridgacre Rd. *W Brom* —1H **79**
Ridgacre Rd. W. *B32* —5G **113**
Ridge Clo. *B13* —1C **148**
Ridge Clo. *Wals* —6D **30**
Ridgefield Rd. *Hale* —3C **112**
Ridge Gro. *Stourb* —6G **109**
Ridge Hill. *Stourb* —6D **92**
Ridge La. *Wolv* —2F **29**
Ridgemount Dri. *B38* —2H **159**
Ridge Rd. *K'wfrd* —4H **91**
Ridge St. *Stourb* —5A **108**
Ridgewater Clo. *Redn*
—3H **157**
Ridgeway. *A'rdge* —5D **34**
Ridgeway. *Edg* —1F **115**
Ridgeway Av. *Hale* —5G **113**
Ridgeway Dri. *Wolv* —2D **58**
Ridgeway Rd. *Stourb* —1D **108**
Ridgeway Rd. *Tip* —5A **62**
Ridgeway, The. *Burn* —1C **10**
Ridgeway, The. *Dud* —1H **75**
Ridgeway, The. *Erd* —1A **84**
Ridgewood. *B34* —3F **105**
Ridgewood Av. *Stourb*
—4A **108**
Ridgewood Clo. *Wals* —3D **48**
Ridgewood Dri. *S Cold*
—2H **53**
Ridgewood Gdns. *B44* —6G **67**

Ridgmont Cft. *B32* —6C **114**
Riding Clo. *W Brom* —5D **64**
Riding Way. *W'hall* —3D **30**
Ridley St. *B1* —2E **117** (6B **4**)
Ridpool Rd. *B33* —6F **105**
Rifle St. *Bils* —5C **60**
Rigby St. *W'bry* —4F **63**
Riland Av. *S Cold* —6B **54**
Riland Ct. *S Cold* —6A **70**
Riland Gro. *S Cold* —6A **54**
Riland Ind. Est. *S Cold*
—6B **54**
Riland Rd. *S Cold* —6B **54**
Riley Cres. *Wolv* —5D **42**
Riley Dri. *B36* —6C **88**
Riley Rd. *B14* —4D **148**
Riley St. *W'hall* —1B **46**
Rilstone Rd. *B32* —6D **114**
Rindleford Av. *Wolv* —5A **42**
Ringhills Rd. *Cod* —5H **13**
Ringinglow Rd. *B44* —3E **67**
Ringmere Av. *B36* —1F **105**
Ring Rd. St Andrews. *Wolv*
—1F **43** (3A **170**)
Ring Rd. St Davids. *Wolv*
—1H **43** (3D **170**)
Ring Rd. St Georges. *Wolv*
—2H **43** (5C **170**)
Ring Rd. St Johns. *Wolv*
—2G **43** (5A **170**)
Ring Rd. St Marks. *Wolv*
—2F **43** (4A **170**)
Ring Rd. St Patricks. *Wolv*
—6H **27** (1C **170**)
Ring Rd. St Peters. *Wolv*
—1G **43** (2A **170**)
Ringswood Rd. *Sol* —1C **136**
Ring, The. *B25* —3A **120**
Ringwood Av. *Wals* —4D **34**
Ringwood Dri. *Redn* —6G **143**
Ringwood Rd. *Wolv* —6H **15**
Ripley Clo. *Tiv* —1H **95**
Ripley Gro. *B23* —2B **84**
Ripon Dri. *W Brom* —4B **64**
Ripon Rd. *B14* —3C **148**
Ripon Rd. *Wals* —1H **47**
Ripon Rd. *Wolv* —2G **27**
Rippingille Rd. *B43* —1E **67**
Ripple Rd. *B30* —6D **132**
Risborough Ho. *B31* —1D **158**
Riscahale Way. *Wals* —1H **33**
Rise Av. *Redn* —2G **157**
Riseley Cres. *B5* —4F **117**
Rise, The. *A'chu* —5F **159**
Rise, The. *Gt Barr* —5C **66**
Rise, The. *K'wfrd* —4C **92**
Rise, The. *Mars G* —4C **122**
Rising Brook. *Wolv* —5H **25**
Rissington Av. *B29* —5C **132**
Ritchie Clo. *B13* —4A **134**
Rivendell Gdns. *Wolv* —4H **25**
Riverbank Rd. *W'hall* —1D **46**
River Brook Dri. *B30* —5D **132**
River Lee Rd. *B11* —6A **118**
Rivermead Pk. *B34* —4E **105**
Riversdale Rd. *B14* —4D **148**
Riverside Ct. *B31 & B38*
—4H **145**
Riverside Ct. Col —*2H 107*
(off Prossers Wlk.)
Riverside Cres. *B28* —3D **148**
Riverside Dri. *Sol* —5B **152**
Riversleigh Dri. *Stourb*
—3C **108**
River St. *B5* —1A **118** (5H **5**)
Riverway. *W'bry* —3H **63**

Rivington Clo. *Stourb*
—1C **124**
Rivington Cres. *B44* —4C **68**
Roach Clo. *B37* —6E **107**
Roach Clo. *Brie H* —4H **93**
Roach Cres. *Wolv* —1H **29**
Roach Pool Cft. *B16* —1G **115**
Robert Av. *B23* —1E **85**
Robert Rd. *B20* —6D **82**
Robert Rd. *Tip* —1H **77**
Roberts Clo. *Wals* —5B **22**
Roberts Clo. *W'bry* —1B **62**
Roberts Ct. *Erd* —1A **86**
Roberts Grn. Rd. *Dud* —3A **76**
Roberts La. *Stourb* —5F **125**
Robertson Knoll. *B36*
—2D **104**
Robertsons Gdns. *B7* —2C **102**
Roberts Rd. *B27* —2A **136**
Roberts Rd. *Wals* —4D **32**
Roberts Rd. *W'bry* —2C **64**
Robert St. *Dud* —3H **75**
Robert Wynd. *Bils* —4B **60**
Robeson Clo. *Tip* —2F **77**
Robin Clo. *B36* —1C **106**
Robin Clo. *K'wfrd* —3E **93**
Robin Gro. *Wolv* —2E **29**
Robin Hood Cres. *B28*
—6E **135**
Robin Hood Cft. *B28* —1F **149**
Robin Hood La. *B13 & B28*
—6D **134**
Robin Hood Rd. *Brie H*
—1B **110**
Robin Rd. *B23* —3E **85**
Robins Bus. Pk. *Tip* —6E **63**
Robins Clo. *C Hay* —4D **6**
Robins Clo. *Stourb* —2E **125**
Robinsfield Dri. *B31* —2E **159**
Robinsons Way. *Min* —2H **87**
Robin Wlk. *Wals* —6F **31**
Robottom Clo. *Wals* —3H **31**
Robson Clo. *Wals* —2B **22**
Rocester Av. *Wolv* —2G **29**
Rochdale Wlk. *B10* —4C **118**
Roche Rd. *Wals* —6F **19**
Rochester Cft. *Wals* —5G **31**
Rochester Rd. *B31* —3E **145**
Roche Way. *Wals* —6F **19**
Rochford Clo. *Hale* —3H **127**
Rochford Clo. *Redn* —2E **157**
Rochford Clo. *S Cold* —5E **71**
Rochford Clo. *Wals* —4A **48**
Rochford Ct. *Shir* —3E **165**
Rochford Gro. *Wolv* —6B **42**
Rock Av. *Redn* —2A **158**
Rocket Pool Dri. *Bils* —3H **61**
Rockford Rd. *B42* —6C **66**
Rock Gro. *Sol* —2C **136**
Rockingham Clo. *Dorr*
—6H **165**
Rockingham Clo. *Dud* —4F **75**
Rockingham Clo. *Wals*
—6H **19**
Rockingham Dri. *Wolv* —6E **25**
Rockingham Gdns. *S Cold*
—5H **53**
Rockingham Hall Gdns. *Hag*
—6H **125**
Rockingham Rd. *B25* —3B **120**
Rockland Dri. *B33* —5C **104**
Rockland Gdns. *W'hall*
—3H **45**
Rocklands Dri. *S Cold* —3H **53**
Rockley Gro. *Redn* —2H **157**
Rockley Rd. *Row R* —3A **96**

Rockmead Av.—Rowlands Av.

Rockmead Av. *B44* —3H **67**
Rockmoor Clo. *B37* —6A **106**
Rock Rd. *Bils* —5B **60**
Rock Rd. *Sol* —2C **136**
Rocks Hill. *Brie H* —2H **109**
Rock St. *Dud* —2A **76**
Rock, The. *Wolv* —4B **26**
Rockville Rd. *B8* —5G **103**
Rocky La. *B7* —3B **102**
Rocky La. *Aston & Nech*
　　　　　—3A **102**
Rocky La. *Gt Barr & P Barr*
　　　　　—1C **82**
Rocky La. Ind. Est. *B7*
　　　　　—3A **102**
Rodborough Rd. *B26* —5F **121**
Rodborough Rd. *Dorr*
　　　　　—6F **167**
Rodbourne Rd. *B17* —2G **131**
Roddis Clo. *B23* —5D **68**
Roderick Dri. *Wolv* —2F **29**
Roderick Rd. *B11* —6C **118**
Rodlington Av. *B44* —4H **67**
Rodman Clo. *B15* —3H **115**
Rodney Clo. *B16* —1C **116**
Rodney Clo. *Sol* —4F **137**
Rodney Rd. *Sol* —4F **137**
Rodway Clo. *B19* —2G **101**
Rodway Clo. *Brie H* —4H **109**
Rodway Clo. *Wolv* —2H **59**
Rodwell Gro. *B44* —5A **68**
Roebuck Clo. *B34* —4A **106**
Roebuck Glade. *W'hall* —5E **31**
Roebuck La. *Smeth* —2C **98**
Roebuck La. *W Brom* —6C **80**
Roebuck Pl. *Wals* —3C **32**
Roebuck Rd. *Wals* —3C **32**
Roebuck St. *W Brom* —6D **80**
Roebuck Wlk. *Erd* —5C **68**
Roedean Clo. *B44* —6B **68**
Roford Ct. *Dud* —1A **76**
Rogerfield Rd. *B23* —1G **85**
Rogers Rd. *B8* —4H **103**
Rokeby Clo. *S Cold* —1C **70**
Rokeby Rd. *B43* —3B **66**
Rokeby Wlk. *B34* —3E **105**
Rokewood Clo. *K'wfrd* —6B **74**
Roland Gdns. *B19* —1E **101**
Roland Gro. *B19* —1E **101**
Rolan Dri. *Shir* —1E **163**
Roland Rd. *B19* —1E **101**
Rolfe St. *Smeth* —3E **99**
Rollason Rd. *B24* —4G **85**
Rollason Rd. *Dud* —1F **95**
Rollesby Dri. *W'hall* —3H **45**
Rolling Mill Clo. *B5* —4G **117**
Rollingmill St. *Wals* —2A **48**
Rollswood Dri. *Sol* —3D **150**
Roman Clo. *Wals* —3A **10**
Roman La. *S Cold* —5B **36**
Roman Pk. *S Cold* —5B **36**
Roman Rd. *Stourb* —1A **124**
　(in two parts)
Roman Rd. *S Cold* —4C **36**
Roman Vw. *Cann* —1F **7**
Roman Way. *B15* —2H **131**
Roman Way. *Col* —5G **89**
Roman Way. *Row R* —5C **96**
Romany Rd. *Redn* —6D **142**
Romany Way. *Stourb* —2A **124**
Roma Rd. *B11* —6E **119**
Romford Clo. *B26* —5F **121**
Romilly Av. *B20* —5D **82**
Romilly Clo. *Stourb* —5C **108**
Romilly Clo. *S Cold* —1E **71**

Romney Clo. *B28* —6F **135**
Romney Ho. Ind. Est. *W'bry*
　　　　　—4B **46**
　(off Wolverhampton St.)
Romney Way. *B43* —1F **67**
Romsey Gro. *Wolv* —4G **15**
Romsey Rd. *Wolv* —4G **15**
Romsey Way. *Wals* —4F **19**
Romsley. —3A 142
Romsley Clo. *Hale* —3B **128**
Romsley Clo. *Redn* —1E **157**
Romsley Ct. *Wals* —5G **21**
Romsley Ct. *Dud* —1D **94**
Romsley Hill. —5A 142
Romsley Rd. *B32* —5H **129**
Romsley Rd. *O'bry* —1H **113**
Romsley Rd. *Stourb* —6G **109**
Romulus Clo. *B20* —4D **82**
Ronald Gro. *B36* —6H **87**
Ronald Pl. *B9* —1E **119**
Ronald Rd. *B9* —1D **118**
Ron Davis Clo. *Smeth* —4F **99**
Rood End. —3A 98
Rood End Rd. *O'bry* —2A **98**
Rooker Av. *Wolv* —4A **44**
Rooker Cres. *Wolv* —5B **44**
Rookery Av. *Brie H* —1E **109**
Rookery Av. *Wolv* —2C **60**
Rookery La. *A'rdge* —3D **34**
Rookery La. *Hale* —2F **129**
Rookery La. *Wolv* —5E **43**
Rookery Pde. *A'rdge* —3D **34**
Rookery Pk. *Brie H* —4F **93**
Rookery Ri. *Wom* —1H **73**
Rookery Rd. *Hand* —1A **100**
Rookery Rd. *S Oak* —3B **132**
Rookery Rd. *Wolv* —2C **60**
Rookery Rd. *Wom* —1H **73**
Rookery St. *Wolv* —4E **29**
Rookery, The. *Hale* —3G **129**
Rookwood Dri. *Wolv* —1F **41**
Rookwood Rd. *B27* —1H **135**
Rooth St. *W'bry* —1H **63**
Roper Wlk. *Dud* —1B **76**
Roper Way. *Dud* —1B **76**
Rope Wlk. *Wals* —2E **49**
Rosafield Av. *Hale* —5F **113**
Rosalind Av. *Dud* —6D **60**
Rosalind Gro. *Wolv* —4A **30**
Rosamond St. *Wals* —4B **48**
Rosary Rd. *B23* —4D **84**
Rosary Vs. *S'hll* —6C **118**
Rose Av. *K'wfrd* —4D **92**
Rose Av. *O'bry* —4B **114**
Rose Bank. *S Cold* —4D **36**
Rose Bank Dri. *Wals* —5C **32**
Rosebay Av. *B38* —1B **160**
Rosebery Rd. *Smeth* —5G **99**
Rosebery St. *B18* —5C **100**
Rosebery St. *Wolv* —2F **43**
Rosebury Gro. *Wom* —1E **73**
Rose Clo. *Smeth* —4G **99**
Rose Cotts. *B29* —3B **132**
Rose Ct. *Bal C* —1H **169**
Rosecroft Rd. *B26* —5G **121**
Rosedale Av. *B23* —4E **85**
Rosedale Av. *Smeth* —4G **99**
Rosedale Gro. *B25* —3A **120**
Rosedale Pl. *W'hall* —3A **46**
Rosedale Rd. *B25* —3A **120**
Rosedale Wlk. *K'wfrd* —1C **92**
Rosedene Dri. *B20* —5B **82**
Rose Dri. *Wals* —1A **22**
Rosefield Ct. *Smeth* —5E **99**
Rosefield Cft. *B6* —2H **101**
Rosefield Rd. *Smeth* —5E **99**

Rosefields. *B31* —2F **145**
Rosehall Clo. *Sol* —6D **150**
Rose Hill. *Brie H* —2C **110**
Rose Hill. *Redn* —6G **157**
Rose Hill. *W'hall* —3A **46**
Rose Hill Clo. *B36* —1F **105**
Rose Hill Gdns. *W'hall* —2A **46**
Rose Hill Rd. *B21* —2C **100**
Rosehip Clo. *Wals* —2E **65**
Roseland Av. *Dud* —1H **95**
Roseland Way. *B15* —2D **116**
Rose La. *Tiv* —5C **78**
Rose La. *W Brom* —3D **78**
Roseleigh Rd. *Redn* —3H **157**
Rosemary Av. *Bils* —5H **45**
Rosemary Av. *Wals* —2D **6**
Rosemary Av. *Wolv* —5G **43**
Rosemary Clo. *Clay* —1H **21**
Rosemary Cres. *Dud* —1B **76**
Rosemary Cres. *Wolv* —6G **43**
Rosemary Cres. W. *Wolv*
　　　　　—6F **43**
Rosemary Dri. *S Cold* —6C **36**
Rosemary Hill Rd. *S Cold*
　　　　　—6C **36**
Rosemary La. *Stourb* —2B **124**
Rosemary Nook. *S Cold*
　　　　　—4D **36**
Rosemary Rd. *B33* —1D **120**
Rosemary Rd. *Hale* —3F **127**
Rosemary Rd. *Tip* —1A **78**
Rosemary Rd. *Wals* —1D **6**
　(in two parts)
Rosemoor Dri. *Brie H* —4F **109**
Rosemount. *B32* —1C **130**
Rose Pl. *B1* —5E **101** (1A **4**)
Rose Rd. *B17* —5H **115**
Rose Rd. *Col* —1H **107**
Rose St. *Bils* —3H **61**
Roseville. —6D 60
Roseville Ct. Bils —5E 61
　(off Castle St.)
Roseville Gdns. *Cod* —3G **13**
Roseville Precinct. Bils
　　　　　—5E **61**
　(off Castle St.)
Rosewood Clo. *Lit A* —4D **36**
Rosewood Dri. *B23* —5D **84**
Rosewood Dri. *W'hall* —1B **30**
Rosewood Gdns. *Ess* —4B **18**
Rosewood Pk. *Wals* —3D **6**
Rosewood Rd. *Dud* —2D **76**
Roshven Av. *B12* —1A **134**
Roshven Rd. *B12* —1A **134**
Roslin Gro. *B19* —3E **101**
Roslyn Clo. *Smeth* —3E **99**
Ross. *Row R* —1B **112**
Ross Clo. *Wolv* —1C **42**
Ross Dri. *K'wfrd* —2A **92**
Rosse Ct. *Sol* —5B **138**
Rossendale Clo. *Hale* —5F **111**
Ross Heights. *Row R* —6B **96**
Rosslyn Rd. *S Cold* —1D **86**
Ross Rd. *Wals* —3D **32**
Rostrevor Rd. *B10* —2F **119**
Rotherby Gro. *Mars G*
　　　　　—4D **122**
Rotherfield Rd. *B26* —4E **121**
Rothesay Cft. *B32* —6H **129**
Rothesay Dri. *Stourb* —6A **92**
Rothesay Way. *W'hall* —3B **30**
Rothley Wlk. *B38* —1G **159**
Rothwell Rd. *Sol* —2B **150**
Rotten Row. —5E 167
Rotten Row. *Know* —5E **167**
Rotton Pk. Rd. *B16* —5H **99**
　(in two parts)

Rotton Pk. St. *Edg* —6B **100**
Rough Coppice Wlk. *B35*
　　　　　—5E **87**
Rough Hay. —4C 46
Rough Hay Pl. *W'bry* —4C **46**
Rough Hay Rd. *W'bry* —4C **46**
Rough Hill Dri. *Row R* —3H **95**
Rough Hills Clo. *Wolv* —5B **44**
Rough Hills Rd. *Wolv* —5B **44**
Roughlea Av. *B36* —2D **104**
Roughley. —6B 38
Roughley Dri. *S Cold* —1A **54**
Rough Rd. *B44* —2A **68**
Rough Wood Country Pk.
　　　　　—3E **31**
Rouncil Clo. *Sol* —6H **137**
Roundabout, The. *B31*
　　　　　—6B **144**
Round Cft. *W'hall* —1A **46**
Round Hill. *Dud* —3H **59**
Round Hill Av. *Stourb*
　　　　　—4G **125**
Roundhill Clo. *S Cold* —2C **70**
Roundhill Ho. *K'wfrd* —6B **74**
Roundhills Rd. *Hale* —3F **113**
Roundhill Ter. *Hale* —2E **113**
Roundhill Way. *Wals* —3B **10**
Roundhouse Rd. *Dud* —3A **76**
Roundlea Clo. *W'hall* —1B **30**
Roundlea Rd. *B31* —5C **130**
Round Moor Wlk. *B35* —4E **87**
Round Oak. —5H 93
Round Oak Rd. *W'bry* —1E **63**
Round Rd. *B24* —5H **85**
Roundsaw Cft. *Redn* —1F **157**
Round's Grn. Rd. *O'bry*
　　　　　—2E **97**
Rounds Hill Rd. *Bils* —5F **61**
Rounds Rd. *Bils* —2F **61**
Round St. *Dud* —3E **95**
Roundway Down. *Wolv*
　　　　　—6E **25**
Rousay Clo. *Redn* —6F **143**
Rousdon Gro. *B43* —5H **65**
Rover Dri. *B36* —6B **88**
Rover Dri. *A Grn* —1B **136**
Rovex Bus. Pk. *B11* —6F **119**
Rowallan Rd. *S Cold* —2B **54**
Rowan Clo. *H'wd* —4B **162**
Rowan Clo. *S Cold* —3D **70**
Rowan Ct. *Smeth* —1B **98**
Rowan Cres. *Bils* —4D **60**
Rowan Cres. *Wolv* —4C **42**
Rowan Dri. *B28* —2G **149**
Rowan Dri. *Ess* —4B **18**
Rowan Ri. *K'wfrd* —3C **92**
Rowan Rd. *Dud* —4B **60**
Rowan Rd. *S Cold* —3A **70**
Rowan Rd. *Wals* —1D **64**
Rowantrees. *Redn* —4H **157**
Rowan Way. *Chel W* —2E **123**
Rowan Way. *N'fld* —1D **158**
Roway La. *O'bry* —6E **79**
Rowbrook Clo. *Shir* —1E **163**
Rowcroft Covert. *B14* —4E **147**
Rowdale Rd. *B42* —6E **67**
Rowden Dri. *B23* —1G **85**
Rowden Dri. *Sol* —5C **150**
Rowena Gdns. *Dud* —3G **59**
Rowheath Rd. *B30* —3B **146**
Rowington Av. *Row R* —6D **96**
Rowington Rd. *B34* —3A **106**
Rowland Gdns. *Wals* —6A **32**
Rowland Hill Dri. *Tip* —2C **78**
Rowlands Av. *Wals* —6E **31**
Rowlands Av. *Wolv* —1D **44**

Rowlands Clo. *Wals* —5E **31**
Rowlands Cres. *Sol* —5F **137**
Rowlands Rd. *B26* —4C **120**
Rowland St. *Wals* —6A **32**
Rowley Gro. *B33* —6H **105**
Rowley Hall Av. *Row R*
—5C **96**
Rowley Hill Vw. *Crad H*
—3H **111**
Rowley Pl. *Wals* —2F **33**
Rowley Regis. —6B 96
Rowley St. *Wals* —1D **48**
Rowley Vw. *Bils* —2A **62**
Rowley Vw. *W'bry* —1C **62**
Rowley Vw. *W Brom* —4H **79**
Rowley Village. *Row R* —6C **96**
Rowney Cft. *B28* —3E **149**
Rowood Dri. *Sol* —6G **137**
Rowthorn Clo. *S Cold* —4A **52**
Rowthorn Dri. *Shir* —3E **165**
Rowton Av. *Wolv* —6E **25**
Rowton Dri. *S Cold* —6H **51**
Roxburgh Gro. *B43* —1E **67**
Roxburgh Rd. *S Cold* —2G **69**
Roxby Gdns. *Wolv* —4E **27**
Royal Birmingham Society
of Artists Gallery. —1F 117
Royal Brierley Crystal.
—6H **93**
Royal Clo. *Brie H* —3G **109**
Royal Clo. *Row R* —4C **96**
Royal Ct. *S Cold* —3H **69**
Royal Doulton Crystal.
—4D **108**
Royal Mail St. *B1*
—1F **117** (5C **4**)
Royal Oak Dri. *Hale* —1F **129**
Royal Oak Rd. *Row R* —4H **95**
Royal Rd. *S Cold* —6A **54**
Royal Scot Gro. *Wals* —6C **48**
Royal Star Clo. *B33* —1G **121**
Royal, The. —2A 44
Royal Way. *Tip* —5A **78**
Roydon Rd. *B27* —5A **136**
Roylesden Cres. *S Cold*
—3C **68**
Royston Chase. *S Cold*
—6B **36**
Royston Cft. *B12* —5H **117**
Royston Way. *Dud* —5G **59**
Rubens Clo. *Dud* —2H **75**
Rubery. —2F 157
Rubery By-Pass. *Redn*
—2E **157**
Rubery Ct. *W'bry* —4C **46**
Rubery Farm Gro. *Redn*
—1F **157**
Rubery La. *Redn* —6F **143**
Rubery La. S. *Redn* —1F **157**
Rubery St. *W'bry* —3D **46**
Ruckley Av. *B19* —2E **101**
Ruckley Rd. *B29* —5F **131**
Ruddington Way. *B19*
—4G **101**
Rudge Av. *Wolv* —6D **28**
Rudge Clo. *W'hall* —5C **30**
Rudge Cft. *B33* —5E **105**
Rudge St. *Bils* —3G **61**
Rudge Wlk. *B18* —6C **100**
Rudgewick Cft. *B6* —3H **101**
Rudyard Clo. *Wolv* —3A **16**
Rudyard Gro. *B33* —6F **105**
Rudyngfield Dri. *B33* —6D **104**
Rufford Clo. *B23* —5D **68**
Rufford Rd. *Stourb* —1G **125**
Rufford St. *Stourb* —5H **109**

Rufford Way. *Wals* —2A **34**
Rugby Rd. *Stourb* —4B **108**
Rugby St. *Wolv* —6F **27**
Rugeley Av. *W'hall* —1D **30**
Rugeley Cl. *Tip* —2G **77**
Rugeley Gro. *B7* —3B **102**
Ruislip Clo. *B35* —3E **87**
Ruiton. —3H 75
Ruiton St. *Dud* —3H **75**
Rumbow. *Hale* —1B **128**
Rumbush. —6E 163
Rumbush La. *Earls* —6E **163**
Rumbush La. *Shir* —3G **163**
Runcorn Clo. *B37* —5E **107**
Runcorn Rd. *B12* —6H **117**
Runnymede Rd. *B11* —2E **135**
Rupert St. *B7* —5A **102**
Rupert St. *Wolv* —1E **43**
Rushall. —2G 33
Rushall Clo. *Stourb* —3C **108**
Rushall Clo. *Wals* —5F **33**
Rushall Ct. B43 —6A 66
(off West Rd.)
Rushall Mnr. Clo. *Wals* —5F **33**
Rushall Mnr. Rd. *Wals* —5F **33**
Rushall Rd. *Wolv* —5A **16**
Rushbrook Clo. *Clay* —1A **22**
Rushbrook Clo. *Sol* —3C **136**
Rushbrooke Clo. *B13* —1H **133**
Rushbrooke Dri. *S Cold*
—2C **68**
Rushbrook Gro. *B14* —4E **147**
Rushbury Clo. *Bils* —6D **44**
Rushbury Clo. *Shir* —3B **150**
Rushden Cft. *B44* —4H **67**
Rushes Mill. *Pels* —4C **20**
Rushey La. *B11* —6G **119**
Rushford Av. *Wom* —1G **73**
Rushford Clo. *Shir* —2E **165**
Rush Grn. *B32* —3C **130**
Rushlake Grn. *B34* —4F **105**
Rushleigh Rd. *Shir* —1E **163**
Rushmead Gro. *Redn*
—2G **157**
Rushmere Rd. *Tip* —5A **62**
Rushmoor Clo. *S Cold*
—5H **53**
Rushmore Ho. *Redn* —1F **157**
Rushwater Clo. *Wom* —1E **73**
Rushwick Cft. *B34* —3H **105**
Rushwick Gro. *Shir* —3E **165**
Rushwood Clo. *Wals* —6E **33**
Rushy Piece. *B32* —2B **130**
Ruskin Av. *Dud* —2E **75**
Ruskin Av. *Row R* —1D **112**
Ruskin Av. *Wolv* —3B **60**
Ruskin Clo. *B6* —2H **101**
Ruskin Gro. *B27* —3H **135**
Ruskin Rd. *Wolv* —1B **28**
Ruskin St. *W Brom* —2A **80**
Russell Bank Rd. *S Cold*
—5E **37**
Russell Clo. *Tip* —4C **62**
Russell Clo. *Tiv* —5D **78**
Russell Clo. *Wolv* —6H **17**
Russell Ct. *Wolv* —2F **43**
Russell Ho. *Cod* —3E **13**
Russell Ho. *W'bry* —3F **63**
Russell Rd. *Bils* —4H **45**
Russell Rd. *Hall G* —3E **135**
Russell Rd. *Mose* —2F **133**
Russell's Hall. —6B 76
Russells Hall Rd. *Dud* —6A **76**
Russells, The. *Mose* —2F **133**
Russell St. *Dud* —6D **76**
Russell St. *W'bry* —3F **63**

Russell St. *W'hall* —1B **46**
Russell St. *Wolv* —2F **43**
Russett Clo. *Wals* —3A **50**
Russett Way. *Brie H* —2F **93**
Russet Wlk. *Pend* —6D **14**
Russet Way. *B31* —1C **144**
Ruston St. *B16* —2D **116**
Ruthall Clo. *B29* —6G **131**
Ruth Clo. *Tip* —3C **62**
Rutherford Rd. *B23* —6E **69**
Rutherford Rd. *Wals* —3G **31**
Rutland Av. *Wolv* —1B **58**
Rutland Ct. *B29* —6G **131**
Rutland Cres. *Bils* —4F **45**
Rutland Cres. *Wals* —6D **22**
Rutland Dri. *B26* —4C **120**
Rutland Pas. *Dud* —6E **77**
Rutland Pl. *Stourb* —3B **108**
Rutland Rd. *Smeth* —2E **115**
Rutland Rd. *W'bry* —1A **64**
Rutland Rd. *W Brom* —6A **64**
Rutland St. *Wals* —4C **32**
Rutley Gro. *B32* —1D **130**
Rutters Mdw. *B32* —1H **129**
Rutter St. *Wals* —4B **48**
Ryan Av. *Wolv* —1A **30**
Ryan Pl. *Dud* —3E **95**
(in two parts)
Rycroft Gro. *B33* —1G **121**
Rydal Clo. *S Cold* —1H **51**
Rydal Clo. *Wolv* —2E **29**
Rydal Dri. *Pert* —5F **25**
Rydal Ho. *O'bry* —4D **96**
Rydal Way. *B28* —6F **135**
Rydding La. *W Brom* —5H **63**
Rydding Sq. *W Brom* —5H **63**
Ryde Gro. *B27* —4G **135**
Ryde Pk. Rd. *Redn* —3A **158**
Ryder Ho. *W Brom* —4E **79**
Ryders Grn. Rd. *W Brom*
—3E **79**
Ryders Hayes La. *Wals*
—3E **21**
Ryder St. *B4* —6G **101** (2F **5**)
Ryder St. *Stourb* —1B **108**
Ryder St. *W Brom* —2E **79**
Ryebank Clo. *B30* —2G **145**
Ryeclose Cft. *B37* —6F **107**
Ryecroft. —5C 32
Ryecroft Av. *Wolv* —6F **43**
Ryecroft Clo. *Dud* —5G **59**
Ryecroft Pk. *Wals* —6C **32**
Ryecroft Pl. *Wals* —3D **32**
Ryecroft St. *Wals* —6C **32**
Ryefield. *Wolv* —5C **14**
Ryefield Clo. *Sol* —3C **150**
Rye Grass Wlk. *B35* —4F **87**
Rye Gro. *B11* —1F **135**
Ryemarket. *Stourb* —6E **109**
Ryhope Wlk. *Wolv* —4E **15**
(in two parts)
Ryknild Clo. *S Cold* —3F **37**
Ryland Clo. *Hale* —3G **127**
Ryland Clo. *Tip* —2B **78**
Ryland Ho. B19 —4F 101
(off Gt. Hampton Row)
Ryland Rd. *Edg* —4E **117**
Ryland Rd. *Erd* —6F **85**
Ryland Rd. *S'hll* —1D **134**
Rylands Dri. *Wolv* —1D **58**
Ryland St. *B16* —2D **116**
Ryle St. *Wals* —5A **20**
Rymond Rd. *B34* —3C **104**

Ryton Clo. *S Cold* —6H **53**
Ryton Clo. *Wolv* —4C **28**
Ryton End La. *Bars* —6C **154**
Ryton Gro. *B34* —2H **105**

S
Sabell Rd. *Smeth* —3D **98**
Sabrina Rd. *Wolv* —2E **41**
Saddle Dri. *B32* —2D **130**
Saddlers Cen. *Wals* —2C **48**
Saddlers Ct. *Wals* —4H **47**
Saddlers Ct. Ind. Est. *Wals*
—2G **31**
Saddlers M. *Sol* —6G **151**
Saddlestones, The. *Pert*
—5D **24**
Saddleworth Rd. *Wals* —3G **19**
Sadler Ho. *B19* —3E **101**
Sadler Rd. *S Cold* —4D **54**
Sadler Rd. *Wals* —6C **10**
Sadlers Mill. *Wals* —6C **10**
Sadlers Wlk. *B16* —2C **116**
Saffron Gdns. *Wolv* —1E **59**
Sage Cft. *B31* —2D **144**
St Agatha's Rd. *B8* —4H **103**
St Agnes Clo. *B13* —3B **134**
St Agnes Rd. *B13* —3B **134**
St Aidans Wlk. *B10* —3C **118**
St Albans Clo. *Smeth* —3C **98**
St Albans Clo. *Wolv* —1A **30**
St Albans Rd. *B13* —2A **134**
St Alban's Rd. *Smeth* —3C **98**
St Alphege Clo. *Sol* —4G **151**
St Andrew's Av. *Wals* —2E **21**
St Andrews Clo. *B32* —2E **131**
St Andrews Clo. *Dud* —4E **75**
St Andrews Clo. *Stourb*
—3D **124**
St Andrew's Clo. *Wolv* —5E **27**
St Andrews Dri. *Pert* —4D **24**
St Andrews Ho. *Wolv* —5F **27**
St Andrew's Ind. Est. *B9*
—1C **118**
St Andrew's Rd. *B9* —1B **118**
St Andrews Rd. *S Cold*
—4A **54**
St Andrews St. *B9* —1B **118**
St Andrew's St. *Dud* —4E **95**
St Annes Clo. *B20* —3B **82**
St Anne's Clo. *Burn* —1A **10**
St Annes Ct. *B44* —6A **68**
St Annes Ct. *B13* —1G **133**
St Annes Ct. *Crad H* —2E **111**
St Anne's Ct. *W'hall* —2B **46**
St Annes Gro. *Know* —3C **166**
St Annes Ind. Est. *W'hall*
—6B **30**
St Anne's Rd. *Dud & Crad H*
—2E **111**
St Annes Rd. *W'hall* —6B **30**
St Anne's Rd. *Wolv* —5G **15**
St Anne's Way. *B44* —6A **68**
St Ann's Ter. *W'hall* —6B **30**
St Anthony's Dri. *Wals* —2F **21**
St Athan Cft. *B35* —4F **87**
St Audries Ct. *Sol* —5D **150**
St Augustine's Rd. *B16*
—2H **115**
St Augustus Clo. *W Brom*
—5D **80**
St Austell Rd. *Wals* —4A **50**
St Bartholomew's Ter. *W'bry*
—2F **63**
St Benedict's Clo. *W Brom*
—5D **80**

St Benedicts Rd.—St Paul's Rd.

St Benedicts Rd. *B10*
—4F **119**
St Benedicts Rd. *Wom*
—1G **73**
St Bernard's Rd. *Sol* —2B **150**
St Bernards Rd. *S Cold*
—3A **70**
St Blaise Av. *Wat O* —5D **88**
St Blaise Rd. *S Cold* —6B **38**
St Brades Clo. *Tiv* —2C **96**
St Brides Clo. *Dud* —5G **59**
Saintbury Dri. *Sol* —2G **165**
St Caroline Clo. *W Brom*
—5D **80**
St Catharines Clo. *Wals*
—4E **49**
St Catherine's Clo. *Dud*
—6A **78**
St Catherines Clo. *S Cold*
—4D **54**
St Catherine's Cres. *Wolv*
—1D **58**
St Chads Cir. Queensway. *B4*
—5F **101** (1D **4**)
St Chad's Clo. *Dud* —4F **75**
St Chads Ind. Est. *B19*
—4G **101**
St Chad's Queensway. *B4*
—5G **101** (2D **4**)
St Chads Rd. *Bils* —4H **45**
St Chad's Rd. *Redn* —2F **157**
St Chads Rd. *S Cold* —6C **54**
St Chads Rd. *Wolv* —1B **28**
St Christopher Clo. *W Brom*
—5D **80**
St Christophers. *B20* —3B **82**
St Clements Av. *Wals* —2B **32**
St Clements Ct. *Hale* —2A **128**
St Clements La. *W Brom*
—3B **80**
St Clements Rd. *B7* —3C **102**
St Columbas Dri. *Redn*
—2B **158**
St Cuthbert's Clo. *W Brom*
—5D **80**
St David's Clo. *Wals* —2F **21**
St David's Clo. *W Brom*
—5D **80**
St Davids Dri. *B32* —6H **113**
St Davids Gro. *B20* —3B **82**
St Davids Pl. *Wals* —5B **20**
St Denis Rd. *B29* —1E **145**
St Dominic's Rd. *B24* —6E **85**
(in two parts)
St Edburgh's Rd. *B25*
—2C **120**
St Edmund's Clo. *W Brom*
—5D **80**
St Edmund's Clo. *Wolv*
—6D **26**
St Edwards Rd. *B29* —3B **132**
St Eleanors Clo. *W Brom*
—5D **80**
St Francis Av. *Sol* —1C **150**
St Francis' Clo. *Wals* —2F **21**
St Francis Factory Est.
W Brom —5B **80**
St George Dri. *Smeth* —2E **99**
St Georges. —2H 43 (4C 170)
St Georges Av. *B23* —2G **85**
St Georges Clo. *B15* —4C **116**
St George's Clo. *S Cold*
—5D **54**
St George's Clo. *W'bry*
—4D **46**
St Georges Ct. *B'vlle* —6A **132**

St Georges Ct. *S Cold* —4E **37**
St Georges Ct. Wals —1D **48**
(off Persehouse St.)
St George's Ct. W'bry —4D **46**
(off St George's St.)
St George's Pde. *Wolv*
—2H **43** (4C **170**)
St Georges Pl. *Wals* —1D **48**
St Georges Pl. *W Brom*
—3A **80**
St George's Rd. *Dud* —3F **95**
St Georges Rd. *Shir* —1B **164**
St George's Rd. *Stourb*
—3B **124**
St George's St. *B19* —5F **101**
St George's St. *W'bry* —4D **46**
St Gerards Ct. *Sol* —5C **150**
St Gerards Rd. *Sol* —5C **150**
St Giles Av. *Row R* —5B **96**
St Giles Clo. *Row R* —5C **96**
St Giles Ct. *Row R* —6D **96**
St Giles Ct. *W'hall* —2B **46**
St Giles Cres. *Wolv* —1C **44**
St Giles Rd. *B33* —1H **121**
St Giles Rd. *W'hall* —2B **46**
St Giles Rd. *Wolv* —1C **44**
St Giles St. *Dud* —4E **95**
St Helens Av. *Tip* —2C **78**
St Helens Pas. *B1*
—6E **101** (1A **4**)
St Helens Rd. *Sol* —1E **151**
St Heliers Rd. *B31* —3C **144**
St Ives Rd. *Wals* —4H **49**
St James Av. *Row R* —5B **96**
St James' Clo. *Wals* —2F **21**
St James Clo. *W Brom*
—5D **80**
St James Pl. *B7* —6A **102**
St James Pl. *Shir* —5H **149**
St James' Rd. *Edg* —3D **116**
St James' Rd. *Hand* —1H **99**
St James Rd. *O'bry* —1D **96**
St James Rd. *S Cold* —1A **54**
St James's Priory. —4E 77
St James's Rd. *Dud* —5D **76**
St James' Ter. *Dud* —5C **76**
St James' St. *Dud* —4H **75**
St James St. *W'bry* —3E **63**
St James St. *Wolv* —2A **44**
St James Wlk. *Wals* —6B **10**
St John Bosco Clo. *W Brom*
—6H **63**
St John Clo. *S Cold* —5B **38**
St John's Arc. *Wolv*
—1G **43** (3B **170**)
St Johns Av. *Row R* —5B **96**
St John's Clo. *Know* —3D **166**
St John's Clo. *Swind* —5D **72**
St John's Clo. *Wals* —4B **22**
St John's Clo. *W Brom*
—5D **80**
St Johns Ct. Brie H —1H **109**
(off Hill St.)
St Johns Ct. *Wals* —6H **19**
St Johns Gro. *B37* —6B **106**
St John's Ho. *W Brom* —5A **80**
St Johns Retail Pk. *Wolv*
—2G **43** (5B **170**)
St John's Rd. *Dud* —1G **95**
St John's Rd. *Ess* —4A **18**
St John's Rd. *Hale* —1G **127**
St John's Rd. *Harb* —6H **115**
St John's Rd. *O'bry* —4A **98**
St John's Rd. *S'hll* —6C **118**
St Johns Rd. *Stourb* —5E **109**
St Johns Rd. *Tip* —6H **61**

St John's Rd. *Wals* —3H **47**
(WS2)
St John's Rd. *Wals* —2F **21**
(WS3)
St Johns Rd. *Wals* —2C **22**
(WS8)
St Johns Rd. *W'bry* —6C **46**
St John's Sq. *Wolv*
—2G **43** (5B **170**)
St John's St. *Dud* —4E **95**
St Johns St. Wolv
—2G **43** (4B **170**)
(off Victoria St.)
St Johns Wlk. *B42* —3F **83**
St John's Way. *Know* —3E **167**
St Johns Wood. *Redn*
—4H **157**
St Joseph's Av. *B31* —2F **145**
St Josephs Clo. *Wals* —3E **21**
St Joseph's Ct. *Wolv* —5A **42**
St Joseph's Rd. *B8* —4A **104**
St Joseph St. *Dud* —6F **77**
St Jude's Clo. *B14* —5H **147**
St Judes Clo. *S Cold* —5D **54**
St Judes Pas. *B5*
—2F **117** (6D **4**)
St Jude's Rd. *Wolv* —6D **26**
St Jude's Rd. W. *Wolv* —6D **26**
St Katherines Rd. *O'bry*
—1H **113**
St Kenelms Av. *Hale* —4G **127**
St Kenelm's Clo. *W Brom*
—5D **80**
St Kenelm's Rd. *Rom* —3A **142**
St Kilda's Rd. *B8* —5E **103**
St Laurence M. *B31* —4E **145**
St Laurence Rd. *B31* —2F **145**
St Lawrence Clo. *Know*
—4D **166**
St Lawrence Way. *W'bry*
—4D **46**
St Leonard's Clo. *B37*
—4C **122**
St Loye's Clo. *Hale* —4D **112**
St Lukes Clo. *Row R* —5B **96**
St Luke's Rd. *B5* —3F **117**
(in two parts)
St Luke's Rd. *W'bry* —2G **63**
(in two parts)
St Lukes St. *Crad H* —2F **111**
St Luke's Ter. *Dud* —1C **94**
St Margaret's. *S Cold* —6C **36**
St Margarets Av. *B8* —3H **103**
St Margarets Dri. *Hale*
—3H **127**
St Margaret's Rd. *B8* —3G **103**
St Margaret's Rd. *Gt Barr*
—3B **66**
St Margarets Rd. *Sol* —4C **136**
St Margarets Rd. *Wals* —3E **21**
St Marks Cres. *B1* —6C **100**
St Marks Rd. *Bwnhls* —2C **22**
St Marks Rd. *Dud* —5H **77**
St Mark's Rd. *Pels* —3E **21**
St Marks Rd. *Smeth* —6B **98**
St Marks Rd. *Stourb* —6H **109**
St Marks Rd. *Tip* —5H **61**
St Mark's Rd. *Wolv* —2E **43**
(in two parts)
St Marks St. *B1* —6D **100**
St Mark's St. *Wolv*
—2F **43** (4A **170**)
St Martin's Cir. Queensway. *B2*
—1G **117** (5E **5**)
St Martin's Clo. *W Brom*
—5D **80**

St Martins Clo. *Wolv* —5A **44**
St Martins Dri. *Tip* —2A **78**
St Martins La. *B5*
—1G **117** (5F **5**)
St Martin's Rd. *S Cold* —6D **54**
St Martin's St. *B15* —2D **116**
St Martin's Ter. *Bils* —1G **61**
St Mary's Clo. *B24* —3B **86**
St Marys Clo. *B27* —2H **135**
St Marys Clo. *Dud* —5B **60**
St Marys Ct. *Brie H* —1H **109**
St Mary's Ct. W'hall —1A **46**
(off Wolverhampton St.)
St Mary's La. *Stourb* —2F **125**
St Mary's Mobile Home Pk.
Wyt —6G **161**
St Mary's Rd. *Harb* —6G **115**
St Mary's Rd. *Smeth* —2D **114**
St Mary's Rd. *W'bry* —2F **63**
St Mary's Row. *B4*
—6G **101** (2E **5**)
St Marys Row. *Mose* —2H **133**
St Mary's St. *Wolv*
—1H **43** (2C **170**)
St Mary's Vw. *B23* —5D **68**
St Marys Way. *Wals* —4C **34**
St Matthew's Clo. *Pels* —2F **21**
St Matthews Clo. *Wals*
—2D **48**
St Matthews Rd. *O'bry*
(in two parts) —1G **113**
St Matthews Rd. *Smeth*
—4G **99**
St Matthews Rd. *Wolv* —2B **44**
St Mawes Rd. *Pert* —6F **25**
St Mawgan Clo. *B35* —3G **87**
St Michaels Clo. *Wals* —5E **21**
St Michaels Ct. *W Brom*
—4A **80**
St Michaels Ct. *Wolv* —4C **26**
St Michaels Cres. *O'bry*
—5F **97**
St Michael's Gro. *Dud* —6A **78**
St Michael's Hill. *B18* —2C **100**
St Michael's M. *Tiv* —5A **78**
St Michael's Rd. *B18* —2C **100**
St Michael's Rd. *Dud* —2D **74**
St Michael's Rd. *S Cold*
—5F **69**
St Michael St. *Wals* —3C **48**
St Michael St. *W Brom*
—4A **80**
St Michaels Way. *Tip* —4A **78**
St Nicholas Clo. *Wals* —3E **21**
St Nicholas Ct. *B38* —5B **146**
St Nicholas Gdns. *B38*
—5B **146**
St Nicholas Wlk. *Curd* —1D **88**
St Oswald's Rd. *B10* —3E **119**
St Patricks Clo. *B14* —2G **147**
St Paul's Av. *B12* —6A **118**
St Paul's Clo. *Wals* —1C **48**
St Pauls Ct. *B3*
—5E **101** (1B **4**)
St Pauls Ct. *Row R* —2D **112**
St Pauls Ct. *Wat O* —4D **88**
St Paul's Cres. *Col* —2H **107**
St Paul's Cres. *Wals* —3F **21**
St Paul's Cres. *W Brom*
—6E **63**
St Pauls Dri. *Hale* —2D **112**
St Pauls Dri. *Tip* —3B **78**
St Paul's Rd. *B12* —5H **117**
St Paul's Rd. *Dud* —4F **95**
St Paul's Rd. *Smeth* —2B **98**
St Paul's Rd. *W'bry* —6H **47**

Saunton Way—Shakespeare Dri.

Saunton Way. *B29* —4G **131**
Saveker Dri. *S Cold* —1C **70**
Savernake Clo. *Redn*
    —5G **143**
Saville Clo. *Redn* —2H **157**
Savoy Clo. *B32* —6D **114**
Saw Mill Clo. *Wals* —6C **32**
Saxelby Clo. *B14* —5G **147**
  (in two parts)
Saxelby Ho. *B14* —5G **147**
Saxon Clo. *Wals* —3G **7**
Saxon Ct. *Wolv* —4A **26**
Saxondale Av. *B26* —5D **120**
Saxon Dri. *Row R* —5C **96**
Saxonfields. *Wolv* —4A **26**
Saxons Way. *B14* —5A **148**
Saxon Way. *B37* —6B **106**
Saxon Wood Clo. *B31*
    —3E **145**
Saxon Wood Rd. *Shir*
    —4B **164**
Saxton Dri. *S Cold* —3F **37**
Sayer Ho. *B19* —3F **101**
Scafell Dri. *B23* —2D **84**
Scafell Dri. *Bils* —4H **45**
Scafell Rd. *Stourb* —5F **109**
Scampton Clo. *Wolv* —4E **25**
Scarborough Clo. *Wals*
    —3H **47**
Scarborough Rd. *Wals*
    —3H **47**
Scarsdale Rd. *B42* —5F **67**
Schofield Av. *W Brom* —5H **63**
Schofield Rd. *B37* —4C **106**
Scholars Ga. *B33* —1F **121**
Scholefield Tower. B19
  (off Uxbridge St.) —4F **101**
Schoolacre Ri. *S Cold* —2G **51**
Schoolacre Rd. *B34* —3F **105**
School Av. *Wals* —1A **32**
  (WS3)
School Av. *Wals* —5B **10**
  (WS8)
School Clo. *B37* —3C **106**
School Clo. *Tiv* —2C **96**
School Clo. *Try* —5C **56**
School Clo. *Wolv* —4H **41**
School Dri. *Bils* —3A **62**
School Dri. *Stourb* —3D **108**
School Dri. *Wyt* —6A **162**
School Dri., The. *Dud* —2F **95**
Schoolgate Clo. *B8* —3G **103**
Schoolgate Clo. *Shelf* —6H **21**
School Grn. *Bils* —3E **45**
Schoolhouse Clo. *B38*
    —5D **146**
School La. *Brie H* —5F **93**
School La. *Buc E* —2F **105**
School La. *Hag* —6H **125**
School La. *Hale* —3H **127**
School La. *Kitts G* —2D **120**
School La. *Pels* —3C **8**
  (Gorsey La.)
School La. *Pels* —3D **20**
  (Wolverhampton Rd.)
School La. *Sol* —2H **151**
School La. *Wolv*
  (WV3) —2G **43** (4A **170**)
School La. *Wolv* —5H **15**
  (WV10)
School Pas. *Brie H* —2C **110**
School Rd. *Brie H* —1C **110**
School Rd. *Hall G* —5F **135**
School Rd. *Himl* —4H **73**
School Rd. *Mose* —4H **133**
School Rd. *Redn* —3E **157**

School Rd. *Shir* —5H **149**
School Rd. *Tett W* —5G **25**
School Rd. *Try* —5C **56**
School Rd. *W'bry* —3B **64**
School Rd. *Wed* —3D **28**
School Rd. *Wom* —6H **57**
School Rd. *Yard W* —3B **148**
School St. *Bils* —5E **61**
School St. *Brie H* —2H **93**
School St. *Crad H* —2F **111**
School St. *Darl* —5C **46**
School St. *Dud* —6D **76**
  (in two parts)
School St. *Sed* —5A **60**
School St. *Stourb* —5D **108**
School St. *Wals* —6H **21**
School St. *W'bry* —6D **46**
  (in two parts)
School St. *W'hall* —1H **45**
School St. *Wolv*
    —2G **43** (4A **170**)
School St. W. *Bils* —5E **61**
School Ter. *B29* —3B **132**
School Wlk. *Bils* —3E **45**
Scorers Clo. *Shir* —1H **149**
Scotchings, The. *B36* —1C **104**
Scotland La. *B32* —5H **129**
Scotland Pas. *W Brom* —4B **80**
Scotlands. —1C 28
Scotland St. *B1*
    —6E **101** (3A **4**)
Scott Arms Shop. Cen. *Gt Barr*
    —4B **66**
Scott Av. *W'bry* —3H **63**
Scott Av. *Wolv* —1C **58**
Scott Clo. *W Brom* —2B **80**
Scott Gro. *Sol* —2C **136**
Scott Ho. *B43* —6B **66**
Scott Rd. *B43* —6B **66**
Scott Rd. *Sol* —2C **136**
Scott Rd. *Wals* —5H **49**
Scott's Green. —1C 94
Scotts Grn. Clo. *Dud* —1B **94**
Scott's Rd. *Stourb* —5D **108**
Scott St. *Tip* —2C **78**
Scotwell Clo. *Row R* —6B **96**
Scout Clo. *B33* —1G **121**
Scribbans Clo. *Smeth* —5F **99**
Scriber's La. *B28* —3E **149**
Scrimshaw Ho. Wals —4A 48
  (off Pleck Rd.)
Seacroft Av. *B25* —2C **120**
Seafield Clo. *K'wfrd* —5C **92**
Seaforth Gro. *W'hall* —6B **18**
Seagar St. *W Brom* —3C **80**
Seagers La. *Brie H* —1H **109**
Seagull Bay Dri. *Cose* —4F **61**
Seal Clo. *S Cold* —1C **70**
Seals Grn. *B38* —2H **159**
Seamless Dri. *Wolv* —5F **29**
Sear Hills Clo. *Bal C* —3H **169**
Seaton Clo. *Wolv* —4H **29**
Seaton Gro. *B13* —4F **133**
Seaton Pl. *Stourb* —1A **108**
Seaton Rd. *Smeth* —4F **99**
Seaton Tower. *B31* —5A **144**
Second Av. *Bord G* —2E **119**
Second Av. *K'wfrd* —2D **92**
Second Av. *S Oak* —2D **132**
Second Av. *Wals* —4C **10**
Second Av. *Witt* —4H **83**
Second Av. *Wolv* —2A **28**
Second Exhibition Av. *B40*
    —6F **123**
Security Ho. *Wolv* —4B **170**
Sedge Av. *B38* —4B **146**

Sedgeberrow Covert. *B38*
    —1A **160**
Sedgeberrow Rd. *Hale*
    —3A **128**
Sedgefield Clo. *Dud* —4A **76**
Sedgefield Gro. *Pert* —5F **25**
Sedgeford Clo. *Brie H*
    —3H **109**
Sedgehill Av. *B17* —1F **131**
Sedgemere Gro. *Wals* —1G **33**
Sedgemere Rd. *B26* —2D **120**
Sedgley. —4H 59
Sedgley Gro. *B20* —3A **82**
Sedgley Hall Av. *Dud* —5G **59**
Sedgley Hall Est. *Dud* —4G **59**
Sedgley Rd. *Dud & Tip*
    —1D **76**
Sedgley Rd. *Wolv* —2C **58**
Sedgley Rd. E. *Tip* —3A **78**
Sedgley Rd. W. *Tip* —1F **77**
Sedgley St. *Wolv* —4G **43**
Seedhouse Ct. *Crad H*
    —3A **112**
Seeds La. *Wals* —5B **10**
Seeleys Rd. *B11* —6D **118**
Sefton Dri. *Row R* —3H **95**
Sefton Gro. *Tip* —3C **62**
Sefton Rd. *B16* —1B **116**
Segbourne Rd. *Redn* —1E **157**
Segundo Clo. *Wals* —1D **64**
Segundo Rd. *Wals* —1D **64**
Seisdon. —2A 56
Seisdon Rd. *Try* —3A **56**
Selborne Clo. *Wals* —2E **49**
Selborne Gro. *B13* —2C **148**
Selborne Rd. *B20* —5D **82**
Selborne Rd. *Dud* —2F **95**
Selborne St. *Wals* —2E **49**
Selbourne Cres. *Wolv* —2D **44**
Selby Clo. *B26* —2D **120**
Selby Gro. *B13* —2B **148**
Selby Ho. *O'bry* —3D **96**
Selby Way. *Wals* —5E **19**
Selcombe Way. *B38* —2B **160**
Selcroft Av. *B32* —6C **114**
Selecta Av. *B44* —3F **67**
Selkirk Clo. *W Brom* —1A **80**
Selly Av. *B29* —3C **132**
Selly Clo. *B29* —3D **132**
Selly Hall Cft. *B30* —1C **146**
Selly Hill Rd. *B29* —3B **132**
Selly Manor Mus. —6B 132
Selly Oak. —3H 131
Selly Oak Rd. *B30* —6A **132**
Selly Park. —3D 132
Selly Pk. Rd. *B29* —2C **132**
Selly Wharf. *S Oak* —3A **132**
Selly Wick Dri. *B29* —3D **132**
Selly Wick Rd. *B29* —3C **132**
Sellywood Rd. *B30* —5A **132**
Selma Gro. *B14* —2D **148**
Selman's Hill. *Wals* —4A **20**
Selman's Pde. *Wals* —5A **20**
Selsdon Clo. *Wyt* —4C **162**
Selsdon Rd. *Wals* —4F **19**
Selsey Av. *B17* —6F **99**
Selsey Rd. *B17* —6F **99**
Selston Rd. *B6* —2G **101**
Selvey Av. *B43* —2D **66**
Selworthy Rd. *B36* —2B **106**
Selwyn Clo. *Wolv* —4G **43**
Selwyn Ho. *B37* —6F **107**
Selwyn Rd. *B16* —6H **99**
Selwyn Rd. *Bils* —5H **45**
Selwyn Wlk. *S Cold* —5C **36**
Senator Ho. *Shir* —1C **164**

Senior Clo. *Ess* —4A **18**
Senneley's Pk. Rd. *B31*
    —5C **130**
Sennen Clo. *W'hall* —2H **45**
Sensall Rd. *Stourb* —2B **126**
Serpentine Rd. *Aston* —6A **84**
Serpentine Rd. *Harb* —5G **115**
Serpentine Rd. *S Oak* —2C **132**
Servite Ct. *B14* —5A **148**
Settle Av. *B34* —3E **105**
Settle Cft. *B37* —2B **122**
Setton Dri. *Dud* —6A **60**
Seven Acres. *Wals* —4D **34**
Seven Acres Rd. *B31* —6G **145**
Seven Acres Rd. *Hale*
    —6G **113**
Seven Star Rd. *Sol* —2E **151**
Seven Stars Rd. *O'bry* —2G **97**
Severn Clo. *B36* —2B **106**
Severn Clo. *Tip* —2H **77**
Severn Clo. *W'hall* —2A **30**
Severn Ct. *B23* —4B **84**
Severn Dri. *Brie H* —2F **93**
Severn Dri. *Wolv* —5E **25**
Severne Gro. *B27* —4A **136**
Severne Rd. *B27* —5A **136**
Severn Gro. *B19* —2E **101**
  (in two parts)
Severn Gro. *B11* —5C **118**
Severn Rd. *Bwnhls* —3G **9**
Severn Rd. *Hale* —6D **110**
Severn Rd. *Stourb* —2D **124**
Severn Rd. *Wals* —6C **20**
Severn St. *B1* —2F **117** (6C **4**)
Severn Tower. *B7* —4B **102**
Severn Way. *Wyt* —6G **161**
Sevington Clo. *Sol* —1G **165**
Seymour Clo. *B29* —3C **132**
Seymour Clo. *Wals* —4D **6**
Seymour Gdns. *S Cold* —6E **37**
Seymour Rd. *O'bry* —2A **98**
Seymour Rd. *Stourb* —6B **110**
Seymour Rd. *Tip* —4C **62**
Seymour St. *B5*
    —6H **101** (4G **5**)
Seymour St. *B12* —4H **117**
Shackleton Dri. *Wolv* —4E **25**
Shackleton Rd. *Wals* —5B **20**
Shadowbrook La. *H Ard*
    —5F **139**
Shadwell Dri. *Dud* —4H **75**
Shadwell St. *B4*
    —5F **101** (1D **4**)
Shady La. *B44* —3F **67**
Shadymoor Dri. *Brie H*
    —3G **109**
Shaftesbury Av. *Hale* —4D **110**
Shaftesbury Av. *Stourb*
    —2G **125**
Shaftesbury Rd. *W'bry*
    —3H **63**
Shaftesbury Sq. *W Brom*
    —2A **80**
Shaftesbury St. *W Brom*
    —3A **80**
Shaftmoor Ind. Est. *Hall G*
    —3F **135**
Shaftmoor La. *Hall G & A Grn*
    —3E **135**
Shaftsbury Clo. *Bils* —4H **45**
Shaftsbury Rd. *B26* —6G **121**
Shakespeare Clo. *Bils* —3F **61**
Shakespeare Cres. *Wals*
    —1C **32**
Shakespeare Dri. *Shir*
    —6G **149**

Shakespeare Pl. *Wals* —2C **32**
Shakespeare Rd. *B23* —4B **84**
Shakespeare Rd. *Dud* —3E **75**
Shakespeare Rd. *Shir*
—6B **150**
Shakespeare Rd. *Smeth*
—5C **98**
Shakespeare Rd. *Tip* —5A **62**
Shakespeare St. *B11* —6C **118**
Shakespeare St. *Wolv* —2A **44**
Shaldon Wlk. *Smeth* —4F **99**
Shales, The. *Wom* —2E **73**
Shale St. *Bils* —6E **45**
Shalford Rd. *Sol* —1C **136**
Shallcross La. *Dud* —4H **75**
Shalnecote Gro. *B14* —2E **147**
Shambles. *W'bry* —3F **63**
Shandon Clo. *B32* —2D **130**
Shanklyn Clo. *Wals* —2F **7**
Shannon Dri. *Wals* —3G **9**
Shannon Rd. *B38* —2H **159**
Shannon Wlk. *Wals* —3G **9**
Shanti Niketan. Wolv —4H 43
  (off Johnson St.)
Shapinsay Dri. *Redn* —6F **143**
Shard End. —2G 105
Shard End Cres. *B34* —3G **105**
Shardlow Rd. *Wolv* —1G **29**
Shardway, The. *B34* —4G **105**
Sharesacre St. *W'hall* —6B **30**
Sharington Clo. *Dud* —1G **95**
Sharman Rd. *Wolv* —3A **28**
Sharmans Cross. —4B 150
Sharmans Cross Rd. *Sol*
—3C **150**
Sharon Clo. *Wolv* —6A **44**
Sharps Clo. *Redn* —2G **157**
Sharrat Fld. *S Cold* —1B **54**
Sharrocks St. *Wolv* —2A **44**
Shaver's End. —4D 76
Shawberry Av. *B35* —4E **87**
Shawberry Rd. *B37* —4B **106**
Shawbrook. —5A 162
Shawbrook Gro. *B14* —4A **148**
Shawbury Gro. *B12* —3H **117**
Shawbury Gro. *Wolv* —4E **25**
Shawbury Rd. *Wolv* —4B **28**
Shaw Dri. *B33* —1C **120**
Shawfield. *H'wd* —4A **162**
Shaw Hall La. *Cov H* —1G **15**
Shawhellier Av. *Brie H*
—1A **110**
Shaw Hill Gro. *B8* —5G **103**
Shaw Hill Rd. *B8* —5G **103**
Shawhurst Cft. *H'wd* —2A **162**
Shawhurst La. *H'wd* —4A **162**
Shaw La. *Wolv* —6H **25**
Shawley Cft. *B27* —1C **136**
Shaw Pk. Bus. Village. *Wolv*
—3H **27**
Shaw Rd. *Bils* —4D **60**
Shaw Rd. *B'hll* —5G **43**
Shaw Rd. *Dud* —2D **94**
  (in two parts)
Shaw Rd. *Tip* —3C **78**
Shaw Rd. *Wolv* —3G **27**
  (in two parts)
Shawsdale Rd. *B36* —2D **104**
Shaws La. *Wals* —3G **7**
Shaw's Pas. *B5*
—1H **117** (5G **5**)
Shaw St. *Wals* —1B **48**
  (in two parts)
Shaw St. *W Brom* —5E **63**
Shayler Gro. *Wolv* —4H **43**
Sheaf La. *B26* —6F **121**

Shearwater Clo. *Redn* —3F **157**
Shearwater Dri. *Brie H*
—4G **109**
Shearwater Wlk. *Erd* —6B **68**
Sheaves Clo. *Bils* —2D **60**
Shedden St. *Dud* —1F **95**
Sheddington Rd. *B23* —6D **68**
Sheen Rd. *B44* —1G **67**
Sheepclose Dri. *B37* —6C **106**
Sheepcote St. *B16*
—1D **116** (6A **4**)
Sheepfold Clo. *Row R* —5A **96**
Sheepmoor Clo. *B17* —3D **114**
Sheep St. *B4* —5H **101** (1G **5**)
Sheepwash La. *Tip* —2D **78**
Sheffield Rd. *S Cold* —6G **69**
Sheffield St. *Brie H* —2C **110**
Shefford Rd. *B6* —4H **101**
Sheila Av. *Wolv* —2G **29**
Shelah Rd. *Hale* —5H **111**
Shelbourne Clo. *Tiv* —5D **78**
Sheldon. —6H 121
Sheldon Av. *W'bry* —1G **63**
Sheldon Clo. *Bils* —2F **61**
Sheldon Country Pk.
—4A **122**
Sheldon Dri. *B31* —5B **144**
Sheldonfield Rd. *B26* —6H **121**
Sheldon Gro. *B26* —6F **121**
Sheldon Hall Av. *B33* —6H **105**
  (in two parts)
Sheldon Heath Rd. *B26*
—2E **121**
Sheldon Rd. *W Brom* —5C **64**
Sheldon Rd. *Wolv* —6E **15**
Sheldon Wlk. *B33* —2G **121**
Shelfield. —6H 21
Shelfield Rd. *B14* —4E **147**
Shelley Av. *Tip* —5A **62**
Shelley Clo. *Dud* —2E **75**
Shelley Clo. *Stourb* —3E **109**
Shelley Dri. *B23* —4B **84**
Shelley Dri. *S Cold* —3F **37**
Shelley Rd. *W'hall* —2E **31**
Shelley Rd. *Wolv* —5H **15**
Shelley Tower. *B31* —4G **145**
Shelly Clo. *B37* —1B **122**
Shelly Cres. *Shir* —2F **165**
Shelly Cft. *B33* —6E **105**
Shelly Ho. *O'bry* —5H **97**
Shelly La. *Shir* —3F **165**
Shelly Shop. Cen. *Shir*
—2F **165**
Shelsley Av. *O'bry* —4D **96**
Shelsley Dri. *B13* —4B **134**
Shelsley Way. *Sol* —6F **151**
Shelton Clo. *W'bry* —6A **48**
Shelton La. *Hale* —6G **111**
Shelwick Gro. *Dorr* —5A **166**
Shenley Av. *Dud* —1D **76**
Shenley Fields. —6D 130
Shenley Fields Dri. *B31*
—5C **130**
Shenley Fields Rd. *B29*
—6D **130**
Shenley Gdns. *B29* —6E **131**
Shenley Grn. *B29* —1D **144**
Shenley Hill. *B31* —1C **144**
Shenley La. *B29* —4D **130**
Shenstone Av. *Hale* —6E **113**
Shenstone Av. *Stourb*
—2B **124**
Shenstone Clo. *S Cold* —3E **37**
Shenstone Ct. *Shir* —5D **148**
Shenstone Ct. *Wolv* —5E **43**
Shenstone Dri. *Bal C* —3G **169**

Shenstone Dri. *Wals* —1C **34**
Shenstone Flats. *Hale* —6F **113**
Shenstone Rd. *Edg* —6G **99**
Shenstone Rd. *Gt Barr* —5A **66**
Shenstone Rd. *May* —6A **148**
Shenstone Trad. Est. *Hale*
—1C **128**
Shenstone Valley Rd. *Hale*
—5E **113**
Shenstone Wlk. *Hale* —6D **112**
Shenton Wlk. *B37* —4C **106**
Shepheard Rd. *B26* —6H **121**
Shepherd Dri. *W'hall* —4C **30**
Shepherds Brook Rd. *Stourb*
—6H **109**
Shepherds Fold. *Row R*
—1B **112**
Shepherds Gdns. *B15*
—2D **116**
Shepherds Grn. Rd. *B24*
—5F **85**
Shepherds La. *Mer* —2G **141**
Shepherds Pool Rd. *S Cold*
—1C **54**
Shepherds Standing. *B34*
—3F **105**
Shepherds Wlk. *Wolv* —5D **14**
Shepherds Way. *B23* —5C **68**
Shepley Rd. *Redn* —3H **157**
Sheppey Dri. *B36* —4D **106**
Shepwell Green. —1D 46
Shepwell Grn. *W'hall* —2C **46**
Sherard Cft. *B36* —3D **106**
Sheraton Clo. *Wals* —3D **34**
Sheraton Grange. *Stourb*
—3D **124**
Sherborne Clo. *Col* —5H **107**
Sherborne Clo. *Wals* —2A **32**
Sherborne Gdns. *Cod* —4G **13**
Sherborne Gro. *B1* —6C **100**
Sherborne Rd. *Wolv* —6H **15**
Sherborne St. *B16* —1D **116**
Sherbourne Ct. *A Grn*
—1A **136**
Sherbourne Dri. *B27* —1A **136**
Sherbourne Rd. *A Grn*
—1A **136**
Sherbourne Rd. *Bal H*
—4G **117**
Sherbourne Rd. *Crad H*
—3A **112**
Sherbourne Rd. *Stourb*
—1F **125**
Sherbourne Rd. E. *Bal H*
—5H **117**
Sherdmore Cft. *Shir* —3E **165**
Sheridan Clo. *Wals* —4H **47**
Sheridan Gdns. *Dud* —2D **74**
Sheridan St. *Wals* —4H **47**
Sheridan St. *W Brom* —3B **80**
Sheridan Wlk. *B35* —4E **87**
Sheriff Dri. *Brie H* —1B **110**
Sherifoot La. *S Cold* —5H **37**
Sheringham. *B15* —3A **116**
Sheringham Rd. *B30* —4D **146**
Sherington Dri. *Wolv* —6H **43**
Sherlock Clo. *W'hall* —4D **30**
Sherlock St. *B5* —3G **117**
Sherrans Dell. *Wolv* —2A **60**
Sherratt Clo. *S Cold* —5D **70**
Sherringham Dri. *Ess* —6C **18**
Sherron Gdns. *B12* —6H **117**
Sherston Covert. *B30* —5E **147**
Shervale Clo. *Wolv* —5E **43**
Sherwin Av. *Bils* —3C **60**
Sherwood Av. *Tip* —3H **77**

Sherwood Clo. *B28* —2F **149**
Sherwood Clo. *Sol* —6D **136**
Sherwood Dri. *Brie H* —2B **110**
Sherwood M. *B28* —1E **149**
Sherwood Rd. *B28* —6E **135**
Sherwood Rd. *Smeth* —2E **115**
Sherwood Rd. *Stourb*
—4C **108**
Sherwood St. *Wolv* —6G **27**
Sherwood Wlk. *Redn* —4H **143**
Sherwood Wlk. *Wals* —2A **34**
Shetland Clo. *B16* —1B **116**
Shetland Clo. *Wolv* —4F **27**
Shetland Dri. *Smeth* —2B **98**
Shetland Wlk. *B36* —3D **106**
Shidas La. *O'bry* —2E **97**
Shifnal Rd. *Alb* —6A **12**
Shifnal Wlk. *B31* —1D **158**
Shillcock Gro. *B19* —4G **101**
Shilton Clo. *Shir* —3D **164**
Shilton Gro. *B29* —5D **130**
Shinwell Cres. *Tiv* —5D **78**
Shipbourne Clo. *B32* —6D **114**
Shipley Fields. *B24* —4G **85**
Shipley Gro. *B29* —5E **131**
Shipston Rd. *B31* —6F **145**
Shipton Clo. *Dud* —4A **76**
Shipton Rd. *S Cold* —2A **70**
Shipway Rd. *B25* —4G **119**
Shirebrook Clo. *B6* —1G **101**
Shire Brook Ct. *B19* —2F **101**
Shire Clo. *B16* —1B **116**
Shire Clo. *O'bry* —1H **113**
Shireland Brook Gdns. *B18*
—5H **99**
Shireland Clo. *B20* —4A **82**
Shireland Rd. *Smeth* —5F **99**
Shire Lea. *Bwnhls* —1D **22**
Shire Oak. —2C 22
Shire Ridge. *Wals W* —3C **22**
Shirestone Rd. *B33* —1H **121**
Shireview Gdns. *Wals* —3F **21**
Shireview Rd. *Wals* —3E **21**
Shirley. —6A 150
Shirley Dri. *S Cold* —1A **70**
Shirley Heath. —6H 149
Shirley Pk. Rd. *Shir* —5H **149**
Shirley Rd. *Dud* —1G **95**
Shirley Rd. *Hall G & A Grn*
—1G **149**
Shirley Rd. *K Nor* —2C **146**
Shirley Rd. *O'bry* —3A **98**
Shirley Street. —4A 150
Shirley Trad. Est. *Shir*
—1C **164**
Shirrall Dri. *Dray B* —5G **39**
Shirrall Gro. *B37* —4B **106**
Sholing Clo. *Pend* —6D **14**
Shooters Clo. *B5* —5F **117**
Shooters Hill. *S Cold* —3B **70**
Shop La. *Oaken* —6C **12**
Shop La. *Tres* —4B **40**
Shopton Rd. *B34* —2E **105**
Shoreham Clo. *W'hall* —2F **45**
Short Acre St. *Wals* —6B **32**
Short Cross. —6A 112
Shorters Av. *B14* —3B **148**
Shortfield Clo. *Bal C* —2H **169**
Short Heath. —3E 31
Short Heath. —1D 84
Short Heath Rd. *B23 & Erd*
—1D **84**
Shortland Clo. *Know* —2C **166**
Shortlands Clo. *B30* —5C **146**
Shortlands La. *Wals* —3D **20**
Short La. *Wals* —2E **7**

Short Rd.—Smith Rd.

Short Rd. *Smeth* —6B **98**
Short Rd. *Wolv* —6A **16**
Short St. *Bils* —5F **45**
Short St. *Bwnhls* —5B **10**
Short St. *Darl* —4F **47**
Short St. *Dud* —5C **76**
Short St. *Hale* —1H **127**
Short St. *Prem B* —2B **48**
Short St. *Row R* —1C **112**
(in two parts)
Short St. *Stourb* —6D **108**
Short St. *Tip* —5G **61**
Short St. *W'bry* —2E **63**
Short St. *W'hall* —4C **30**
Short St. *Wolv*
—1H **43** (2C **170**)
Shortwood Clo. *B34* —3E **105**
Shorwell Pl. *Brie H* —3F **109**
Shottery Clo. *S Cold* —4D **70**
Shottery Gro. *S Cold* —4D **70**
Shottery Gro. *Tys* —6H **119**
Shottery Rd. *Shir* —6H **149**
Shotteswell Rd. *Shir* —2H **163**
Showell Cir. *Wolv* —2A **28**
Showell Green. —1B 134
Showell Grn. La. *B11* —2B **134**
Showell Ho. *O'bry* —2G **97**
Showell La. *Wolv* —2G **57**
Showell Rd. *Wolv* —2H **27**
Showells Gdns. *B7* —2C **102**
Shrawley Clo. *Hale* —3A **128**
Shrawley Clo. *Redn* —2F **157**
Shrawley Ho. *B31* —5H **145**
Shrawley Rd. *B31* —5G **145**
Shrewley Cres. *B33* —2A **122**
Shrewsbury Clo. *Wals* —6F **19**
Shrewton Av. *B14* —6F **147**
Shrops Row. *K'wfrd* —6E **75**
Shrubbery Av. *Tip* —2F **77**
Shrubbery Clo. *S Cold* —1B **86**
Shrubbery Pl. *Tip* —1G **77**
Shrubbery, The. *B16* —6B **100**
Shrubbery, The. *Tip* —1C **78**
Shrublands Av. *O'bry* —4H **113**
Shrub La. *B24* —4H **85**
Shugborough Clo. *Blox*
—6H **19**
Shugborough Dri. *Dud*
—5A **76**
Shustoke La. *Wals* —1F **65**
Shustoke Rd. *B34* —3G **105**
Shustoke Rd. *Sol* —2H **151**
Shut End. —6E 75
Shut La. *B4* —1G **117** (4F **5**)
Shutlock La. *B13* —4F **133**
Shyltons Cft. *B16* —1C **116**
Sibdon Gro. *B31* —1F **159**
Sidaway Clo. *Row R* —3C **96**
Sidaway St. *Crad H* —2G **111**
Sidbury Gro. *Dorr* —6A **166**
Sidcup Clo. *Bils* —2D **60**
Sidcup Rd. *B44* —4A **68**
Siddeley Wlk. *B36* —6B **88**
Siddons Factory Est. *W Brom*
—5F **63**
Siddons Rd. *Bils* —3F **61**
Siddons Way. *W Brom*
—6G **63**
Sidenhill Clo. *Shir* —1H **163**
Sidford Gdns. *B24* —4A **86**
Sidford Gro. *B23* —6E **69**
Sidings, The. *Hand* —1E **101**
Sidlaw Clo. *Hale* —3F **127**
Sidlaw Clo. *Wolv* —3G **27**
Sidney St. *Wolv*
—3G **43** (6A **170**)

Sidwick Cres. *Wolv* —5D **44**
Sigmund Clo. *Wolv* —6D **28**
Signal Gro. *Wals* —6G **19**
Signal Hayes Rd. *S Cold*
(in two parts) —3D **70**
Silesbourne Clo. *B36* —1G **105**
Silhill Hall Rd. *Sol* —1E **151**
Silva Av. *K'wfrd* —5D **92**
Silver Birch Coppice. *S Cold*
—4D **36**
Silverbirch Ct. *B24* —1H **85**
Silver Birch Dri. *H'wd*
—3B **162**
Silver Birch Rd. *Erd* —1H **85**
Silver Birch Rd. *K'hrst*
—3B **106**
Silver Birch Rd. *Nort C* —1F **9**
Silverbirch Rd. *Sol* —4A **152**
Silver Birch Rd. *S Cold*
—2H **51**
Silver Birch Rd. *Wolv* —4A **44**
Silver Ct. *Wals* —6B **10**
Silver Ct. Gdns. *Wals* —6B **10**
Silvercroft Av. *B20* —4H **81**
Silverdale Dri. *Wolv* —5A **28**
Silverdale Gdns. *Stourb*
—6A **92**
Silverdale Rd. *B24* —2B **86**
Silver End. —2G 109
Silver End Ind. Est. *Brie H*
—2F **109**
Silver End Trad. Est. *Brie H*
—2G **109**
Silverfield Clo. *B14* —5G **133**
Silver Innage. *Hale* —4E **111**
Silverlands Av. *O'bry* —6H **97**
Silverlands Clo. *B28* —4F **135**
Silvermead Rd. *S Cold* —4G **69**
Silvermere Rd. *B26* —5H **121**
Silvers Clo. *Wals* —2D **20**
Silverstone Clo. *Wals* —6E **31**
Silverstone Dri. *S Cold*
—5H **51**
Silver Street. —4G 161
Silver St. *Brie H* —1F **109**
Silver St. *Bwnhls* —6A **10**
Silver St. *K Hth* —5G **133**
Silver St. *K Nor & Wyt*
—4F **161**
Silverthorne Av. *Tip* —2F **77**
Silverthorne La. *Crad H*
—2D **110**
Silverton Cres. *B13* —4D **134**
Silverton Heights. *Smeth*
—3D **98**
Silverton Rd. *Smeth* —3C **98**
Silverton Way. *Wolv* —4H **29**
Silvester Ct. *W Brom* —4B **80**
Silvester Rd. *Bils* —5G **45**
Silvester Way. *Brie H* —3F **109**
Silvington Clo. *B29* —6G **131**
Simcox Gdns. *B32* —3B **130**
Simcox Rd. *W'bry* —6F **47**
Simeon Bissell Clo. *Tip*
—2A **78**
Simeon's Wlk. *Brie H* —4B **110**
Simmonds Clo. *Wals* —4B **20**
Simmonds Pl. *Wals* —4B **20**
Simmonds Pl. *W'bry* —4E **47**
Simmonds Rd. *Wals* —4B **20**
Simmonds Way. *Wals* —2C **22**
Simmons Dri. *B32* —6A **114**
Simmons Leasow. *B32*
—3B **130**
Simmons Rd. *Wolv* —6B **18**
Simms La. *Dud* —4E **95**

Simms La. *H'wd* —4A **162**
(in two parts)
Simon Cl. *Tip* —2G **77**
Simon Clo. *W Brom* —4C **64**
Simon Rd. *H'wd* —2A **162**
Simpkins Clo. *Wals* —4C **22**
Simpson Gro. *Wolv* —3A **28**
Simpson Rd. *S Cold* —4A **70**
Simpson Rd. *Wals* —4H **31**
Simpson Rd. *Wolv* —3A **28**
Simpson St. *O'bry* —2G **97**
Singer Cft. *B36* —6B **88**
Singh Clo. *B21* —6A **82**
Singing Cavern Experience.
—3F 77
(Black Country Mus.)
Sion Clo. *Brie H* —6H **93**
Sir Alfred's Way. *S Cold*
—2C **70**
Sir Harrys Rd. *Edg & B5*
—5D **116**
Sir Hilton's Rd. *B31* —2F **159**
Sir Johns Rd. *B29* —2E **133**
Sir Richards Dri. *B17*
—4D **114**
Sisefield Rd. *B38* —6C **146**
Siskin Clo. *Hamm* —1F **11**
Siskin Dri. *B12* —5G **117**
Siskin Rd. *Stourb* —2H **125**
Sister Dora Gdns. *Wals*
—2C **48**
Siviters Clo. *Row R* —6C **96**
Siviters La. *Row R* —6B **96**
Siviter St. *Hale* —1B **128**
Six Acres. *B32* —1A **130**
Six Foot Rd. *Dud* —4E **95**
Six Towers Rd. *Wals* —5A **32**
Six Ways. *B23* —3F **85**
Skelcher Rd. *Shir* —3G **149**
Skemp Clo. *Bils* —2F **61**
Sketchley Clo. *Smeth* —3E **99**
Skiddaw Clo. *B23* —1D **84**
Skidmore Av. *Wolv* —3D **42**
Skidmore Dri. *W Brom*
—4G **79**
Skidmore Rd. *Bils* —3F **61**
Skinner La. *B5* —2G **117**
Skinner St. *Wolv*
—1G **43** (3A **170**)
Skip La. *Wals* —6H **49**
Skipton Grn. *Wolv* —4E **27**
Skipton Rd. *B16* —2C **116**
Skomer Clo. *Redn* —6E **143**
Skye Clo. *B36* —3D **106**
Skye Wlk. *Crad H* —2G **111**
Sky Lark Clo. *Brie H* —6G **75**
Skywalk. *B40* —1G **139**
Slack La. *B20* —5A **82**
Slacky La. *Wals* —6C **20**
Slade Clo. *W Brom* —3D **64**
Sladefield Rd. *B8* —4G **103**
Slade Gdns. *Cod* —3G **13**
Slade Gro. *Know* —3B **166**
Slade Hill. *Wolv* —6D **26**
Slade La. *B28* —4E **149**
Slade La. *S Cold* —6E **39**
Slade Lanker. *B34* —4E **105**
Sladepool Farm Rd. *B14*
—4H **147**
Slade Rd. *B23* —3D **84**
Slade Rd. *Hale* —5E **111**
Slade Rd. *S Cold & Can*
—6C **38**
Slade Rd. *Wolv* —4G **15**
Slaithwaite Rd. *W Brom*
—3C **80**

Slaney Ct. *Wals* —4A **48**
Slaney Rd. *Wals* —5H **47**
Slatch Ho. Rd. *Smeth*
—1C **114**
Slate La. *Cod* —2D **12**
Slateley Cres. *Shir* —3E **165**
Slate Row. *Wals* —4E **21**
Slater Rd. *Ben H* —5A **166**
Slater's La. *Wals* —4H **47**
Slater's Pl. *Wals* —4H **47**
Slater St. *Bils* —1G **61**
Slater St. *Gt Bri* —2D **78**
Slater St. *Tip* —3A **78**
Slater St. *W'bry* —4D **46**
Slater St. *W'hall* —6C **30**
Sleaford Gro. *B28* —6G **135**
Sleaford Rd. *B28* —6H **135**
Sledmore Rd. *Dud* —2F **95**
Slieve, The. *B20* —4C **82**
Slim Av. *Bils* —2G **61**
Slimbridge Clo. *Shir* —3E **165**
Slim Rd. *Wals* —1E **47**
Slims Ga. *Hale* —1A **128**
Slingfield Rd. *B31* —5G **145**
Sling, The. *Dud* —3E **95**
Slitting Mill Clo. *B21* —1G **99**
Sloane Ho. *B1* —2A **4**
Sloane St. *B1* —6E **101** (3A **4**)
Slough La. *K Nor & H'wd*
(in two parts) —1G **161**
Smallbrook La. *Wom* —6H **57**
Smallbrook Queensway. *B5*
—2F **117** (6D **4**)
Small Clo. *Smeth* —4B **98**
Smalldale Rd. *B42* —6F **67**
Small Heath. —3D 118
Small Heath Bri. *B11* —4B **118**
Small Heath Bus. Pk. *B10*
—4F **119**
Small Heath Highway. *B10*
—3B **118**
Small Heath Trad. Est. *B11*
—5D **118**
Smallshire Way. *Stourb*
—3B **108**
Small St. *Wals* —3C **48**
Small St. *W Brom* —1H **79**
Smallwood Clo. *B24* —4B **86**
Smallwood Clo. *S Cold*
—2C **70**
Smallwood Rd. *Pend* —5C **14**
Smarts Av. *Lich* —2G **37**
Smeaton Gdns. *B18* —5A **100**
Smeed Gro. *B24* —4H **85**
Smestow. —3C 72
Smestow La. *Swind* —3C **72**
Smestow St. *Wolv* —5H **27**
Smestow Wildlife Cen.
—3D 72
Smethwick. —3D 98
Smethwick Ho. *O'bry* —1A **114**
Smethwick New Enterprise
Cen. *Smeth* —3E **99**
Smirrells Rd. *B28* —2E **149**
Smith Av. *W'bry* —1D **62**
Smith Clo. *Bils* —4C **60**
Smith Clo. *Smeth* —6B **98**
Smithfield Rd. *Wals* —6B **20**
Smithfields. *Stourb* —6E **109**
Smithfield St. *B5*
—2H **117** (6G **5**)
Smith Ho. *Wals* —4A **20**
Smithmoor Cres. *W Brom*
—5D **64**
Smith Pl. *Tip* —3B **78**
Smith Rd. *Wals* —5A **48**

Smith Rd. *W'bry* —4E **63**
Smiths Clo. *B32* —3H **129**
Smiths La. *Know* —3A **166**
Smith St. *B19* —4E **101**
Smith St. *Bils* —6F **45**
Smith St. *Dud* —2F **95**
Smiths Way. *Wat O* —4C **88**
Smith's Wood. —2C 106
Smithy Dri. *Wals* —3E **21**
Smithy La. *Brie H* —6F **75**
Smithy, The. *B26* —5G **121**
Smout Cres. *Bils* —3B **60**
Snapdragon Dri. *Wals* —2E **65**
Snape Rd. *Wolv* —6A **18**
Snapes Lodge. *W'hall* —3C **30**
Sneyd Hall Clo. *Wals* —1G **31**
Sneyd Hall Rd. *Wals* —6G **19**
Sneyd La. *Ess* —5B **18**
Sneyd La. *Wals* —6F **19**
Snowberry Dri. *Brie H* —6G **75**
Snowberry Gdns. *B27*
—6A **120**
Snowdon Gro. *Hale* —4F **127**
Snowdon Ri. *Dud* —1H **75**
Snowdon Rd. *Stourb* —5F **109**
Snowdon Way. *W'hall* —6B **18**
Snowdon Way. *Wolv* —3F **27**
Snowdrop Clo. *Clay* —1H **21**
Snowford Clo. *Shir* —6F **149**
Snow Hill. *B4* —6F **101** (2D **4**)
Snow Hill.
—2H **43** (4C **170**)
Snow Hill Junct. *Wolv*
—2H **43** (5C **170**)
Snow Hill Queensway. *B4*
—6F **101** (2D **4**)
Snowshill Dri. *Shir* —4B **164**
Snowshill Gdns. *Dud* —3B **76**
Soberton Clo. *Wolv* —2H **29**
Soho. —3F 99
Soho Av. *B18* —2C **100**
Soho Clo. *Smeth* —4G **99**
Soho Hill. *B19* —2C **100**
Soho Ho. *Smeth* —4G **99**
Soho Rd. *B21* —1A **100**
Soho St. *Smeth* —3G **99**
Soho Way. *Smeth* —3F **99**
Solari Clo. *Ock H* —5C **62**
Solent Clo. *Wolv* —5D **14**
Solihull. —4G 151
Solihull By-Pass. *Sol* —2G **151**
Solihull La. *B28* —1G **149**
Solihull Lodge. —5C 148
Solihull Parkway. *Birm P*
—4F **123**
Solihull Retail Pk. *Shir*
—6B **150**
Solihull Rd. *B11* —2D **134**
Solihull Rd. *H Ard* —1E **153**
Solihull Rd. *Shir* —4A **150**
Solihull Tourist Info. Cen.
—4G 151
Solly Gro. *Tip* —6D **62**
Solva Clo. *Wolv* —2D **44**
Solway Clo. *W'bry* —1A **64**
Somerby Dri. *Sol* —1E **165**
Somercotes Rd. *B42* —5F **67**
Somerdale Rd. *B31* —3G **145**
Somerfield Clo. *Wals* —6G **21**
Somerfield Rd. *Wals* —1H **31**
Somerford Clo. *Wals* —4E **7**
Somerford Gdns. *Wolv*
—5A **16**
Somerford Pl. *W'hall* —2H **45**
Somerford Rd. *B29* —5D **130**
Somerford Way. *Bils* —5D **60**

Somerland Rd. *B26* —2E **121**
Somerset Cres. *W'bry* —1B **64**
Somerset Dri. *B31* —2D **158**
Somerset Dri. *Stourb* —4B **108**
Somerset Rd. *Edg* —5A **116**
Somerset Rd. *Erd* —1F **85**
Somerset Rd. *Hand* —5B **82**
Somerset Rd. *Wals* —5E **33**
Somerset Rd. *W Brom* —1B **80**
Somerset Rd. *W'hall* —1D **46**
Somers Rd. *Hale* —6C **112**
Somers Rd. *Mer* —4F **141**
Somers Rd. *Wals* —4G **47**
Somerton Dri. *B23* —1G **85**
Somerton Dri. *Mars G*
—4C **122**
Somerville Ct. *S Cold* —3G **69**
Somerville Dri. *S Cold* —1G **69**
Somerville Ho. *B37* —6F **107**
Somerville Rd. *B10* —3D **118**
Somerville Rd. *S Cold* —1G **69**
Somery Rd. *B29* —3E **131**
Somery Rd. *Dud* —4E **77**
Sommerfield Rd. *B32*
—3A **130**
Sonning Dri. *Wolv* —5D **14**
Sopwith Cft. *B35* —5E **87**
Sorrel Clo. *Tiv* —5B **78**
Sorrel Dri. *Wals* —2E **65**
Sorrel Gro. *B24* —4B **86**
Sorrel Ho. *B24* —4B **86**
Sorrell Dri. *B27* —3H **135**
Sorrel Wlk. *Brie H* —5F **109**
Southacre Av. *B5* —3G **117**
(in two parts)
Southall Cres. *Bils* —4E **61**
Southall Rd. *Wolv* —1A **30**
Southalls La. *Dud* —6D **76**
Southam Clo. *B28* —5E **135**
Southam Dri. *S Cold* —4H **69**
Southampton St. *Wolv*
—6H **27** (1D **170**)
Southam Rd. *B28* —5E **135**
South Av. *Stourb* —1D **124**
South Av. *Wolv* —4E **29**
Southbank Rd. *Crad H*
—2G **111**
Southbank Vw. *K'wfrd* —5C **92**
Southbourne Av. *B34* —3B **104**
Southbourne Av. *Wals* —2H **47**
Southbourne Clo. *B29*
—3C **132**
Southbourne Rd. *Wolv*
—4G **15**
S. Car Pk. Rd. *B40* —2G **139**
Southcote Gro. *B38* —6H **145**
Southcott Av. *Brie H* —3H **109**
South Cres. *F'stne* —1E **17**
South Dene. *Smeth* —4D **98**
Southdown Av. *B18* —3C **100**
South Dri. *B5* —1E **133**
South Dri. *Col* —2F **107**
South Dri. *S Cold* —5A **54**
S. Eastern Arc. *B2* —4E **5**
Southern By-Pass. *Dud*
—2E **95**
Southern Clo. *K'wfrd* —6D **92**
Southerndown Rd. *Dud*
—6F **59**
Southern Rd. *B8* —4A **104**
Southern Way. *W'bry* —2C **62**
Southey Clo. *Sol* —1F **165**
Southey Clo. *W'hall* —1E **31**
Southfield Av. *Cas B* —1E **105**
Southfield Av. *Edg* —6H **99**
Southfield Dri. *B28* —2G **149**

Southfield Gro. *Wolv* —4A **42**
Southfield Rd. *B16* —6H **99**
Southfield Rd. *Wolv* —4H **29**
Southfields Clo. *Col* —5H **107**
Southfields Rd. *Sol* —6D **150**
Southfield Way. *Wals* —3F **7**
Southgate. *Crad H* —3F **111**
Southgate. *Wolv* —1F **43**
Southgate Rd. *B44* —3G **67**
South Grn. *Wolv* —6B **42**
Sth Gro. *Aston* —1F **101**
South Gro. *Erd* —2F **85**
South Gro. *Hand* —1D **100**
Sth Holme. *B9* —1C **118**
Southlands Rd. *B13* —4A **134**
Southmead Clo. *B30* —3A **146**
Southminster Dri. *B14*
—1G **147**
South Oval. *Dud* —2A **76**
South Pde. *S Cold* —6A **54**
S. Park M. *Brie H* —1G **109**
South Range. *B11* —5B **118**
South Rd. *Erd* —3F **85**
South Rd. *Hock* —2C **100**
South Rd. *K Hth* —5G **133**
South Rd. *N'fld* —5D **144**
South Rd. *Smeth* —4D **98**
South Rd. *S'brk* —4B **118**
South Rd. *Stourb* —1B **124**
South Rd. *Tip* —5B **62**
South Rd. Av. *B18* —3C **100**
South Roundhay. *B33*
—6E **105**
S. Staffordshire Bus. Pk. *Cann*
—1C **6**
South St. *B17* —6H **115**
South St. *Bils* —5E **61**
South St. *Brie H* —1G **109**
South St. *Wals* —3B **48**
South St. *W'hall* —2H **45**
South St. *Wolv* —3G **27**
South St. Gdns. *Wals* —3B **48**
South Tower. *B7* —5B **102**
South Vw. *B43* —6A **66**
S. View Clo. *Cod* —5H **13**
S. View Clo. *F'stne* —1D **16**
S. View Rd. *Dud* —5F **59**
Southville Bungalows. *B14*
—3B **148**
South Wlk. *B31* —6G **145**
South Way. *B40* —2G **139**
Southway Ct. *K'wfrd* —5D **92**
Southwick Pl. *Bils* —4F **45**
Southwick Rd. *Hale* —3D **112**
Southwold Av. *B30* —4E **147**
Southwood Av. *B34* —2F **105**
Southwood Clo. *K'wfrd*
—4C **92**
Southwood Covert. *B14*
—5F **147**
South Yardley. —5B 120
Sovereign Ct. *B1*
—6E **101** (2A **4**)
Sovereign Dri. *Dud* —5A **76**
Sovereign Heights. *B31*
—6A **144**
Sovereign Rd. *B30* —3B **146**
Sovereign Wlk. *Wals* —1E **49**
Sovereign Way. *Mose*
—1H **133**
Sowerby March. *Erd* —3B **86**
Sowers Clo. *W'hall* —4D **30**
Sowers Gdns. *W'hall* —4D **30**
Spa Gro. *B30* —5E **133**
Sparkbrook. —4B 118
Sparkhill. —1D 134

Spark St. *B11* —4A **118**
Sparrey Dri. *B30* —5C **132**
Sparrow Clo. *W'bry* —6H **47**
Spartan Ind. Est. *W Brom*
—1E **79**
Speed Rd. *Tip* —1G **77**
Speedwell Clo. *Wals* —4B **34**
Speedwell Clo. *Wed* —4G **29**
Speedwell Clo. *Yard* —5G **119**
Speedwell Dri. *Bal C* —3G **169**
Speedwell Gdns. *Brie H*
—5F **109**
Speedwell Rd. *B5* —5F **117**
Speedwell Rd. *Yard* —5G **119**
Spelter Works. *Wals* —2G **31**
Spencer Av. *Bils* —5E **61**
Spencer Clo. *Dud* —3E **75**
Spencer Clo. *W Brom* —5D **64**
Spencer St. *B18*
—4E **101** (1A **4**)
(in two parts)
Spen La. Trad. Est. *W Brom*
—5B **80**
Spenser Av. *Pert* —5F **25**
Spernall Gro. *B29* —4E **131**
Spey Clo. *B5* —5F **117**
Spiceland Rd. *B31* —1D **144**
Spiers Clo. *Know* —3C **166**
Spies Clo. *Hale* —5F **113**
Spies La. *Hale* —6F **113**
Spills Mdw. *Dud* —2A **76**
Spilsbury Cft. *Sol* —1E **165**
Spindle La. *Shir* —3G **163**
Spinners End Ind. Est. *Crad H*
—3F **111**
Spinney Clo. *B31* —4E **145**
Spinney Clo. *Stourb* —6A **92**
Spinney Clo. *Wals* —5E **21**
Spinney Dri. *Shir* —5B **164**
Spinney, The. *B20* —3A **82**
Spinney, The. *Dud* —5G **75**
Spinney, The. *Lit A* —4B **36**
Spinney, The. *Wolv* —2B **42**
Spinney, The. *Wyt* —5B **162**
Spinney Wlk. *S Cold* —6D **70**
Spiral Clo. *Hale* —3E **113**
Spiral Ct. *B24* —5E **85**
Spiral Ct. *Stourb* —1E **125**
Spiral Grn. *B24* —3A **86**
Spitfire Rd. *B24* —5A **86**
Spitfire Way. *Cas V* —5E **87**
Spondon Gro. *B34* —4G **105**
Spondon Rd. *Wolv* —1G **29**
Spon La. *W Brom* —6B **80**
Spon La. Ind. Est. *Smeth*
—1B **98**
Spon La. S. *W Brom & Smeth*
—1B **98**
Spoon Dri. *B38* —5H **145**
Spooner Cft. *B5* —3G **117**
Spooners Clo. *Sol* —6B **138**
Spot La. *Wals* —1B **22**
Spouthouse La. *B43* —6A **66**
Spout La. *Wals* —4C **48**
(in two parts)
Spreadbury Clo. *B17* —3D **114**
Sprig Cft. *B36* —1A **104**
Spring Av. *Row R* —1C **112**
Spring Avon Cft. *B17* —5F **115**
Spring Bank. —6B 30
Springbank. *B9* —6F **103**
Spring Bank Ho. *W'hall*
—6A **30**
Springbank Rd. *Edg* —4E **117**
Springbrook Clo. *B36* —6H **87**
Spring Clo. *Sol* —4D **150**

Spring Clo. *Wals* —5G **21**
Spring Coppice Dri. *Dorr*
　　　　　　　　—6C **166**
Spring Ct. *Smeth* —4G **99**
Spring Ct. *Wals* —4E **49**
Spring Ct. *W Brom* —5B **80**
Spring Cres. *Crad H* —4H **111**
Springcroft Rd. *B11* —3F **135**
Spring Dri. *Gt Wyr* —3G **7**
Spring Dri. Ind. Est. *Wolv*
　　　　　　　　—1C **60**
Springfield. —4A 96
　(nr. Dudley)
Springfield. —4D 134
　(nr. Shirley)
Springfield. —6A 28
　(nr. Wolverhampton)
Springfield. *B23* —4D **84**
Springfield Av. *B12* —5A **118**
Springfield Av. *Dud* —4A **60**
Springfield Av. *O'bry* —5A **98**
Springfield Av. *Stourb*
　　　　　　　　—1A **126**
Springfield Clo. *Row R*
　　　　　　　　—4A **96**
Springfield Ct. *Hall G* —5F **135**
Springfield Ct. *S Cold* —6G **55**
Springfield Cres. *Dud* —1H **95**
Springfield Cres. *Sol* —2G **137**
Springfield Cres. *S Cold*
　　　　　　　　—1E **71**
Springfield Cres. *W Brom*
　　　　　　　　—6C **80**
Springfield Dri. *Hale* —4D **112**
Springfield Dri. *K Hth*
　　　　　　　　—4G **133**
Springfield Grn. *Dud* —4A **60**
Springfield Gro. *Dud* —4H **59**
Springfield Ind. Est. *O'bry*
　　　　　　　　—2H **97**
Springfield La. *Row R* —4H **95**
Springfield La. *Wolv* —3H **15**
Springfield Rd. *Bils* —4G **45**
Springfield Rd. *Brie H*
　　　　　　　　—1F **109**
Springfield Rd. *Cas B*
　　　　　　　　—1H **105**
Springfield Rd. *Hale* —4D **112**
Springfield Rd. *K Hth* —5H **133**
Springfield Rd. *Mose* —4D **134**
Springfield Rd. *O'bry* —5A **98**
Springfield Rd. *S Cold* —3D **70**
Springfield Rd. *Wolv* —5A **28**
Springfields. *Col* —4H **107**
Springfields. *Wals* —2F **33**
Springfield St. *B18* —6C **100**
Springfield Ter. *Row R* —4H **95**
Spring Gdns. *Dud* —1F **95**
　(DY2)
Spring Gdns. *Dud* —5G **75**
　(DY3)
Spring Gdns. *Hand* —2A **100**
Spring Gdns. *Smeth* —6F **99**
Spring Gro. *B19* —3D **100**
Spring Gro. Gdns. *B18*
　　　　　　　　—3B **100**
Spring Head. *W'bry* —3F **63**
Springhill. —2D 18
　(Bloxwich)
Springhill. —6G 11
　(Brownhills)
Spring Hill. —1A 58
　(Wolverhampton)
Spring Hill. *Erd* —4F **85**
Spring Hill. *Hock* —5C **100**
Springhill Av. *Wolv* —2A **58**

Springhill Clo. *Wals* —6H **21**
Springhill Clo. *W'hall* —2D **30**
Springhill Ct. *Wals* —3E **49**
Springhill Gro. *Wolv* —1A **58**
Springhill La. *Wolv* —6F **41**
Springhill Pk. *Wolv* —2H **57**
Spring Hill Pas. *B18* —6C **100**
Springhill Rd. *Bwnhls* —6C **10**
Springhill Rd. *Wals* —2D **48**
Springhill Rd. *Wolv* —1G **29**
Spring Hill Ter. *Wolv* —5E **43**
Spring La. *B24* —4G **85**
Spring La. *Wals* —5G **21**
Spring La. *W'hall* —5B **30**
Spring Mdw. *C Hay* —4D **6**
Spring Mdw. *Crad H* —2H **111**
Spring Mdw. *Hale* —3H **127**
Spring Mdw. *Tip* —1C **78**
Springmeadow Rd. *B19*
Springmeadow Rd. *Dud*
　　　　　　　　—1E **111**
Spring Parklands. *Dud* —1C **94**
Spring Rd. *Dud* —3F **95**
Spring Rd. *Edg* —4F **117**
Spring Rd. *Smeth* —1B **98**
Spring Rd. *Tys* —2F **135**
Spring Rd. *Wals* —6H **21**
Spring Rd. *Wolv* —6C **44**
Spring Rd. Ind. Est. *Wolv*
　　　　　　　　—1C **60**
Springslade Dri. *B24* —4B **86**
Springs Mire. —1A 94
Springs, The. *Crad H* —2A **112**
Spring St. *B15* —3F **117**
Spring St. *Hale* —5E **111**
Spring St. *Ock H* —5C **62**
Spring St. *Stourb* —1A **126**
Spring St. *Tip* —2A **78**
Springthorpe Grn. *B24* —3A **86**
Springthorpe Rd. *B24* —4B **86**
Spring Vale. —1D 60
Springvale Av. *Bils* —1D **60**
Springvale Av. *Wals* —4G **49**
Springvale Bus. Pk. *Bils*
　　　　　　　　—1E **61**
Spring Va. Clo. *Bils* —4C **60**
Spring Va. Ind. Pk. *Bils*
　　　　　　　　—6E **45**
Spring Va. Rd. *Row R* —4A **96**
Springvale St. *W'hall* —6B **30**
Springvale Way. *Bils* —1E **61**
Spring Vs. *Hale* —2A **128**
Spring Wlk. *Hale* —4F **127**
Spring Wlk. *O'bry* —4G **97**
Spring Wlk. *Wals* —6H **31**
Sproat Av. *W'bry* —6C **46**
Spruce Gro. *B24* —5H **85**
Spruce Rd. *Wals* —2F **65**
Spruce Way. *Wolv* —2B **42**
Spur Tree Av. *Wolv* —2G **41**
Squadron Clo. *B35* —3G **87**
Square Clo. *B32* —2A **130**
Square, The. *B15* —2D **116**
Square, The. *A'rdge* —3D **34**
Square, The. *Cod* —3F **13**
Square, The. *Dud* —3B **94**
Square, The. *Harb* —5F **115**
Square, The. *Sol* —4G **151**
Square, The. *Tip* —6D **62**
Square, The. *W'hall* —1D **30**
Square, The. *Wolv*
　　　　—3H **43** (6D **170**)
Squires Ct. *Brie H* —3G **109**
Squires Cft. *S Cold* —3E **71**
Squires Ga. Wlk. *B35* —4E **87**

Squires Wlk. *W'bry* —2F **63**
Squirrel Hollow. *S Cold*
　　　　　　　　—3E **71**
Squirrels Hollow. *O'bry*
　　　　　　　　—4B **114**
Squirrel Wlk. *Penn* —1E **59**
Squirrel Wlk. *S Cold* —4C **36**
Stable Ct. *Dud* —1A **76**
Stable Cft. *W Brom* —6D **64**
Stableford Clo. *B32* —2D **130**
Stables, The. *B29* —3C **132**
Stablewood Gro. *Wals* —4E **49**
Stacey Clo. *Crad H* —2G **111**
Stacey Dri. *B13* —2A **148**
Stacey Grange Gdns. *Redn*
　　　　　　　　—3G **157**
Stackhouse Clo. *Wals* —3C **22**
Stackhouse Dri. *Wals* —3E **21**
Stadium Clo. *W'hall* —6B **30**
Stafford Clo. *Wals* —5H **19**
Stafford Ct. *B43* —6A **66**
　(off West Rd.)
Stafford Dri. *W Brom* —1H **79**
Stafford Ho. *B33* —1A **122**
Stafford La. *Cod* —6D **12**
Stafford Rd. *B21* —1B **100**
Stafford Rd. *Cov H* —1H **15**
Stafford Rd. *Wals* —3H **19**
Stafford Rd. *W'bry* —5C **46**
Stafford Rd. *Wolv* —5G **27**
Staffordshire Pool Clo. *B6*
　(off Emscote Rd.)　—6H **83**
Stafford St. *Bils* —6F **45**
Stafford St. *Dud* —6D **76**
Stafford St. *Wals* —6C **32**
Stafford St. *W'bry* —3E **63**
Stafford St. *W'hall* —1A **46**
　(in two parts)
Stafford St. *Wolv*
　　　　—5G **27** (1C **170**)
Stafford St. Junct. *Wolv*
　　　　—6G **27** (1B **170**)
Stafford Tower. *B4* —2G **5**
Stafford Way. *B43* —6A **66**
Stag Cres. *Wals* —3C **32**
Stag Hill Rd. *Wals* —2C **32**
Stag Wlk. *S Cold* —6B **70**
Stainsby Av. *B19* —4E **101**
Stainsby Cft. *Shir* —4F **165**
Stallings La. *K'wfrd* —1B **92**
Stambermill Clo. *Stourb*
　　　　　　　　—6H **109**
Stambermill Ho. *Stourb*
　　　　　　　　—6A **110**
Stambermill Ind. Est. *Stourb*
　　　　　　　　—5G **109**
Stamford Cft. *Sol* —5F **151**
Stamford Gro. *B20* —6E **83**
Stamford Rd. *B20* —6E **83**
Stamford Rd. *Brie H* —4G **109**
Stamford Rd. *Stourb* —6F **109**
　(in two parts)
Stamford St. *Stourb* —4D **108**
Stamford Way. *Wals* —5D **22**
Stanbridge Way. *Tip* —2A **78**
Stanbrook Rd. *Shir* —3E **165**
Stanbury Av. *W'bry* —5B **46**
Stanbury Rd. *B14* —3B **148**
Stancroft Gro. *B26* —3E **121**
Standard Way. *Erd* —6F **85**
Standbridge Way. *Tip* —2A **78**
Standhills Rd. *K'wfrd* —3C **92**
Standlake Av. *B36* —2B **104**
Stanfield Rd. *B43* —6F **51**
Stanfield Rd. *Quin* —4B **114**
Stanford Av. *B42* —6C **66**

Stanford Dri. *Row R* —5B **96**
Stanford Gro. *Hale* —4E **127**
Stanford Rd. *Wolv* —4G **43**
Stanford St. *B4*
　　　　　　—6H **101** (2F **5**)
Stanford Way. *O'bry* —5E **97**
Stanhoe Clo. *Brie H* —3H **109**
Stanhope Rd. *Smeth* —6D **98**
Stanhope St. *Dud* —5G **95**
Stanhope St. *Wolv*
　　　　—2F **43** (4A **170**)
Stanhope Way. *B43* —1F **67**
Stanhurst Way. *W Brom*
　　　　　　　　—3E **65**
Stanier Clo. *Wals* —2F **33**
Stanier Gro. *Hand* —5D **82**
Stanier Ho. *B1* —1F **117** (5C **4**)
Staniforth St. *B4* —5G **101**
Stanley Av. *B32* —4C **114**
Stanley Av. *Shir* —3H **149**
Stanley Av. *S Cold* —1D **70**
Stanley Clo. *B28* —2G **149**
Stanley Clo. *Wolv* —1H **29**
Stanley Ct. *Pert* —5E **25**
Stanley Dri. *Swind* —5E **73**
Stanley Gro. *B11* —5B **118**
Stanley Pl. *Bils* —6D **44**
Stanley Pl. *Mose* —2H **133**
Stanley Pl. *Wals* —3F **33**
Stanley Rd. *K Hth* —6F **133**
Stanley Rd. *Nech* —2C **102**
Stanley Rd. *O'bry* —3A **114**
Stanley Rd. *Stourb* —2D **124**
Stanley Rd. *Wals* —3F **33**
Stanley Rd. *W'bry* —6D **46**
Stanley Rd. *W Brom* —6C **64**
Stanley Rd. *Wolv* —6H **15**
Stanley St. *Wals* —1A **32**
Stanmore Gro. *Hale* —2G **129**
Stanmore Rd. *B16* —2G **115**
Stansbury Ho. *Wals* —3A **48**
　(off St Quentin St.)
Stanton Av. *Dud* —1B **76**
Stanton Gro. *B26* —3D **120**
Stanton Gro. *Shir* —3G **149**
Stanton Gro. *Tip* —2A **78**
Stanton Ho. *W Brom* —4D **64**
Stanton Rd. *B43* —6H **65**
Stanton Rd. *Shir* —3G **149**
Stanton Rd. *Wolv* —1B **44**
Stanville Rd. *B26* —5G **121**
Stanway Gdns. *W Brom*
　　　　　　　　—1B **80**
Stanway Gro. *B44* —2H **67**
Stanway Rd. *Shir* —4H **149**
Stanway Rd. *W Brom* —1B **80**
Stanwell Gro. *B23* —1E **85**
Stanwick Av. *B33* —6A **106**
Stapenhall Rd. *Shir* —3E **165**
Stapleford Cft. *B14* —5E **147**
Stapleford Gro. *Stourb* —6C **92**
Staplehall Rd. *B31* —5F **145**
Staplehurst Rd. *B28* —5F **135**
Staple Lodge Rd. *B31*
　　　　　　　　—6F **145**
Stapleton Clo. *Min* —1F **87**
Stapleton Dri. *F'bri* —6D **106**
Stapleton Rd. *Wals* —4B **34**
Stapylton Av. *B17* —6F **115**
Stapylton Ct. *Harb* —6F **115**
　(off Old Church Rd.)
Starbank Rd. *B10* —3G **119**
Starbold Clo. *Know* —3D **166**
Starbold Cres. *Know* —4C **166**
Star City. *B24* —1D **102**

Stourmore Clo.—Sutherland Rd.

Stourmore Clo. *W'hall* —3D **30**
Stour St. *B18* —6C **100**
Stour St. *W Brom* —4E **79**
Stourton Clo. *Know* —2D **166**
Stourton Clo. *S Cold* —1D **70**
Stourton Dri. *Wolv* —6A **42**
Stourton Rd. *B32* —6H **113**
Stour Va. Rd. *Stourb* —5B **110**
Stour Valley Clo. *Brie H*
—4H **109**
Stow Dri. *Brie H* —5F **109**
Stowell Rd. *B44* —6H **67**
Stowe St. *Wals* —2A **32**
Stow Gro. *B36* —2C **104**
Stow Heath. —4D 44
Stowheath La. *Wolv & Mose V*
—4D **44**
Stow Heath Pl. *Wolv* —4D **44**
Stow Lawn. —3D 44
Stowmans Clo. *Bils* —2D **60**
Straight Rd. *W'hall* —3C **30**
Straits Est. *Dud* —3E **75**
Straits Grn. *Dud* —3F **75**
Straits Rd. *Dud* —4F **75**
Straits, The. —3F 75
Straits, The. *Dud* —2D **74**
Stratford Clo. *Dud* —5A **76**
Stratford Ct. *S Cold* —2H **69**
Stratford Dri. *Wals* —1E **35**
Stratford Pl. *S'brk* —3A **118**
Stratford Rd. *B28 & Shir*
—2G **149**
Stratford Rd. *H'ley H & Lapw*
—6F **165**
Stratford Rd. *S'hll* —6C **118**
Stratford Rd. *S'hll & Hall G*
(in two parts) —4A **118**
Stratford St. N. *B11* —3A **118**
Stratford Wlk. *B36* —2A **104**
Strathdene Gdns. *B29*
—4G **131**
Strathdene Rd. *B29* —3G **131**
Strathern Dri. *Cose* —4C **60**
Strathfield Wlk. *Wolv* —5A **42**
Strathmore Cres. *Wom*
—4G **57**
Strathmore Rd. *Tip* —5A **62**
Stratton St. *Wolv* —5A **28**
Strawberry Clo. *Tiv* —2C **96**
Strawberry Fields. *Mer*
—4H **141**
Strawberry La. *Wals* —5E **7**
Strawberry La. *W'hall* —6E **29**
Strawmoor La. *Cod* —5B **12**
Stray, The. *Brie H* —3G **93**
Stream Mdw. *Wals* —6G **21**
Stream Pk. *K'wfrd* —5C **92**
Stream Rd. *K'wfrd & Stourb*
(in two parts) —4B **92**
Streamside Way. *Shelf*
—1H **33**
Streamside Way. *Sol* —1H **137**
Streatham Gro. *B44* —3A **68**
Streather Rd. *S Cold* —1A **54**
Streetly. —2H 51
Streetly Cres. *S Cold* —6D **36**
Streetly Dri. *S Cold* —6D **36**
Streetly La. *S Cold* —1C **52**
Streetly Rd. *B23* —2D **84**
Streetly Wood. *S Cold* —1A **52**
Streetsbrook Rd. *Shir*
—1H **149**
Streetsbrook Rd. *Sol* —2C **150**
Streets Corner Gdns. *Wals*
—3C **22**
Streets La. *C Hay* —5E **7**

Strensham Hill. *B13* —1G **133**
Strensham Rd. *B12* —1G **133**
Stretton Ct. *B24* —5E **85**
Stretton Gdns. *Cod* —3F **13**
Stretton Gro. *B19* —2E **101**
Stretton Gro. *B8* —3A **104**
Stretton Gro. *B11* —5C **118**
Stretton Gro. *Bal H* —6B **118**
Stretton Pl. *Bils* —4C **60**
Stretton Pl. *Dud* —5F **95**
Stretton Rd. *Aston* —3A **102**
Stretton Rd. *Shir* —1H **163**
Stretton Rd. *W'hall* —1C **30**
Stringer Clo. *S Cold* —5G **37**
Stringes Clo. *W'hall* —6B **30**
Stringes La. *W'hall* —6B **30**
Strode Rd. *Wolv* —5G **43**
Stronsay Clo. *Redn* —6F **143**
Stroud Av. *W'hall* —5C **30**
Stroud Clo. *W'hall* —5C **30**
Stroud Rd. *Shir* —5F **149**
Strutt Clo. *B15* —3H **115**
Stuart Cres. *Dud* —6G **77**
Stuart Ho. *Col* —2H **107**
Stuart Rd. *Hale* —6F **113**
Stuart Rd. *Row R* —5C **96**
Stuarts Dri. *B33* —2B **120**
Stuarts Grn. *Stourb* —5F **125**
Stuarts Rd. *B33* —1B **120**
Stuart St. *B7* —2C **102**
Stuart St. *Wals* —1H **31**
Stuarts Way. *B32* —6H **129**
Stubbers Green. —1A 34
Stubbers Grn. Rd. *Wals*
—6H **21**
Stubbington Clo. *W'hall*
—2F **45**
Stubbs Rd. *Wolv* —4E **43**
Stubby La. *Wolv* —3H **29**
Studland Rd. *B28* —5G **135**
Stud La. *B33* —6D **104**
Studley Cft. *Sol* —1H **137**
Studley Dri. *Brie H* —3G **109**
Studley Ga. *Stourb* —1B **124**
Studley Rd. *Wolv* —3A **42**
Studley St. *B12* —5B **118**
Sturman Dri. *Row R* —2B **112**
Suckling Grn. La. *Cod* —5F **13**
Sudbury Clo. *Wolv* —1G **29**
Sudbury Gro. *B44* —3B **68**
Sudeley Clo. *B36* —6F **87**
Sudeley Gdns. *Dud* —5H **75**
Suffield Gro. *B23* —2B **84**
Suffolk Clo. *O'bry* —5H **97**
Suffolk Clo. *Wed* —2E **29**
Suffolk Dri. *Brie H* —4G **109**
Suffolk Gro. *Wals* —1D **34**
Suffolk Pl. *B1* —2F **117** (6D **4**)
Suffolk Pl. *Wals* —4B **32**
Suffolk Rd. *Dud* —2C **94**
Suffolk Rd. *W'bry* —2A **64**
Suffolk St. Queensway. *B1*
—1F **117** (5C **4**)
Suffrage St. *Smeth* —4F **99**
Sugar Loaf La. *Ism & I'ley*
(in two parts) —5A **124**
Sugden Gro. *B5* —3G **117**
Sulgrave Clo. *Dud* —4B **76**
Sumburgh Cft. *B35* —4E **87**
Summercourt Dri. *K'wfrd*
—3A **92**
Summercourt Sq. *K'wfrd*
—4A **92**
Summer Cft. *B19* —3F **101**
Summer Dri. *Dud* —4G **75**

Summerfield Av. *K'wfrd*
—2A **92**
Summerfield Av. *W Brom*
(in two parts) —3A **80**
Summerfield Ct. *Edg* —3G **115**
Summerfield Cres. *B16*
—6A **100**
Summerfield Dri. *B29*
—6E **131**
Summerfield Gro. *B18*
—5A **100**
Summerfield Ind. Est. *B18*
—5C **100**
Summerfield Rd. *B16*
—6A **100**
Summerfield Rd. *Dud* —2F **95**
Summerfield Rd. *Sol* —3E **137**
Summerfield Rd. *Wolv* —1F **43**
Summerfields Av. *Hale*
—3F **113**
Summergate. *Dud* —4G **75**
Summerhill. —4H 11
(Brownhills)
Summer Hill. —6A 62
(Dudley)
Summer Hill. *Hale* —2B **128**
Summer Hill. *K'wfrd* —3A **92**
Summer Hill Ind. Pk. B1
(off Goodman St.) —6D 100
Summer Hill Rd. *B1* —6D **100**
Summer Hill Rd. *Bils* —4F **61**
Summerhill Rd. *Tip* —6H **61**
Summer Hill St. *B1* —6D **100**
Summer Hill Ter. *B1*
—6D **100** (3A **4**)
Summerhouse Rd. *Bils*
—4C **60**
Summer La. *B19*
—5F **101** (1D **4**)
Summer La. *Dud* —4G **75**
Summer La. *Min* —1H **87**
Summer La. *Wals* —5G **21**
Summerlee Rd. *B24* —5H **85**
Summer Rd. *A Grn* —3G **135**
Summer Rd. *Col* —3H **107**
Summer Rd. *Dud* —3C **76**
Summer Rd. *Edg* —4E **117**
(in two parts)
Summer Rd. *Erd* —2F **85**
Summer Rd. *Row R* —6D **96**
Summer Row. *B3*
—6E **101** (3B **4**)
Summer Row. *Wolv*
—2G **43** (4B **170**)
Summer St. *K'wfrd* —3B **92**
Summer St. *Lye* —6A **110**
Summer St. *Stourb* —6D **108**
Summer St. *W Brom* —3B **80**
Summer St. *W'hall* —1H **45**
Summerton Rd. *O'bry* —6D **78**
Summerville Ter. *B17*
—6G **115**
Summit Cres. *Smeth* —1C **98**
Summit Gdns. *Hale* —2H **127**
Summit Pl. *Dud* —5F **75**
Summit, The. *Stourb* —1H **125**
Sumpner Building. *B4* —2G **5**
Sunbeam Clo. *B36* —6B **88**
Sunbeam Dri. *Wals* —2F **7**
Sunbeam St. *Wolv* —4G **43**
Sunbeam Way. *B33* —1G **121**
Sunbury Clo. *Bils* —4G **61**
Sunbury Cotts. *N'fld* —3E **145**
Sunbury Rd. *B31* —2C **158**
Sunbury Rd. *Hale* —1H **127**
Suncroft. *B32* —6A **114**

Sundbury Ri. *B31* —2F **145**
Sunderland Dri. *Stourb*
—3E **109**
Sunderton Rd. *B14* —2G **147**
Sundew Cft. *B36* —1B **104**
Sundial La. *B43* —4B **66**
Sundour Cres. *Wolv* —6D **16**
Sundridge Rd. *B44* —1G **67**
Sundridge Wlk. *Wolv* —5A **42**
Sunfield Gro. *B11* —1E **135**
Sunleigh Gro. *B27* —1C **136**
Sunningdale. *Hale* —1E **129**
Sunningdale Av. *Pert* —4D **24**
Sunningdale Clo. *B20* —3A **82**
Sunningdale Clo. *Stourb*
—3D **124**
Sunningdale Clo. *S Cold*
—3G **69**
Sunningdale Dri. *Tiv* —2A **96**
Sunningdale Rd. *B11* —2G **135**
Sunningdale Rd. *Dud* —5F **59**
Sunningdale Way. *Wals*
—4G **19**
Sunny Av. *B12* —6A **118**
Sunnybank Av. *B44* —6B **68**
Sunnybank Clo. *A'rdge*
—1G **51**
Sunny Bank Ct. *O'bry* —4A **114**
Sunnybank Rd. *Dud* —2A **76**
Sunny Bank Rd. *O'bry*
—4A **114**
Sunnybank Rd. *S Cold* —5G **69**
Sunnydale Wlk. *W Brom*
—3A **80**
Sunnydene. *B8* —4G **103**
Sunny Hill Clo. *Wom* —1H **73**
Sunnymead Rd. *B26* —5D **120**
Sunnymead Way. *S Cold*
—4H **51**
Sunnymede Rd. *K'wfrd*
—5E **93**
Sunnyside. *Tiv* —2B **96**
Sunnyside. *Wals* —5C **22**
Sunnyside Av. *B23* —4E **85**
Sunridge Av. *B19* —3H **101**
Sunridge Av. *Wom* —6G **57**
Sunrise Wlk. *O'bry* —6A **98**
Sunset Clo. *Wals* —2F **7**
Sunset Pl. *Wolv* —2B **60**
Sun St. *Brie H* —2B **110**
Sun St. *Wals* —4B **48**
(in two parts)
Sun St. *Wolv* —1A **44**
Surfeit Hill Rd. *Crad H*
—3F **111**
Surrey Cres. *W Brom* —5G **63**
Surrey Dri. *K'wfrd* —5D **92**
Surrey Dri. *Wolv* —2C **42**
Surrey Rd. *B44* —1G **67**
Surrey Rd. *Dud* —2C **94**
Surrey Wlk. *Wals* —6C **22**
Sussex Av. *Wals* —1C **34**
Sussex Av. *W'bry* —1B **64**
Sussex Av. *W Brom* —1A **80**
Sussex Dri. *Wolv* —2C **42**
Sutherland Av. *Shir* —4A **150**
Sutherland Av. *Wolv* —3B **44**
Sutherland Clo. *B43* —1F **67**
Sutherland Dri. *B13* —1H **133**
Sutherland Dri. *Wom* —5G **57**
Sutherland Gro. *Pert* —5F **25**
Sutherland Ho. *Wolv* —1E **43**
Sutherland Pl. *Wolv*
—2H **43** (5D **170**)
Sutherland Rd. *Crad H*
—3G **111**

Taylors La. *Smeth* —4D **98**
Taylor's La. *W Brom* —3B **80**
Taylors Orchard. *B23* —3B **84**
Taylor St. *Wolv* —4F **29**
Taynton Covert. *B30* —4E **147**
Tay Rd. *Redn* —6H **143**
Taysfield Rd. *B31* —1C **144**
Taywood Dri. *B10* —4C **118**
Tealby Gro. *B29* —4C **132**
Teal Dri. *B23* —4B **84**
Teal Gro. *W'bry* —3B **62**
Teall Ct. *B27* —2A **136**
Teall Rd. *B8* —4E **103**
Tean Clo. *B11* —2G **135**
Teasdale Way. *Stourb*
　　　　　—1H **125**
Teasel Rd. *Wed* —4G **29**
Teazel Av. *B30* —1H **145**
Tebworth Clo. *Wolv* —5D **14**
Tedbury Cres. *B23* —1E **85**
Tedder Rd. *Wals* —1F **47**
Teddesley Gro. *B33* —5G **105**
Teddesley St. *Wals* —6D **32**
Teddington Clo. *S Cold*
　　　　　—3G **69**
Teddington Gro. *B42* —4F **83**
Tedstone Rd. *B32* —6C **114**
Teesdale Av. *B34* —3D **104**
Teesdale Clo. *Wolv* —1C **44**
Tees Gro. *B38* —6B **146**
Teignmouth Rd. *B29* —3B **132**
Telford Av. *Wals* —2F **7**
Telford Clo. *Smeth* —2B **114**
Telford Clo. *Wals* —4G **31**
Telford Clo. *W Brom* —5G **63**
Telford Gdns. *Wolv* —4B **42**
Telford Rd. *Wals* —4G **31**
Teme Gro. *W'hall* —1D **46**
Teme Rd. *Hale* —6D **110**
Teme Rd. *Stourb* —2D **124**
Tempest St. *Wolv*
　　　　　—2H **43** (4C **170**)
Templars, The. *O'bry* —4E **97**
Temple Av. *B28* —1G **149**
Temple Av. *Bal C* —3F **169**
Temple Balsall. —4B 168
Temple Bar. *W'hall* —1A **46**
Temple Ct. *Col* —6H **89**
Templefield Gdns. *B9* —2C **118**
Templefield Sq. *B15* —4D **116**
Templefield St. *B9* —2C **118**
Temple La. *Know* —6A **168**
Temple Meadows Rd. *W Brom*
　　　　　—2C **80**
(off Mosborough Cres.)
Templemore Dri. *B43* —6A **66**
Temple Pas. *B2*
　　　　　—1F **117** (4D **4**)
Temple Rd. *Dorr* —6C **166**
Temple Rd. *W'hall* —6A **30**
Temple Row. *B2*
　　　　　—1F **117** (4D **4**)
Temple Row W. *B2*
　　　　　—1F **117** (3D **4**)
Temple Sq. *W'hall* —6B **30**
Temple St. *B2* —1F **117** (4D **4**)
Temple St. *Bils* —6G **45**
Temple St. *Dud* —4H **75**
Temple St. *W Brom* —3A **80**
Temple St. *Wolv*
　　　　　—2G **43** (4B **170**)
Templeton Clo. *Dorr* —6C **166**
Templeton Rd. *B44* —3G **67**
Temple Way. *Col* —6H **89**
Temple Way. *Tiv* —5C **78**
Tenacre La. *Dud* —1A **76**
Ten Acres. —5D 132

Ten Ashes La. *Redn* —5A **158**
Tenbury Clo. *A'rdge* —1E **35**
Tenbury Clo. *Bntly* —6D **30**
Tenbury Ct. *Wolv* —6B **42**
Tenbury Gdns. *Wolv* —1B **58**
Tenbury Rd. *B14* —1F **147**
Tenby Rd. *B13* —4D **134**
Tenby St. *B1* —5D **100** (1A **4**)
Tenby St. N. *B1*
　　　　　—5D **100** (1A **4**)
Tenby Tower. *B31* —6E **145**
Tenlands Rd. *Hale* —2H **127**
Tennal Dri. *B32* —5D **114**
Tennal Gro. *B32* —5D **114**
Tennal La. *B32* —6C **114**
Tennal Rd. *B32* —5C **114**
Tennant St. *B15*
　　　　　—2D **116** (6A **4**)
Tennis Ct., The. *B15* —6C **116**
Tennscore Av. *Wals* —2E **7**
Tennyson Av. *S Cold* —3F **37**
Tennyson Ho. *O'bry* —5A **98**
Tennyson Rd. *B10* —4E **119**
Tennyson Rd. *Dud* —2E **75**
Tennyson Rd. *Wals* —1C **32**
Tennyson Rd. *W'hall* —1E **31**
Tennyson Rd. *Wolv* —6C **16**
Tennyson St. *Brie H* —3H **93**
Tenter Ct. *Hale* —1B **128**
Tenter Dri. *Hale* —1B **128**
Tenterfields. *Hale* —1B **128**
Tern Clo. *Wolv* —2H **59**
Tern Gro. *B38* —6A **146**
Terrace Rd. *B19* —2C **100**
Terrace St. *Brie H* —4A **94**
Terrace St. *Row R* —2B **112**
Terrace St. *W'bry* —2G **63**
Terrace, The. *Crad H* —3G **111**
Terrace, The. *Wolv* —2A **42**
Terry Dri. *S Cold* —3D **70**
Terry St. *Dud* —6F **77**
Tessall La. *B31* —6H **143**
(in two parts)
Tetbury Gro. *B31* —4B **144**
Tetley Av. *Wals* —5E **33**
Tetley Rd. *B11* —2E **135**
Tetnall St. *Dud* —1F **95**
Tettenhall. —5A 26
Tettenhall Rd. *Wolv* —5C **26**
Tettenhall Wood. —6A 26
Teviot Gdns. *Brie H* —3E **93**
Teviot Gro. *B38* —1B **160**
Teviot Tower. B19 —4E 101
(off Mosborough Cres.)
Tewkesbury Dri. *Dud* —6F **95**
Tewkesbury Rd. *B20* —6G **83**
Tewkesbury Rd. *Wals* —5E **19**
Tew Pk. Rd. *B21* —2A **100**
Thackeray Rd. *B30* —2H **145**
Thames Clo. *Brie H* —2F **93**
Thames Ct. *S Cold* —6H **53**
Thames Ct. Wyt —6G 161
(off Chapel La.)
Thames Gdns. *Bils* —4C **60**
Thames Rd. *Wals* —1B **32**
Thames Tower. *B7* —4B **102**
Thanet Clo. *K'wfrd* —3A **92**
Thanet Gro. *B42* —3E **83**
Thatchway Gdns. *B38*
　　　　　—2A **160**
Thaxted Rd. *B33* —6A **106**
Theatre App. *B5*
　　　　　—2G **117** (6E **5**)
Thelbridge Rd. *B31* —3C **158**
Thelma Rd. *Tip* —2G **77**
Thelma St. *Wals* —4B **48**

Thelsford Way. *Sol* —5H **137**
Theodore Clo. *B17* —1H **131**
Theodore Clo. *O'bry* —6E **79**
Theresa Rd. *B11* —4B **118**
Thetford Clo. *Tip* —2F **77**
Thetford Gdns. *Wolv* —3F **29**
Thetford Rd. *B42* —6D **66**
Thetford Way. *Wals* —2G **65**
Thickett Clo. *Wals* —3H **47**
Thicknall Dri. *Stourb* —3F **125**
Thimble End. —4D 70
Thimble End Rd. *S Cold*
　　　　　—2D **70**
Thimble Mill La. *B6 & B7*
　　　　　—2B **102**
Thimblemill Rd. *Smeth*
　　　　　—5B **98**
Third Av. *Bord G* —1F **119**
Third Av. *K'wfrd* —1D **92**
Third Av. *S Oak* —2E **133**
Third Av. *Wals* —4C **10**
Third Av. *Witt* —4H **83**
Third Av. *Wolv* —2A **28**
Third Exhibition Av. *B40*
　　　　　—6F **123**
Third Rd. *Wild* —5A **156**
Thirlmere Clo. *Tett* —1B **26**
Thirlmere Dri. *B13* —5C **134**
Thirlmere Dri. *Ess* —5A **18**
Thirlmere Gro. *Pert* —5F **25**
Thirlmere Rd. *Tett* —1B **26**
Thirlmere Wlk. *Brie H*
　　　　　—4F **109**
Thirsk Cft. *B36* —1A **104**
Thirston Clo. *Wolv* —4A **30**
Thistle Clo. *Dud* —1B **76**
Thistle Cft. *Wed* —4F **29**
Thistle Down Clo. *S Cold*
　　　　　—1A **52**
Thistledown Rd. *B34* —2G **105**
Thistledown Wlk. *Dud* —4G **59**
Thistle Grn. *B38* —1A **160**
Thistle Grn. Clo. *Row R*
　　　　　—4H **95**
Thistlegreen Rd. *Dud* —5G **95**
Thistle Ho. *B36* —1B **104**
Thistle La. *Bart G* —5H **129**
Thomas Cres. *Smeth* —4G **99**
Thomas Guy Rd. *W Brom*
　　　　　—6E **63**
Thomas Ho. *Wals* —4B **20**
Thomas Mason Clo. *Wolv*
　　　　　—2F **29**
Thomas St. *B6* —3H **101**
Thomas St. *Smeth* —4F **99**
Thomas St. *Wals* —1B **48**
Thomas St. *W Brom* —5B **80**
Thomas St. *Wolv*
　　　　　—3G **43** (6B **170**)
Thomas Wlk. *Cas V* —4F **87**
Thompson Av. *Wolv* —4H **43**
Thompson Clo. *Dud* —1D **110**
Thompson Clo. *W'hall* —6A **30**
Thompson Dri. *Erd* —1F **103**
Thompson Gdns. *Smeth*
　　　　　—5D **98**
Thompson Ho. *Tip* —5C **62**
Thompson Rd. *O'bry* —5H **97**
Thompson Rd. *Smeth* —5D **98**
Thompson St. *Bils* —6F **45**
Thompson St. *W'hall* —6A **30**
Thomson Av. *B38* —6A **146**
Thoresby Cft. *Dud* —4B **76**
Thornberry Dri. *Dud* —1H **93**
Thornberry Wlk. *B7* —3C **102**
Thornbridge Av. *B42* —6E **67**

Thorn Brook Ct. Wals —6D 32
(off Butts Rd.)
Thornbury Ct. *Pert* —6G **25**
Thornbury Rd. *B20* —5F **83**
Thornby Av. *Sol* —2F **151**
Thornby Rd. *B23* —5C **68**
Thorncliffe Rd. *B44* —3G **67**
Thorn Clo. *W'bry* —1F **63**
Thorncroft Way. *Wals* —1F **65**
Thorne Av. *Wolv* —2A **28**
Thorne Pl. *Row R* —1C **112**
Thorne Rd. *W'hall* —6A **30**
Thornes. —4G 23
Thornes Cft. *Wals* —3G **23**
Thorne St. *Wolv* —4C **44**
Thorneycroft La. *Wolv* —4C **28**
Thorneycroft Pl. *Bils* —2B **62**
Thorneycroft Rd. *Bils* —2A **62**
Thorneyfield Rd. *Shir* —4A **150**
Thorney Rd. *S Cold* —3H **51**
Thornfield Cft. *Sed* —6A **60**
Thornfield Rd. *B27* —3A **136**
Thorngrove Av. *Sol* —1G **165**
Thornham Way. *B14* —6F **147**
Thornhill Gro. *B21* —1B **100**
Thornhill Pk. *S Cold* —3A **52**
Thornhill Rd. *Brie H* —2A **110**
Thornhill Rd. *Dud* —3E **77**
Thornhill Rd. *Hale* —2G **127**
Thornhill Rd. *Hand* —2B **100**
Thornhill Rd. *Sol* —6G **137**
Thornhill Rd. *S'hll* —2D **134**
Thornhill Rd. *S Cold* —5A **52**
Thornhurst Av. *B32* —4C **114**
Thornleigh. *Dud* —2H **75**
Thornleigh Trad. Est. *Dud*
　　　　　—2C **94**
Thornley Clo. *B13* —4A **134**
Thornley Clo. *Wolv* —6H **17**
Thornley Gro. *Min* —1G **87**
Thornley Rd. *Wolv* —6H **17**
Thornley St. *Wolv*
　　　　　—1H **43** (2C **170**)
Thorn Rd. *B30* —6A **132**
Thorns Av. *Brie H* —2A **110**
Thornsett Gro. *Shir* —1H **149**
Thorns Rd. *Brie H* —4A **110**
Thornthwaite Clo. *Redn*
　　　　　—5H **143**
Thornton Clo. *Tiv* —5C **78**
Thornton Dri. *Brie H* —2A **110**
Thornton Rd. *B8* —4H **103**
Thornton Rd. *Shir* —3D **164**
Thornton Rd. *Wolv* —2D **44**
Thornwood Clo. *O'bry* —4A **98**
Thornyfield Clo. *Shir* —4A **150**
Thornyhurst La. *Hltn* —6H **11**
Thorpe Clo. *S Cold* —3A **54**
Thorpe Rd. *Wals* —4C **48**
Thorp St. *B5* —2F **117** (6D **4**)
Three Corner Clo. *Shir*
　　　　　—1E **163**
Three Maypoles. —2H 163
Three Oaks Rd. *Wyt* —5C **162**
Three Shires Oak Rd. *Smeth*
　　　　　—1D **114**
Three Tuns La. *Wolv* —5G **15**
Three Tuns Pde. *Wolv* —5G **15**
Threshers Dri. *W'hall* —3D **30**
Threshers Way. *W'hall* —3D **30**
Throne Clo. *Row R* —4C **96**
Throne Cres. *Row R* —4D **96**
Throne Rd. *Row R* —4C **96**
Throstles Clo. *Gt Barr* —6A **66**
Thrushel Wlk. *Wolv* —4E **29**
Thrush Rd. *O'bry* —1F **113**

Thruxton Clo. *B14* —4H **147**
Thurcroft Clo. *B8* —5F **103**
Thuree Rd. *Smeth* —1C **114**
Thurleigh Clo. *Stourb*
　　　　　—3G **125**
Thurlestone Rd. *B31* —2C **158**
Thurloe Cres. *Redn* —6E **143**
Thurlston Av. *Sol* —1D **136**
Thurlstone Dri. *Penn* —1D **58**
Thurlstone Rd. *Wals* —4H **19**
Thursfield Rd. *Tip* —1A **78**
Thursfield Rd. *W Brom*
　　　　　—5C **64**
Thurston Av. *O'bry* —3F **97**
Thynne St. *W Brom* —5C **80**
Tibbats Clo. *B32* —2A **130**
Tibberton Clo. *Hale* —2C **128**
Tibberton Clo. *Sol* —1E **165**
Tibberton Clo. *Wolv* —4B **42**
Tibbets La. *B17* —1E **131**
Tibbington Rd. *Tip* —6G **61**
Tibbington Ter. *Tip* —6G **61**
Tibbits Ho. Wals —6B 32
　(off Burrowes St.)
Tiberius Clo. *Col* —6H **89**
Tibland Rd. *B27* —4A **136**
Tidbury Green. —5D **162**
Tiddington Clo. *B36* —6F **87**
Tideswell Rd. *B42* —1E **83**
Tidmarsh Clo. *Bal C* —3G **169**
Tidworth Cft. *B14* —4A **148**
Tierney Dri. *Tip* —1C **78**
Tiffany La. *Wolv* —5D **14**
Tiffield Rd. *B25* —6A **120**
Tigley Av. *B32* —4B **130**
Tilbury Clo. *Wolv* —3G **41**
Tilbury Gro. *B13* —4F **133**
Tildasley St. *W Brom* —2H **79**
Tildesley Dri. *W'hall* —4B **30**
Tile Cross. —2H **121**
Tile Cross Rd. *B33* —2H **121**
Tile Cross Trad. Est. *B33*
　　　　　—2H **121**
Tiled Ho. La. *Brie H* —4F **93**
Tile Gro. *B37* —4C **106**
Tilehouse Green. —3A **166**
Tilehouse Grn. La. *Know*
　　　　　—2B **166**
Tilehouse La. *Tid G & Shir*
　　　　　—5E **163**
Tilesford Clo. *Shir* —4E **165**
Tilley St. *W'bry* —5E **47**
Tillyard Cft. *B29* —4G **131**
Tilshead Clo. *B14* —4G **147**
Tilsley Gro. *B23* —2B **84**
Tilston Dri. *Brie H* —2H **109**
Tilton Rd. *B9* —2C **118**
　(in two parts)
Timbercombe Way. *Hand*
　　　　　—1H **99**
Timberdine Clo. *Hale* —5F **111**
Timberlake Clo. *Shir* —3F **165**
Timberley La. *B34* —3G **105**
　(in two parts)
Timber Mill Ct. *Harb* —5F **115**
Timbers Way. *Erd* —3D **86**
Timbers Way. *S'brk* —5A **118**
Timbertree Cres. *Crad H*
　　　　　—4G **111**
Timbertree Rd. *Crad H*
　　　　　—4G **111**
Times Sq. Av. *Brie H* —1A **110**
Timmins Clo. *Sol* —2A **152**
Timmis Clo. *Bils* —2D **60**
Timmis Rd. *Stourb* —5G **109**
Timothy Rd. *Tiv* —2C **96**

Tinacre Hill. *Wolv* —1E **41**
Tinchbourne St. *Dud* —6E **77**
Tindal St. *B12* —6H **117**
　(in two parts)
Tinker's Farm Gro. *B31*
　　　　　—4C **144**
Tinker's Farm Rd. *B31*
　　　　　—4C **144**
Tinmeadow Cres. *Redn*
　　　　　—2A **158**
Tinsley St. *Tip* —2E **79**
Tintagel Clo. *Wolv* —6F **25**
Tintagel Dri. *Dud* —5A **76**
Tintagel Way. *A'rdge* —3A **34**
Tintern Clo. *S Cold* —4A **52**
Tintern Ct. *Wolv* —5E **25**
Tintern Cres. *Wals* —4F **19**
Tintern Rd. *B20* —6G **83**
Tintern Way. *Wals* —5F **19**
Tipperary Clo. *B36* —1C **104**
Tipperary Wlk. *O'bry* —2F **97**
Tipper Trad. Est. *Stourb*
　　　　　—5C **110**
Tippity Grn. *Row R* —5B **96**
Tipps Stone Clo. *Tip* —3G **77**
Tipton. —2G **77**
Tipton Ind. Est. *Bils* —6F **61**
Tipton Rd. *Dud* —3G **77**
Tipton Rd. *Tip & Tiv* —4B **78**
Tipton Rd. *Woods* —6A **60**
Tipton St. *Dud* —6A **60**
Tipton Trad. Est. *Bils* —6F **61**
Tipton Trad. Est. *Bloom*
　　　　　—1F **77**
Tirley Rd. *B33* —4E **105**
Titania Clo. *Redn* —4H **143**
Titchfield Clo. *Wolv* —3A **16**
Titford Clo. *O'bry* —5E **97**
Titford La. *Row R* —5E **97**
Titford Rd. *O'bry* —5F **97**
　(in two parts)
Tithe Cft. *Wolv* —6B **28**
Tithe Rd. *Wolv* —3F **29**
Titterstone Rd. *B31* —1E **159**
Tiverton Clo. *K'wfrd* —6D **92**
Tiverton Rd. *B29* —3B **132**
Tiverton Rd. *Smeth* —4F **99**
Tividale. —6A **78**
Tividale Ho. *O'bry* —1D **96**
Tividale Rd. *Tip & Tiv* —5H **77**
Tividale Rd. *Tiv* —5H **77**
Tividale St. *Tip* —4A **78**
Tivoli, The. B25 & B26
　(off Church Rd.)　　—5B **120**
Tixall Rd. *B28* —2E **149**
Tobruk Wlk. *Brie H* —6H **93**
Tobruk Wlk. *W'hall* —2G **45**
Toll End Rd. *Tip* —6C **62**
Tollgate Clo. *B31* —1D **158**
Tollgate Dri. *B20* —2C **100**
Tollgate Precinct. *Smeth*
　　　　　—3D **98**
Toll Ho. Rd. *Redn* —2A **158**
Tollhouse Way. *Smeth* —2D **98**
Tolworth Gdns. *Wolv* —4A **44**
Tolworth Hall Rd. *B24* —4H **85**
Tomey Rd. *B11* —6D **118**
Tomlan Rd. *B31* —2G **159**
Tomlinson Rd. *B36* —6H **87**
Tompstone Rd. *W Brom*
　　　　　—5D **64**
Tonadine Clo. *Wolv* —6A **18**
Tonbridge Rd. *B24* —6G **85**
Tong Ct. Wolv —5G 27
　(off Boscobel Cres.)
Tong St. *Wals* —2E **49**

Topcroft Rd. *B23* —6F **69**
Top Fld. Wlk. *B14* —5F **147**
Topland Gro. *B31* —5A **144**
Top Rd. *Wild* —4A **156**
Topsham Cft. *B14* —2F **147**
Topsham Rd. *Smeth* —3C **98**
Torfield. *Wolv* —5C **14**
Tor Lodge Dri. *Wolv* —1H **41**
Toronto Gdns. *B32* —5C **114**
Torre Av. *B31* —5C **144**
Torrey Gro. *B8* —5A **104**
Torridge Dri. *Wolv* —4E **29**
Torridon Cft. *B13* —2F **133**
Torridon Rd. *W'hall* —6B **18**
Tor Va. Rd. *Wolv* —1G **41**
Tor Way. *Wals* —4D **20**
Totnes Gro. *S Oak* —3B **132**
Totnes Rd. *Smeth* —3D **98**
Tottenham Cres. *B44* —3B **68**
Touchwood Hall Clo. *Sol*
　　　　　—3G **151**
Towcester Cft. *B36* —1B **104**
Tower Cft. *B37* —5D **106**
Tower Hill. —1D **82**
Tower Hill. *B42* —1C **82**
Tower Ri. *Tiv* —2C **96**
Tower Rd. *B6* —2H **101**
　(in two parts)
Tower Rd. *S Cold* —6H **37**
Tower Rd. *Tiv* —2B **96**
Tower St. *B19* —4F **101**
Tower St. *Dud* —6E **77**
Tower St. *Sed* —4H **59**
Tower St. *Wals* —1C **48**
Tower St. *Wolv*
　　　　　—1H **43** (3C **170**)
Tower Vw. Rd. *Gt Wyr* —5F **7**
Townend Sq. Wals —1C 48
　(off Park St.)
Townend St. *Wals* —1C **48**
Town Fold. *Wals* —3E **21**
Townley Gdns. *B6* —6G **83**
Townsend Av. *Dud* —5H **59**
Townsend Dri. *S Cold* —6D **70**
Townsend Pl. *K'wfrd* —3B **92**
Townsend Way. *B1*
　　　　　—6D **100** (3A **4**)
Townshend Gro. *B37* —5B **106**
Townson Rd. *Wolv* —1A **30**
Townwell Fold. *Wolv*
　　　　　—1G **43** (3A **170**)
Town Wharf Bus. Pk. *Wals*
　　　　　—2B **48**
Town Yd. *W'hall* —2A **46**
Towpath Clo. *B9* —1B **118**
Towyn Rd. *B13* —3D **134**
Toy's La. *Hale* —6E **111**
Tozer St. *Tip* —6H **61**
Traceys Mdw. *Redn* —2G **157**
Trafalgar Ct. *Tiv* —6B **78**
Trafalgar Gro. *Yard* —5G **119**
Trafalgar Rd. *Erd* —4F **85**
Trafalgar Rd. *Hand* —1A **100**
Trafalgar Rd. *Mose* —2H **133**
Trafalgar Rd. *Smeth* —5F **99**
Trafalgar Rd. *Tiv* —6B **78**
Trafalgar Ter. *Smeth* —5F **99**
Trajan Hill. *Col* —6H **89**
Tram Way. *Smeth* —2A **98**
Tramway Clo. *Bils* —4H **45**
Tramway Clo. *W'bry* —4E **47**
Tranter Rd. *B8* —4G **103**
Tranwell Clo. *Wolv* —5D **14**
Traquain Dri. *Dud* —4C **76**
Travellers Way. *B37* —6F **107**
Treaford La. *B8* —5H **103**

Treddles La. *W Brom* —4B **80**
Tredington Clo. *B29* —6E **131**
Tree Acre Gro. *Hale* —1E **127**
Treeford Clo. *Sol* —6D **150**
Trees Rd. *Wals* —5D **48**
Treeton Cft. *B33* —1E **121**
Treetops Dri. *W'hall* —4E **31**
Trefoil Clo. *B29* —6E **131**
　(in two parts)
Tregarron Rd. *Hale* —6E **111**
Tregea Ri. *B43* —6G **65**
Trehern Clo. *Know* —4C **166**
Trehernes Dri. *Stourb* —4F **125**
Trehurst Av. *B42* —5E **67**
Trejon Rd. *Crad H* —3G **111**
Tremaine Gdns. *Wolv* —5H **27**
Tremont Ho. *Wolv* —6A **28**
Tremont St. *Wolv* —6A **28**
Trenchard Clo. *S Cold* —6D **54**
Trent Clo. *Stourb* —1E **125**
Trent Clo. *Wolv* —5E **25**
Trent Cres. *Wyt* —6G **161**
Trent Dri. *B36* —1B **106**
Trentham Av. *W'hall* —4A **30**
Trentham Gro. *B26* —6C **120**
Trentham Ri. *Wolv* —4B **44**
Trent Pl. *Wals* —1B **32**
Trent Rd. *Wals* —6E **21**
Trent St. *B5* —1H **117** (5H **5**)
Trent Tower. *B7* —5A **102**
Trenville Av. *B11* —6B **118**
Trenville Av. *Bal H* —6B **118**
Tresco Clo. *Redn* —6E **143**
Trescott. —4B **40**
Trescott Rd. *B31* —4B **144**
Tresham Rd. *B44* —4H **67**
Tresham Rd. *K'wfrd* —1B **92**
Trevanie Av. *B32* —5A **114**
Trevelyan Ho. *B37* —2E **123**
Trevor Av. *Gt Wyr* —2G **7**
Trevorne Clo. *B12* —5H **117**
Trevor Rd. *Wals* —3D **20**
Trevor St. *B7* —3C **102**
Trevor St. W. *B7* —3C **102**
Trevose Clo. *Wals* —4F **19**
Trevose Retreat. *B12* —6H **117**
Trewman Clo. *S Cold* —5D **70**
Treyamon Rd. *Wals* —4H **49**
Treynham Clo. *Wolv* —2E **45**
Triangle. —1C **10**
Tricorn Ho. *B16* —2C **116**
Trident Cen. *Dud* —6E **77**
Trident Clo. *Erd* —6G **69**
Trident Clo. *S Cold* —6D **70**
Trident Ct. *B20* —4C **82**
Trident Dri. *O'bry* —4H **97**
Trident Dri. *W'bry* —2D **62**
Trigo Cft. *B36* —1C **104**
Trimpley Clo. *Dorr* —6A **166**
Trimpley Gdns. *Wolv* —2C **58**
Trimpley Rd. *B32* —5H **129**
Trinder Rd. *Smeth* —1B **114**
Trindle Clo. *Dud* —6F **77**
Trindle Rd. *Dud* —6F **77**
Tring Ct. *Wolv* —5D **26**
Trinity Cen. *Crad H* —1G **111**
Trinity Clo. *Sol* —4F **137**
Trinity Clo. *Stourb* —1B **108**
Trinity Ct. *Crad H* —2G **111**
Trinity Ct. S Cold —6A 54
　(off Midland Dri.)
Trinity Ct. *W'hall* —2H **45**
Trinity Ct. *Wolv* —1E **43**
Trinity Gro. *W'bry* —2G **63**
Trinity Hill. *S Cold* —6A **54**
Trinity Pk. *B40 & B37* —2F **139**

Trinity Rd. *B6 & Aston* —6F **83**
Trinity Rd. *Bils* —6H **45**
(in two parts)
Trinity Rd. *Dud* —6E **77**
Trinity Rd. *Stourb* —3E **109**
Trinity Rd. *S Cold* —2H **53**
Trinity Rd. *W'hall* —3D **30**
Trinity Rd. N. *W Brom* —6B **80**
(in two parts)
Trinity Rd. S. *W Brom* —6B **80**
Trinity St. *Brie H* —6H **93**
Trinity St. *Crad H* —2G **111**
Trinity St. *O'bry* —4G **97**
Trinity St. *Smeth* —3E **99**
Trinity St. *W Brom* —5B **80**
Trinity Ter. *B11* —3A **118**
Trinity Way. *W Brom* —6B **80**
Trippleton Av. *B32* —5H **129**
(in two parts)
Tristram Av. *B31* —6F **145**
Triton Clo. *Wals* —4F **7**
Trittiford Rd. *B13* —1B **148**
Triumph Wlk. *B36* —6C **88**
Troon Clo. *S Cold* —3B **54**
Troon Clo. *Wals* —4G **19**
Troon Ct. *Pert* —4D **24**
Troon Pl. *Stourb* —6A **92**
Trotter's La. *W Brom* —6G **63**
Trouse La. *W'bry* —2E **63**
Troutbeck Dri. *Brie H* —3F **109**
Troy Gro. *B14* —3F **147**
Truda St. *Wals* —4B **48**
Trueman's Heath. —2C 162
Trueman's Heath La. *H'wd &*
Shir —2B **162**
Truro Clo. *Row R* —5E **97**
Truro Rd. *Wals* —4H **49**
Truro Tower. *B16* —1C **116**
Truro Wlk. *B37* —1C **122**
Trustin Cres. *Sol* —5A **138**
Tryon Pl. *Bils* —5G **45**
Trysull. —4C 56
Trysull Av. *B26* —1G **137**
Trysull Gdns. *Wolv* —4B **42**
Trysull Holloway. *Try* —1C **56**
Trysull Rd. *Wolv* —4B **42**
Trysull Rd. *Wom* —5E **57**
Trysull Way. *Dud* —6E **95**
Tudbury Rd. *B31* —3B **144**
Tudman Clo. *S Cold* —6E **71**
Tudor Clo. *B13* —1H **147**
Tudor Clo. *Bal C* —3G **169**
Tudor Clo. *C Hay* —2E **7**
Tudor Clo. *May* —6A **148**
Tudor Clo. *S Cold* —3D **68**
Tudor Ct. *Ess* —4H **17**
Tudor Ct. *S Cold* —6A **54**
(B72)
Tudor Ct. *S Cold* —1G **53**
(B74)
Tudor Ct. *Tip* —3A **78**
Tudor Cres. *Wolv* —5F **43**
Tudor Cft. *B37* —2B **122**
Tudor Gdns. *B23* —4E **85**
Tudor Gdns. *Stourb* —6C **108**
Tudor Gro. *S Cold* —3A **52**
Tudor Hill. —5H 53
Tudor Hill. *S Cold* —5G **53**
Tudor Pk. Ct. *S Cold* —6E **37**
Tudor Pl. *Dud* —1A **76**
Tudor Rd. *B13* —3H **133**
Tudor Rd. *Bils* —1B **62**
Tudor Rd. *Dud* —1A **76**
Tudor Rd. *O'bry* —5A **98**
Tudor Rd. *Row R* —4C **96**
Tudor Rd. *S Cold* —6H **53**

Tudor Rd. *Wolv* —5C **28**
Tudors Clo. *B10* —3C **118**
Tudor St. *B18* —5H **99**
Tudor St. *Tip* —3A **78**
Tudor Ter. *B17* —5G **115**
Tudor Ter. *Dud* —6G **77**
Tudor Va. *Dud* —1A **76**
Tudor Way. *C Hay* —4D **6**
Tufnell Gro. *B8* —2G **103**
Tugford Rd. *B29* —6G **131**
Tulip Wlk. *B37* —3E **123**
Tulsi Cen. *B19* —5E **101**
Tulyar Clo. *B36* —1A **104**
Tunnel La. *K Nor & K Hth*
(in three parts) —3D **146**
Tunnel Rd. *W Brom* —5G **63**
Tunnel St. *Bils* —5E **61**
Tunstall Rd. *K'wfrd* —4E **93**
Turchill Dri. *S Cold* —5E **71**
Turfpits La. *B23* —1D **84**
Turf Pitts La. *Can* —6D **38**
Turley St. *Dud* —1C **76**
Turls Hill Rd. *Dud & Bils*
(in two parts) —5A **60**
Turls St. *Dud* —5A **60**
Turnberry Clo. *Wolv* —4D **24**
Turnberry Rd. *B42* —5D **66**
Turnberry Rd. *Wals* —4F **19**
Turner Av. *Bils* —3B **60**
Turner Dri. *Brie H* —4H **109**
Turner Gro. *Pert* —5G **25**
Turners Bldgs. *B18* —3B **100**
Turners Cft. *W Brom* —5E **65**
Turners Gro. *Dud* —3G **75**
Turner's Hill. —3B 96
Turner's Hill. *Row R* —3B **96**
Turners Hill Rd. *Dud* —3G **75**
Turner's La. *Brie H* —3G **109**
Turner St. *B11* —5A **118**
Turner St. *Dud* —1D **94**
Turner St. *Lwr G* —4H **75**
Turner St. *Tip* —6H **61**
Turner St. *W Brom* —3G **79**
Turney Rd. *Stourb* —5D **108**
Turnham Grn. *Wolv* —6E **25**
Turnhouse Rd. *B35* —3F **87**
Turnley Rd. *B34* —3G **105**
Turnpike Clo. *B11* —5A **118**
Turnpike Dri. *Wat O* —4E **89**
Turnstone Dri. *F'stne* —1D **16**
Turton Clo. *Wals* —3G **19**
Turton Rd. *Tip* —4H **61**
Turton Rd. *W Brom* —5H **79**
Turtons Cft. *Bils* —2D **60**
Turves Green. —1E 159
Turves Grn. *B31* —2D **158**
Turville Rd. *B20* —6E **83**
Tustin Gro. *B27* —5A **136**
Tutbury Av. *Pert* —6F **25**
Tuxford Clo. *Wolv* —5A **28**
Twatling Rd. *B Grn* —6G **157**
Tweeds Well. *B32* —6H **129**
Twelve Row. *B12* —4H **117**
Twickenham Ct. *Stourb*
—4A **108**
Twickenham Rd. *B44* —4B **68**
Two Gates. *Hale* —6D **110**
Two Gates La. *Hale* —6E **111**
Two Locks. *Hurst B* —5C **94**
Two Woods La. *Brie H*
—2A **110**
Two Woods Trad. Est. *Brie H*
—2A **110**
Twycross Gro. *B36* —2B **104**
Twydale Av. *Tiv* —5C **78**
Twyford Clo. *A'rdge* —4D **34**

Twyford Gro. *Wolv* —2H **29**
Twyford Rd. *B8* —4A **104**
Twyning Rd. *Edg* —5H **99**
Twyning Rd. *Stir* —6D **132**
Tyber Dri. *B20* —4D **82**
Tyberry Clo. *Shir* —6G **149**
Tyburn. —4D 86
Tyburn Gro. *B24* —4B **86**
Tyburn Rd. *B6 & B24* —6D **84**
Tyburn Rd. *Wolv* —2E **45**
Tyburn Sq. *B24* —4B **86**
Tyburn Trad. Est. *B35* —5B **86**
Tyebeams. *B34* —4G **105**
Tye Gdns. *Stourb* —4F **125**
Tyler Ct. *B24* —4F **85**
Tyler Gdns. *W'hall* —2B **46**
Tyler Gro. *B43* —4D **66**
Tyler Rd. *W'hall* —3A **46**
Tylers Grn. *B38* —5D **146**
Tylers Gro. *Shir* —3D **164**
Tylney Clo. *B5* —4F **117**
Tyndale Cres. *B43* —2E **67**
Tyndall Wlk. *B32* —3G **129**
Tyne Clo. *B37* —5D **106**
Tyne Clo. *Bwnhls* —3G **9**
Tynedale Cres. *Wolv* —2A **60**
Tynedale Rd. *B11* —2F **135**
Tyne Gro. *B25* —3B **120**
Tyne Pl. *Brie H* —1B **110**
Tyning Clo. *Wolv* —5E **15**
Tyninghame Av. *Wolv* —3B **26**
Tynings La. *Wals* —4C **34**
Tyrley Clo. *Wolv* —1H **41**
Tyrol Clo. *Stourb* —6B **108**
Tyseley. —6G 119
Tyseley Hill Rd. *B11* —1G **135**
Tyseley Ind. Est. *B11* —6E **119**
Tyseley Ind. Est. *B10* —5E **119**
Tyseley La. *B11* —1G **135**
Tysoe Dri. *S Cold* —1D **70**
Tysoe Rd. *B44* —6H **67**
Tythebarn Dri. *K'wfrd* —2G **91**
Tythe Barn La. *Shir* —3E **163**
Tyzack Clo. *Brie H* —1G **109**

Udall Rd. *Bils* —2F **61**
Uffculme Rd. *B30* —5F **133**
Uffmoor Est. *Hale* —3G **127**
Uffmoor La. *Rom & Hale*
(in two parts) —6F **127**
Uffmoor Wood Nature
Reserve. —6G 127
Ufton Clo. *Shir* —4C **150**
Ufton Cres. *Shir* —4B **150**
Ullenhall Rd. *Know* —3C **166**
Ullenhall Rd. *S Cold* —4D **70**
Ullenwood. *B21* —2H **99**
Ulleries Rd. *Sol* —3D **136**
Ulleswater Ho. *O'bry* —4D **96**
Ullrik Grn. *B24* —5F **85**
Ullswater Clo. *B32* —3D **130**
Ullswater Gdns. *K'wfrd*
—3B **92**
Ullswater Ri. *Brie H* —4H **93**
Ullswater Rd. *W'hall* —6B **18**
Ulster Dri. *K'wfrd* —5C **92**
Ulverley Cres. *Sol* —5D **136**
Ulverley Green. —5D 136
Ulverley Grn. Rd. *Sol*
—4C **136**
Ulwine Dri. *B31* —3D **144**
Umberslade Rd. *S Oak & Stir*
—4B **132**
Underhill La. *Wolv* —4B **16**
Underhill Rd. *B8* —6F **103**

Underhill Rd. *Tip* —1C **78**
Underhill St. *O'bry* —4G **97**
Underhill Wlk. *O'bry* —4G **97**
Underley Clo. *K'wfrd* —2H **91**
Underpass, The. *B40* —1F **139**
Underwood Clo. *Edg*
—1H **131**
Underwood Clo. *Erd* —3C **84**
Underwood Rd. *B20* —2A **82**
Unett Ct. *Smeth* —4G **99**
Unett St. *B19* —4E **101**
(in two parts)
Unett St. *Smeth* —5G **99**
Unett Wlk. *B19* —4E **101**
Union Cen. *W'bry* —3F **63**
Union Dri. *S Cold* —3F **69**
Union La. *Try* —4D **56**
Union Mill St. *Wolv* —1A **44**
Union Pas. *B2*
—1G **117** (4E **5**)
Union Pas. *Small H* —3C **118**
Union Rd. *B6* —1B **102**
Union Rd. *O'bry & W Brom*
—6E **79**
Union Rd. *Shir* —5A **150**
Union Rd. *Sol* —3G **151**
Union Row. *B21* —1B **100**
Union St. *B2* —1G **117** (4E **5**)
Union St. *Bils* —6E **45**
Union St. *Dud* —6E **77**
Union St. *Lye* —6A **110**
Union St. *P End* —5H **61**
Union St. *Row R* —2C **112**
Union St. *Stourb* —6E **109**
Union St. *Tip* —2H **77**
Union St. *Wals* —1D **48**
Union St. *W'bry* —3F **63**
Union St. *W Brom* —1B **98**
Union St. *W'hall* —1A **46**
Union St. *Wolv*
—1H **43** (3D **170**)
Unity Pl. *B29* —3B **132**
Unity Pl. *O'bry* —1G **97**
University Rd. E. *Edg* —1B **132**
University Rd. W. *Edg*
—1A **132**
Unketts Rd. *Smeth* —6C **98**
Unwin Cres. *Stourb* —6C **108**
Upavon Clo. *B35* —3E **87**
Upland Rd. *S Park* —3C **132**
Uplands. *Hale* —3G **127**
Uplands Av. *Row R* —6D **96**
Uplands Av. *W'hall* —2F **45**
Uplands Av. *Wolv* —3B **42**
Uplands Clo. *Dud* —2H **95**
Uplands Dri. *Dud* —5H **59**
Uplands Dri. *Wolv* —3C **42**
Uplands Dri. *Wom* —1G **73**
Uplands Gro. *W'hall* —2E **45**
Uplands Rd. *Dud* —2H **95**
Uplands Rd. *Hand* —5H **81**
Uplands Rd. *W'hall* —2E **45**
Uplands, The. *Smeth* —4D **98**
Up. Ashley St. *Hale* —2C **112**
Up. Balsall Heath Rd. *B12*
—5H **117**
Up. Brook St. *Prem B* —2B **48**
Up. Castle St. *W'bry* —3D **46**
Up. Chapel St. *Tiv* —5B **78**
Up. Church La. *Tip* —5H **61**
Up. Clifton Rd. *S Cold* —6H **53**
Upper Clo. *B32* —2B **130**
Up. Conybere St. *B12*
—4H **117**
Up. Dean St. *B5*
—2G **117** (6E **5**)

Watson Rd.—Wesson Gdns.

Watson Rd. *Wolv* —5F **15**
Watsons Clo. *Dud* —1G **95**
Watson's Grn. Fields. *Dud*
—1H **95**
Watson's Grn. Rd. *Dud*
—6G **77**
Wattisham Sq. *B35* —3E **87**
Wattis Rd. *Smeth* —1E **115**
Wattle Grn. *W Brom* —4G **79**
Wattle Rd. *W Brom* —4F **79**
Watton Clo. *Bils* —4C **60**
Watton Grn. *B35* —5E **87**
(in two parts)
Watton La. *Wat O* —5E **89**
Watton St. *W Brom* —5B **80**
Watt Rd. *B23* —3E **85**
Watt Rd. *Tip* —5B **62**
Watts Clo. *Tip* —2E **77**
Watt's Rd. *B10* —3D **118**
Watt St. *B21* —2H **99**
Watt St. *Smeth* —3F **99**
Wattville Av. *Hand* —1G **99**
Wattville Rd. *Smeth & B21*
—2F **99**
Watwood Rd. *Shir & B28*
—4F **149**
Waugh Clo. *B37* —1D **122**
Waugh Dri. *Hale* —5F **127**
Wavell Rd. *B8* —4E **103**
Wavell Rd. *Brie H* —4B **110**
Wavell Rd. *Wals* —1E **47**
Waveney Av. *Pert* —5E **25**
Waveney Cft. *B36* —1B **106**
Wavenham Clo. *S Cold*
—4E **37**
Waverhill Rd. *B21* —2B **100**
Waverley Av. *B43* —1D **66**
Waverley Cres. *Lane* —2B **60**
Waverley Cres. *Penn* —5F **43**
Waverley Cres. *Rom* —3A **142**
Waverley Gdns. *Wom* —6H **57**
Waverley Gro. *Sol* —4D **150**
Waverley Rd. *B10* —4D **118**
Waverley Rd. *Wals* —5F **19**
Waverley Rd. *W'bry* —5D **46**
Waverley St. *Dud* —1C **94**
Waxland Rd. *Hale* —3B **128**
Wayfield Clo. *Shir* —4A **150**
Wayfield Rd. *Shir* —4A **150**
Wayford Dri. *S Cold* —6B **70**
Wayford Glade. *W'hall* —3H **45**
Wayford Gro. *B8* —5H **103**
Waynecroft Rd. *B43* —3A **66**
Wayside. *B37* —3B **122**
Wayside. *Wolv* —5C **14**
Wayside Acres. *Cod* —5F **13**
Wayside Dri. *S Cold* —6C **36**
Wayside Gdns. *W'hall* —5E **31**
Wayside Wlk. *Wals* —6G **31**
Wealden Hatch. *Wolv* —3A **16**
Wealdstone Dri. *Dud* —5H **75**
Weaman St. *B4*
—6G **101** (2E **5**)
Weates Yd. *A Grn* —1A **136**
Weatheroak Rd. *B11* —6C **118**
Weather Oaks. *B17* —6F **115**
Weatheroaks. *Hale* —4G **113**
Weatheroaks. *Wals W* —3D **22**
Weaver Av. *B26* —5F **121**
Weaver Av. *S Cold* —4E **71**
Weaver Clo. *Brie H* —3E **93**
Weaver Gro. *W'hall* —1D **46**
Weavers Ri. *Dud* —6F **95**
Webb Av. *Pert* —5E **25**
Webbcroft Rd. *B33* —5C **104**
Webb La. *B28* —1E **149**

Webb Rd. *Tip* —6C **62**
Webb St. *Bils* —3E **61**
Webb St. *W'hall* —1H **45**
Webley Ri. *Wolv* —3B **16**
Webnor Ind. Est. *Wolv* —5C **44**
Webster Clo. *B11* —5B **118**
Webster Clo. *S Cold* —6H **69**
Webster Rd. *Wals* —4B **32**
Webster Rd. *W'hall* —6A **30**
Webster Way. *S Cold* —4E **71**
Weddell Wynd. *Bils* —4G **61**
Wedgebury Way. *Brie H*
—2F **109**
Wedge Ct. Wals —2D **48**
(off Union St.)
Wedge St. *Wals* —1D **48**
Wedgewood Av. *W Brom*
—6F **63**
Wedgewood Clo. *Shelf* —6G **21**
(off Green La.)
Wedgewood Ho. *B37* —5D **106**
Wedgewood Pl. *W Brom*
—6F **63**
Wedgewood Rd. *B32* —6A **114**
Wedgwood Clo. *Wolv* —2C **44**
Wedgwood Dri. *B20* —5D **82**
Wednesbury. —3F 63
Wednesbury Art Galley &
Mus.—3F 63
Wednesbury New Enterprise
Cen. *W'bry* —2C **62**
Wednesbury Oak Rd. *Tip*
—4A **62**
Wednesbury Rd. *Wals* —4A **48**
Wednesbury Trad. Est. *W'bry*
—1E **63**
Wednesfield. —4F 29
Wednesfield Rd. *W'hall*
—6A **30**
Wednesfield Rd. *Wolv*
—6H **27** (1D **170**)
Wednesfield Way. *Wolv*
—5C **28**
Weeford Dri. *B20* —3B **82**
Weeford Rd. *S Cold* —2C **54**
Weirbrook Clo. *B29* —6G **131**
Weland Clo. *Wat O* —5D **88**
Welbeck Av. *Wolv* —2H **27**
Welbeck Dri. *Wals* —2H **33**
Welbeck Gro. *B23* —2B **84**
Welbury Gdns. *Wolv* —4D **26**
Welby Rd. *B28* —4F **135**
Welches Clo. *B31* —2F **145**
Welcombe Dri. *S Cold* —6D **70**
Welcombe Gro. *Sol* —4D **150**
Welford Av. *B26* —3D **120**
Welford Gro. *S Cold* —6F **37**
Welford Rd. *B20* —1C **100**
Welford Rd. *Shir* —3A **150**
Welford Rd. *S Cold* —4E **69**
Welham Cft. *Shir* —3E **165**
Welland Dri. *Stourb* —3E **109**
Welland Gro. *B24* —4A **86**
Welland Gro. *W'hall* —1C **46**
Welland Rd. *Hale* —3A **128**
Welland Way. *S Cold* —6E **71**
Well Clo. *B36* —1C **104**
Wellcroft Rd. *B34* —2E **105**
Wellcroft St. *W'bry* —2F **63**
Wellesbourne Clo. *Wolv*
—3H **41**
Wellesbourne Dri. *Cose*
—6D **60**
Wellesbourne Rd. *B20* —6D **82**
Wellesley Dri. *Tip* —2H **77**
Wellesley Gdns. *B13* —4D **134**

Wellesley Rd. *O'bry* —3H **97**
Wellfield Gdns. *Dud* —3G **95**
Wellfield Rd. *B28* —1H **149**
Wellfield Rd. *Wals* —1D **34**
Wellhead La. *B42* —5G **83**
Wellhead Way. *Holf* —5G **83**
Wellington Av. *Wolv* —4D **42**
Wellington Clo. *K'wfrd* —5C **92**
Wellington Ct. *Crad H*
—1H **111**
Wellington Ct. *Hand* —5E **83**
Wellington Cres. *Hand* —5D **82**
Wellington Gro. *Sol* —1D **150**
Wellington Ho. *B32* —1D **130**
Wellington Ind. Est. *Bils*
—6E **61**
Wellington Pl. *W'hall* —6H **29**
Wellington Rd. *Bils* —4D **44**
Wellington Rd. *Dud* —1D **94**
Wellington Rd. *Edg* —5D **116**
Wellington Rd. *Hand* —5D **82**
Wellington Rd. *Smeth* —6E **99**
Wellington Rd. *Tip* —3A **78**
Wellington Rd. *Wals* —5G **49**
Wellington St. *Crad H*
—1H **111**
Wellington St. *O'bry* —3H **97**
Wellington St. *Smeth & B18*
—3H **99**
Wellington St. *Wals* —4H **47**
Wellington St. *W Brom*
—3A **80**
Wellington St. S. *W Brom*
—3A **80**
Wellington Ter. *B19* —2D **100**
Wellington Tower. *B31*
—6E **145**
Wellington Way. *B35* —5F **87**
Well La. *B5* —1H **117** (5F **5**)
Well La. *Gt Wyr* —4G **7**
Well La. *Wals* —2C **32**
Well La. *Wolv* —5E **29**
Wellman Cft. *B29* —3D **130**
(Dormston Dri.)
Wellman Cft. *B29* —4H **131**
(Lodge Hill Rd.)
Wellman's Rd. *W'hall* —2C **46**
Well Mdw. *Redn* —3G **157**
Wellmeadow Gro. *H Ard*
—6A **140**
Wellmead Wlk. *Redn* —1F **157**
Well Pl. *Wals* —1C **32**
Wells Av. *W'bry* —5B **46**
Wells Clo. *Pert* —5D **24**
Wells Clo. *Tip* —4A **62**
Wellsford Av. *Sol* —1E **137**
Wells Green. —1F 137
Wells Grn. Rd. *Sol* —1D **136**
Wells Grn. Shop. Cen. *B26*
—1F **137**
Wells Rd. *Bils* —2G **61**
Wells Rd. *Brie H* —6F **93**
Wells Rd. *Row R* —5E **97**
Wells Rd. *Sol* —1G **137**
Wells Rd. *Wolv* —6D **42**
Wells Tower. *B16* —1C **116**
Well St. *B19* —3F **101**
(Bridge St. W.)
Well St. *B19* —4E **101**
(Hockley Hill)
Well St. *W'bry* —5E **47**
Wells Wlk. *B37* —2C **122**
Welney Gdns. *Pend* —4E **15**
Welsby Av. *B43* —6A **66**
Welsh Ho. Farm Rd. *B32*
—1D **130**

Welshmans Hill. *S Cold*
—3B **68**
Welton Clo. *S Cold* —3E **71**
Welwyndale Rd. *S Cold*
—1A **86**
Wembley Gro. *B25* —3A **120**
Wem Gdns. *Wolv* —3F **29**
Wendell Crest. *Wolv* —3B **16**
Wendover Ho. *B31* —1D **158**
Wendover Rd. *B23* —6G **68**
Wendover Rd. *Row R* —4A **96**
Wendover Rd. *Wolv* —3B **60**
Wendron Gro. *B14* —3F **147**
Wenlock Av. *Wolv* —3C **42**
Wenlock Clo. *Dud* —6G **59**
Wenlock Clo. *Hale* —3F **127**
Wenlock Gdns. *Wals* —4C **32**
Wenlock Rd. *B20* —6H **83**
Wenlock Rd. *Stourb* —5F **109**
Wenman St. *B12* —5H **117**
Wensley Cft. *Shir* —1H **149**
Wensleydale Rd. *B42* —1C **82**
Wensley Rd. *B26* —5D **120**
Wentbridge Rd. *Wolv* —2E **45**
Wentworth Av. *B36* —1F **105**
Wentworth Ct. *Erd* —5F **85**
Wentworth Dri. *Tiv* —2A **96**
Wentworth Ga. *B17* —5F **115**
Wentworth Gro. *Pert* —4D **24**
Wentworth Pk. Av. *B17*
—5F **115**
Wentworth Ri. *Hale* —1D **128**
Wentworth Rd. *B17* —5E **115**
Wentworth Rd. *Sol* —2D **136**
Wentworth Rd. *Stourb*
—4B **108**
Wentworth Rd. *S Cold* —4G **53**
Wentworth Rd. *Wals* —3F **19**
Wentworth Rd. *Wolv* —5A **16**
Wentworth Way. *B32* —2D **130**
Wenyon Clo. *Tip* —3B **78**
Weoley Av. *B29* —3G **131**
Weoley Castle. —4D 130
Weoley Castle. —3E 131
Weoley Castle Rd. *B29*
—4D **130**
Weoley Hill. *B29* —5G **131**
Weoley Pk. Rd. *B29* —4F **131**
Wergs. —3F 25
Wergs Dri. *Wolv* —2G **25**
Wergs Hall Rd. *Wergs & Wolv*
—6F **13**
Wergs Rd. *Wolv* —3F **25**
Werneth Gro. *Wals* —3G **19**
Wesley Av. *Cod* —5H **13**
Wesley Av. *Hale* —3D **110**
Wesley Av. *Wals* —2D **6**
Wesley Clo. *Wom* —2F **73**
Wesley Ct. *Crad H* —3H **111**
Wesley Ct. *W'hall* —2G **45**
Wesley Gro. *W'bry* —2E **63**
Wesley Ho. Wals —4A 48
(off Oxford St.)
Wesley Pl. *Tip* —6C **62**
Wesley Rd. *B23* —2F **85**
Wesley Rd. *Brie H* —4F **93**
Wesley Rd. *Cod* —5H **13**
Wesley Rd. *W'hall* —3C **30**
Wesley's Fold. *W'bry* —5D **46**
Wesley St. *Bils* —3G **61**
Wesley St. *O'bry* —1G **97**
Wesley St. *W Brom* —4H **79**
Wesley St. *Wolv* —5C **44**
Wessex Clo. *Wals* —6B **10**
Wessex Rd. *Wolv* —5B **44**
Wesson Gdns. *Hale* —2A **128**

Willenhall Mus. —2B 46
Willenhall Rd. *Bils* —5H **45**
Willenhall Rd. *W'bry & W'hall*
    —2D **46**
Willenhall Rd. *Wolv* —2C **44**
Willenhall St. *W'bry* —3C **46**
Willenhall Trad. Est. *W'hall*
    —2A **46**
Willerby Fold. *Wolv* —3B **16**
Willersey Rd. *B13* —5D **134**
Willes Rd. *B18* —3A **100**
Willett Av. *Burn* —1A **10**
Willett Rd. *W Brom* —5C **64**
Willetts Dri. *Hale* —1D **126**
Willetts Rd. *B31* —6E **145**
Willetts Way. *Crad H* —1H **111**
Willey Gro. *B24* —5H **85**
William Booth La. *B4*
    —5F **101** (1D **4**)
William Cook Rd. *B8* —4H **103**
William Ct. *B13* —1H **133**
William Grn. Rd. *W'bry*
    —2A **64**
William Harper Rd. *W'hall*
    —2B **46**
William Henry St. *B7* —3A **102**
William Kerr Rd. *Tip* —2C **78**
William Rd. *Smeth* —6B **98**
William's Clo. *W'hall* —4C **30**
Williamson St. *Wolv*
    —3F **43** (6A **170**)
William St. *B15*
    —2E **117** (6A **4**)
William St. *Brie H* —6G **93**
William St. *Wals* —6D **32**
William St. *W Brom* —2E **79**
William St. N. *B19* —5F **101**
William St. W. *Smeth* —2F **99**
Willingsworth Rd. *W'bry*
    —4C **62**
Willingworth Clo. *Bils* —2C **60**
Willis Pearson Av. *Bils* —3H **61**
Willmore Gro. *B38* —1C **160**
Willmore Rd. *B20* —5F **83**
Willmott Clo. *S Cold* —6B **38**
Willmott Rd. *S Cold* —6B **38**
Willoughby Dri. *Sol* —6F **151**
Willoughby Gro. *B29* —4E **131**
Willow Av. *B17* —1E **115**
Willow Av. *W'bry* —1F **63**
Willow Av. *Wolv* —1C **28**
Willow Bank. *Wolv* —2A **42**
Willowbank Rd. *Know*
    —3B **166**
Willow Clo. *Crad H* —2G **111**
Willow Clo. *Hand* —1H **99**
Willow Coppice. *B32* —4A **130**
Willow Ct. *Smeth* —1B **98**
Willow Dri. *B21* —6G **81**
Willow Dri. *Cod* —4H **13**
Willow Dri. *Shir* —5B **164**
Willow Dri. *Tiv* —2C **96**
Willow End. *Stourb* —2H **125**
Willow Gdns. *B16* —5B **100**
Willow Gro. *Ess* —4B **18**
Willow Heights. *Crad H*
    —3A **112**
Willowherb Clo. *Wals* —2E **65**
Willowherb Way. *Shir*
    —4G **163**
Willow Ho. B7 —5A 102
    (off Vauxhall Rd.)
Willow M. *B29* —4F **131**
Willow Pk. Dri. *Stourb*
    —3E **125**
Willow Ri. *Brie H* —2G **109**

Willow Rd. *B'vlle* —5B **132**
Willow Rd. *Dud* —3C **76**
Willow Rd. *Gt Barr* —4B **66**
Willow Rd. *Sol* —5C **150**
Willow Rd. *Wolv* —3B **42**
Willowsbrook Rd. *Hale*
    —3F **113**
Willows Cres. *B12* —6F **117**
Willowside. *Wals* —1G **33**
Willows Rd. *B12* —6G **117**
Willows Rd. *Shelf* —1G **33**
Willows Rd. *Wals* —2E **49**
Willows, The. *B27* —3H **135**
Willows, The. *H'wd* —3A **162**
Willows, The. *S Cold* —1F **53**
    (B74)
Willows, The. *S Cold* —3D **70**
    (B76)
Willows, The. *Wom* —2E **73**
Willow Wlk. *S Cold* —6D **70**
Willow Way. *B37* —1D **122**
Wills Av. *W Brom* —5H **63**
Willsbridge Covert. *B14*
    —5F **147**
Wills Ho. *W Brom* —5A **80**
Willson Cft. *B28* —4D **148**
Wills St. *B19* —2D **100**
Wills Way. *Smeth* —5G **99**
Wilmcote Clo. *B12* —5G **117**
Wilmcote Dri. *S Cold* —6H **37**
Wilmcote Rd. *Sol* —1D **150**
Wilmington Rd. *B32* —5H **113**
Wilmore La. *Wyt* —5H **161**
Wilmot Av. *Col* —3H **107**
Wilmot Dri. *B23* —1G **85**
Wilmot Dri. *Tip* —1G **77**
Wilmot Gdns. *Dud* —5C **76**
Wilnecote Gro. *B42* —3F **83**
Wilner's Vw. *Wals* —2D **20**
Wilsford Clo. *B14* —6F **147**
Wilsford Clo. *Wals* —1G **33**
Wilson Dri. *S Cold* —6E **55**
    (in two parts)
Wilson Ho. *O'bry* —4E **97**
Wilson Rd. *B19* —1F **101**
Wilson Rd. *Bils* —6E **61**
Wilson Rd. *Brie H* —5G **93**
Wilson Rd. *O'bry* —3B **114**
Wilson Rd. *Smeth* —6F **99**
Wilsons Rd. *Know* —3E **167**
Wilson St. *Tip* —2A **78**
Wilson St. *Wolv* —6H **27**
Wilton Clo. *Dud* —6A **60**
Wilton Pl. *Aston* —6G **83**
Wilton Rd. *Bal C* —3H **169**
Wilton Rd. *Erd* —2G **85**
Wilton Rd. *Hand* —6D **82**
Wilton Rd. *S'hll* —6B **118**
Wilton St. *B19* —1F **101**
Wiltshire Clo. *Wals* —5B **32**
Wiltshire Clo. *W Brom* —1A **80**
Wiltshire Dri. *Hale* —4D **110**
Wiltshire Way. *W Brom*
    —6A **64**
Wimbledon Dri. *Stourb*
    —3F **125**
Wimborne Rd. *Wolv* —3C **28**
Wimbourne Rd. *B16* —6H **99**
Wimbourne Rd. *S Cold*
    —1E **71**
Wimhurst Mdw. *Wolv* —3B **16**
Wimperis Way. *B43* —1E **67**
Wimpole Gro. *B44* —6B **68**
Wincanton Cft. *B36* —1A **104**
Winceby Rd. *Wolv* —6F **25**
Winchcombe Clo. *Dud* —4A **76**

Winchcombe Clo. *Sol* —3F **137**
Winchcombe Rd. *Sol* —3F **137**
Winchester Clo. *Hag* —6E **125**
Winchester Clo. *Row R*
    —5E **97**
Winchester Dri. *B37* —1C **122**
Winchester Dri. *Stourb*
    —2E **125**
Winchester Gdns. *B31*
    —4E **145**
Winchester Gro. *B21* —1G **99**
Winchester Ri. *Dud* —5C **76**
Winchester Rd. *B20* —6F **83**
Winchester Rd. *W Brom*
    —5H **63**
Winchester Rd. *Wolv* —4G **15**
Winchfield Dri. *B17* —3D **114**
Wincote Dri. *Wolv* —5A **26**
Wincrest Way. *B34* —4G **105**
Windermere Dri. *K'wfrd*
    —3B **92**
Windermere Dri. *S Cold*
    —6H **35**
Windermere Ho. *O'bry* —4D **96**
Windermere Rd. *Hand* —5A **82**
Windermere Rd. *Mose*
    —4B **134**
Windermere Rd. *Wolv* —1B **26**
Winding Mill N. *Brie H*
    —4A **110**
Winding Mill S. *Brie H*
    —4A **110**
Windlass Cft. *B31* —2D **144**
Windleaves Rd. *B36* —1A **106**
Windley Clo. *B19* —4E **101**
Windmill Av. *Col* —2H **107**
Windmill Av. *Redn* —1E **157**
Windmill Bank. *Wom* —6G **57**
Windmill Clo. *B31* —2F **145**
Windmill Clo. *Bal C* —2H **169**
Windmill Cres. *Smeth* —4G **99**
Windmill Cres. *Wolv* —2G **41**
Windmill End. *Dud* —5G **95**
Windmill Gro. *K'wfrd* —1H **91**
Windmill Hill. *B31* —2F **145**
Windmill Hill. *Hale* —5E **111**
Windmill La. *Smeth* —5F **99**
Windmill La. *Wolv* —2G **41**
Windmill Precinct. *Smeth*
    —4F **99**
Windmill Rd. *Shir* —5E **149**
Windmill St. *B7*
    —2F **117** (6D **4**)
Windmill St. *Dud* —5C **76**
    (DY1)
Windmill St. *Dud* —2H **75**
    (DY3)
Windmill St. *Wals* —3C **48**
Windmill St. *W'bry* —2G **63**
Windmill Ter. *W'bry* —2G **63**
Windmill Vw. *Dud* —6D **60**
Windridge Cres. *Sol* —5B **138**
Windrow, The. *Pert* —5D **24**
Windrush Clo. *Sol* —3E **137**
Windrush Gro. *B29* —5C **132**
Windrush Rd. *H'wd* —2B **162**
Windsor Arc. *B4 & B2*
    —6G **101** (3E **5**)
Windsor Av. *O'bry* —6G **97**
Windsor Av. *Wolv* —5C **42**
Windsor Clo. *B31* —3E **159**
Windsor Clo. *Dud* —6F **75**
Windsor Clo. *Hale* —2H **127**
Windsor Clo. *Redn* —5G **143**
Windsor Clo. *Row R* —5C **96**
Windsor Cres. *Dud* —3F **95**

Windsor Dri. *B24* —2A **86**
Windsor Dri. *Sol* —2F **137**
Windsor Gdns. *Cas* —4G **41**
Windsor Gdns. *Cod* —4F **13**
Windsor Ga. *W'hall* —5C **30**
Windsor Gro. *Stourb* —2C **108**
Windsor Gro. *Wals* —5G **21**
Windsor Ho. *B23* —1F **85**
Windsor Ind. Est. *B7* —4A **102**
Windsor Lodge. *Sol* —5B **136**
Windsor Pl. *B23* —4E **85**
Windsor Pl. *Nech* —6A **102**
Windsor Rd. *Cas B* —2B **106**
Windsor Rd. *Hale* —1H **127**
Windsor Rd. *O'bry* —6G **97**
Windsor Rd. *Row R* —5C **96**
Windsor Rd. *Stir* —2D **146**
Windsor Rd. *Stourb* —2B **124**
Windsor Rd. *S Cold* —4D **68**
Windsor Rd. *Tip* —5A **62**
Windsor Rd. *Wals* —1E **7**
Windsor Rd. *W Brom* —5H **63**
Windsor Rd. *Wolv* —6B **44**
Windsor Rd. *Wom* —1F **73**
Windsor St. *B7* —4H **101**
Windsor St. *Bils* —5E **45**
Windsor St. *Wals* —4C **48**
Windsor St. S. *B7* —5A **102**
Windsor Ter. *B16* —2B **116**
Windsor Vw. *B32* —6H **129**
Windsor Wlk. *Darl* —3D **46**
Windsor Way. *Wals* —2H **33**
Winds Point. *Hag* —6E **125**
Windward Way. *B36* —1B **106**
Windward Way Ind. Est. *B36*
    —1B **106**
Windyridge Rd. *S Cold*
    —1D **86**
Winford Av. *K'wfrd* —5C **92**
Wingate Clo. *B30* —3B **146**
Wingate Ct. *S Cold* —5E **37**
Wingate Rd. *Wals* —1E **47**
Wing Clo. *Wals* —5F **31**
Wingfield Clo. *B37* —6B **106**
Wingfield Ho. *B37* —4B **106**
Wingfield Rd. *Col* —4H **107**
Wingfield Rd. *Gt Barr* —6E **67**
Wingfoot Av. *Wolv* —1A **28**
Wing Yip Cen. *B7* —3B **102**
Winifride Ct. *Harb* —6F **115**
Winkle St. *W Brom* —3H **79**
Winleigh Rd. *B20* —5B **82**
Winnall Clo. *Bils* —3F **61**
Winn Ho. Wals —6B 32
    (off Burrowes St.)
Winnie Rd. *B29* —4A **132**
Winnington Rd. *B8* —2G **103**
Winnipeg Rd. *B38* —1C **160**
Winrush Clo. *Dud* —4H **75**
Winscar Cft. *Dud* —4A **76**
Winsford Clo. *Bal C* —3G **169**
Winsford Clo. *Hale* —5A **112**
Winsford Clo. *S Cold* —2C **70**
Winsham Gro. *B21* —1A **100**
Winslow Av. *B8* —5H **103**
Winslow Dri. *Wolv* —5D **26**
Winson Green. —4B 100
Winson Grn. Rd. *B18* —4A **100**
Winson St. *B18* —5H **99**
Winspear Clo. *Mer* —4H **141**
Winstanley Rd. *B33* —1B **120**
Winster Av. *Dorr* —5A **166**
Winster Gro. *B44* —3F **67**
Winster Gro. Ind. Est. *B44*
    —3F **67**
Winster Rd. *B43* —5H **65**

Winster Rd. *Wolv* —2D **44**
Winston Dri. *B20* —6D **82**
Winston Dri. *Rom* —3A **142**
Winston Rd. *Swind* —5E **73**
Winterbourne Cft. *B14*
—6E **147**
Winterbourne Rd. *Sol*
—3D **150**
Winterdene. *Bal C* —2H **169**
Winterley Gdns. *Sed* —1A **76**
Winterley La. *Wals* —2G **33**
Winterton Rd. *B44* —2A **68**
Winthorpe Dri. *Sol* —1G **165**
Wintney Clo. *B17* —4E **115**
Winton Gro. *Min* —1E **87**
Winwood Rd. *Row R* —6E **97**
Winwoods Gro. *B32* —5G **129**
Wiremill Clo. *B44* —1G **83**
Wirral Rd. *B31* —1D **144**
Wiseacre Cft. *Shir* —5E **149**
Wiseman Gro. *B23* —4D **68**
Wisemore. *Wals* —1C **48**
(in two parts)
Wishaw Clo. *Shir* —5E **149**
Wishaw Gro. *B37* —4B **106**
Wishaw La. *Curd* —1D **88**
Wishaw La. *Min* —1H **87**
Wisley Way. *B32* —6D **114**
Wistaria Clo. *B31* —1E **145**
Wisteria Gro. *B44* —3G **67**
Wistmans Clo. *Dud* —5A **76**
Wistwood Hayes. *Wolv*
—3B **16**
Witham Clo. *S Cold* —4E **71**
Witham Cft. *Sol* —6G **151**
Withdean Clo. *B11* —6D **118**
Witherford Clo. *B29* —5G **131**
Witherford Cft. *Sol* —5B **150**
Witherford Way. *B29* —5G **131**
Withern Way. *Dud* —4G **75**
Withers Rd. *Cod* —4H **13**
Withers Way. *W Brom* —3B **80**
Withington Covert. *B14*
—5F **147**
Withington Gro. *Dorr* —5A **166**
Withybrook Rd. *Shir* —1H **163**
Withy Gro. *B37* —4B **106**
Withy Hill Rd. *S Cold* —4D **54**
Withymere La. *Wom* —5A **58**
Withymoor Rd. *Dud* —5G **95**
Withymoor Rd. *Stourb*
—4E **109**
Withymoor Village. —2H 109
Withy Rd. *Bils* —2E **61**
Withywood Clo. *W'hall*
—6C **18**
Witley Av. *Hale* —1G **127**
Witley Av. *Sol* —5G **151**
Witley Cres. *O'bry* —4E **97**
Witley Farm Clo. *Sol* —5G **151**
Witley Rd. *B31* —5H **145**
Witney Dri. *B37* —1B **122**
Witney Gro. *Wolv* —4F **15**
Wittersham Ct. *W'hall* —1B **46**
(off Birmingham St.)
Witton. —4H 83
Witton Bank. *Hale* —4F **113**
Witton La. *B6* —6H **83**
Witton La. *W Brom* —5G **63**
Witton Lodge Rd. *B23*
—6B **68**
Witton Rd. *B6* —1G **101**
Witton Rd. *Wolv* —5E **43**
Witton St. *B9* —1B **118**
Witton St. *Stourb* —1C **124**
Wixford Cft. *B34* —2E **105**

Wixford Gro. *Shir* —5B **150**
Wobaston Rd. *Wolv & F'hses*
—4B **14**
Woburn Av. *W'hall* —3B **30**
Woburn Cres. *B43* —4H **65**
Woburn Dri. *Brie H* —4F **109**
Woburn Dri. *Hale* —4B **112**
Woburn Gro. *B27* —4A **136**
Wodehouse Clo. *Wom* —2E **73**
Wodehouse La. *Wom & Dud*
—5A **58**
Woden Av. *Wolv* —3E **29**
Woden Clo. *Wom* —6F **57**
Woden Cres. *Wolv* —3E **29**
Woden Pas. *W'bry* —3F **63**
Woden Rd. *Wolv* —5A **28**
Woden Rd. E. *W'bry* —1H **63**
Woden Rd. N. *W'bry* —6E **47**
Woden Rd. S. *W'bry* —4F **63**
Woden Rd. W. *W'bry* —1D **62**
Woden Way. *Wolv* —3E **29**
Wolcot Gro. *B6* —2H **83**
Wold Wlk. *B13* —1B **148**
Wolfsbane Dri. *Wals* —2E **65**
Wollaston. —6B 108
Wollaston Ct. *Stourb* —5A **108**
Wollaston Ct. Wals —1D 48
(off Lwr. Rushall St.)
Wollaston Cres. *Wolv* —3F **29**
Wollaston Rd. *Stourb*
(DY7) —4A **108**
Wollaston Rd. *Stourb*
(DY8) —3D **108**
Wollerton Gro. *S Cold* —5D **54**
Wollescote. —6C 110
Wollescote Dri. *Sol* —6F **151**
Wollescote Rd. *Stourb*
—2G **125**
Wolmer Rd. *Wolv* —5H **17**
Wolseley Av. *B27* —1B **136**
Wolseley Bank. *Wolv* —2B **28**
Wolseley Clo. *B36* —6C **88**
Wolseley Clo. *Wolv* —2B **28**
Wolseley Dri. *B8* —2H **103**
Wolseley Ga. *Wolv* —2B **28**
Wolseley Rd. *Bils* —4D **44**
Wolseley Rd. *W Brom* —1E **79**
Wolseley St. *Bord* —1B **118**
(in two parts)
Wolston Clo. *Shir* —3H **149**
Wolverhampton.
—1H **43** (3D **170**)
Wolverhampton Art Gallery.
—1G 43
Wolverhampton Rd. *Blox*
—6H **19**
Wolverhampton Rd. *C Hay*
—4B **6**
Wolverhampton Rd. *Cod*
(in two parts) —3F **13**
Wolverhampton Rd. *Dud*
—4H **59**
Wolverhampton Rd. *Ess*
—4H **17**
Wolverhampton Rd. *Hth T*
—6B **28**
Wolverhampton Rd. *K'wfrd*
—6A **74**
Wolverhampton Rd. *O'bry*
—2D **96**
Wolverhampton Rd. *Patt*
—6A **24**
Wolverhampton Rd. *Pels*
—4C **20**
Wolverhampton Rd. *Share*
—3A **6**

Wolverhampton Rd. *Wals*
(in three parts) —1G **47**
Wolverhampton Rd. E. *Wolv*
—6H **43**
Wolverhampton Rd. S. *B32*
—4C **114**
Wolverhampton Rd. W.
W'hall & Wals —1C **46**
Wolverhampton Science Pk.
Wolv —3G **27**
Wolverhampton St. *Bils*
—5E **45**
Wolverhampton St. *Dud*
—6D **76**
Wolverhampton St. *Wals*
—1B **48**
Wolverhampton St. *W'bry*
—4B **46**
Wolverhampton St. *W'hall*
—2H **45**
Wolverhampton Tourist Info.
Cen. —1G 43
Wolverley Av. *Stourb* —5A **108**
Wolverley Av. *Wolv* —6B **42**
Wolverley Cres. *O'bry* —4D **96**
Wolverley Rd. *B32* —5H **129**
Wolverley Rd. *Hale* —3H **127**
Wolverley Rd. *Sol* —3H **137**
Wolverson Clo. *W'hall* —5C **30**
Wolverson Rd. *Wals* —3C **22**
Wolverton Rd. *Dud* —6G **77**
Wolverton Rd. *Mars G*
—4D **122**
Wolverton Rd. *Redn* —3A **158**
Wombourne. —1H 73
Wombourne Clo. *Dud* —5G **59**
Wombourne Pk. *Wom* —2F **73**
Wombourne Rd. *Swind*
—5E **73**
Wombrook Dale. *Wom*
—1D **72**
Woodacre Rd. *Erd* —3A **86**
Woodall Rd. *B6* —6H **83**
Woodall St. *Crad H* —2E **111**
Woodall St. *Wals* —6A **20**
Woodard Rd. *Tip* —6C **62**
Wood Av. *Dud* —3G **75**
Wood Av. *Wolv* —3F **29**
Wood Bank. *B26* —4C **120**
Woodbank Rd. *Dud* —6G **59**
Wood Bank Rd. *Wolv* —3G **41**
Woodberry Dri. *S Cold* —3E **71**
Woodberry Wlk. *B27* —2B **136**
Woodbine Av. *B10* —3D **118**
Woodbine Cft. *B26* —5E **121**
Woodbine Wlk. *B37* —1F **123**
Woodbourne. *B15 & Edg*
—3H **115**
Woodbourne Rd. *Harb & Edg*
—3G **115**
Woodbourne Rd. *Smeth*
—1C **114**
Woodbridge Clo. *Blox* —4G **19**
Woodbridge Clo. *Rus* —6H **21**
Woodbridge Rd. *B13* —2H **133**
Woodbrooke Rd. *B30*
—6H **131**
Woodbrook Ho. *B37* —1D **122**
Woodburn Rd. *Smeth* —2H **99**
Woodbury Clo. *Brie H*
—1A **110**
Woodbury Clo. *Hale* —3F **113**
Woodbury Gro. *Sol* —6F **151**
Woodbury Rd. *Hale* —3F **113**
Woodchester Rd. *Dorr*
—6F **167**

Wood Clo. *Col* —2H **107**
Woodclose Rd. *B37* —6B **106**
Woodcock Clo. *B31* —6H **143**
Woodcock Hill. —6B 130
Woodcock La. *A Grn* —2B **136**
(in two parts)
Woodcock La. *N'fld* —6C **130**
Woodcock La. N. *B27 & B26*
—1B **136**
Woodcock St. *B7*
—5H **101** (1G **5**)
Woodcombe Clo. *Brie H*
—4F **109**
Wood Comn. Grange. *Wals*
—3D **20**
Woodcote Dri. *B8* —4F **103**
Woodcote Dri. *Dorr* —6H **167**
Woodcote Pl. *B19* —2E **101**
Woodcote Rd. *B24* —2B **86**
Woodcote Rd. *Wolv* —5A **26**
Woodcote Way. *B18* —4C **100**
Woodcote Way. *S Cold*
—5H **51**
Woodcroft. *H'wd* —3B **162**
Woodcroft Av. *B20* —4A **82**
Woodcroft Av. *Tip* —2E **77**
Woodcroft Clo. *Crad H*
—3H **111**
Woodcross. —3B 60
Woodcross La. *Bils* —3C **60**
Woodcross St. *Bils* —3B **60**
Wood End. —2E 29
Woodend. *B20* —1A **82**
Wood End La. *B23 & B24*
—4F **85**
Woodend Pl. *Wolv* —5H **25**
Wood End Rd. *B24* —4F **85**
Wood End Rd. *Wals* —3H **49**
Wood End Rd. *Wolv* —2F **29**
Woodend Way. *Wals* —6D **22**
Woodfall Av. *B30* —2B **146**
Woodfield Av. *Brie H* —2F **93**
Woodfield Av. *Crad H* —3F **111**
Woodfield Av. *O'bry* —5G **97**
Woodfield Av. *Stourb* —3B **126**
Woodfield Av. *Wolv* —5D **42**
Woodfield Clo. *S Cold* —3H **53**
Woodfield Clo. *Wals* —6A **50**
Woodfield Cres. *S'brk*
—5A **118**
Woodfield Heights. *Wolv*
—5B **26**
Woodfield Rd. *Bal H* —5A **118**
Woodfield Rd. *Dud* —3G **75**
Woodfield Rd. *K Hth* —5H **133**
Woodfield Rd. *Sol* —1F **151**
Woodfold Cft. *Wals* —2D **34**
Woodford Av. *B36* —1F **105**
Woodford Clo. *Wolv* —5D **14**
Woodford Grn. Rd. *B28*
—5G **135**
Woodford La. *Try* —5C **56**
Woodford Way. *Wom* —1D **72**
Woodfort Rd. *B43* —6A **66**
Woodgate. —4H 129
Woodgate Bus. Pk. *B32*
—3H **129**
Woodgate Dri. *B32* —4G **129**
Woodgate Gdns. *B32* —3G **129**
Woodgate La. *B32* —3G **129**
Woodgate Valley Country
Pk. —2A 132
Woodgate Valley Country
Pk. Vis. Cen. —3H 129
Woodglade Cft. *B38* —5A **146**
Wood Green. —6G 47

Wren's Nest—Zouche Clo.

Wren's Nest. —3D **76**
Wren's Nest Nature Reserve.
　　　　—2D **76**
Wrens Nest Pl. *Dud* —2C **76**
Wrens Nest Rd. *Dud* —2C **76**
Wrens Pk. Av. *S Cold* —6C **70**
Wren St. *Neth* —4D **94**
Wren St. *Woods* —1D **76**
Wrentham St. *B5* —3F **117**
Wretham Rd. *B19* —3D **100**
Wrexham Av. *Wals* —2F **47**
Wright Av. *Wolv* —2G **29**
Wrighton Clo. *W'hall* —1C **30**
Wrighton Dri. *Brie H* —6G **75**
Wright Rd. *B8* —4E **103**
Wright's La. *Crad H* —1H **111**
Wright St. *Bils* —1G **61**
Wright St. *Hale* —1B **128**
Wright St. *Wolv* —5H **27**
Wrottesley Pk. Rd. *Pert*
　　　　—1D **40**
Wrottesley Rd. *B43* —4H **65**
Wrottesley Rd. *Wolv* —4H **25**
Wrottesley Rd. W. *Wolv*
　　　　—3F **25**
Wrottesley St. *B5*
　　　　—2G **117** (6E **5**)
Wroxall Clo. *Brie H* —3F **109**
Wroxall Gro. *B13* —1A **148**
Wroxall Rd. *Sol* —1C **150**
Wroxham Glen. *W'hall* —4H **45**
Wroxton Rd. *B26* —3C **120**
Wulfruna Ct. *Wolv* —2F **43**
Wulfruna Gdns. *Wolv* —2D **42**
Wulfruna St. *Wolv*
　　　　—1G **43** (2B **170**)
Wulfrun Cen. *Wolv*
　　　　—2G **43** (4B **170**)
Wulfrun Sq. *Wolv*
　　　　—2H **43** (4C **170**)
Wulfrun Trad. Est. *Wolv*
　　　　—4G **27**
Wulfrun Way. *Wolv*
　　　　—2G **43** (4B **170**)
Wyatt Clo. *B5* —6E **117**
Wyatt Rd. *S Cold* —5F **55**
Wychall Dri. *Wolv* —3A **16**
Wychall La. *B31 & B38*
　　　　—5H **145**
Wychall Pk. Gro. *B38* —5H **145**
Wychall Rd. *B31* —4F **145**
Wychbold Clo. *W'hall* —6D **18**
Wychbold Ct. *Stourb* —5G **125**
Wychbold Cres. *B33* —6G **105**
Wychbold Way. *W'hall* —6D **18**
Wychbury. *S Cold* —4E **71**
Wychbury Ct. *Dud* —1D **94**
Wychbury Ct. *Hale* —2A **128**
Wychbury Dri. *Hag* —6G **125**
Wychbury Rd. *B32* —5G **129**
Wychbury Rd. *Brie H* —3A **110**
Wychbury Rd. *Stourb*
　　　　—4H **125**
Wychbury Rd. *Wolv* —4A **42**
Wyche Av. *B14* —3F **147**

Wychelm Farm Rd. *B14*
　　　　—6A **148**
Wych Elm Rd. *Clay* —2A **22**
Wychnor Gro. *W Brom*
　　　　—3C **64**
Wychwood Av. *Know* —1D **166**
Wychwood Cres. *B26*
　　　　—5D **120**
Wyckham Clo. *B17* —1E **131**
Wyckham Rd. *B36* —1A **106**
Wycome Rd. *B28* —1F **149**
Wye Cliff Rd. *B20* —1D **100**
Wye Clo. *S Cold* —6E **71**
Wye Clo. *Wolv* —5F **25**
Wyemanton Clo. *B43* —4G **65**
Wye Rd. *Wals* —6C **20**
Wykeham Gro. *Wolv* —6D **24**
Wyken Clo. *Dorr* —6F **167**
Wyld Clo. *W Brom* —5G **63**
Wylde Cres. *Row R* —5C **96**
Wylde Green. —4A 70
Wylde Grn. Rd. *S Cold* —4A **70**
Wymering Av. *Wolv* —2H **29**
Wynall La. *Stourb* —1B **126**
Wynall La. S. *Stourb* —2C **126**
Wynbrook Gro. *Shir* —3F **165**
Wynchcombe Av. *Wolv*
　　　　—1B **58**
Wyndcliff Rd. *B9* —2D **118**
Wyndham Gdns. *K Nor*
　　　　—3H **145**
Wyndham Rd. *B16* —2B **116**
Wyndhurst Rd. *B33* —5C **104**
Wyndley Dri. *S Cold* —1H **69**
Wyndley La. *S Cold* —1G **69**
Wyndmill Cres. *W Brom*
　　　　—4D **64**
Wynds Covert. *B14* —5F **147**
Wynds Point. *B31* —2F **145**
Wynd, The. *Dud* —4H **59**
Wynfield Gdns. *B14* —2H **147**
Wynford Rd. *B27* —6A **120**
Wynford Rd. Ind. Est. *B27*
　　　　—6A **120**
Wynne Cres. *Wolv* —2A **58**
Wynn Griffith Dri. *Tip* —4A **78**
Wynn Rd. *Wolv* —5D **42**
Wynn St. *B15* —3F **117**
Wynstead Covert. *B14*
　　　　—5E **147**
Wyntor La. *W Brom* —5H **63**
Wyre Clo. *Redn* —6H **143**
Wyre Clo. *Wals* —3B **22**
Wyre Rd. *Stourb* —4C **108**
Wyrley Clo. *Wals* —2B **10**
Wyrley Clo. *W'hall* —2D **30**
Wyrley Ho. *Tip* —4B **78**
Wyrley La. *Pels* —4C **8**
Wyrley Rd. *B6* —4A **84**
Wyrley Rd. *S Cold* —2B **54**
Wyrley Rd. *Wolv* —3A **30**
Wyrley St. *Wolv* —1B **44**
Wyrley Way. *B23* —1A **84**
Wythall. —6A 162
Wythall Grn. Way. *Wyt*
　　　　—5G **161**

Wythall Rd. *Hale* —3A **128**
Wythwood Clo. *Stourb*
　　　　—4H **125**
Wythwood Gro. *H'wd* —3C **162**
Wythwood Gro. *Tip* —5A **62**
Wythwood Rd. *H'wd* —3B **162**
Wyvern Clo. *S Cold* —4H **53**
Wyvern Clo. *W'hall* —2A **30**
Wyvern Gro. *B29* —3G **131**
Wyvern Rd. *S Cold* —4H **53**
Wyvis Clo. *Wolv* —1C **42**

Yale Dri. *Wed* —4G **29**
Yardley. —3B 120
Yardley Clo. *O'bry* —2H **113**
Yardley Fields Rd. *B33*
　　　　—1B **120**
Yardley Grn. Rd. *Bord G &
　　　Stech* —2F **119**
Yardley Rd. *A Grn & Yard*
　　　　—1A **136**
Yardley St. *Stourb* —5G **109**
Yardley St. *W'bry* —4C **46**
Yardley Wood. —2E 149
Yardley Wood Rd. *B13*
　　　　—2B **134**
Yardley Wood Rd. *B14 & Shir*
　　　　—2B **148**
Yare Gro. *W'hall* —1D **46**
Yarnborough Hill. *Stourb*
　　　　—3E **125**
Yarnbury Clo. *B14* —6G **147**
Yarn Clo. *H'wd* —4A **162**
Yarner Clo. *Dud* —5A **76**
Yarnfield Rd. *B11* —2G **135**
Yarningale Rd. *B14* —3E **147**
Yarrow Clo. *Wals* —2E **21**
Yarrow Clo. *Wed* —4H **29**
Yarrow Dri. *B38* —1B **160**
Yarwell Clo. *Wolv* —5H **27**
Yateley Av. *B42* —6C **66**
Yateley Cres. *B42* —6C **66**
Yateley Rd. *B15* —4A **116**
Yatesbury Av. *B35* —4D **86**
Yates Cft. *S Cold* —3F **37**
Yates La. *Row R* —1F **113**
Yeadon Gdns. *Wolv* —3B **42**
Yeames Clo. *B43* —1E **67**
Yelverton Clo. *Wals* —3H **19**
Yelverton Dri. *B15* —3A **116**
Yeman Rd. *O'bry* —6B **98**
Yemscroft. *Gt Wyr* —5G **7**
Yems Cft. *Rus* —3E **33**
Yenton Gro. *B24* —1A **86**
Yeomans Way. *S Cold* —5D **54**
Yeovil Ct. *Brie H* —1H **109**
　(off Hill St.)
Yerbury Gro. *B23* —3B **84**
Yew Cft. Av. *B17* —5E **115**
Yewhurst Rd. *Sol* —3C **150**
Yew St. *Wolv* —2E **43**
Yew Tree. —1F 65
Yew Tree Av. *B26* —4C **120**
Yew Tree Gdns. *Wals* —1F **65**
Yew Tree Hills. *Dud* —5E **95**

Yewtree La. *Bils* —4F **61**
Yew Tree La. *Quin* —4D **142**
Yewtree La. *Row R* —1B **112**
Yew Tree La. *Sol* —2A **152**
Yew Tree La. *W'bry* —3G **63**
Yew Tree La. *Wolv* —3G **25**
Yew Tree La. *Yard* —4C **120**
Yew Tree Pl. *Rom* —2A **142**
Yew Tree Pl. *Wals* —4B **20**
Yew Tree Ri. *S Cold* —1D **70**
Yew Tree Rd. *Aston* —6A **84**
Yew Tree Rd. *Cas B* —1A **106**
Yew Tree Rd. *Dud* —5E **95**
Yew Tree Rd. *Edg* —3E **117**
Yewtree Rd. *Hale* —2H **127**
Yew Tree Rd. *Mose* —3F **133**
Yew Tree Rd. *Shelf* —6F **21**
Yew Tree Rd. *Smeth* —5C **98**
Yew Tree Rd. *S'tly* —3F **51**
Yew Tree Rd. *S Cold* —6G **69**
Yew Tree Rd. *Wals* —6E **49**
Yew Tree Vs. *S Cold* —6G **69**
Yew Wlk. *B37* —1D **122**
Yockleton Rd. *B33* —6G **105**
York Av. *Wals* —1H **47**
York Av. *W'hall* —1D **46**
York Av. *Wolv* —2C **42**
Yorkbrook Dri. *B26* —6F **121**
York Clo. *B30* —2C **146**
York Clo. *Tip* —3F **77**
York Cres. *Stourb* —4B **108**
York Cres. *W'bry* —5D **46**
York Cres. *W Brom* —1G **79**
York Cres. *Wolv* —2C **42**
Yorkdale Clo. *Dud* —4H **75**
York Dri. *B36* —1H **103**
Yorke Av. *Brie H* —2E **109**
York Gdns. *Wolv* —2C **42**
Yorklea Cft. *B37* —1B **122**
Yorkminster Dri. *B37* —1E **123**
York Rd. *Dud* —6G **95**
York Rd. *Edg* —2A **116**
York Rd. *Erd* —3F **85**
York Rd. *Hall G* —3E **135**
York Rd. *Hand* —1B **100**
York Rd. *K Hth* —5G **133**
York Rd. *Row R* —6E **97**
York Rd. *Wals* —2H **33**
York Rd. *Wolv* —3H **41**
York St. *B17* —5H **115**
York St. *Wolv* —2A **44**
Yorks Wood Dri. *B37* —3B **106**
York Ter. *Hock* —4E **101**
Young St. *W Brom* —4G **79**
Yoxall Gro. *B33* —6E **105**
Yoxall Rd. *Shir* —5B **150**

Zion Clo. *Wals* —2D **6**
Zions Clo. *Crad H* —2H **111**
Zion St. *Tip* —5H **61**
Zoar St. *Dud* —4G **75**
Zoar St. *Wolv* —2F **43**
Zouche Clo. *Stourb* —3C **108**

HOSPITALS and HOSPICES
covered by this atlas
with their map square reference

N.B. Where Hospitals and Hospices are not named on the map, the reference given is for the road in which they are situated.

Acorns Childrens Hospice —5A **132**
103 Oak Tree La., Selly Oak,
BIRMINGHAM
B29 6HZ
Tel: 0121 2484850

Acorns Walsall Childrens Hospice
—6D **48**
Walstead Rd.,
WALSALL
WS5 4NL
Tel: 01922 422 500

ALL SAINTS HOSPITAL (BIRMINGHAM)
—4B **100**
Lodge Rd., Hockley,
BIRMINGHAM
B18 5SD
Tel: 0121 6856220

BIRMINGHAM CHILDREN'S HOSPITAL
(DIANA PRINCESS OF WALES
HOSPITAL) —6G **101** (2F **5**)
Steelhouse La.,
BIRMINGHAM
B4 6NH
Tel: 0121 3339999

BIRMINGHAM DENTAL HOSPITAL
—6G **101** (2E **5**)
St Chad's Queensway,
BIRMINGHAM
B4 6NN
Tel: 0121 2368611

BIRMINGHAM HEARTLANDS HOSPITAL
—1H **119**
Bordesley Green E.,
BIRMINGHAM
B9 5SS
Tel: 0121 7666611

BIRMINGHAM NUFFIELD HOSPITAL, THE
—6B **116**
22 Somerset Rd., Edgbaston,
BIRMINGHAM
B15 2QQ
Tel: 0121 4562000

BIRMINGHAM WOMENS HOSPITAL
—1H **131**
Metchley Park Rd.,
BIRMINGHAM
B15 2TG
Tel: 0121 4721377

BLOXWICH HOSPITAL—1H **31**
Reeves St., WALSALL
WS3 2JJ
Tel: 01922 858600

BUSHEY FIELDS HOSPITAL—2A **94**
Bushey Fields Rd., DUDLEY,
West Midlands
DY1 2LZ
Tel: 01384 457373

CITY HOSPITAL BIRMINGHAM —5B **100**
Dudley Rd.,
BIRMINGHAM
B18 7QH
Tel: 0121 5543801

Compton Hospice —1A **42**
Compton Rd. W.,
WOLVERHAMPTON
WV3 9DH
Tel: 01902 758151

CORBETT HOSPITAL —4E **109**
Vicarage Rd.,
STOURBRIDGE
West Midlands
DY8 4JB
Tel: 01384 456111

DOROTHY PATTISON HOSPITAL
—2H **47**
Alumwell Clo.,
WALSALL
WS2 9XH
Tel: 01922 858000

EDWARD STREET HOSPITAL —4A **80**
Edward St.,
WEST BROMWICH
West Midlands
B70 8NL
Tel: 0121 553 7676

GOOD HOPE HOSPITAL —5B **54**
Rectory Rd.,
SUTTON COLDFIELD
West Midlands
B75 7RR
Tel: 0121 3782211

GOSCOTE HOSPITAL —1D **32**
Goscote La.,
WALSALL
WS3 1SJ
Tel: 01922 710710

GUEST HOSPITAL —4G **77**
Tipton Rd.,
DUDLEY
West Midlands
DY1 4SE
Tel: 01384 456111

HALLAM DAY HOSPITAL —2B **80**
Lewisham St.,
WEST BROMWICH
West Midlands
B71 4HJ
Tel: 0121 553 1831

HAMMERWICH HOSPITAL —1D **10**
Hospital Rd.,
BURNTWOOD
Staffordshire
WS7 0EH
Tel: 01543 675754

HEATH LANE HOSPITAL —6B **64**
Heath La.,
WEST BROMWICH
West Midlands
B71 2BQ
Tel: 0121 553 1831

HIGHCROFT HOSPITAL —4D **84**
Fentham Rd.,
Erdington,
BIRMINGHAM
B23 6AL
Tel: 0121 6235500

John Taylor Hospice —2A **86**
76 Grange Rd.,
Erdington,
BIRMINGHAM
B24 0DF
Tel: 0121 3735526

KINGS HILL DAY HOSPITAL —6E **47**
School St.,
WEDNESBURY
West Midlands
WS10 9JB
Tel: 0121 5264405

LITTLE ASTON BUPA HOSPITAL —4B **36**
Little Aston Hall Dri.,
Little Aston,
SUTTON COLDFIELD
West Midlands
B74 3UP
Tel: 0121 3532444

Little Bloxwich Day Hospice —4B **20**
Stoney La.,
WALSALL
WS3 3DW
Tel: 01922 858736

MANOR HOSPITAL (WALSALL) —2A **48**
Moat Rd.,
WALSALL
WS2 9PS
Tel: 01922 721172

Mary Stevens Hospice —3F **125**
221 Hagley Rd.,
STOURBRIDGE
West Midlands
DY8 2JR
Tel: 01384 443010

MOSELEY HALL HOSPITAL —2G **133**
Alcester Rd.,
BIRMINGHAM
B13 8JL
Tel: 0121 4424321

MOSSLEY DAY HOSPITAL —6F **19**
Sneyd La.,
WALSALL
WS3 2LW
Tel: 01922 858680

Hospitals & Hospices

NEW CROSS HOSPITAL
(WOLVERHAMPTON) —4D **28**
Wolverhampton Rd.,
Heath Town,
WOLVERHAMPTON
WV10 0QP
Tel: 01902 307999

NORTHCROFT HOSPITAL —3D **84**
Reservoir Rd.,
Erdington,
BIRMINGHAM
B23 6DW
Tel: 0121 3782211

PARKWAY BUPA HOSPITAL —2A **152**
1 Damson Parkway,
SOLIHULL
West Midlands
B91 2PP
Tel: 0121 7041451

PENN HOSPITAL —1C **58**
Penn Rd.,
WOLVERHAMPTON
WV4 5HN
Tel: 01902 444141

PRIORY HOSPITAL, THE —6D **116**
Priory Rd.,
Edgbaston,
BIRMINGHAM
B5 7UG
Tel: 0121 4402323

QUEEN ELIZABETH HOSPITAL —1A **132**
Edgbaston,
BIRMINGHAM
B15 2TH
Tel: 0121 6271627

QUEEN ELIZABETH PSYCHIATRIC
HOSPITAL—1A **132**
Mindelsohn Way,
Edgbaston,
BIRMINGHAM
B15 2QZ
Tel: 0121 6272999

RIDGE HILL HOSPITAL —6C **92**
Brierly Hill Rd.,
STOURBRIDGE
West Midlands
DY8 5ST
Tel: 01384 456111

ROWLEY REGIS HOSPITAL —1B **112**
Moor La.,
ROWLEY REGIS
West Midlands
B65 8DA
Tel: 0121 607 3465

ROYAL ORTHOPAEDIC HOSPITAL
—2F **145**
Bristol Rd. S., Northfield,
BIRMINGHAM
B31 2AP
Tel: 0121 685 4000

RUSSELLS HALL HOSPITAL —2H **93**
Pensnett Rd.,
DUDLEY
West Midlands
DY1 2HQ
Tel: 01384 456111

ST DAVID'S HOUSE (DAY HOSPITAL)
—6G **57**
Planks La., Wombourne,
WOLVERHAMPTON
WV5 8DU
Tel: 01902 326001

St Mary's Hospice —4C **132**
176 Raddlebarn Rd.,
BIRMINGHAM
B29 7DA
Tel: 0121 4721191

SANDWELL DISTRICT GENERAL
HOSPITAL —2B **80**
Lyndon,
WEST BROMWICH
West Midlands
B71 4HJ
Tel: 0121 553 1831

SELLY OAK HOSPITAL —4B **132**
Raddlebarn Rd.,
BIRMINGHAM
B29 6JD
Tel: 0121 6721627

Sister Dora Hospice
(Due Open Late 2000) —1D **32**
Goscote La.,
WALSALL
WS3 1SJ
Tel: 01922 858736

SOLIHULL HOSPITAL —3G **151**
Lode La.,
SOLIHULL
West Midlands
B91 2JL
Tel: 0121 7114455

SUTTON COLDFIELD COTTAGE
HOSPITAL —1H **69**
Birmingham Rd.,
SUTTON COLDFIELD
West Midlands
B72 1QH
Tel: 0121 3556031

Warren Pearl Marie Curie Hospice
—3A **152**
911-913 Warwick Rd.,
SOLIHULL
West Midlands
B91 3ER
Tel: 0121 7054607

WEST HEATH HOSPITAL —1G **159**
Rednal Rd.,
BIRMINGHAM
B38 8HR
Tel: 0121 6271627

WEST MIDLANDS HOSPITAL —6F **111**
Colman Hill,
HALESOWEN
West Midlands
B63 2AH
Tel: 01384 560123

WEST PARK HOSPITAL —1E **43**
Park Rd. W.,
WOLVERHAMPTON
WV1 4PW
Tel: 01902 444000

WOLVERHAMPTON EYE INFIRMARY
—1E **43**
Compton Rd.,
WOLVERHAMPTON
WV3 9QR
Tel: 01902 307999

WOLVERHAMPTON NUFFIELD
HOSPITAL—5A **26**
Wood Rd.,
WOLVERHAMPTON
WV6 8LE
Tel: 01902 754177

WOODBOURNE PRIORY HOSPITAL
—3G **115**
23 Woodbourne Rd.,
Harborne
BIRMINGHAM
B17 8BY
Tel: 0121 4344343

WORDSLEY HOSPITAL —6C **92**
Stream Rd.,
STOURBRIDGE
West Midlands
DY8 5QX
Tel: 01384 456111

YARDLEY GREEN HOSPITAL —2G **119**
Yardley Green Rd.,
BIRMINGHAM
B9 5PX
Tel: 0121 7666611